Franz Josef Floren (Hg.)

POLITIK WIRTSCHAFT 5|6

Ein Arbeitsbuch
für Gymnasien in Nordrhein-Westfalen

Erarbeitet von
Franz Josef Floren, Doris Frintrop-Bechthold, Jana Kannegießer,
Thomas Kempe, Reinhold von Rüden

Schöningh

www.schoeningh-schulbuch.de
Schöningh Verlag, Jühenplatz 1–3, 33098 Paderborn

Druck 5 4 3 2 1 / Jahr 2012 11 10 09 08
Die letzte Zahl bezeichnet das Jahr dieses Druckes.

Umschlaggestaltung: Yvonne Junge-Illies, Mannheim
Druck und Bindung: westermann druck GmbH, Braunschweig

ISBN 978-3-14-024421-3

Inhaltsverzeichnis

Vorwort 6

Ein neues Fach! – Was „Politik" und „Wirtschaft" bedeuten 8

1

Nicht nur Unterricht – Leben und Lernen in der Schule 16

1. Was Schule für mich bedeutet 18

Methode: Placemat als „Meinungspool" 18

2. Die Klasse als Gruppe – Gefahren und Vorteile von Gruppen 20
3. Mitbestimmung in der Schule – die Schülervertretung (SV) an unserer Schule 26

Methode: Expertenbefragung und/oder Interview 31

4. Angst und Gewalt in der Schule – was kann man tun? 32

2

Zu viel Zeit vor der „Glotze"? – Kinder und Fernsehen 44

1. Wie viel Zeit vor der „Glotze"? 46

Methode: Umgang mit Karikaturen 47

Methode: Wir erstellen eine Grafik 48

Methode: Wir führen eine eigene Befragung durch 51

2. Ist zu viel Fernsehen schädlich? 52
3. Werbung, Quoten, Riesengeschäfte – ein Blick hinter die Kulissen des Fernsehens 59

3

Was das Herz begehrt – Wonach sich unsere Bedürfnisse richten 64

1. Bedürfnisse – Was wir brauchen und was wir uns wünschen 66
2. Bedürfnisdeckung und Bedürfnisweckung – Wie unser Kaufverhalten beeinflusst werden kann 69

Methode: Diskussion – Markenwelt, gut oder schlecht? 80

4

Wirtschaften will gelernt sein – Vom Handeln auf Märkten und der Rolle des Geldes 84

1. Wirtschaftlich handeln 86
2. Geschichte und Aufgaben des Geldes 91
3. Rund um den Euro – Lernen in Stationen 96

5

Was können wir uns leisten? – Mit dem Einkommen auskommen 100

1. Einkommen muss hereinkommen 102
2. Rund um das Taschengeld 104
3. Mit Geld planvoll umgehen 108

Methode: **Rollenspiel – Mit dem Einkommen auskommen 111**

6

Computerspiele, Internet und Handy – Kinder und neue Medien 114

1. Faszination Computer – beliebte Computerspiele 116
2. Surfen – Chatten – Mailen 123

Methode: **Internetrecherche 127**

3. Spaß und Ärger mit dem Handy 132

7

Wozu dient die Familie? – Aufgaben und Wandel der Familie in der Gesellschaft 138

1. Wozu brauchen wir eine Familie? 140

Methode: **„Schreibgespräch“: Was bedeutet mir meine Familie? 140**

2. Rechte und Pflichten von Kindern und Eltern 145
3. Brauchen Familien mehr staatliche Unterstützung? 152

8

„Typisch Mädchen, typisch Junge!?“ – Geschlechterrollen in Familie und Schule 158

1. Angeboren oder anerzogen? – Was Mädchen und Jungen (nicht) unterscheidet 160
2. „Geschlechterrollen“ im Familienleben – gestern, heute, morgen 170

Methode: **Zukunftsvision – So stelle ich mir meine Zukunft vor! 173**

9

Miteinander leben, voneinander lernen – behinderte Menschen 174

1. Was heißt behindert? 176
2. Gemeinsam voneinander lernen – Beispiele und Projekte 184

10

Aus Fremden werden Freunde – Zuwanderer-Familien in Deutschland 190

1. Was ist ein „Fremder? 192
2. Zuwanderer in Deutschland 195

Methode: **Erkundungs-Projekt – Zuwanderer, Flüchtlinge und Asylbewerber in unserer Nähe 204**

3. Miteinander leben – Probleme der „Integration“ 204

11

Kinder wirken mit – Politik in der Gemeinde 208

1. Eine Freizeitanlage für Kinder – wer entscheidet in einer Stadt? 210

Methode: Projekt 214

Methode: Erkundung 219

2. Aufgaben von Gemeinden – ein Finanzierungsproblem 222

Methode: Fishbowl-Diskussion 226

3. Wie Schüler „Politik" machen können 226

12

„Die Erde ist unsere Mutter" – Umweltschutz geht uns alle an 232

1. „Einfälle statt Abfälle" – Wohin mit dem Müll? 235
2. Ohne Wasser läuft nichts! 239
3. Gerät die Erde ins Schwitzen? – Die Folgen der Luftverschmutzung für das Leben auf der Erde 245

13

Weit weg und doch ganz nah – Kinder in der „Dritten Welt" 252

1. Wo liegt die „Dritte Welt"? 255
2. Armut in der „Dritten Welt" – was heißt das? 257

Methode: Gruppenarbeit 261

- Grundbedürfnis Nahrung 262
- Grundbedürfnis Gesundheit 263
- Grundbedürfnis Wohnung 266
- Grundbedürfnis Bildung 267

3. Kinderarbeit ist kein Kinderspiel 271
4. Hilfe für die Dritte Welt – Was können wir tun? 274

Anhang 279

1. Was beim Umgang mit Zahlenangaben und Statistiken zu beachten ist 279
2. Was zu beachten ist, wenn ihr selbst eine Befragung durchführen wollt 280

Glossar 282

Register 286

Bildquellenverzeichnis 287

Vorwort

Der vorliegende Band wurde in Orientierung an dem neuen Lehrplan für das Fach „Politik/Wirtschaft" im Gymnasium des Landes Nordrhein-Westfalen für die Klassen 5/6 entwickelt. Folgebände für die Klassen 7–9 bauen auf diesem Band auf.

Themen und Inhalte des Bandes berücksichtigen sämtliche *Schwerpunkte* der *Inhaltsfelder* des Lehrplans; der methodisch-didaktische Zuschnitt orientiert sich an den im Lehrplan formulierten vier *Kompetenzen* (Sachkompetenz, Methodenkompetenz, Urteilskompetenz und Handlungskompetenz).

Das Buch ist ein *Arbeitsbuch*: Es stellt unterschiedliche Materialien (Texte, Statistiken, Grafiken, Bilder, Karikaturen) für die Erarbeitung im Unterricht zur Verfügung und ermöglicht unterschiedliche Arbeitsformen. Die Autoren haben auf eigene Darstellungen weitgehend verzichtet; sie möchten den Schülerinnen und Schülern bzw. der Lerngruppe die selbsttätige und kritische Auseinandersetzung mit Informationen, Situationsbeschreibungen und Meinungsäußerungen ermöglichen und haben sich daher bemüht, eine Materialauswahl zu treffen, die sowohl dem Alter der Schüler und Schülerinnen als auch der Sach- und Problemstruktur der Gegenstände angemessen ist.

Eine inhaltliche Grobstrukturierung der einzelnen *Kapitel* erfolgt durch nummerierte *Abschnitte* (und z. T. nicht nummerierte Unterabschnitte), die durch entsprechende Überschriften gekennzeichnet sind. Die Materialien sind innerhalb der Kapitel durchnummeriert. Die *Auftaktseiten* zu jedem Kapitel sind so gestaltet, dass sie nicht nur einen Überblick über den thematischen Zuschnitt des Kapitels verschaffen (Text „Zur Orientierung"); die Betrachtung und spontane Beurteilung der mit Bedacht ausgewählten Fotos können darüber hinaus zur ersten Annäherung an einzelne thematische Aspekte bzw. zur Einholung des Vorwissens genutzt werden. Darauf sei hier generell hingewiesen.

Das *Materialangebot* der meisten Kapitel geht über den Umfang einer einzelnen Unterrichtsreihe hinaus und bietet so der Lehrerin/dem Lehrer bzw. der Lerngruppe die Möglichkeit der *Auswahl* (z. B. nach Abschnitten) und der *Schwerpunktsetzung* im Hinblick auf die Interessenlage, das Lernniveau und die Vorkenntnisse der Lerngruppe oder auf die zur Verfügung stehende Unterrichtszeit. Das betrifft die Auswahl von Einzelmaterialien und insbesondere von Abschnitten, die fast immer getrennt voneinander bearbeitet werden können. Unter rein inhaltlichen Gesichtspunkten (Sachkompetenz) sind die mit einem ▶ markierten Materialien von besonderer Bedeutung. Auf die Erarbeitung weiterer Materialien kann aber im Hinblick auf die Vertiefung des Verständnisses und die anzustrebenden Methoden-, Urteils- und Handlungskompetenzen nicht verzichtet werden.

Mit Blick auf die *Arbeit mit statistischen Materialien* sei auf den ersten Abschnitt des zweiten Kapitels (Fernsehen) besonders hingewiesen, weil hier an Beispielen in das Verständnis und die Beurteilung von *Prozent- und Durchschnittszahlen*, von *Befragungsergebnissen* und von *grafischen Darstellungen* eingeführt wird.

„Methodenseiten" zur Durchführung wichtiger sozialwissenschaftlicher und unterrichtlicher Methoden sind in den Inhaltszusammenhang der einzelnen Kapitel eingefügt und besonders markiert (vgl. Inhaltsverzeichnis).

Die *Kompetenzorientierung* des Bandes wird auch dadurch betont, dass jedes Kapitel mit einer *„Kompetenzseite"* abschließt, die den Schülerinnen und Schülern die Möglichkeit bietet, ihr erworbenes Wissen und ihre Fähigkeiten in den vier Kompetenzbereichen ein Stück weit selbstständig zu überprüfen.

Eine wichtige Rolle für die Erarbeitung der Materialien und die gesamte kompetenzorientierte Unterrichtsarbeit spielen die – grafisch hervorgehobenen – differenzierten *Arbeitshinweise.*

Sie lassen sich unterscheiden in

- Erschließungshilfen, die eng auf das betreffende Material bezogen sind (*Sach- und Methodenkompetenz*);
- Hinweise zur Erarbeitung gedanklicher Zusammenhänge, zur Anregung von Argumentation und Diskussion (*Urteilskompetenz*);
- Vorschläge für eine möglichst selbstständige, methodenorientierte Untersuchung bestimmter begrenzter Fragestellungen (*Methodenkompetenz, Urteilskompetenz*);
- Erkundungsaufträge, die über den engeren Rahmen des Unterrichts hinausgehen (*Handlungskompetenz*).

Im *Anhang* finden sich Hinweise zum Umgang mit *Zahlenangaben* (Prozentzahlen, Durchschnittszahlen) und *Statistiken* sowie eine Anleitung zur Durchführung von *Befragungen.*

Zahlreiche Fachbegriffe sind mit einem * versehen und werden im *Glossar* erläutert. Das ausdifferenzierte *Register* ermöglicht das schnelle Auffinden der Themen- und Inhaltsaspekte des Buches.

Ein neues Fach! – Was „Politik“ und „Wirtschaft“ bedeuten

Übergabe der Unterschriften an Ratsmitglieder

Zur Orientierung

„Politik/Wirtschaft" ist für euch ein neues, noch unbekanntes Fach. In diesem kurzen einleitenden Kapitel wollen wir euch zeigen, worum es dabei geht.

Zunächst sollen euch die Fotos zum Nachdenken darüber anregen, was ihr selbst unter „Politik" und „Wirtschaft" versteht. Betrachtet sie genau und überlegt, was die jeweilige Situation mit „Politik" oder mit „Wirtschaft" zu tun haben könnte.

Schreibt zusätzlich entsprechend der folgenden Übersicht in euer Heft einige Begriffe oder kurze Sätze, die euch spontan einfallen.

*Wenn ich etwas von **„Politik"** höre, denke ich an:*

*Wenn ich etwas von **„Wirtschaft"** höre, denke ich an:*

Schulung neuer Mitglieder des Schülerinnen- und Schülerrates

Was Schülerinnen und Schüler von „Politik“ halten — M 1

Politiker reden immer nur und machen Versprechungen. Ich finde das blöd.

Es ist wichtig zu wissen, wer regiert und so. Man muss ja auch mitreden können, damit Politiker nicht einfach machen, was sie wollen.

Politik – ich weiß nicht. Das ist schon irgendwie wichtig, aber ich bin dafür sowieso noch zu jung. Ich interessiere mich mehr für andere Sachen.

Ohne Politik geht es doch gar nicht.

Meine Eltern reden manchmal über Politik. Ich finde das dann ziemlich langweilig.

Politik – dafür werden doch Politiker bezahlt, das geht mich nichts an.

Eigentlich finde ich Politik schon ganz interessant. Aber man muss viel wissen, um mitreden zu können.

(Schüleräußerungen, eigene Sammlung in einer Klasse)

Zu den Bildern auf den Auftaktseiten habt ihr spontan eure eigenen Vorstellungen zum Ausdruck gebracht, die ihr mit den Begriffen „Politik“ und „Wirtschaft“ verbindet.

1. In M 1 äußern Schülerinnen und Schüler, die etwa in eurem Alter sind, ihre Meinungen und Einstellungen zur „Politik“. Erläutert sie im Einzelnen. Sind sie z. B. ablehnend oder uninteressiert oder verständnisvoll oder …?
2. Setzt euch im Einzelnen mit diesen Äußerungen auseinander. Stimmt ihr zu oder seid ihr anderer Meinung?

▶ „Politik“ und „Wirtschaft“ – was geht mich das an? — M 2

So etwa könnte eine Volksversammlung im antiken Athen ausgesehen haben.

Diese Frage stellen sich viele Schüler(innen) in eurem Alter und denken sich dabei: Politik und Wirtschaft, das ist doch was für Erwachsene, da geht es um die Regierung in Berlin, um die Bundeskanzlerin, oder vielleicht auch um die Leute im Rathaus unserer Stadt, um den Bürgermeister oder die Bürgermeisterin, und um die Wahlen, die manchmal stattfinden; da sind dann auf den großen Plakaten die „Politiker“ zu sehen, die für ihre Parteien werben und versprechen, dass es mit der „Wirtschaft wieder aufwärtsgeht“, wenn sie „an der Regierung“ sind. Das ist alles auch nicht ganz falsch, aber ,,Politik“ und „Wirtschaft“, das ist nicht nur etwas, was für euch weit weg liegt, sondern etwas, von dem auch ihr unmittelbar betroffen seid.

Was ist also „Politik“ und „Wirtschaft“? Schon das **Wort „Politik“** kann einen wichtigen Hinweis geben. Es kommt von dem altgriechischen Wort „Polis“. So bezeichnete man im alten Griechenland (also vor

mehr als 2000 Jahren) eine selbstständige Stadt, in der alle erwachsenen Bürger (allerdings noch nicht die Frauen) daran beteiligt waren, Regeln (Gesetze) für das friedliche Zusammenleben, für die Versorgung der Menschen mit Gütern und mit Einrichtungen zu beschließen, die allen zur Verfügung stehen sollten (Sportplätze, Theater, Tempel usw.).
Daran wird deutlich: Politik hat ganz wesentlich damit zu tun, dass man **Regeln für das Zusammenleben** einer großen Zahl von Menschen braucht und dass man sich darüber einig werden muss. Warum ist das so? Ganz einfach: Menschen haben nicht alle dieselben Vorstellungen davon, wie das Zusammenleben aussehen soll, was man für wichtig oder unwichtig hält, was man gern haben möchte usw. Ihre persönlichen Interessen sind oft ganz unterschiedlich, und häufig schließen sie sich auch in Gruppen zusammen, die dann **unterschiedliche Interessen** verfolgen. Zur Politik gehört also meistens auch Streit, und es muss deshalb darüber entschieden werden, an welche Regeln sich *alle* halten müssen, damit das Zusammenleben „funktioniert".
Auch ihr habt es ja in eurem **Alltagsleben** immer wieder mit solchen Regeln zu tun. Das beginnt z. B. schon morgens, wenn ihr zur Schule kommt: Ab wann dürft ihr das Schulgebäude betreten? Wie lange muss man die Schule besuchen, um das Abitur zu machen? Dürfen die Lehrer(innen) euch Strafarbeiten geben? Welche Rechte hat die Schülervertretung (SV)? Auch in eurer Freizeit stoßt ihr schnell auf Regeln aller Art, so z. B. wenn ihr bestimmte Filme nicht besuchen dürft, weil sie für eure Altersstufe nicht freigegeben sind.
Und wie ist es mit der **„Wirtschaft"**? Auch davon seid ihr unmittelbar betroffen. Denkt nur daran, dass das Taschengeld, das ihr erhaltet, von euren Eltern verdient werden muss; dass viele Kinder wenig zur Verfügung haben, weil der Vater oder die Mutter arbeitslos geworden ist usw. Wie kommen denn eigentlich die Preise zustande? Warum steigt plötzlich der Preis für deinen Lieblingscomic? Sind teure „Markenklamotten" wirklich besser als billigere Artikel? Was kosten die Klingeltöne für das neue Handy?
Ihr seht: „Politik" und „Wirtschaft" gehen uns alle an; es gibt sie nicht nur „im Großen", sondern auch „im Kleinen". Auf diesen Unterschied wollen wir anhand von zwei Beispielen noch etwas näher eingehen.

(Autorentext)

Vielleicht ist es euch bei eurer Bearbeitung von M 1 auch ein bisschen so ergangen, dass ihr gedacht habt: „So genau weiß ich eigentlich gar nicht, was mit ‚Politik' und ‚Wirtschaft' gemeint ist und was mich das als Schülerin/Schüler in meinem Alter angeht; ich habe schließlich andere Sachen im Kopf." M 2 will euch zeigen, dass auch für Kinder „Politik" und „Wirtschaft" von Bedeutung sein können.

1. Erläutert zuerst mit eigenen Worten, woher der Begriff „Politik" stammt (Z. 12–20).
2. Hebt deutlich hervor, worin das wesentliche Merkmal von „Politik" besteht und warum es ohne „Politik" im menschlichen Zusammenleben einfach nicht geht (Z. 21 – 29).
3. Ergänzt die Beispiele, die zeigen sollen, dass auch euer Leben von politischen Entscheidungen und wirtschaftlichen Fragen betroffen ist, um einige weitere aus eurem Lebens- und Erfahrungsbereich (Z. 30ff.).

Eine Schulklasse hat ein „politisches“ Problem M 3

Der Englischlehrer hat für kommenden Montagmorgen seit längerem einvernehmlich mit der Klasse eine Klassenarbeit vorgesehen. Jetzt melden sieben der Schüler Bedenken an und wollen eine Mehrheit dafür gewinnen, dass der Termin geändert wird. Als Mitglieder eines Sportvereins haben sie kurzfristig Gelegenheit bekommen, über das Wochenende zu einer großen Wettkampf-Veranstaltung zu fahren.
In Pausengesprächen ist keine Einigung zu erzielen. Ein Teil der anderen Schüler beteiligt sich nur am Rande an der Diskussion, einige schließen sich der Sportlergruppe an. Eine Gruppe von sechs Schülern, unter ihnen der Klassensprecher, argumentiert mit Nachdruck gegen eine Verlegung der Arbeit: Es werde in der Woche auch noch eine Mathematikarbeit folgen; die Schwächeren seien froh, wenn die Englischarbeit dann geschrieben sei. Der Klassensprecher weigert sich, die Sache dem Lehrer vorzutragen, solange nicht die Mehrheit dafür sei; sein Stellvertreter, Mitglied der Sportlergruppe, stärkster Rivale des Sprechers in der Klassengunst, bringt den Wunsch an dem Sprecher vorbei vor. Ein anderer wendet sich an den Sportlehrer, der zugleich Mitglied des Sportvereins ist. Der Englischlehrer, unentschlossen, wie er sich verhalten soll, zieht sich zunächst aus der Affäre, indem er einen Mehrheitsbeschluss der Klasse erbittet. Am Nachmittag überlegt er, ob es nicht doch richtiger gewesen wäre, ein Machtwort zu sprechen – aber welches? Er selbst würde am liebsten bei Montag bleiben, weil er hinterher Zeit hat zum Korrigieren. Andererseits scheint ihm der Wunsch der Sportler nachvollziehbar, und es sind sympathische Kerle darunter. Auch der Sportlerkollege hat ihn schon angesprochen. Freilich müsste er sich bei einer Verlegung der Arbeit neu mit anderen Kollegen einigen. Schließlich hat der Klassensprecher, der so penetrant auf Regeln bestehen kann, schon durchblicken lassen, wenn die Arbeit gegen den Willen der Mehrheit verschoben werde, gehe er zum Direktor.

(Bernhard Sutor/Joachim Detjen, Politik – Ein Studienbuch zur politischen Bildung, Schöningh Verlag, Paderborn 2001, S. 29; Verf.: B. Sutor)

Antjes Tagesablauf – Begegnungen mit „Politik“ und „Wirtschaft“ M 4

Antje wohnt mit ihren Eltern in einer deutschen Kleinstadt. Heute muss sie bereits um halb sieben Uhr aufstehen, weil sie in der ersten Stunde Unterricht hat. Beim Frühstücken liest sie den Sportteil der Tageszeitung und überfliegt die Schlagzeilen auf der ersten Seite:
„Der französische Staatspräsident zu Besuch in Deutschland“
„Die Preise für Benzin steigen“
„Die Parteien in Nordrhein-Westfalen streiten über die Schulpolitik“
Ihr Vater bringt Antje mit dem Auto zur Schule, weil das Gymnasium, das sie besucht, auf dem Weg zu seiner Arbeitsstätte liegt. Neuerdings muss er langsam fahren, weil die Stadt-

verwaltung das Siedlungsgebiet, in dem Antjes Elternhaus steht, zur Tempo-30-Zone erklärt hat; Schilder und weiße Straßenmarkierungen weisen auf diese Neuerung hin. […]

Antje (11) besucht die 6. Klasse und muss neben Englisch seit Schuljahrsbeginn als zweite Fremdsprache Französisch lernen, das wurde vom Kultusministerium ihres Landes so bestimmt.

In der dritten Stunde kommt Abwechslung in den Schulalltag: Der Direktor kommt in die Klasse und verteilt Informationsblätter, die die Schülerinnen und Schüler an ihre Eltern weitergeben sollen. Darin steht nichts Erfreuliches: Die Landesregierung hat beschlossen, dass die Eltern weiterhin ein Drittel der Kosten für die Anschaffung neuer Schulbücher selbst tragen müssen. Dabei hatte man sich doch schon darauf eingestellt, dass die Bücher kostenlos zur Verfügung gestellt würden. Nun aber verweist die Regierung auf ihre „leeren Kassen“; man müsse sparen.

Für den Heimweg benutzt Antje den Bus; sie erwischt ausnahmsweise einen Fensterplatz und sieht die Parteien für die Kommunalwahl am nächsten Sonntag werben. Jetzt wird Antje durch einen heftigen Wortwechsel abgelenkt: Eine ältere Dame und der Busfahrer streiten wegen der neuen Fahrpreiserhöhung für die öffentlichen Verkehrsmittel, mit der die Frau offensichtlich gar nicht einverstanden ist.

Beim Mittagessen berichtet der Vater, der seinen Arbeitsplatz bei der Bahn verloren hat und nun im Büro einer Baufirma als Angestellter arbeitet, über die Diskussion unter den dort Beschäftigten. Die Angestellten der Baufirma haben nämlich vor, eine Erhöhung ihrer Löhne notfalls durch einen Streik zu erzwingen.

Nachdem sie ihre Hausaufgaben erledigt hat, trifft sich Antje mit ihrer Clique aus der Nachbarschaft. Die Jungen und Mädchen sind traurig, weil ihr Jugendhaus vor wenigen Wochen geschlossen worden ist. Sie beschließen, auf das nahe gelegene Fußballfeld zu gehen; dort hat das Grünflächenamt der Stadt inzwischen zwei neue Tore und hohe Ballfangnetze angebracht. Jetzt macht das Fußballspielen viel mehr Spaß, weil die Tore nicht mehr so primitiv sind wie früher und der Ball nicht dauernd auf die Straße fliegt.

Antje würde am Spätnachmittag gern ins Kino gehen; es läuft ein neuer Film, in dem auch mehrere Auftritte von „Tokio Hotel“ zu sehen und zu hören sind. Aber der Film ist erst ab 12 Jahren freigegeben, und neuerdings verlangt die Dame an der Kinokasse immer den Nachweis, dass man die jeweilige Altersgrenze nicht unterschreitet. Deshalb setzt sich Antje für die Zeit bis zum Abendessen vor den Fernseher.

(Nach: Gerhart Maier, Was ist Politik?, in: Thema im Unterricht 13, hg. von der Bundeszentrale für politische Bildung, Bonn 1998, S. 6)

1. In M 2 habt ihr gelernt, dass das Vorhandensein von Interessengegensätzen und die sich daraus ergebende Notwendigkeit, verbindliche Regelungen zu beschließen, das Wesen von „Politik“ ausmachen. Untersucht unter diesem Gesichtspunkt das Beispiel einer Schulklasse (M 3). Welche unterschiedlichen Interessen(gruppen) werden hier deutlich? Welche Möglichkeiten werden genannt, den Streit durch eine Regelung zu beenden, die für alle Beteiligten verbindlich ist?

2. Welche „politische“ Lösung würdet ihr befürworten? Begründet euren Vorschlag.

3. Lest euch den Bericht über Antjes Tagesablauf (M 4) genau durch und untersucht dann in Partnerarbeit, wo überall Antje im Lauf des Tages der „Politik“, d.h. bestimmten „politischen“ und z.T. auch ,,wirtschaftlichen“ Vorgängen und Entscheidungen begegnet.
   – Erstellt dazu eine stichwortartige Liste und überlegt, wer für die jeweilige Entscheidung verantwortlich sein könnte.
   – Von welchen Vorgängen und Entscheidungen ist Antje unmittelbar betroffen, von welchen nur indirekt oder zurzeit gar nicht?
   – Vergleicht die Ergebnisse der Partnerarbeit in der Klasse. Ein Ergebnis könnte z.B. an der Tafel festgehalten und dann im Klassengespräch diskutiert und ggf. ergänzt werden.

4. Vielleicht könnte jede(r) von euch als Hausaufgabe einen eigenen kleinen Bericht verfassen, in dem konkrete Begegnungen mit „Politik“ und „Wirtschaft“ vorkommen (natürlich mit anderen Beispielen als in M 4).

▶ Ohne „Politiker“ geht es nicht M 5

In einer Schulklasse wird es immer wieder kleinere und größere Probleme und Konflikte geben, für die Lösungen in Form von verbindlichen Regelungen gefunden werden müssen. Aber natürlich ist es nicht die eigentliche Aufgabe der Schulklasse und der ganzen Schule, Konflikte zu lösen und in diesem Sinne immer „politisch“ tätig zu sein. Die Schule ist ja hauptsächlich dafür da, dass Kinder und Jugendliche darin bestimmte Dinge lernen, die sie für das spätere Leben unbedingt brauchen; ohne ,,Schulabschluss“ sieht es für die Zukunft schlecht aus.

Nun gibt es aber im Zusammenleben der Menschen Probleme und Konflikte, von denen nicht nur eine kleine Gruppe wie die Schulklasse betroffen ist und die daher auch von dieser Gruppe selbst gelöst werden können, sondern solche, von denen die *Bürgerinnen und Bürger einer Stadt oder eines ganzen Landes* betroffen sind. Diese Probleme können nicht ständig von allen Beteiligten selbst geregelt werden. Das ist leicht einzusehen: Eine Stadt hat bekanntlich viele Tausend, Nordrhein-Westfalen 17

Millionen und ganz Deutschland mehr als 84 Millionen Einwohner. Deshalb muss es Menschen und kleinere Versammlungen geben, die *stellvertretend für alle* „politische“ Entscheidungen überlegen, diskutieren und schließlich treffen, eben die „Politiker“. Dabei ist natürlich ganz entscheidend, dass es sich um Leute handelt, die „im Auftrage“ des Volkes handeln und entscheiden. Diesen Auftrag erhalten sie, indem sie vom Volk gewählt werden. Eine solche politische Ordnung nennt man *Demokratie* („Volksherrschaft“; von altgriechisch demos – das Volk und kratein – herrschen).

(Autorentext)

1. Lest den ersten Abschnitt von M 5 und setzt ihn in Beziehung zu dem Beispiel in M 4. Wo, von wem und für wen werden politische Entscheidungen in M 4 getroffen, wo, von wem und für wen in M 5?
2. Erklärt, was für Konsequenzen es haben muss, wenn politische Entscheidungen ständig für eine große Zahl von Menschen getroffen werden müssen. Was versteht man unter „Politikern“ und warum muss es sie geben?
3. Politik soll sich „demokratisch“ vollziehen. Was bedeutet das für die Stellung der „Politiker“?
4. Erläutert, auf welche Textaussagen sich die beiden Fotos beziehen lassen.

Auf dieser Internetseite (www.hanisauland.de) stellt die Bundeszentrale für politische Bildung unter dem Titel „Politik für Kinder“ vielfältige, eigens für Kinder gestaltete Informationen, Spiele usw. zur Verfügung. Darunter befindet sich auch ein „Politiklexikon“, das in alphabetischer Ordnung und verständlicher Sprache zahlreiche Begriffe aus dem Bereich der Politik und der Wirtschaft erläutert. Es könnte euch bei der Arbeit mit den Kapiteln dieses Arbeitsbuches sicherlich eine gute Hilfe sein.

1 Nicht nur Unterricht – Leben und Lernen in der Schule

Konferenz

Zur Orientierung

Schule – da kennt ihr euch aus, oder? Ist das überhaupt ein Thema für den Politik-Unterricht? Wenn ihr euch mit den Abschnitten dieses Kapitels beschäftigt, werdet ihr sehen, dass sich hinter dem alltäglichen Schulbetrieb bestimmte Voraussetzungen, Regeln und Zusammenhänge verbergen, die euch manchmal vielleicht gar nicht bewusst sind, deren Kenntnis euch aber dabei helfen kann, den „Schulstress", der mit Schule oft verbunden ist, leichter zu bewältigen und das Miteinander in der Schule so zu gestalten, dass alle sich möglichst wohlfühlen.

Stellt, bevor ihr mit der Arbeit an diesem Kapitel beginnt, zunächst fest, welche verschiedenen Seiten von „Schule" auf den Fotos zu sehen sind. Nach einem ***ersten kurzen Abschnitt****, der Gelegenheit gibt zu spontanen Meinungsäußerungen über die Bedeutung der Schule für jeden persönlich, soll euch der* ***zweite Abschnitt*** *zeigen, welchen Einfluss Gruppen, die es auch in der Schule gibt, auf das Verhalten jedes Einzelnen haben. Auch wird gezeigt, dass Schüler und Lehrer es nicht leicht haben, mit den manchmal gegensätzlichen Erwartungen, die an sie gerichtet werden, umzugehen. Wie ihr das Schulleben demokratisch mitbestimmen könnt, zeigt euch ein* ***dritter Abschnitt****. Und schließlich solltet ihr auch darüber nachdenken (****vierter Abschnitt****), was es mit dem Mobbing und dem gewalttätigen Verhalten auf sich hat, das viele in der Schule zeigen. Was könnt ihr tun, um mit Konflikten besser umzugehen und zur Gestaltung eines friedlichen „Schulklimas" beizutragen?*

Traumschule

1. Was Schule für mich bedeutet

„Schule" – ein Thema ohne Ende! M 1

Zu diesem Thema haben alle etwas zu sagen, denn alle haben Erfahrungen mit der Schule gemacht, zunächst als Schüler oder Schülerin, später viele als Eltern, manche als Lehrer oder Lehrerin, wenige sogar als Schulleiter oder Schulleiterin usw. Häufig wird in Gesprächen von guten oder angenehmen Erfahrungen berichtet, doch manchmal kommt auch Unangenehmes zur Sprache. Welche unterschiedlichen Aspekte von „Schule" zeigen die Fotos auf den Auftaktseiten dieses Kapitels? Was fällt euch zum Thema „Schule" ein?

Methode – Placemat als „Meinungspool"

Bevor ihr euch mit den in M 2 dargestellten Meinungen und Auffassungen von Schule beschäftigt, schlagen wir euch vor, mit der Placemat („Platzdeckchen")-Methode eure unterschiedlichen Gedanken zu diesem Thema zu sammeln und euch darüber auszutauschen.

Dazu benötigt ihr:
pro Kleingruppe (4 Personen) ein DIN-A3-Blatt bzw. ein (halbes) Flip-Chart-Blatt und Stifte. Die Blätter müsst ihr so in Felder aufteilen, dass jedes Mitglied ein individuelles Feld zum Beschriften hat und dass darüber hinaus ein weiteres, zentral angeordnetes Gruppenfeld vorgesehen ist:

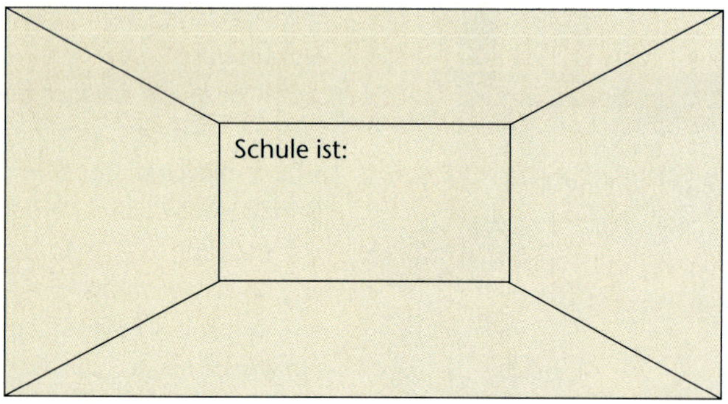

Vorgehensweise:
Jeder notiert zunächst seine eigene Vorstellung in dem vor ihm liegenden Feld (ca. 3 Minuten).
Das Blatt wird dann solange jeweils um eine Position weitergedreht, bis die Felder des Blattes wieder an ihrer Ausgangsposition angekommen sind. Jedes Gruppenmitglied kann nun die Beiträge der anderen Mitglieder der Reihe nach lesen, bei Bedarf ergänzen und kommentieren (pro Position ca. 3 Minuten).
Nachdem das Blatt wieder in der Ausgangsposition ist, liest jeder seine Beiträge mit den Kommentaren bzw. Ergänzungen der übrigen Gruppenmitglieder (ca. 3 Minuten).
Die Gruppenmitglieder halten in dem mittleren (gemeinsamen) Feld die Auffassung fest, die sie nach einer Diskussion (5 Min.) für ihre Gruppe als besonders wichtig angesehen haben.

Und wie geht es weiter ...?
Arbeitsergebnisse von mehreren Gruppen können miteinander verglichen werden, zu einem Meinungsaustausch führen und für einen Vergleich mit den in M 2 deutlich werdenden Auffassungen genutzt werden.
(Autorentext)

Vergleicht eure Auffassungen von Schule mit den in M 2 deutlich werdenden Meinungen.
Stellt Gemeinsamkeiten und Unterschiede fest.

„Mir macht Schule eigentlich Spaß“ – „Schule ist uncool!“ M 2

Naja, ich finde, dass die Schule wichtig ist, auch wenn ich da nicht gerne hingehe, weil mich das meiste nicht wirklich interessiert. Aber was soll man da machen, wenn man einen vernünftigen Job haben will, muss das eben sein, leider!!!!
Arne, 15 Jahre

Meine Schule ist die Astrid-Lindgren-Schule. Wir verstehen uns in unserer Klasse manchmal gut, manchmal streiten wir uns aber auch. Manchmal sind wir hilfsbereit, manchmal nicht. Der Unterricht bereitet mir meistens Spaß. Besonders, wenn er interessant gemacht ist und wenn wir auch Spiele machen.
Raphael, 12 Jahre

Ich hasse die Schule! Ich gehe jeden Morgen mit Bauchschmerzen hin, weil mich zwei Jungen jeden Tag ärgern!
Kira, 13 Jahre

Mir macht eigentlich die Schule Spaß, aber die meisten Freunde sagen: ‚Macht keinen Spaß‘. Aber das sagen sie nur, weil sie cool sein wollen.
Maren, 12 Jahre

Schule finde ich wichtig! Woher soll man sonst die Kontakte kriegen?
Annika, 12 Jahre

(Autorentext)

2. Die Klasse als Gruppe – Gefahren und Vorteile von Gruppen

▶ Die Klasse als „Gruppe" **M 3a**

Eine gute Klassengemeinschaft ist oft ausschlaggebend dafür, dass man sich in der Schule wohlfühlen kann. Eine Klasse ist ein Beispiel für eine bestimmte Art von „Gruppe". Ihr kennt sicherlich auch noch andere Gruppen, z. B. eine Fußballmannschaft, einen Schachklub u. a. m. Sucht weitere Beispiele (vgl. M 3 b). Entdeckt ihr Unterschiede zwischen euren Beispielen und der Gruppe „Klasse"?
Man sagt auch, die Gruppe Klasse ist eine *„formelle Gruppe"*, weil für eine Schulklasse bestimmte, von außen gesetzte Formen und Regeln gelten, an welche die Klasse gebunden ist. Sie ist auch eine *„Zwangsgruppe"*, weil man sich ja normalerweise die Klasse nicht aussuchen kann, in die man gerne möchte.
Wenn sich bestimmte Schülerinnen und Schüler einer Klasse nachmittags z. B. zu einem Fußballspiel treffen, spricht man von einer *„informellen" Gruppe*. Diese Schülerinnen und Schüler treffen sich freiwillig und ohne feste Regeln, weil sie eben gerne Fußball spielen und weil sie sich vielleicht auch gut leiden können.
(Autorentext)

M 3b **Verschiedene Arten von „Gruppen"**

M 4a Gruppen in der Klasse

Unser Klassenlehrer, Herr Sievers, sagt oft zu uns: „Ihr habt eine tolle Klassengemeinschaft, man merkt richtig, wie gut ihr zusammenhaltet.“ Damit hat er wohl Recht, wir halten wirklich gut zusammen, aber trotzdem gibt es in unserer Klasse viele unterschiedliche Gruppen. Marco, Andreas, Lars und Selim treffen sich in jeder freien Minute zum Fußballspielen. Elke, Hanne, Sina und Rabea sind ebenfalls eine Gruppe: In den Pausen treffen sie sich immer an einer bestimmten Stelle auf dem Pausenhof und tauschen die „neuesten Neuigkeiten“ aus. Auch nachmittags treffen sie sich oft.

Johanna, Diana, Mira, Katrin und Lea kommen aus einem Stadtteil und fahren morgens und mittags mit demselben Bus. Das tun sie sogar, wenn sie sich gestritten haben (was allerdings selten vorkommt). Wenn es aber darum geht, als Klasse aufzutreten, merkt keiner etwas davon. Das könnte ja auch ganz anders sein.

(Autorentext)

1. In M 3 a wird die Schulklasse als eine bestimmte Art von Gruppe bezeichnet. Erläutert die beiden besonderen Merkmale, die dafür genannt werden.
2. Betrachtet die Fotos in M 3 b und stellt fest, was die darin abgebildeten Gruppen von der Schulklasse als Gruppe unterscheidet.
3. In M 4 a berichtet eine Schülerin, dass es *innerhalb* ihrer Klasse verschiedene Gruppen gibt. Stellt fest, von welcher Art diese Gruppen sind. Vergleicht dazu noch einmal die Merkmale in M 3 a und die Fotos in M 3 b. Erläutert, was mit dem letzten Satz in M 4 a gemeint sein könnte.
4. Sprecht über Gruppen, die es vielleicht innerhalb eurer Klasse gibt, und überlegt auch, warum sich überhaupt solche Gruppen bilden.
5. Die Gruppenbildung in einer Schulklasse kann sich verändern. Für den Fall, dass ihr bereits in Klasse 6 seid: Haben sich die Gruppen in eurer Klasse gegenüber dem Vorjahr verändert? Haben sich neue Gruppen gebildet?

M 4b Eine Person – verschiedene Gruppen

Johanna ist Mitglied verschiedener Gruppen:

Johanna ist nicht nur Mitglied in *einer* Gruppe, sie ist eine viel beschäftigte Person. Es ist sehr schwierig, sich mit Johanna zu verabreden. Kaum hat sie Zeit. Montags und donnerstags hat sie von 14.00 bis 15.30 Uhr Tennistraining und am Wochenende hat sie dann oft auch noch ein Mannschaftsspiel oder ein Turnier. Seit letztem Monat geht sie mittwochs zur Tanzschule und ist Mitglied einer Jazz-Tanzgruppe. Weil sie in der Schule sehr engagiert ist, arbeitet sie in der SV mit und bereitet im Moment ein Volleyball-Turnier für die Unterstufe mit vor. Dass sie überhaupt noch Zeit für die Hausaufgaben hat, wundert mich. Und wenn sich unsere Clique mal zum Kino verabreden will, sagt Johanna oft: „Dann kann ich nicht, dann kann ich nicht und dann kann ich nicht!“ Ich finde das sehr schade! Ihre Mutter schimpft auch manchmal schon: „Für uns hat sie gar keine Zeit mehr!“

(Autorentext)

M 5 Was die Zugehörigkeit zu Gruppen bedeuten kann

Rollenerwartungen und Konflikte M 5a

Bei Neugeborenen kann man sehen, dass Menschen immer auch auf andere Menschen angewiesen sind: Sonst könnten sie nicht überleben. Von den Gruppen, in denen Menschen zusammenleben, ist die Familie vielleicht die wichtigste. Gruppen bilden verschiedene Merkmale heraus (das kann man schon an der Familie sehen; vgl. dazu Kapitel 7). Zur Gruppe gehört z. B. das Zusammengehörigkeitsgefühl (auch als *„Wir-Gefühl"* bezeichnet). Innerhalb einer Gruppe haben die Mitglieder bestimmte Erwartungen aneinander; jeder weiß, welches Verhalten die Eltern von ihren Kindern erwarten und umgekehrt. Solche Erwartungen werden auch als *Rollenerwartungen* oder einfach als Rollen* bezeichnet (dazu erfahrt ihr Näheres in Kapitel 8).
Wenn man solchen Erwartungen gar nicht gerecht wird, können daraus Probleme und auch Streitfälle (Konflikte) entstehen, die man zu lösen versuchen muss. Gruppen haben auch die Neigung, sich nach außen, gegenüber anderen Gruppen, *abzugrenzen* und sich z. B. für besser zu halten als „die anderen".

(Autorentext)

Die „Clique*" hat großen Einfluss M 5b

Für Kinder und besonders Jugendliche haben Gruppen eine ganz besondere Bedeutung. Hier ist es meist die Clique*, zu der man gehören möchte und in der man sich besonders wohlfühlt. […]
Im günstigen Fall hat die Clique positive Auswirkungen auf die Entwicklung von Jugendlichen. Hier trifft man sich zum Reden und für gemeinsame Unternehmungen. Die Clique bietet Geborgenheit, Orientierung und Trost. […]
Im ungünstigen Fall können Cliquen einen negativen *Gruppendruck* auf die Mitglieder ausüben. Dies geschieht zum Beispiel, wenn in der Clique einzelne Mitglieder zu einem bestimmten Verhalten, zu Mutproben, zum Diebstahl oder zu Drogenmissbrauch aufgefordert werden. In einer Schulklasse können Cliquen auch Druck auf Schülerinnen und Schüler ausüben, die nicht zu diesen Cliquen gehören.

(Wolfgang Mattes u. a., Team, Band 2, Schöningh Verlag, Paderborn 2004, S. 17)

1. Johanna ist Mitglied in ganz unterschiedlichen Gruppen (M 4 b). In welchen Gruppen bist du Mitglied? Fertige – wie es in M 4 b für Johanna zu sehen ist – auch für dich ein Schaubild an.
2. Welche Schwierigkeiten können sich ergeben, wenn man in vielen unterschiedlichen Gruppen Mitglied ist?
3. Schreibt heraus, was als typisch für Gruppen angesehen wird (M 5 a), und erläutert die eurer Meinung nach wichtigsten Merkmale.
4. Welche positiven und negativen Auswirkungen von Cliquenzugehörigkeit werden genannt (M 5 b)? Könnt ihr selbst Beispiele dafür anführen?

Ein Beispiel: Zoff in einer Clique M 5c

Frederik, Alina, Jeffrey, Ilona, Kai und Nicole sind seit ihrer Kindheit Freunde und gemeinsam in einer Clique. Sie wohnen alle in einem kleinen Dorf und treffen sich oft nach den Hausaufgaben, um etwas gemeinsam zu unternehmen oder zu spielen.

Da sich auch die Eltern der Kinder gut verstehen, machen auch immer mal wieder alle Familien zusammen Wochenendausflüge. Für den kommenden Winter sind alle sechs Cliquenmitglieder von ihren Eltern für eine Skifreizeit in Bayern angemeldet worden. Alle freuen sich schon riesig darauf, Skifahren zu lernen.

Ann-Katrin

Vor drei Wochen sind neue Nachbarn genau neben dem Haus von Alina eingezogen. Die Familie heißt Knorr und die Eltern haben eine Tochter Ann-Katrin, die im gleichen Alter wie die Mitglieder der Clique ist. Ann-Katrin besucht die gleiche Klasse wie die Clique. Die Eltern von Ann-Katrin besitzen ein großes Sportgeschäft, aus dem Ann-Katrin sich immer die modischsten Klamotten mitnehmen kann. Alinas Eltern haben sich sofort mit Ann-Katrins Eltern angefreundet, sodass sich auch Ann-Katrin und Alina schnell kennengelernt haben. In den ersten Wochen hat Alina Ann-Katrin dabei geholfen, in der Schule zurechtzukommen: Sie hat ihr ihre Hefte geliehen und sie ab und zu bei den Hausaufgaben unterstützt. Ann-Katrin besitzt ein Pferd und nimmt Alina aus Dank für ihre Hilfe oft mit zum Reiten. Die anderen Cliquenmitglieder hatten Alina am Anfang damit aufgezogen, dass sie mit der „verwöhnten" Ann-Katrin spiele und für die anderen keine Zeit mehr habe. Vor allem Kai, den Alina sehr mag, hatte sich beschwert, dass sie keine Zeit mehr für ihn habe. Als Alina eines Tages zur Schule kam, sah sie Kai und Ilona Arm in Arm. Jeffrey, der daneben stand, streckte ihr die Zunge raus und schnitt freche Grimassen. Alina war darüber sehr traurig und beschloss zusammen mit Frederik und Nicole, dass nur sie drei nach Bayern zur Skifreizeit fahren werden.

(Autorentext)

Alina

1. Bildet Gruppen, die aus mindestens sechs Mitgliedern (Cliquenmitgliedern) bestehen. Jedes Mitglied übernimmt die Rolle (vgl. M 5) eines Cliquenmitglieds: Frederik, Alina, Jeffrey, Ilona, Kai und Nicole.
2. Jede(r) stellt nun in der Gruppe dar, welche Erwartungen er/sie in seiner/ihrer Rolle als Cliquenmitglied hat und worin für ihn/sie (als Rollenfigur) die Konfliktursache durch die neue Entwicklung liegt.
3. Welche Konfliktparteien stehen sich nun gegenüber?
4. Versucht Vorschläge für eine Konfliktbereinigung zu entwickeln. Hier wäre zu überlegen, ob Ann-Katrin als zusätzliche Rollenfigur eingeführt werden soll.
5. Führt den für euch überzeugendsten Lösungsversuch als Rollenspiel (vgl. S. 111 f.) vor und diskutiert mit euren Mitschülerinnen und Mitschülern über die Eignung dieses Vorschlags.

Außenseiter M 6

Fast alle Kinder und Jugendlichen haben Angst davor, zum Außenseiter gestempelt zu werden. Um diese Rolle zu vermeiden, sind viele sogar bereit, Dinge zu tun, die sie eigentlich gar nicht tun möchten. Man macht zum Beispiel beim *Mobbing* (s. M 15) von Klassenkameraden mit. Man lässt sich zum Klauen, Trinken und Rauchen überreden, obwohl man das alles eigentlich gar nicht will. So setzen sich viele einem inneren Druck aus, der aus der Angst entsteht, ausgeschlossen zu werden.

Obwohl alle wissen, dass es schmerzhaft ist, wenn man zum Außenseiter gemacht wird, sind viele bereit zu akzeptieren, dass es Außenseiter gibt. Andere zu demütigen scheint vielen leichter zu fallen, als freundlich zu sein und positiv auf andere zuzugehen. Menschen, die gerne andere fertigmachen, wollen sich in der Regel selbst beweisen, dass sie etwas wert sind und Macht ausüben können. Wo die Menschen einen positiven Umgang miteinander pflegen, wird niemand zum Außenseiter gemacht, und weil es keine Opfer und keine Täter gibt, fühlen sich letztlich alle Beteiligten wohler.

(Wolfgang Mattes u. a., Team, Band 2, Schöningh Verlag, Paderborn 2004, S. 17)

Zur Bedeutung, die Gruppen für den Einzelnen haben können, gehört auch das Problem des Außenseiters. Könnt ihr die Aussagen dazu in M 6 aus eigener Anschauung bestätigen? – In Abschnitt 4 dieses Kapitels („Angst und Gewalt in der Schule") werden wir uns mit diesem Problem noch eingehender beschäftigen.

M 7 „Bezugsgruppen" und „Rollenerwartungen"

„Alle wollen etwas von mir!" M 7a

Schülerinnen und Schüler haben‘s wohl auch deshalb schwer, weil nicht nur die Lehrerinnen und Lehrer bestimmte Erwartungen an ihr Verhalten richten (z. B. immer fleißig zu sein; ständig dem Unterricht aufmerksam zu folgen; sich ruhig, aber nicht gelangweilt zu verhalten; schnell zu „kapieren"; sich mit den Mitschülern und Mitschülerinnen gut zu vertragen usw.). Auch die Mitschüler und Mitschülerinnen erwarten bestimmte Verhaltensweisen, die jedoch oft nicht mit den vom Lehrer oder der Lehrerin erwünschten vereinbar sind.

Kannst du Beispiele für einen solchen „Rollenkonflikt“ (vgl. M 5 a) nennen? Die Karikatur zeigt, dass Schülerinnen und Schüler darüber hinaus nicht nur Mitglieder einer Schulklasse sind, sondern auch zu anderen Gruppen in Beziehung stehen (vgl. M 4 a), die ebenfalls Erwartungen an sie haben.

(Autorentext)

„Ein Lehrer hat es schwer!“ M 7b

a) „Musst du immer noch arbeiten? Wir wollten doch Fußball spielen!“

b) „Sie wissen doch, dass Sie eine Viertelstunde vor Beginn der ersten Stunde in der Schule sein müssen!“

c) „In Ihrer Klasse ist nie aufgestuhlt und unter den Tischen ist nie aufgeräumt!“

d) „Unser Lehrer ist immer so streng!“

e) „Komm, jetzt gehen wir noch in die Disko! Dann bist du morgen eben mal nicht vorbereitet.“

f) „Sie müssen meinen Sohn mehr fordern, sonst wird nie was aus ihm!“

(Autorentext)

1. Erläutert die Darstellung der Karikatur in M 7 a, indem ihr die einzelnen Bezugspersonen und Bezugsgruppen des Schülers (Personen und Gruppen, die bestimmte Erwartungen an ihn haben) benennt (um sie zu „erkennen“, müsst ihr genau hinsehen!). – Näheres zur Bedeutung von Rollenerwartungen und Bezugsgruppen findet ihr in Kap. 8, M 8.

2. Was will der Zeichner zum Ausdruck bringen? Seht ihr das auch so?

3. Die Bilder in M 7 b zeigen Situationen, in denen von einem Lehrer jeweils ein bestimmtes Verhalten erwartet wird, in denen er eine bestimmte „Rolle“ spielen soll:
   a) Ordne den Bildern die angeführten Aussprüche zu. Nenne die Personen und Gruppen, die hier ganz bestimmte Erwartungen an den Lehrer stellen.
   b) Nenne und beschreibe mögliche Konflikte, die sich aus diesen unterschiedlichen Erwartungen für den Lehrer ergeben können (Rollenkonflikte*).

3. Mitbestimmung in der Schule – die Schülervertretung (SV) an unserer Schule

„Wofür habt ihr denn einen Klassensprecher?" **M 8**

Nele und Philipp sind Schüler der 5. Klasse und mit ihrer Schule, dem Gymnasium Dorotheum, im Großen und Ganzen zufrieden. Streitigkeiten gibt es ja überall! Aber gestern, in der ersten großen Pause, haben sie sich doch sehr geärgert. Sie standen vor dem Informationsbrett und konnten dort lesen, welche Aktionen und Aktivitäten die SV in ihrer Schule im kommenden Schuljahr durchführen will:

Jahresprogramm der SV

September:	Fußballturnier (Jgst. 9/10)
Oktober:	Filmabend (Jgst. 11–13)
November:	Halloween-Party (Jgst. 10–13) und Podiumsdiskussion zur aktuellen Bildungspolitik mit eingeladenen Kommunalpolitikern
Dezember:	Weihnachtsbasar (für alle) und Lesewettbewerb (Jgst. 6)
Januar:	Besuch eines Musicals in Hamburg (ab Jgst. 10)
Februar:	„Wir feiern Karneval" (für die Mittel- und Oberstufe)
März:	Ski-Wochenendfahrt (Sportkurse der Jgst. 11–13)
Mai:	Schachturnier (ab Jgst. 9)
Juni:	Kino-Abend in der Aula (Jgst. 7/8)
Juli:	Fahrradtour zum Baggersee – anschließend Wasserski (ab Jgst. 8)

„Fällt dir was auf?", fragte Nele. „Mensch, ja klar! Für unsere Jahrgangsstufe ist überhaupt nichts dabei. Das finde ich gemein!", empörte sich Philipp. „Was heißt hier gemein?", meldete sich ein älterer Junge, der hinter den beiden stand und das Programm ebenfalls mitlas. „Jetzt sind wir in der SV schon so aktiv und bieten so viele unterschiedliche Sachen an, und ihr seid immer noch nicht zufrieden!" „SV, SV, SV! Wer oder was ist denn die SV? Und außerdem: Was nützen uns so viele Aktionen, wenn wir nichts mitmachen können? Für die Fünfer ist ja nichts dabei!"

„Wir haben im *Schülerrat* auf der letzten Sitzung das kommende Jahresprogramm besprochen. Da hätte sich doch euer *Klassensprecher* an der Diskussion beteiligen können! Ihr habt doch einen *gewählt*, oder nicht? Ihr könnt euch außerdem ja selbst auch in der SV engagieren, wenn ihr wollt, dass eure Interessen mehr Berücksichtigung finden sollen! Gemeckert wird immer schnell!"

„Davon hat uns unsere Klassensprecherin Simone gar nichts erzählt! Ich weiß gar nicht, was ein Schülerrat ist, wann er tagt und welche *Aufgaben* er hat. Wie kommt man denn in die SV? Weißt du das, Nele?", fragte Philipp leise, denn die Älteren sollten nicht mitbekommen, dass er nicht so genau Bescheid wusste. Aber auch Nele kannte sich nicht richtig aus. Wer könnte sie denn darüber am besten informieren?

Sie wenden sich an ihren Klassenlehrer, der sich über ihr Interesse freut und zusammen mit der Politiklehrerin über Mitwirkungsmöglichkeiten in der Schule informiert.

(Autorentext)

Mithilfe der folgenden Materialien (M 9 und M 10) könnt ihr die Fragen, die sich für Nele und Philipp ergeben haben, beantworten. Dort werden auch die kursiv gedruckten Begriffe erläutert.

M 9 ▶ Mitwirkungsgremien: Schülervertretung und Schulkonferenz

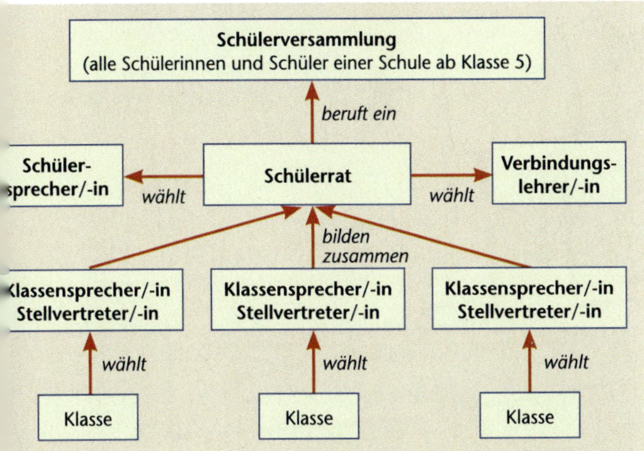

(Politik entdecken, Band 1, Cornelsen Verlag, Berlin 2007, S. 30)

a) § 74 Schülervertretung (Schulgesetz NRW)

(1) Die Schülervertretung nimmt die Interessen der Schülerinnen und Schüler wahr.

(2) Die Schülerinnen und Schüler der Klasse […] wirken in ihrem Bereich an der Bildungs- und Erziehungsarbeit mit. Die Schülerinnen und Schüler […] wählen von der fünften Klasse an ihre **Sprecherinnen und Sprecher** und deren Stellvertretungen. […]. Die Schülerschaft […] kann im Monat […] eine Stunde während der allgemeinen Unterrichtszeit für Angelegenheiten der Schülervertretung (SV-Stunde) in Anspruch nehmen.

(3) Der **Schülerrat** vertritt alle Schülerinnen und Schüler der Schule; er kann Anträge an die Schulkonferenz richten. Mitglieder des Schülerrats sind die Sprecherinnen und Sprecher der Klassen und Jahrgangsstufen sowie mit beratender Stimme deren Stellvertretungen. […] Der Schülerrat wählt eine Vorsitzende oder einen Vorsitzenden (**Schülersprecherin oder Schülersprecher**) und bis zu drei Stellvertretungen. […]

(4) Der Schülerrat kann im Benehmen mit der Schulleiterin oder dem Schulleiter eine Versammlung aller Schülerinnen und Schüler (**Schülerversammlung**) einberufen. Die Schülerversammlung lässt sich über wichtige Angelegenheiten der Schule unterrichten und berät darüber. Auf Antrag von einem Fünftel der Schülerinnen und Schüler ist sie einzuberufen. Die Schülerversammlung kann bis zu zweimal im Schuljahr während der allgemeinen Unterrichtszeit stattfinden. […]

(6) Schülerinnen und Schüler dürfen wegen ihrer Tätigkeit in den Mitwirkungsgremien weder bevorzugt noch benachteiligt werden. Auf Antrag ist die Tätigkeit im Zeugnis zu vermerken.

(7) **Verbindungslehrerinnen und Verbindungslehrer** unterstützen die Arbeit der Schülervertretung. […]

b) Schulkonferenz

In der Schulkonferenz beraten und entscheiden Lehrer-, Eltern- und Schülervertreter/innen über Angelegenheiten der Schule. Es ist eines der wichtigsten Entscheidungsorgane in einer Schule. Hier muss z. B. darüber entschieden werden, in welcher Jahrgangsstufe welche Klassenfahrten durchgeführt werden sollen, ob ein Schulfest stattfinden soll, ob es Projekttage geben soll usw. In vielen Schulen wird im Moment darüber beraten, ob Schuluniformen eingeführt werden sollen. Auch hier dürfen Schüler mitentscheiden. In einer Schule der Sek. I und II mit weniger als 500 Schülerinnen und Schülern hat die Schulkonferenz z. B. 12 Mitglieder (s. Foto), bei mehr als 500 Schülern 20 Mitglieder; davon sind zehn Lehrerinnen und Lehrer, fünf Elternvertreter und fünf Schülervertreter. Bei Stimmengleichheit entscheidet die Schulleitung.

(Autorentext)

M 10 Wie wird der Klassensprecher/die Klassensprecherin gewählt?

Wahltermin:
Die Wahl erfolgt jährlich zu Beginn des Schuljahres bis spätestens 2 Wochen nach Unterrichtsbeginn. Gewählt wird in den jeweiligen Klassen.

Einladung zur Wahl:
Der Klassensprecher des Vorjahres oder der Klassenlehrer lädt zur Wahl ein (das kann auch eine mündliche Ankündigung zu Beginn einer Klassenlehrerstunde sein. In der Klasse 5 sollte der Termin nicht zu früh liegen, damit die Schüler Gelegenheit haben, sich ein wenig kennenzulernen.).

Wer ist zu wählen?
Zu wählen ist der Klassensprecher und sein Vertreter. Wählbar ist jeder Schüler.

Wahlleiter:
Der einladende Klassensprecher oder der Klassenlehrer leitet die Wahl nur für die Neuwahl des Klassensprechers. Danach übernimmt dieser die weitere Wahlleitung.

Wahlvorbereitungen:
- ausreichende Zahl von Stimmzetteln
- vorherige Festlegung über die Protokollführung
- Aufstellen der Kandidaten (wer schlägt wen vor?): durch Zuruf oder durch geheime schriftliche Vorschläge

Wahlverfahren:
Der Klassensprecher und sein Vertreter müssen in geheimer Wahl und in getrennten Wahlgängen bestimmt werden.
Gewählt ist, wer die meisten Stimmen erhalten hat.
Die Stimmen werden an der Tafel ausgezählt. Es wird überprüft, ob die Zahl der Stimmen mit der Zahl der Anwesenden übereinstimmt.
Die Gewählten haben zu erklären, ob sie die Wahl annehmen.
Bei Stimmengleichheit findet eine Stichwahl statt. Bei erneuter Stimmengleichheit entscheidet das Los.

Wahlprotokoll:
Über die Wahl ist ein Protokoll anzufertigen, das folgende Angaben enthalten muss:
- Wahlzeitpunkt
- Zahl der Stimmberechtigten
- Name der Kandidaten für das jeweilige Amt
- Wahlergebnis
- Feststellung, ob der Gewählte das Amt angenommen hat

Das Wahlprotokoll sollte der Klassensprecher bis zur Neuwahl im nächsten Schuljahr aufbewahren. Es sollte vom Protokollführer und vom neu gewählten Klassensprecher unterschrieben werden.

Amtsdauer:
Die Amtsdauer erstreckt sich bis zum Ende des Schuljahres. Eine Wiederwahl des alten Klassensprechers ist möglich.
Ist eine Klasse im Laufe des Schuljahres mit ihrem Klassensprecher nicht mehr zufrieden, kann sie mit Zweidrittelmehrheit der Anwesenden einen Nachfolger wählen.

(http://www.learn-line.nrw.de/angebote/p21/main/sv/ws_klassensp_liste.html; Auszüge)

M 11 Aufgaben eines Klassensprechers

Eine Klassensprecherin/ein Klassensprecher ...

... muss uns bei der Schulleitung vertreten!

... muss das Geld für die Klassenlektüre einsammeln!

... muss einmal mit dem Englischlehrer sprechen; der hat nämlich Anita auf dem „Kieker“!

... muss unser nächstes Klassenfest organisieren!

... muss uns verteidigen!

... muss in der Klasse für Ruhe und Ordnung sorgen, wenn die Lehrperson einmal kurz den Raum verlassen muss!

... muss den Lehrerinnen und Lehrern einmal gehörig die Meinung sagen!

... muss mit gutem Beispiel vorangehen!

... muss in der Klasse dafür sorgen, dass die Streitigkeiten beigelegt werden!

Der Klassensprecher-Kandidat stellt sich vor.

... muss immer auf unserer Seite stehen!

... muss für Kreide sorgen!

... muss an den SV-Sitzungen teilnehmen!

... muss bei Prügeleien den Schwachen in unserer Klasse helfen!

... muss dafür sorgen, dass wir nicht so viele Hausaufgaben aufbekommen!

(Autorentext)

Wer neunmal lügt ... M 12

Wer neunmal lügt ...

1. Jede Klasse kann eine Klassensprecherin oder einen Klassensprecher wählen, wann sie will.
2. Der gewählte Klassensprecher/Klassensprecherin kann sich seinen Stellvertreter aussuchen.
3. Ist jemand bei der Wahl krank, kann er nicht gewählt werden.
4. Die Klassensprecherin/der Klassensprecher vertritt die Interessen der Klasse.
5. Die Wahl kann durch „Fingerzeig“ erfolgen.
6. Bei Stimmengleichheit findet eine Stichwahl statt.
7. Die Klassensprecherin/der Klassensprecher leitet die SV-Stunde.
8. Die Klassensprecherin/der Klassensprecher ist nicht verpflichtet, die Klasse über Beschlüsse des Schülerrates zu informieren.
9. Die Schülersprecherin/der Schülersprecher ist Vorsitzende(r) des Schülerrates.
10. Der Schülerrat ist für alle Fragen der SV zuständig, die über die Belange der einzelnen Klasse hinausgehen.
11. Der Schülerrat besteht aus den Klassensprechern/-sprecherinnen und Klassenlehrern/-lehrerinnen der einzelnen Klassen.
12. Die Lehrerinnen und Lehrer wählen zu Beginn des Jahres den Schülersprecher/die Schülersprecherin.
13. Der Direktor/die Direktorin einer Schule kann die Wahl des Klassensprechers/der Klassensprecherin verbieten.
14. Alle Schülerinnen und Schüler können über ihre Klassensprecherin/ihren Klassensprecher Einfluss auf die SV-Arbeit nehmen.
15. Die SV erledigt nur Arbeiten, die der Direktor/die Direktorin ihr aufträgt.
16. Der Schülerrat besteht aus den fünf besten Schülerinnen und Schülern jeder Jahrgangsstufe.
17. Der Schülerrat kann Vorschläge für eine Änderung der Hausordnung erarbeiten.
18. Die stellvertretenden Klassensprecher/Klassensprecherinnen können unter bestimmten Bedingungen an den Sitzungen des Schülerrates teilnehmen.

(Autorentext)

1. Klärt anhand von M 9 und M 10 die Fragen, die von Nele und Philipp (M 12) nicht beantwortet werden konnten.
2. In M 9 wird die Aufgabe des Klassensprechers/der Klassensprecherin nur sehr allgemein beschrieben. Welche der in M 12 beschriebenen Aufgaben eines Klassensprechers gehören eurer Meinung nach tatsächlich dazu?
3. Fehlen deiner Meinung nach Aufgabenbereiche?
4. Charlie Braun hat ein Amt – und plötzlich meint er, das ändert vieles (M 11)! Seid ihr auch dieser Meinung? Begründet sie!
5. Über welche persönlichen Eigenschaften sollte ein Klassensprecher oder eine Klassensprecherin verfügen?
6. Von den Aussagen in M 12 sind neun falsch. Finde sie heraus. Dazu müsst ihr die Bestimmungen in M 9 und M 10 kennen.

Methode M 13 Wir informieren uns! Expertenbefragung und/oder Interview

Um euch über die SV eurer eigenen Schule gründlich zu informieren und vielleicht auch eurer gesamten Schulgemeinde darüber zu berichten (z. B. auf einer Infotafel, in der Schülerzeitung oder mit einer ,,SV-Broschüre"), schlagen wir euch hier zwei Möglichkeiten vor.

1. Expertenbefragung in der Klasse
Ladet den Schülersprecher/die Schülersprecherin, weitere SV-Mitglieder, SV-Lehrer, Schulleiter/Schulleiterin in eine Politikstunde ein mit der Bitte, euch für ein Gespräch zur Verfügung zu stehen. Sagt ihnen, dass ihr die Informationen für eine „Informationsschrift" festhalten wollt; vielleicht können euch eure Gesprächspartner auch Informationsmaterial zur Verfügung stellen. Weil das Gespräch in eurem Politikunterricht stattfindet, können alle aus der Klasse daran teilnehmen und Fragen stellen. Zur besseren Organisation des Gespräches wählt ihr am besten einen Gesprächsleiter oder eine Gesprächsleiterin. Möglicherweise wollen die Gäste vorab schon etwas über den Inhalt eurer Fragen wissen, um sich besser auf dieses Gespräch vorbereiten zu können. Aber auch ihr müsst euch auf diese „Befragungsaktion" sehr sorgfältig vorbereiten.

2. Interview „vor Ort"
Interview (engl.) bedeutet „Gespräch", „Befragung". Sicher habt ihr im Fernsehen schon häufig Interviews mit Sportlern, Politikern, Schauspielern und anderen bekannten Personen gesehen. Nun sollt ihr selbst ein Interview vorbereiten, durchführen und nachbereiten; von einem im Fernsehen gesendeten Interview unterscheidet sich eure Aufgabe in einem wesentlichen Punkt: Ihr müsst das Interview schriftlich dokumentieren, „lesbar" machen. Zu Planung, Durchführung und Nachbereitung hier einige Tipps:

Vorbereitung:
1. Wen wollt ihr befragen? (SV-Mitglieder, SV-Lehrerinnen und -Lehrer, Schulleiter, Schulleiterin)
2. Was genau wollt ihr erfahren?
3. Aufschreiben der Fragen/Ordnen nach bestimmten Gesichtspunkten, z. B.:
   a) Wahlen (Verlauf und Ergebnisse)
   b) Mitglieder (Anzahl/Namen)
   c) Aufgaben (allgemein/speziell an dieser Schule)
   d) Zusammenarbeit mit den Mitschülerinnen und Mitschülern, den Lehrerinnen und Lehrern, der Schulleiterin/dem Schulleiter
   e) Dokumentation besonderer Veranstaltungen der SV
   f) Schulungen
   g) ....
   h) ....
4. Wie sollen die Antworten festgehalten werden (Mitschrift, Aufnahme)?
5. Aufgabenverteilung in der ,,Interviewgruppe": Wer hat die Gesprächsleitung? Wer stellt Fragen? Wer schreibt mit? Wer fotografiert? Wer ist für die Aufnahme zuständig?
6. Terminabsprachen (am besten mithilfe eurer Lehrerin/eures Lehrers)

Durchführung:
1. Vor dem Gespräch: Sind alle Unterlagen/technischen Geräte vorhanden und funktionstüchtig?
2. Auf zum Gespräch: Freundliche Begrüßung der Interviewpartnerin/des Interviewpartners durch den Gesprächsleiter/die Gesprächsleiterin und Begründung des „Interviewzweckes".
3. In aller Ruhe die Fragen stellen! Den Interviewpartnern und -partnerinnen Zeit und Gelegenheit geben, auch etwas länger und ausführlicher zu erzählen. So erfährt man mehr als in einem strikten Frage- und Antwortspiel!
4. Nach dem Gespräch: Überprüfen: Ist wirklich alles beantwortet? – Bedanken!

Nachbereitung:
1. Mitschriften miteinander vergleichen und ggf. aus dem Gedächtnis oder mithilfe der Tonaufzeichnung ergänzen
2. Evtl. neu ordnen
3. „Reinschrift" anfertigen und evtl. mit Fotos versehen
4. Evtl. der Interviewpartnerin/dem Interviewpartner zur Kenntnisnahme/Prüfung vorlegen
5. Evtl. Vorbemerkung/Abschlussbemerkung: Wie habt ihr die Interviewsituation empfunden? Hat alles geklappt? o. Ä.

Viel Spaß und viel Erfolg!
Vielleicht wollt ihr danach auch Mitglied der SV werden!
(Autorentext)

4. Angst und Gewalt in der Schule – was kann man tun?

Schulalltag? **M 14**

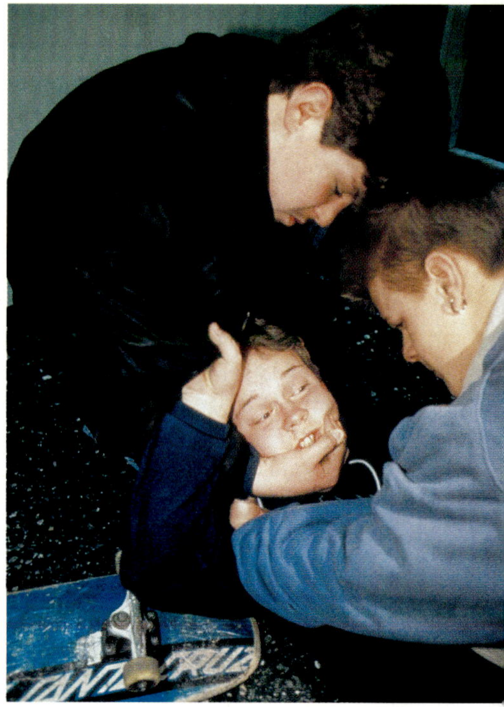

▶ Angst vor der Schule – Was „Mobbing" bedeutet **M 15**

Au! Tut das weh! Am Mittwoch hielt Martina es bis zur dritten Stunde aus. Vor dem Englischunterricht packte die 14-Jährige heulend ihre Hefte ein und stiefelte aus dem Klassenzimmer. „Ich habe solche Bauchschmerzen", jammerte sie. „Ich gehe nach Hause." Dabei krümmte sich das Mädchen wie ein Fragezeichen.

Solche Tage sind bei Martina häufig. Nicht etwa, weil sie ihr Frühstück nicht verträgt. Für sie ist jede Stunde in ihrer Klasse die Hölle: Schon am Sonntag fängt Martina an zu zittern, wenn sie an den Unterricht am Montag denkt. Im Schlaf wälzt sie sich mit Albträumen hin und her. Kommen dann noch Bauchschmerzen hinzu, ist das Mädchen fast erleichtert – denn dann hat es einen Grund, die Schule zu meiden.

Martina leidet unter Schulangst, und sie ist kein Einzelfall. Sehr viele Schüler in Deutschland stehen mit ihren Lehrern, den Mitschülern oder ihren Fächern so auf Kriegsfuß, dass sie davon krank werden: Sie schlafen schlecht; bekommen Bauch- oder Kopfschmerzen oder Herzrasen. Manche haben sogar Depressionen – das heißt, sie werden so traurig, dass sie den ganzen Tag heulen könnten.

Was macht die Schule so schlimm, dass sich Kinder vor ihr fürchten? Oft ist es Angst, etwas nicht zu können. Eine Klassenarbeit mies zu schreiben. Oder die Mathe-Hausaufgaben an

der Tafel vorrechnen zu müssen: Die ganze Klasse starrt einen an. Wartet. Und der eigene Kopf ist nur – leer. Das kann einem so peinlich sein, dass man am liebsten ganz tief im Boden versinken möchte. Womöglich bringt der Lehrer noch einen Spruch wie: „Typisch! Mal wieder die Aufgaben nicht gemacht!“ Und dazu gibt es eine schlechte Note.

[…] Dummerweise reichen bei manchen Kindern schon Kleinigkeiten, um sie ängstlich zu machen. Manche zittern, wenn sie bloß im Sportunterricht einen Purzelbaum schlagen sollen! „Das kann ich nicht“, jammern sie – und sehen blass aus, als sollten sie mit einem hungrigen Löwen kämpfen.

Für schwächere Schüler kann ein Schultag so stressig werden wie ein Überlebenstrip im Dschungel. Überall lauern Gefahren und Fallen: erste Stunde Englisch? Ich kenne doch so viele Wörter nicht! Dann Physik? Schluck, da ist der Lehrer so fies! Viele Kinder halten das nicht aus – und flüchten. Experten des Deutschen Jugendinstituts München schätzen, dass fünf bis zehn Prozent regelmäßig die Schule schwänzen. Sie hängen in Kaufhäusern herum oder fahren mit der U-Bahn durch die Gegend. Natürlich wird dann alles noch schlimmer. Die Blaumacher bekommen erst recht schlechte Noten und schaffen oft nicht einmal den Schulabschluss. […]

Doch Bammel vor dem Versagen ist nicht der einzige Grund für Schulangst. Viele Mädchen und Jungen fürchten sich auch vor ihren Mitschülern. Denn Gewalt ist leider an vielen Schulen normal: Bei einer Untersuchung gab fast ein Drittel aller Jungs zu, im letzten halben Jahr andere Schüler verprügelt zu haben. 13 Prozent haben Kameraden sogar erpresst oder „abgezogen“. So nennt man es, wenn stärkere Schüler von schwächeren Geld, Handys oder Kleidungsstücke rauben.

[…] Einem Teil der Schüler geht es aber noch schlimmer. Sie trauen sich kaum in ihre Klasse, weil andere Kinder sie ständig terrorisieren. Martina beispielsweise wurde jeden Tag von Mädchen beschimpft. Monatelang.

Andere werden geschlagen. Oder, was genauso schlimm sein kann: Niemand spricht ein Wort mit ihnen. Experten nennen solche Quälereien „Mobbing*“. Die Opfer verlieren oft jedes Selbstbewusstsein. „Warum sind alle gemein zu mir? Bin ich denn soo doof?“, fragen sie sich. Einige verzweifeln mit der Zeit so sehr, dass sie sich etwas antun. Dabei hat Mobbing oft keinen besonderen Grund; es kann fast jeden treffen. Manchmal sind die Opfer etwas kleiner als die anderen. Manchmal ein bisschen schlauer im Unterricht, oder nicht ganz so gut …

Irgendwann sagte Martina: „Ich gehe nicht mehr zur Schule!“ Erst dann hat sie ihren Eltern alles erzählt. Jetzt besucht sie regelmäßig einen Fachmann, der ihr dabei hilft, dass sie wieder Mut zum Unterricht und Spaß an der Schule findet.

(© GEOlino 08/2003 – Unterwegs zum Mars; Verf.: Stefan Greschik)

M 16a Wie Außenseitergeschichten entstehen

Jeder von euch kennt einige Beispiele für Außenseiter. Da ist z. B. der Stotterer, über den die Klasse lacht, da ist die „Neue“, die einen anderen Dialekt spricht, da ist ein Mitschüler aus einem anderen Land, der zu Hause strenger erzogen wird. Mal wird einer angemacht, weil er kleiner ist oder zu groß, weil er keine Adidas-Schuhe oder kein Sweatshirt von Hilfiger trägt.

Jede Außenseitergeschichte ist anders. Wie sie genau angefangen hat, ist im Nachhinein oft gar nicht zu sagen. Ob am Anfang der Einzelne mit seinem auffälligen Verhalten Auslöser war oder ob eine Gruppe sich auf Kosten eines Einzelnen amüsieren will, ist später oft gar nicht mehr auszumachen. Oft aber entwickeln sich Außenseitergeschichten nach einem bestimmten Grundmuster, nämlich in drei Stufen. Wer diesen Dreisprung, der zum „Teufelskreis“ werden kann, in Gang gesetzt hat, das zu wissen hilft bei der Lösung des Konflikts aber kaum weiter. Denn im weiteren Verlauf der „Außenseitergeschichte“ tragen sowohl die Gruppe als auch der Einzelne zu einer weiteren „Eskalation“, zur stufenweisen Steigerung bei.

(Autorentext)

M 16b Mobbing: Was kann man tun?

(Focus Schule, Nr. 2 März/April 2005, S. 34f.)

1. In M 15 wird von Martina berichtet, die unter Schulangst leidet. Wie äußert sich ihre Angst?

2. Welche Gründe werden – auch über Martinas Beispiel hinaus – angeführt, die dazu führen können, dass Kinder nicht mehr zur Schule gehen wollen? Kennst du diese Gründe aus deinem eigenen Erfahrungsbereich?

3. In M 16 a wird beschrieben, wie schnell man manchmal zum Außenseiter werden kann. Wie wird hier die Entstehung einer Außenseiterposition erklärt? Kannst du dieser Erklärung aufgrund deiner Erfahrungen in der Schule zustimmen? Begründe!

4. In M 16 b wird dargestellt, wie ein Außenseiter- und Mobbingproblem in der Klasse angegangen werden könnte.
   a) Wer soll in Aktion treten und was sollen die einzelnen Akteure unternehmen?
   b) Meint ihr, dass noch andere Personen aktiv werden müssten?
   c) Was würdet ihr als Klassenlehrer/-lehrerin
      – mit dem betroffenen Schüler klären, was
      – mit der Klasse besprechen?
   d) Wie könnten eurer Meinung nach die einzelnen Klassenmitglieder zur Lösung des Problems beitragen?
   e) Hat der Klassensprecher eurer Meinung nach eine besondere Verantwortung?

Mobbing – Schluss damit! M 16c

Mobbing ist für Schulkinder leider ein sehr bedeutsames und wichtiges Thema. Es gibt aber mittlerweile viele Internetseiten, auf denen Erfahrungen ausgetauscht und Hilfen angeboten werden. Folgende Adressen können wir empfehlen:*
www.mobbing.seitenstark.de, www.faustlos.de (Unterrichtsprogramm), www.aktion-tu-was.de (Aufklärung der Polizei), www.gewalt-in-der-schule.info (europaweite News und Fakten)

FAUSTLOS

Vielfältige Formen von Gewalt in der Schule M 17

Hänseleien gegen Dicke, Prügeleien im Pausenhof, Messer in der Hosentasche – in jeder Schule zeigt sich Gewalt anders. Ein Schüler und ein Lehrer berichten.

Lehrer: Man kriegt weniger an Gewalt mit, als an der Schule wirklich herrscht, wenn man Lehrer ist. Die Schüler können das gut verstecken. Es gibt zum Beispiel Raufereien, aber wenn man einschreitet, dann sind die Beteiligten plötzlich die besten Freunde, und alles war nur Spaß. Sowas kommt zwei- oder dreimal in der Woche vor. [...] Es ist aber falsch, bei Gewalt in erster Linie an Schlägereien und Waffen zu denken. Schlimm ist auch die verbale [aus Wörtern bestehende] Gewalt. Das Vokabular an sich ist da schon der Hammer. Und das wird auch gegenüber den Lehrern gebraucht. [...]
Die häufigste Form von Gewalt unter den Schülern ist das Mobbing*. Außenseiter werden dermaßen schlecht behandelt, dass sie heulend den Raum verlassen. Schüler haben schon ein gutes Gefühl dafür, was verletzt. Meistens geht es darum, dass einer angeblich zu dick, zu blöd, vielleicht auch noch Ausländer ist. Ich denke, das ist für viele eine Art Schutzfunktion. Jeder braucht halt noch einen, über den er sich stellen kann.
Gerd Rumberg (Name geändert), 33, Lehrer an einer Hauptschule

Schüler: Wenn man große Schlägereien mal außer Acht lässt, habe ich schon viel Gewalt mitbekommen und miterlebt. Es gibt zum Beispiel in jeder Klasse eine Gruppe, die sich über alle anderen lustig macht. Die Mitglieder der Gruppe halten sich selbst für die Tollsten, Coolsten und Besten. Und sie suchen sich jemanden, den sie für nicht so toll halten – und den machen sie dann fertig. In einer meiner Parallelklassen wurde beispielsweise ein Mädchen, das etwas mehr wog, jedes Mal ausgelacht, wenn sie sich am Unterricht beteiligt hat. Keiner in der Klasse hat sich getraut, etwas dagegen zu unternehmen, weil jeder Angst hatte, selbst zum Opfer zu werden. Das Mädchen hat sich schließlich bei einem Lehrer beschwert, und dann musste die ganze Klasse mit ihr zusammen zu einem Psychologen*. Aber das hat nichts gebracht. Sie hat dann die Schule gewechselt. Vor allem Jungen schlagen sich auch oft einfach zum Spaß, um anzugeben, um ihre Stärke zu messen oder um Szenen aus dem Fernsehen nachzumachen. Jungs aus der Unterstufe geraten oft im Schulhof aneinander, und meistens kann ich keinen Grund erkennen. Bei den älteren sind Jackass- oder Wrestling-Einlagen viel beliebter. Es kann schon mal vorkommen, dass ich gemütlich auf unserer Klassenzimmer-Couch liege und plötzlich einer meiner Mitschüler mit den Ellenbogen voran auf mich springt und mich nur um wenige Zentimeter verfehlt.
Bastian Füller (Name geändert), 17, geht in die 12. Klasse eines Gymnasiums

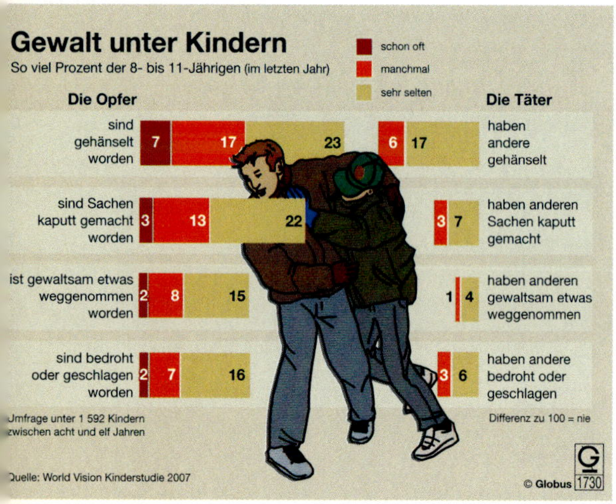

(fluter Nr. 08, September 2003, S. 46f., Bundeszentrale für politische Bildung, Bonn 2003)

1. Stellt zusammen, was in M 17 über Formen der Gewalt an der Schule berichtet wird, und vergleicht diese Formen mit den in der Grafik dargestellten. Was meint der Lehrer mit „verbaler Gewalt“?
2. Inwieweit stimmen die Beobachtungen des Lehrers und des Schülers sowie das Ergebnis der Untersuchung (Grafik) mit euren eigenen Erfahrungen überein? Wie beurteilt ihr die einzelnen Beispiele?

Gewalt an unserer Schule? M 18

Gewalt an der Schule – wie sieht es bei uns aus? Mithilfe des Fragebogens könntet ihr dieser Frage nachgehen. Doch vorher müsst ihr unbedingt mit eurer Schulleiterin oder eurem Schulleiter sprechen und das Einverständnis zu einer solchen Umfrage einholen. Am besten wäre, wenn ihr sie oder ihn über eure Unterrichtsarbeit informiert und gemeinsam überlegt, ob ihr eine solche Befragung durchführen wollt und ob der Fragebogen evtl. verändert werden muss.

Um festzustellen, in welchem Umfang es „Gewalttätigkeiten" an unserer Schule gibt, sind wir besonders auf deine Eindrücke und Wahrnehmungen angewiesen. Dieser Fragebogen soll ohne Angabe des Namens und Klassenbezeichnung von dir ausgefüllt werden – wichtig sind: dein Alter, dein Geschlecht und deine ehrliche Meinung zu den folgenden Fragen!

Alter: _______ Geschlecht: ❏ männlich ❏ weiblich

1. Was empfindest du als Gewalt? Zutreffendes bitte ankreuzen!

• rücksichtsloses Verhalten (anrempeln, vordrängeln usw.)	❏ ist Gewalt	❏ ist keine Gewalt
• beschimpfen/beleidigen	❏ ist Gewalt	❏ ist keine Gewalt
• mit Worten drohen	❏ ist Gewalt	❏ ist keine Gewalt
• erpressen	❏ ist Gewalt	❏ ist keine Gewalt
• schlagen, treten	❏ ist Gewalt	❏ ist keine Gewalt
• belästigen (angrapschen usw.)	❏ ist Gewalt	❏ ist keine Gewalt
• Beschädigen von Sachen	❏ ist Gewalt	❏ ist keine Gewalt
• Sachen stehlen	❏ ist Gewalt	❏ ist keine Gewalt
• Waffen zeigen, damit drohen	❏ ist Gewalt	❏ ist keine Gewalt
• Waffengebrauch (Einsatz gegen Menschen)	❏ ist Gewalt	❏ ist keine Gewalt

2. Erlebst du Folgendes an unserer Schule?

• beschimpfen, beleidigen	❏ oft	❏ manchmal	❏ nie
• belästigen	❏ oft	❏ manchmal	❏ nie
• erpressen	❏ oft	❏ manchmal	❏ nie
• schlagen, treten	❏ oft	❏ manchmal	❏ nie
• stehlen	❏ oft	❏ manchmal	❏ nie
• beschädigen	❏ oft	❏ manchmal	❏ nie
• bedrohen mit Waffen (das können auch Gegenstände sein!)	❏ oft	❏ manchmal	❏ nie

3a. Fühlst du dich persönlich in unserer Schule bedroht? ❏ oft ❏ manchmal ❏ nie

3b. Durch wen fühlst du dich an unserer Schule bedroht?

❏ jüngere Schüler ❏ gleichaltrige Schüler ❏ ältere Schüler
❏ stärkere Schüler ❏ eher Mädchen ❏ eher Jungen
❏ Lehrkräfte ❏ andere Personen: ____________________

4a. Wo kommt es nach deinem Eindruck am häufigsten zu Bedrohungen/Gewalttätigkeiten?

❏ im Klassenzimmer ❏ im Treppenhaus/Flur ❏ in der Sporthalle
❏ auf dem Schulweg ❏ auf dem Schulhof ❏ im Schulbus
❏ auf den Toiletten ❏ ____________________

4b. Wann kommt es deiner Meinung nach am häufigsten zu Bedrohungen/ Gewalttätigkeiten?

- ❑ morgens vor der Schule
- ❑ in den Pausen
- ❑ nach der Schule (Heimweg)
- ❑ bei Ausflügen
- ❑ vor Unterrichtsbeginn
- ❑ während des Unterrichts
- ❑ nach den Pausen
- ❑ beim Sportunterricht
- ❑ beim Stundenwechsel

5. Bist du vor kurzem in der Schule selbst gewalttätig gewesen?

❑ **ja** ❑ **nein**

Wenn ja, schildere kurz, wie es dazu gekommen ist:

____

____

____

____

____

____

____

____

6a. Bei wem holst du dir Hilfe, wenn du dich beleidigt/belästigt/bedroht fühlst?

- ❑ einer Lehrerin
- ❑ Vertrauenslehrer/in
- ❑ Schulleitung
- ❑ Schulpsychologe/in
- ❑ Lehrer
- ❑ Beratungslehrer/in
- ❑ Eltern
- ❑ Schulsozialarbeit
- ❑ Klassenlehrer/in
- ❑ Verbindungslehrer/in
- ❑ Schüler/in aus der eigenen Klasse
- ❑ Schüler/in aus anderen Klassen

6b. Wie verhältst du dich, wenn du siehst,

dass Klassenkameraden/Freunde beleidigt/belästigt/bedroht werden?

____

dass Schüler/innen beleidigt/belästigt/bedroht werden, die du nicht kennst?

____

Vielen Dank für deine Mithilfe!

(lernchancen Nr. 33/34, 2003, S. 75f.; Verf.: Ottmar A. Hanke)

▶ Streitschlichter – Schlichten macht Schule! M 19

In wissenschaftlichen Untersuchungen wird oft auf die „Streitschlichtung" als eine Möglichkeit hingewiesen, der Gewalt entgegenzutreten. Was ist damit gemeint?
Auf der Homepage seiner Schule stellt sich ein Streitschlichter-Team folgendermaßen vor:

Lehrer müssen draußen bleiben M 19a

Streitschlichtung – ein Angebot von Schülerinnen und Schülern

Zoff, Streit, Konflikte ...

Streitschlichter an der Staudinger-Gesamtschule, Freiburg

... hat bestimmt jeder von euch schon mal gehabt. Wir helfen euch bei der Suche nach gemeinsamen Lösungen, bei denen keiner der Looser ist. Wir, das sind die Streitschlichter und Streitschlichterinnen eurer Schule. Bei uns kann jeder seine Version des Streites in Ruhe schildern, wir hören euch zu. Wir vermitteln, anstatt zu richten, bis sich jeder verstanden fühlt. Bei uns wird euer Streit nicht zum Schulgespräch, sondern streng vertraulich behandelt. Interesse? Weitere Infos erhaltet ihr im SV-Raum, am Bauwagen, oder sprecht uns einfach an.

Wir sind Streitschlichter. Jetzt fragen Sie sich bestimmt, was das ist und was wir da genau machen! – Ich erkläre es Ihnen!

Es gibt viel Streit an unserer Schule und da können wir Streitschlichter helfen, indem wir zu den Schülern gehen oder die Schüler zu uns kommen und mit uns über ihren Streit reden. Jetzt fragen Sie sich bestimmt, wofür sind denn dann die Lehrer gut?

Die Lehrer haben uns die Aufgabe gegeben, Streit zu schlichten, damit sie nicht so viel zu tun haben, aber das ist nicht das Wichtigste. Das Wichtigste ist, dass die Schüler alleine mit uns reden können, ohne dass die Lehrer es wissen!

Wie wir Streitschlichter wurden

Das ist leicht gewesen! Als wir in der Schule in die sechste Klasse kamen, fragte uns unsere Lehrerin, ob wir an einer Streitschlichter-AG Spaß hätten. Alle, die jetzt Streitschlichter in der siebten Klasse sind, haben vom ersten Tag an Spaß an dieser Sache gehabt. Wir übten nicht nur das ganze Jahr; wir machten auch Ausflüge oder gingen einfach so raus.

Prüfung?

Natürlich konnten wir uns nicht einfach Streitschlichter nennen. Wir mussten, bevor wir Streitschlichter wurden, auch eine Prüfung machen. Ja, wir lernten Streit zu schlichten, und nach einem Jahr wurde uns von unseren Lehrerinnen ein Streit vorgespielt und wir mussten ihn zu zweit oder zu dritt schlichten. Alle sind sehr gut durchgekommen!

(http://www.gym-gevelsberg.de; Katrin J.)

Ablauf einer Streitschlichtung M 19b

1. Schlichtung einleiten

Ein freundlicher Empfang und eine angenehme Raumgestaltung schaffen eine positive Atmosphäre und verringern die Ängste und Unsicherheiten der Streitenden; [...] diese sehen die notwendigen Regeln (sich nicht beschimpfen, den anderen ausreden lassen) für das Schlichtungsgespräch ein und stimmen ihnen ausdrücklich zu.

2. Sachverhalt klären und Anteile finden

Die Konfliktparteien tragen nacheinander ihre Sicht des Konflikts vor. Der Schlichter hört aufmerksam zu und fasst sofort zusammen, was er verstanden hat. [...] Eventuell fragt er nach und versucht die Gefühle herauszufinden, die die Streitenden bewegen. Er gibt auch die Anregung (Impuls), dass beide sich in den jeweils anderen hineinversetzen. […] Der Schlichter schafft es in dieser Phase, mithilfe von geschickten Impulsen und Fragen die „Streithähne“ zu ermutigen, den eigenen Anteil am Konflikt nicht nur zu erkennen, sondern auch auszusprechen.

3. Lösungen suchen und Verständigung finden

Wenn die Konfliktparteien zugegeben haben, was sie getan haben, sodass dieser Konflikt so entstanden ist, kommt die Zeit, Lösungen zu suchen. Beide Seiten schreiben auf Kärtchen Vorschläge auf. Dabei überlegen sie:

- Was wünsche ich mir vom anderen? und
- Was bin ich bereit zu tun, damit der Konflikt beendet wird?

Jeder Vorschlag wird auf ein Kärtchen geschrieben. Das Nachdenken bei dieser Einzelarbeit tut allen gut, es kann eine Zeit der Besinnung sein.
Danach lesen beide sich gegenseitig ihre Vorschläge vor. Sie werden von beiden danach bewertet, welche Vorschläge realistisch, ausgewogen und genau genug sind. Die besten Vorschläge, mit denen beide einverstanden sind, werden ausgewählt. Der Mediator* beteiligt sich nicht daran. Er achtet darauf, dass die Beteiligten miteinander sprechen.

4. Vereinbarungen schriftlich festhalten

Der Schlichter schreibt die gefundenen Vereinbarungen in das Schlichtungsformular, liest sie noch einmal vor und fragt abschließend nach der endgültigen Zustimmung beider Seiten. Wenn dies der Fall ist, unterschreiben alle drei; die Verpflichtung zur Einhaltung der Vereinbarung wird dadurch erhöht. Beide Streithähne erhalten eine Kopie, das Original wird im Schlichtungsordner verschlossen. […] Auf jeden Fall sollte ein Händedruck die Beendigung des Streits noch einmal verstärken.

(Nach: PZ-Information 4/2004 Pädagogik, Streitschlichtung durch Schülerinnen und Schüler, Pädagogisches Zentrum Bad Kreuznach 2004, S. 13–15)

1. „Das Modell Streitschlichtung bietet einen Weg an, auf dem Kontrahenten zum Frieden kommen, sich am Schluss in die Augen sehen können und zufrieden sind.“ (PZ-Information, s. Quelle zu M 19b, S. 13) Erläutert diese Aussage anhand der Informationen aus M 19a/b.
2. Beschreibt die Regeln für den Ablauf einer Streitschlichtung (M 19b) und überlegt, was mit den jeweiligen Regeln erreicht werden soll.
3. Ausführliche Informationen und viele praktische Hilfen zu einem Streitschlichtungsprojekt, das ihr vielleicht auch an eurer Schule anregen könnt, bietet euch die Internetseite www.sich-vertragen.de

Streitschlichtung konkret – ein Beispiel M 20

Ihr habt festgestellt, dass man zum Streitschlichter richtiggehend „ausgebildet“ werden muss. Anhand eines konkreten Beispiels („Das Pausenbrot“) sollt ihr einmal versuchen, die Regeln eines Streitschlichtungsgesprächs tatsächlich anzuwenden und zu einer Einigung zu kommen. Berücksichtigt dabei die Festlegungen in M 19a/b und die nachfolgend angebotenen Schritte, die sich allerdings dadurch unterscheiden, dass das Gespräch in der Klasse stattfinden soll.

Im zweiten Schritt sollen die beteiligten Personen (in unserem Beispiel Daniela und Martin) die „Plätze tauschen und den Streit aus der Sicht des anderen" erzählen. Was soll damit wohl erreicht werden?

Ablauf einer Streitschlichtung

Gesprächsregeln klären:
1: Wir hören dem anderen zu.
2: Wir beleidigen niemanden.
3: Wir unterbrechen den anderen nicht.
4: Wir nehmen den anderen ernst.

1. Schritt
☹ Person A erzählt den Streit
☹ Person B erzählt den Streit
Wir hören aktiv zu!

2. Schritt
😐 Person A und 😐 Person B tauschen die Plätze und erzählen den Streit aus der Sicht des anderen.

3. Schritt
😐 Person A macht Lösungsvorschläge
😐 Person B macht Lösungsvorschläge

☺ ☺ ☺ ☺
☺ ☺ ☺ die Klasse macht Lösungsvorschläge
☺ ☺ ☺ ☺

Alle Lösungsvorschläge an die Tafel schreiben!

4. Schritt
☺ Person A und ☺ Person B einigen sich.

Das Pausenbrot

Daniela
Vorgestern hast du in der großen Pause ganz gemütlich im Pausenhof gestanden und hast dein Pausenbrot gegessen. Plötzlich hat dich der Martin angerempelt – wahrscheinlich absichtlich – und dabei ist dein Pausenbrot in den Dreck gefallen. Und der Martin hat dazu gar nichts gesagt. Das hat dich so wütend gemacht, dass du Erde vom Blumenbeet genommen und auf den Martin geworfen hast. Der hat dann von seinem eigenen Pausenbrot abgebissen und hat dich damit angespuckt. Du bist gekränkt und sauer. Das mit dem Pausenbrot kann ja mal passieren, aber dass er dich angespuckt hat, findest du richtig gemein. Du streitest nun mit ihm, wann immer ihr euch seht.

Martin
Vorgestern bist du beim Fangen-Spielen mit den anderen Jungs in der großen Pause im Pausenhof zufällig mit der Daniela zusammengestoßen. Du hast ihr dabei unabsichtlich das Pausenbrot aus der Hand geschlagen und ihr Brot ist in den Matsch gefallen. Daraufhin hat dich die Daniela mit Dreck beworfen und deine neue Jacke total schmutzig gemacht. Das hat dich so sauer gemacht, dass du aus lauter Wut von deinem eigenen Pausenbrot gebissen und sie damit angespuckt hast. Du bist gekränkt und sauer, dass sie dich mit Dreck beworfen hat. Du streitest nun mit ihr, wann immer ihr euch seht – und das ist häufig, da ihr in die gleiche Klasse geht.

(lernchancen Nr. 33/34, 2003, S. 84)

Die Kompetenzseite

1. Rollenerwartungen: Was würdest du tun?

Stell dir vor, du bist Lehrer oder Lehrerin und erlebst in deinem Unterricht Folgendes:

1. Ein Mädchen ist sehr unruhig, ruft dazwischen, redet mit seiner Nachbarin und weiß oft nicht, worum es geht.
2. Du möchtest gern die Hausaufgabenhefte sehen, doch ein Schüler kann sein Heft nicht finden. „Ich weiß aber ganz genau, dass ich es gestern Abend eingesteckt habe", sagt er.
3. Du gibst eine Stillarbeit auf und alle schreiben fleißig in ihr Heft. Nur ein Mädchen sitzt da und schaut gelangweilt in der Gegend herum.
4. Die Schüler sollen ein Übungsblatt zu „Satzgliedern" ausfüllen; Marco denkt angestrengt nach, lässt dabei aber – wohl unbewusst – einen kleinen Skateboardfahrer aus Plastik auf dem Tisch herumfahren. Einige Mitschüler und Mitschülerinnen gucken schon genervt.
5. Markus ist der „Zappelphilipp" in der Klasse. Schon wieder fällt er mit seinem Stuhl mit lautem Getöse um.
6. Du hast das Diktat der 6b korrigiert. Sven bekommt die zweite Fünf in diesem Schuljahr. Du schreibst in sein Heft: „..."
7. Henrik ist ein schwacher Schüler. Er bleibt beim Gedichtaufsagen hängen. Du wartest einen Augenblick und sagst dann: „..."

Schreibe kurz auf, wie du dich als Lehrerin oder Lehrer verhalten würdest. Stelle deine Entscheidungen der Klasse vor und begründe sie.

2. Rollenkonflikte

Sven	Marja	Onur	Celine
• ist nicht gut in der Schule • spielt in seiner Band das Schlagzeug • ist Mitglied in einer Clique, die sich zweimal in der Woche nachmittags trifft • ist einziges Kind der Eltern Frank und Rita Müller	• ist eine ausgezeichnete Schwimmerin im Verein „Poseidon", der sie zu Wettkämpfen mitnimmt • lebt mit ihrer Mutter und zwei kleinen Geschwistern zusammen, auf die sie manchmal aufpassen muss • gibt zwei Schülern Nachhilfeunterricht in Latein	• ist sehr ehrgeizig und ein sehr guter Schüler • ist Torwart im FC Sportfreunde Soest • lebt in einer Großfamilie mit Eltern, Großeltern und 6 Geschwistern • spielt regelmäßig mit einer festen Gruppe im Internet Schach	• ist Lehrerin für Biologie und Mathematik an einem Gymnasium • ist verheiratet und hat zwei Kinder (7 und 11 J.) • singt gerne im Schulchor mit, der dreimal im Jahr auftritt • ist Vertrauenslehrerin der Schule • wohnt mit ihren Eltern in einem Haus

Stelle die jeweiligen Bezugsgruppen von Sven, Marja, Onur und Celine zusammen und überlege, wann sich Rollenkonflikte ergeben könnten.*

Zur Sicherung der Lernergebnisse

3. Mitbestimmung in der Schule

Du hast von deinem Klassenlehrer den Auftrag bekommen, die anstehende Klassensprecherwahl zu organisieren.

- Bei den Vorbereitungen merkst du, dass deine Mitschüler wieder vergessen haben, in welchen Gremien ihr als Schüler Mitspracherechte habt. Welche Gremien müsstest du noch einmal in Erinnerung rufen?
- Sicher werden dich deine Mitschüler noch einmal nach den Aufgaben dieser Gremien fragen. Blamier dich nicht!
- Als Wahlleiter willst du natürlich keinen Fehler machen!
  Was musst du vorbereiten und worauf musst du achten?
- Du willst selbst als Klassensprecher kandidieren.
  Ist das ein Problem?

4. Konfliktlösung

Im Folgenden findet ihr Situationen eines Schultages, die ihr sicher auch schon erlebt habt oder vom Erzählen her kennt.
Verfasst zu einem von euch ausgewählten Fall (in Partnerarbeit) wie in dem Beispiel „Das Pausenbrot" eine konkrete Situationsbeschreibung (eine Art „Drehbuch" zum Ablauf des Konflikts) und versucht nach den Regeln einer Streitschlichtung eine Lösung für die beteiligten Personen zu finden. Vielleicht gibt es ja auch in eurer Klasse im Moment aktuelle Konflikte, die einer Klärung bedürfen!

Wenn man Tina anspricht, wird sie rot und zieht sich beleidigt und schmollend zurück.

Tobias quatscht ständig dazwischen und spielt den Klassenclown.

Thomas rennt wie ein Wilder durch das Klassenzimmer und bringt bei vielen die Schulsachen durcheinander.

Marko reizt immer wieder Stefan mit gemeinen Bemerkungen über seine dickliche Figur.

Sabine tuschelt hinter dem Rücken von den anderen Mädchen und sagt unwahre Sachen über sie.

Bei einer Einteilung in Arbeitsgruppen will Jane auf keinen Fall in dieser Gruppe mitarbeiten.

Ernst hat mit seiner lauten Stimme zu allem und jedem einen Kommentar.

Der kräftige Markus rempelt jeden an, der in seine Nähe kommt.

(lernchancen Nr. 33/34, 2003, S. 80)

2 Zu viel Zeit vor der „Glotze“? – Kinder und Fernsehen

Zur Orientierung

Trotz vieler anderer Freizeitbeschäftigungen, denen Kinder in eurem Alter nachgehen: Mit Fernsehen verbringt ihr wohl die meiste Zeit neben der Schule. Befragungsergebnisse besagen, dass Sendungen, aus denen die nebenstehenden Fotos stammen, zu euren Lieblingssendungen gehören. Stimmt das? Welche Sendungen seht ihr sonst noch regelmäßig?

Der ***erste Abschnitt*** *dieses Kapitels soll euch dazu anleiten, das Ausmaß und die Inhalte eures „Fernsehkonsums" zu klären (auch durch eine eigene Befragung) und Vergleiche anzustellen mit wissenschaftlichen Untersuchungen, die es dazu gibt. Dabei sollt ihr euch zugleich auch bestimmte „methodische" Fähigkeiten aneignen, die ihr während der gesamten Arbeit mit diesem Buch immer wieder braucht, wie z. B. das Verständnis und den Umgang mit Prozentzahlen und mit statistischen Darstellungen (Grafiken).*
Im ***zweiten Abschnitt*** *geht es dann um die Frage, ob zu viel Fernsehen vielleicht doch Probleme mit sich bringt und was „zu viel" überhaupt heißen kann.*
Im ***dritten Abschnitt*** *könnt ihr dann einen kritischen Blick „hinter die Kulissen" des Fernsehens werfen: Was haben die Fernsehsender bei ihrer Programmgestaltung vor allem im Auge? Warum verschwinden manche Sendungen so schnell wieder vom Bildschirm? Welche Rolle spielt die Werbung?*

1. Wie viel Zeit vor der „Glotze"?

M 1a Was Karikaturisten meinen

1.

2.

3.

4.

„Wie lange sitzt er eigentlich schon vor der Glotze?"

Die Karikaturen (M 1 a) sollen euch dazu anregen, zu Beginn eurer Beschäftigung mit den Themen dieses Kapitels darüber nachzudenken und davon zu erzählen, welche Rolle das Fernsehen in eurem alltäglichen Leben in der Familie spielt. Beschreibt genau, was jeweils zu sehen ist und was der Zeichner mit seiner (bewusst übertreibenden) Darstellung zum Ausdruck bringen will. Nehmt dann dazu Stellung.

Wenn ihr im Umgang mit Karikaturen noch ungeübt seid, solltet ihr euch mithilfe der folgenden Methode (M 1 b) darüber informieren, was das Besondere an Karikaturen ist und was man bei ihrem Verständnis und ihrer Beurteilung beachten sollte.

Methode M 1b Umgang mit Karikaturen

Karikaturen stellen eine Form der (zeichnerischen und sprachlichen) Mitteilung dar, deren Besonderheit darin liegt, dass ein bestimmter Sachverhalt oder bestimmte Personen und ihre Verhaltensweisen „übertrieben“ dargestellt werden. Da Karikaturen fast überall in Zeitungen und Zeitschriften, aber auch in Schulbüchern vorkommen, sind vielleicht einige Hinweise angebracht, wie man im Unterricht damit umgehen und was man beachten sollte, wenn man Karikaturen richtig verstehen und die Absicht des Zeichners klar erkennen will.

1. Der erste Schritt sollte sein, genau hinzusehen und **zu beschreiben, was zu sehen ist** (Wie sehen z. B. in M 1 a, Karikatur 3. die einzelnen „Schulkinder“ aus?)
2. Dabei erkennt man meistens sehr schnell, worin die **Übertreibung** liegt. Welcher Sachverhalt, welches Verhalten von Menschen hat der Zeichner ganz bewusst so (übertrieben, einseitig, unwirklich) dargestellt, wie es in der Wirklichkeit gar nicht oder kaum vorkommt? (Sechs Fernseher – wie in M 1 a, Karikatur 1. dargestellt – wird es wohl auch in einer sechsköpfigen Familie nicht geben; aber was gibt es in der Tat häufig?)
3. Jetzt kommt der wichtigste Schritt: zu formulieren, was der Zeichner denn **zum Ausdruck** bringen, was er dem Betrachter „sagen“ will. Denn der Karikaturist übertreibt ja absichtlich, um auf diese Weise zum Ausdruck zu bringen, was ihm an einem bestimmten Sachverhalt oder an einem bestimmten Verhalten von Menschen nicht gefällt, was er kritisieren will, worin er ein Problem oder gar eine Gefahr sieht (wohlwollende, „lobende“ Karikaturen gibt es nur ganz selten).
4. Nun könnt ihr euch mit der Aussageabsicht der Karikatur **auseinandersetzen**: Seht ihr das Problem auch so? Kennt ihr es aus eigener Erfahrung? Oder: Hat der Zeichner ein Verhalten „aufgespießt“, das ihr gar nicht problematisch/gefährlich findet, das es vielleicht gar nicht gibt?

Noch ein Hinweis: Beim Betrachten von Karikaturen muss man nicht selten lachen oder schmunzeln. Das liegt meistens weniger daran, dass der Zeichner etwas besonders lustig dargestellt hat. Das Lachen ist vielmehr Ausdruck des Wiedererkennens: Man erkennt „auf einen Blick“, was gemeint ist. Das heißt aber auch: Wenn man eine Karikatur richtig verstehen will, muss man von dem Sachverhalt, auf den die übertreibende Darstellung Bezug nimmt, immer schon etwas wissen. Andernfalls gibt es auch nichts zu lachen.

(Autorentext)

*Die folgenden Materialien sollen dazu dienen, genauer festzustellen, welchen (zeitlichen) Anteil das Fernsehen an eurer täglichen Freizeit hat und wie lange ihr täglich vor dem Fernseher sitzt. Dazu wollen wir zunächst die Ergebnisse von Untersuchungen darstellen, die sich auf Kinder eurer Altersgruppe beziehen, und euch dann dazu anregen, vielleicht selber einmal eine kleine Untersuchung durchzuführen (vgl. M 4). Zugleich könnt ihr dabei lernen, was man unbedingt beachten muss, wenn man **Statistiken** richtig verstehen und beurteilen will. Auf solche Darstellungen stoßt ihr ja nicht nur in diesem Kapitel und in diesem Buch, sondern auch in anderen Fächern immer wieder. Es ist eines der Ziele des Politik-Unterrichts, damit richtig umgehen zu können.*

*In einer Statistik werden Zahlen und Zahlenverhältnisse (Prozentzahlen) übersichtlich geordnet zusammengestellt; sie ermöglicht einen **schnellen Überblick** über ausgewählte Sachverhalte in Politik, Wirtschaft und Gesellschaft (z. B. Wahlergebnisse der Parteien, Altersgruppen in der Bevölkerung, Schulabschlüsse u. v. a.); Statistiken haben entweder die Form von **Tabellen** oder von unterschiedlichen **grafischen Darstellungen** (Säulen, Balken, Kreise, Kurven) und Schaubildern.*

Methode M 2a Wir erstellen eine Grafik

Die Grafik in M 3 a ist ein Beispiel für eine Art der Statistik*, die ihr häufig nicht nur in Zeitungen, sondern auch in vielen Schulbüchern, besonders auch in diesem Buch, finden könnt: Bestimmte Zahlenwerte (zu Prozentzahlen s. M 2 b) sollen in ihrem Größenverhältnis zueinander anschaulich dargestellt werden, und zwar durch die unterschiedliche Länge von Streifen („Streifendiagramm“ wie z. B. in M 6 b) oder „Säulen“ („Säulendiagramm“ wie in M 3 a).

Um solche Grafiken besser „lesen“ und verstehen zu können, schlagen wir euch vor, selbst einmal ein **Säulendiagramm** zu erstellen. Grundlage dafür sollen die Zahlenwerte aus einer Untersuchung zum Freizeitverhalten von Kindern sein.

Bei dieser Untersuchung wurden 6- bis 13-jährige Mädchen und Jungen gefragt, welchen Beschäftigungen sie in ihrer Freizeit am liebsten nachgingen, d. h. jeden Tag oder fast jeden Tag (die Befragten durften je drei Beschäftigungen angeben). Das Befragungsergebnis ergab Folgendes:

Von 78 % der Befragten wurde „Fernsehen“ als liebste (als eine der drei liebsten) Freizeitbeschäftigung genannt, von 59 % „Draußen spielen“, von 53 % „Freunde treffen“, von 51 % „Drinnen spielen“, von 29 % „Musik-CDs hören“, von 24 % „Computer nutzen“, von 24 % „Radio hören“, von 15 % „Sport treiben“ und von 14 % „Buch lesen“.

- Um diese Zahlen nun in ein Säulendiagramm umzusetzen, müsst ihr zuerst überlegen, wie groß insgesamt die Grafik in der Höhe sein soll. Welchen Vorteil hätte es in diesem Fall (wegen der Prozentzahlen!), wenn die Gesamthöhe 10 cm betragen würde und wenn ihr dazu neben einem Lineal ein Blatt Papier mit Rechenkästchen zur Verfügung hättet?
- Für die Zahlenwerte zu den Tätigkeiten müsst ihr nebeneinander neun Säulen anordnen und dabei auch bedenken, wie breit jede Säule sein soll und wie ihr kennzeichnen wollt, zu welcher Tätigkeit die jeweilige Säule gehört. Eine Möglichkeit wäre z. B., die jeweilige Tätigkeit senkrecht in die Säule hineinzuschreiben. Eine andere wäre, die Säulen nur von 1 bis 9 durchzunummerieren und unter der Grafik dazu eine kleine Liste anzulegen, in der ihr die Tätigkeiten den Zahlen zuordnet. Was spricht für oder gegen die eine oder die andere Lösung?
- Nach Fertigstellung der Grafik (ggf. in Partnerarbeit) könnt ihr gemeinsam darüber sprechen, wo es Probleme bei eurer Arbeit gab.
- Dann könnt ihr euch über den Inhalt eurer Darstellung unterhalten: Was fällt euch an dem Befragungsergebnis besonders auf? Inwieweit entsprechen die angegebenen Werte auch euren eigenen Freizeitgewohnheiten? Worin liegen die deutlichsten Unterschiede zu den „Freizeitvergnügen“ der Erwachsenen (s. Globus-Grafik S. 63)? Wie sind sie zu erklären?

(Autorentext)

Was Prozentzahlen bedeuten M 2b

Prozent (%) heißt „von hundert“. Prozentzahlen kommen zustande, wenn man eine Gesamtheit gleich hundert setzt und dann ausrechnet, welchen („prozentualen“) Anteil eine bestimmte Größe an der Gesamtheit hat. Wenn die Gesamtgröße selbst 100 beträgt, ist die Rechnung leicht; dann sind z. B. 32 = 32 %. Wie verfährt man aber, wenn sich als Gesamtgröße eine ganz andere Zahl ergibt? Dazu gibt es eine ganz einfache Methode: Man nimmt die Zahl, deren (prozentualen) Anteil man ausrechnen will, mal hundert (hängt also zwei Nullen daran) und teilt diese Zahl dann durch die Gesamtzahl. Ein Beispiel: Wenn in eurer Klasse 30 Kinder und davon 18 Mädchen sind, ergibt sich die Rechnung (für den prozentualen Anteil der Mädchen an der Klasse): 1800 : 30 = 60. In eurer Klasse sind also 60 % Mädchen (das heißt gleichzeitig: 40 % Jungen).

Ein weiteres Beispiel: Wenn 12 Schüler aus eurer Klasse gestern Abend dieselbe Fernsehsendung gesehen haben, durch welche Rechnung ergibt sich, dass das genau 40% waren?

(Autorentext)

Fernsehen näher betrachtet M 3

Während es in M 2 um Fernsehen im Vergleich zu anderen Freizeitbeschäftigungen geht, könnt ihr aus M 3 Näheres zum Fernsehen selbst (Sehdauer, Unterschiede zwischen Jungen und Mädchen, Kindern und Erwachsenen usw.) entnehmen.

Die tägliche „Sehdauer“ M 3a

Nicht alle Kinder sehen täglich fern. Im Jahr 2005 waren es bei den 3- bis 5-Jährigen durchschnittlich 54 %, bei den 6- bis 9-Jährigen 59 % und bei den 10- bis 13-Jährigen 62 %. In der Fachsprache sind das die Zahlen für die tägliche *„Reichweite“* (*wie viel Prozent der Kinder* werden vom Fernsehen erreicht?). Die Zahlen in der Grafik geben im Unterschied dazu an, *wie viel Zeit* man durchschnittlich täglich mit Fernsehen verbringt (*„Sehdauer“*). Dabei wird diese Zeit aber auf *alle* Kinder der betreffenden Altersgruppe umgerechnet. Diejenigen, die wirklich fernsehen (bei den 10- bis 13-Jährigen also die 62 %), verbringen in Wirklichkeit viel mehr Zeit damit, als die Zahlen für die Sehdauer angeben.

(Autorentext)

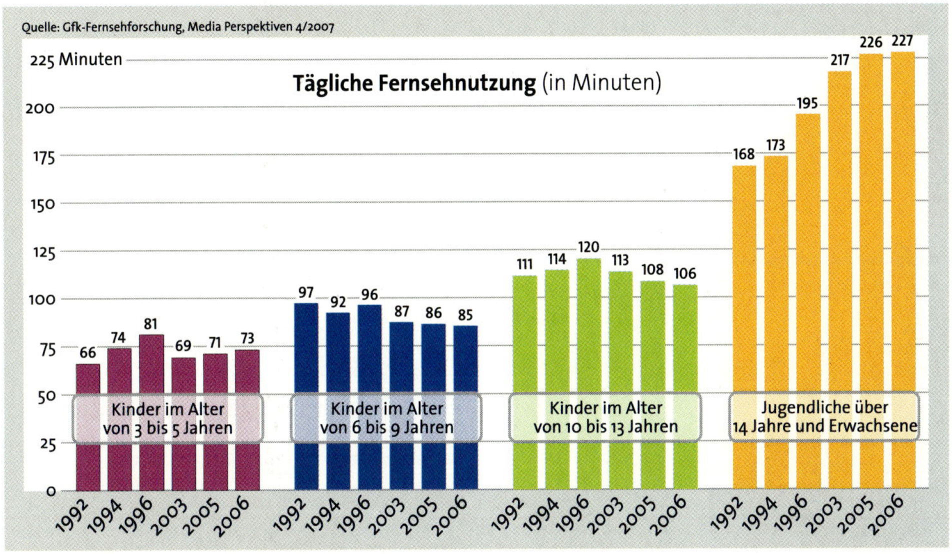

▶ Lieblingssendungen und Lieblingssender M 3b

Zwei Drittel der Kinder, die (zumindest selten) fernsehen, geben an, eine bestimmte Sendung besonders gerne einzuschalten. Die große Anzahl unterschiedlicher Nennungen zeigt, wie differenziert [unterschiedlich] die Vorlieben der Kinder sind. Die beliebtesten Sendungen sind „Sponge Bob“, „GZSZ“, „Verliebt in Berlin“ und Sportsendungen. Letztere sind genauso wie „Sponge Bob“, die „Simpsons“ oder „Yu-gi-oh“ eher bei Jungen beliebt, Mädchen nennen dagegen häufiger eine Daily Soap als liebste Sendung.

Viele Kinder haben jedoch nicht nur eine bestimmte Sendung, die sie gern sehen, sondern haben bereits eine Vorliebe für ein bestimmtes Programm entwickelt. Sechs von zehn Kindern können einen Lieblingsfernsehsender benennen. Davon sind mit 22 Prozent Super RTL und mit 21 Prozent der KI.KA die derzeit beliebtesten Programme, gefolgt von RTL mit 14 Prozent. Neun Prozent der Kinder mit einem Lieblingssender entscheiden sich für RTL II, dieses Programm findet seine Anhänger vor allem unter den Jungen. Die Programmvorlieben ändern sich mit zunehmendem Alter. Bei den Sechs- bis Siebenjährigen, die ein Lieblingsprogramm haben, ist der KI.KA für 42 Prozent unangefochten das Lieblingsprogramm Nummer eins (Super RTL: 28 %), die Acht- bis Neunjährigen nennen zu 30 Prozent Super RTL (KI.KA: 24 %). Bei den Zehn- bis Elfjährigen sind Super RTL und RTL mit etwa einem Fünftel gleichauf (KI.KA: 13 %). Bei den 12- bis 13-Jährigen zeigt sich deutlich die fortschreitende Adoleszenz [Jugendalter], in der Erwachsenenprogramme eine größere Bedeutung erlangen: Erste Wahl ist hier RTL mit 26 Prozent, gefolgt von ProSieben (12 %) und Super RTL (10 %).

(Medienpädagogischer Forschungsverbund Südwest, KIM-Studie 2006, Stuttgart 2007, S. 19 f.; www.mpfs.de/fileadmin/KIM-pdf06/KIM2006.pdf)

RTL

14.00	**Die Oliver Geissen Show** Daily Talk	70-771
15.00	**Unser neues Zuhause** Inka Bause begleitet Wohnungssuchende und gibt Tipps	21-481
16.00	**Das Strafgericht** Gerichtsshow	32-597
17.00	**Staatsanwalt Posch ermittelt** Gerichtsshow	2-394
17.30	**Unter uns** Daily Soap, Deutschland 2008	5-481
18.00	**Explosiv – Das Magazin oder Regionalprogramme**	6-110
18.30	**Exclusiv – Das Star-Magazin** Mit Frauke Ludowig	97-961
18.45	**RTL Aktuell**	624-077
19.05	**Alles was zählt** Daily Soap, Deutschland 2008 Mit Tanja Szewczenko	142-684
19.40	**Gute Zeiten, schlechte Zeiten** Daily Soap, Deutschland 2008	9-874-771

SUPER RTL

13.45	9	**Kim Possible**	27-586-400
14.15	8	**Jimmy Neutron** Invasion der Hosen	13-917-752
14.45	6	**SpongeBob** Ausverkauft; Kaputt gelacht; Der edle Ritter	32-124-232
15.45	9	**Hotel Zack & Cody** Der Fluch der Pyramide (Wh.)	61-021-313
16.15	6	**Finger Tips** Geschenke vom Baumgeist	11-926-481
16.45	6	**LazyTown – Los geht's** Das Energie-Buch	11-010-874
17.15	8	**Typisch Andy!** Ein Sommer voller Streiche	13-906-226
17.45	6	**Mickys Clubhaus**	31-213-597
18.15	8	**Wochenend-Kids** U.a.: Kuchenkrise	78-983-110
18.45	9	**Kim Possible** Wiedersehen in Camp Heimweh	78-079-961
19.15	9	**Hotel Zack & Cody** Das Geschichtsprojekt	11-490-955
19.45	10	**Hannah Montana** Comedyserie, USA '06	55-977-145

1. M 3 a enthält Befragungsergebnisse zu den durchschnittlichen Zeiten, die Kinder, Jugendliche und Erwachsene täglich vor dem Fernseher verbringen. Stellt zunächst fest, wie viele Minuten bzw. Stunden die Gruppe der 10- bis 13-Jährigen (eure Altersgruppe) täglich fernsieht und wie sich diese Sehzeiten von 1992 bis 2006 entwickelt haben. Vergleicht dann diese Entwicklung mit der bei den über 14-Jährigen. Inwiefern ist diese Entwicklung zwischen 1996 und 2006 besonders bemerkenswert?

2. Welche Sendungen und Sender bei Kindern am beliebtesten sind, hängt natürlich auch sehr vom Alter ab. Da die Angaben zu den Lieblingssendungen (erster Abschnitt des Textes) sich auf den Durchschnitt der 6- bis 13-Jährigen beziehen, könnt ihr vielleicht selber sagen, welche der genannten Sendungen sich eher auf eure Altersgruppe (10 bis 12 Jahre) beziehen und welche eher auf jüngere Kinder.

3. Stellt fest, wie sich die Vorliebe für bestimmte Sender mit dem wachsenden Alter ändert. Aufgrund eurer eigenen Fernseh-Erfahrung könnt ihr sicherlich sagen, woran es z. B. liegt, dass Super RTL allmählich von RTL „von der Spitze verdrängt“ wird.

Methode M 4 Wir führen eine eigene Befragung durch

Sicherlich haben sich bei der Erarbeitung der Materialien M 3 a–c einige Fragen und Probleme ergeben, die mit der Methode der Befragung, den angegebenen Zahlenwerten usw. zusammenhängen und die ihr nicht vollständig klären konntet. Man kann die Probleme, die mit Befragungen, Durchschnittswerten* usw. verbunden sind, am besten erkennen und einschätzen, wenn man selbst einmal eine kleine Befragung plant, durchführt und auswertet.

Wir schlagen euch deshalb vor, eine solche Befragung zum Thema „Fernsehen" durchzuführen. Mögliche Fragen könnten sich auf die Sehdauer (z. B.: Wie viel Zeit verbringst du an Samstagen und Sonntagen vor dem Fernseher?), auf die Sehzeit (z. B.: Zu welcher Tageszeit siehst du an Werktagen fern?), auf Lieblingssendungen (s. M 4 a), die Gründe und Anlässe fürs Fernsehen (s. M 4 b) usw. beziehen. Wichtig ist, dass ihr euch vorher genau überlegt, an wen ihr die Fragen richten wollt (Wie viele Leute? Welche Altersstufen? Nur Mitschüler und Mitschülerinnen oder auch Bekannte außerhalb der Schule?) und wie der Fragebogen aufgebaut und die Fragen formuliert sein sollen.

Hinweise zu all diesen und einigen anderen wichtigen Fragen enthält der Anhang, S. 280 f. Lest euch diese Hinweise durch, bevor ihr mit der Planung beginnt. Eure Lehrerin/euer Lehrer wird euch ebenfalls mit praktischen Tipps helfen können (vor allem bei der Auswertung der Fragebögen). Es wäre schön, wenn ihr das Ergebnis eures Projektes in der Schule (z. B. auf großen Bögen auf einer Stellwand) veröffentlichen könntet.

(Autorentext)

M 4a Fragebogen: Lieblingssendungen

Welche Art von Sendungen magst du besonders? Übertrage in dein Heft und kreuze bis zu sechs Sendungen an!

- ❑ Kinder-Sendungen (z.B. „Sendung mit der Maus")
- ❑ Zeichentrickfilme
- ❑ Quiz- und Show-Sendungen
- ❑ Action-/Abenteuerfilme
- ❑ Western-/Indianerfilme
- ❑ Lustige Filme/Stummfilme
- ❑ Tierfilme/Tiersendungen
- ❑ Familienserien/„Seifenopern"
- ❑ Sportsendungen
- ❑ Popmusiksendungen
- ❑ Krimiserien
- ❑ Sciencefiction-Filme/-Serien
- ❑ Berichte zu Technik/Wissenschaft
- ❑ Politik-Sendungen
- ❑ anderes …

(Autorentext)

M 4b Warum siehst du fern?

Übertrage in dein Heft und kreuze an.

- ❑ aus Langeweile
- ❑ aus Neugier
- ❑ weil die anderen auch fernsehen
- ❑ weil es so schön bequem ist
- ❑ um mich zu informieren
- ❑ um unterhalten zu werden
- ❑
- ❑

(Mehrfachnennungen sind möglich)

(Autorentext)

2. Ist zu viel Fernsehen schädlich?

Für Kinder ist das manchmal nicht leicht einzusehen, aber: Eltern haben wirklich gute Gründe, wenn sie vermeiden möchten, dass ihre Kinder „zu viel Zeit vor der Glotze“ verbringen. Denn darüber sind sich wohl alle Wissenschaftler einig: Fernsehen an sich ist nicht schädlich, aber zu viel Fernsehen ist für Kinder gefährlich. Wir wollen versuchen, euch einige Gefahren und Probleme aufzuzeigen, die sich für „Vielseher“ ergeben können.

M5 Was Eltern meinen

(Zustimmung zu den Aussagen in Prozent der Befragten)

„Auch für Kinder ist das Fernsehen eine sehr gute Entspannung im anstrengenden Alltag.“	27 Prozent
„Wenn das Fernsehen nicht wäre, hätte man viel mehr Zeit für die Kinder.“	33 Prozent
„Das Fernsehen lässt dem Kind zu wenig Zeit zum Spielen.“	29 Prozent
„Das Kind lernt durch das Fernsehen sehr viel Nützliches für die Schule.“	44 Prozent
„Das Kind lernt durch das Fernsehen sehr viel für sein späteres Leben.“	35 Prozent
„Durch das Fernsehen erfährt das Kind zu früh, was es Böses und Grausames auf der Welt gibt.“	31 Prozent
„Das Fernsehen ist schuld daran, dass sich Kinder und Jugendliche heute kaum mehr etwas sagen lassen.“	17 Prozent

(Michael Buß, Die Vielseher, Fernseh-Zuschauerforschung in Deutschland, Frankfurt a. M. 1998, S. 146 ff.)

M6a Was wäre, wenn es kein Fernsehen gäbe? – Kinder geben Antwort

„Ich würd's nur die erste Zeit vermissen – bis man sich dran gewöhnt hat. Und dann würd` ich mir halt noch mehr Hobbys suchen: Sport machen, basteln, lesen, Musik hören, Schwimmen gehen …“ (Stefanie, 12)

„Als Erstes würde ich mich langweilen und dann würde ich CDs hören und ab und zu mal zum Freund gehen, oder so. Aber sonntags, da würde ich mich totlangweilen.“ (Kai, 12)

„Ohne Fernsehen, da hätte man mehr Zeit zum Nachdenken. Denn mit dem Fernsehen, da gewöhnt man sich so dran, keine Ideen mehr zu haben.“ (Alexandra, 10)

„Wenn's kein Fernsehen mehr gäbe, dann wär das schon eine Veränderung. Irgendwas würd da fehlen im Alltag. – Naja, dann würd ich eben lesen und malen.“ (Natascha, 9)

„Ohne Fernsehen, da würden viele Eltern bestimmt sonntags mehr unternehmen, weil dann käm zum Beispiel kein Spielfilm. Dann hätten sie Langeweile und dann würden sie bestimmt irgendwohin fahren. Und das fänd ich toll. Das würd ich gerne machen: öfter mal gemeinsam wegfahren am Sonntag.“ (Nadja, 12)

(Sylvia Schopf, Da kann man nichts verpassen: in: Frankfurter Rundschau v. 18.11.1989, Kinderseite)

M 6b „Am wenigsten verzichten kann ich auf ...“

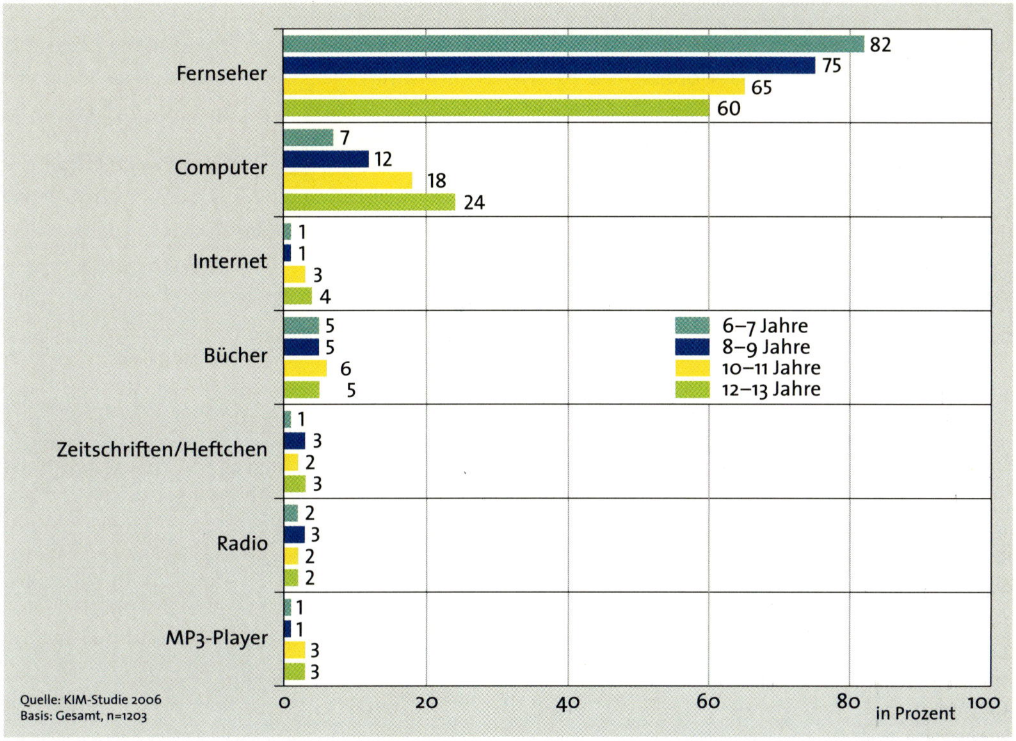

Lesebeispiel: 65 % der 10 bis 11 Jahre alten Kinder gaben an, dass sie am wenigsten auf Fernsehen verzichten können.

M 6c

M 6d

1. Versucht konkreter zu erläutern, welche Gründe die Eltern in M 5 für oder gegen das Fernsehen anführen: Was ist z. B. „nützlich für die Schule“? Was gibt es an „Bösem und Grausamem“ im Fernsehen zu sehen? Und was ist eigentlich mit der letzten Aussage gemeint?
2. Manchmal hört man auch die Empfehlung, den Fernseher ganz abzuschaffen, und erfährt von Familien, die auf Fernsehen ganz verzichten. Diskutiert über die unterschiedlichen Meinungen, die die Kinder in M 6 a dazu äußern. Jede/jeder von euch sollte sodann eine eigene Antwort auf die gestellte Frage verfassen.
3. Diskutiert auch anhand von M 6b und c, wie sehr oder wie wenig ihr euch vom Fernsehen abhängig fühlt. Gilt das Problem nicht genauso auch für Erwachsene? Was will die Karikatur M 6d dazu zum Ausdruck bringen?

M 7a Was heißt „zu viel“?

Beantworte die folgenden Fragen anhand der Skala von 1 bis 5:

1 = überhaupt nicht
2 = selten
3 = manchmal
4 = oft
5 = immer

Auswertung:
(Meine Fernsehgewohnheiten)

Zähle deine Punkte zusammen.

10 bis 20 Punkte:
Du bist ein normaler Fernsehnutzer. Manchmal schaust du vielleicht ein bisschen zu viel fern, insgesamt aber hast du die Sache im Griff.

21 bis 35 Punkte:
Du siehst oft zu viel fern. Du solltest dir überlegen, welche Auswirkungen das auf dein Leben hat.

36 bis 50 Punkte:
Dein Fernsehkonsum ist ein echtes Problem. Du musst lernen, weniger zu glotzen.

1. Wie oft stellst du fest, dass du länger ferngesehen hattest, als du eigentlich wolltest?
   1 ❑ 2 ❑ 3 ❑ 4 ❑ 5 ❑
2. Wie oft siehst du lieber fern, als dich mit deinen Freunden/Freundinnen zu treffen?
   1 ❑ 2 ❑ 3 ❑ 4 ❑ 5 ❑
3. Wie oft beschweren sich deine Freunde oder deine Familie, dass du zu viel Zeit vor der Glotze hängst?
   1 ❑ 2 ❑ 3 ❑ 4 ❑ 5 ❑
4. Wie oft schaltest du zu Hause zuerst den Fernseher an, bevor du irgendetwas anderes machst?
   1 ❑ 2 ❑ 3 ❑ 4 ❑ 5 ❑
5. Wie oft gibst du deinen Fernsehkonsum viel niedriger an, als er in Wirklichkeit ist?
   1 ❑ 2 ❑ 3 ❑ 4 ❑ 5 ❑
6. Wie oft ertappst du dich dabei, dass du dich aufs Fernsehen freust?
   1 ❑ 2 ❑ 3 ❑ 4 ❑ 5 ❑
7. Wie oft wirst du sauer, wenn dich jemand beim Fernsehen stört?
   1 ❑ 2 ❑ 3 ❑ 4 ❑ 5 ❑
8. Wie oft bist du am nächsten Morgen hundemüde, weil du wieder bis spät in die Nacht geglotzt hast?
   1 ❑ 2 ❑ 3 ❑ 4 ❑ 5 ❑
9. Wie oft willst du die Zeit reduzieren, die du mit Fernsehen verbringst, und scheiterst dabei?
   1 ❑ 2 ❑ 3 ❑ 4 ❑ 5 ❑
10. Wie oft guckst du lieber Fernsehen, als dich zu verabreden?
   1 ❑ 2 ❑ 3 ❑ 4 ❑ 5 ❑

(Landeszentrale für politische Bildung Baden-Württemberg [Hg.], Politik und Unterricht Nr. 1/2002, S. 40, 13)

„Vielseher" M 7b

In der Diskussion über sog. „Vielseher" geht man davon aus, dass Kinder, die an Werktagen durchschnittlich mehr als 2 ½ Stunden fernsehen, zu den Vielsehern gehören (vgl. M 3 a). Danach sind 17 % der sechs- bis 13-jährigen Zuschauer Vielseher. Das heißt aber nicht, dass eine geringere durchschnittliche Sehdauer unbedenklich wäre. Wichtiger sind vielleicht Beurteilungsmaßstäbe, die in den folgenden Fragen zum Ausdruck kommen:
Hat sich das Fernsehverhalten eines Kindes so eingeschliffen, dass fest eingeplante Sendungen bereits den Tageslauf bestimmen? […]
Ist Fernsehen zur wichtigsten Beschäftigung geworden? Ist das Kind daran gewöhnt, mit Fernsehentzug bestraft oder für Wohlverhalten mit Fernsehen belohnt zu werden? Hat es das Gefühl für die viele Zeit verloren, die es vor dem Fernseher verbringt?

(Ulrich Eicke, Medienkompetenz für Kinder, in: Psychologie heute, Mai 1998)

Vielleicht seid ihr euch bei eurer Diskussion zu den vorangehenden Materialien darüber mehr oder weniger einig geworden, dass es eigentlich nicht so sehr um die Frage geht, ob man überhaupt fernsieht oder nicht, sondern um die Frage, ob man vielleicht zu viel Zeit „vor der Glotze" verbringt.
In M 7 a/b wird der Versuch gemacht, etwas näher zu bestimmen, was „zu viel" heißen kann. Stellt zunächst fest, inwiefern dabei nicht nur von der bloßen Zeit ausgegangen wird, die man durchschnittlich vor dem Fernseher verbringt. Welche anderen Gesichtspunkte werden sowohl in M 7 a als auch in M 7 b berücksichtigt? Anhand einer Kopie des Fragebogens (M 7 a), die euch euer Lehrer/eure Lehrerin zur Verfügung stellen kann, kann dann jeder Einzelne für sich ausrechnen, zu welcher Gruppe er gehört und was er ggf. beachten sollte.

▶ Wo ist das Problem? M 8

Herr Müller beglückt Frau und Sohn mit einem neuen Fernseher. Der bisherige ist zwar erst wenige Jahre alt und läuft eigentlich noch recht gut. Aber man gönnt sich ja sonst nichts. Und weil der Händler für das gebrauchte Gerät nur wenig zahlen will, landet es beim 13-jährigen Max im Kinderzimmer. Das hat den Vorteil, dass es mit ihm abends nun keinen Stress mehr über das Programm gibt. Und Max freut sich. Endlich kann er das schauen, was er will.
Diese kleine Geschichte scheint sich in deutschen Familien oft zu ereignen. Jedenfalls verfügt nach den Feststellungen des Medienpädagogischen Forschungsverbundes Südwest inzwischen etwa die Hälfte der 13- bis 15-Jährigen über einen Fernseher im eigenen Zimmer. Unter den 16-/17-Jährigen sind es knapp 70 Prozent. Und selbst von den 6-Jährigen unseres Landes ist schon fast jeder Vierte dabei. […]
Von den 6- bis 13-Jährigen sind 44 Prozent bereits Besitzer eines eigenen TV-Geräts.
Ja und?, fragen da fernsehfreudige Eltern. Wo ist das Problem? Zahlreiche Repräsentativbefragungen* zur Mediennutzung von Kindern und Jugendlichen geben eine erste Antwort. Durch die Verfügbarkeit eines eigenen Fernsehers erhöht sich der tägliche Fernsehkonsum um etwa eine Stunde – werktags von zweieinhalb auf etwa dreieinhalb Stunden und an Wochenenden auf vier bis fünf Stunden. Diese Kinder verbringen damit pro Jahr mehr Zeit vor dem Fernseher als im Schulunterricht.
An den 135 schulfreien Tagen, an denen man frühmorgens ausschlafen kann, nutzen vor

allem die Jungen die Abende vorher dazu, bis weit in die Nacht hinein und ohne Überwachung der Eltern das anzuschauen, worauf sie scharf sind - auf solche Filme, die von Experten des Jugendschutzes als jugendgefährdend eingestuft wurden und deswegen erst nach elf Uhr gesendet werden dürfen. Aktuelle Befragungen haben erbracht, dass 56 Prozent der 12- bis 17-jährigen Jungen häufig derartige Filme anschauen. Von den Mädchen sind es nur 25 Prozent.

[...] Hinzu kommt, dass zwei Drittel der Jungen regelmäßig Computerspiele nutzen, die wegen ihres jugendgefährdenden Inhalts für unter 18-Jährige verboten sind. Mädchen sind nur zu 14 Prozent dabei.

Nimmt man alle drei Aspekte zusammen, so erscheint es gerechtfertigt, davon zu sprechen, dass mindestens ein Fünftel der männlichen 12- bis 17-Jährigen in einen Zustand der „Medienverwahrlosung[1]" geraten ist. In ihrer Freizeitbeschäftigung dominieren [spielen die Hauptrolle] das Betrachten von Gewalt- und Actionfilmen sowie die Nutzung von PC-Spielen mit jugendgefährdendem Inhalt. [...]

Wer täglich stundenlang fernsieht, hat kaum noch Zeit, die schulischen Hausarbeiten konsequent zu erledigen. Außerdem bewegt er sich zu wenig. Das schädigt nicht nur den Körper, sondern auch den Geist. Wissenschaftler haben herausgefunden, dass die Entwicklung des Hirns leidet, wenn sich Kinder zu wenig körperlich austoben. [...]

(Prof. Christian Pfeiffer, Bunt flimmert das Verderben, in: DIE ZEIT v. 18.9.2003; vollständiger Text: www.kfn.de/medienverwahrlosung.pdf)

---

[1] Als „verwahrlost" bezeichnet man jemanden, der nicht mehr in der Lage ist, den Anforderungen und Erwartungen, die die Gesellschaft (in der Schule, im Beruf, im alltäglichen Leben) an ihn richtet, gerecht zu werden. Dieser Zustand kann sich ergeben, wenn man z. B. als Kind oder Jugendlicher nicht über die lebensnotwendigen Dinge verfügt und von den Eltern vernachlässigt wird (vgl. M 8 in Kap. 7) oder sich eben fast nur noch mit Fernsehen, Computerspielen usw. beschäftigt und sich um wichtigere Dinge nicht mehr kümmert.

1. In M 8 weist Prof. Pfeiffer auf Probleme und Gefahren hin, die sich aus einem zu hohen „Fernsehkonsum" für Kinder ergeben können. Beschreibt zunächst, wie sich der Besitz eines eigenen Fernsehgeräts auf die „Sehdauer" auswirkt. Stellt zum Vergleich mit den angegebenen Durchschnittszahlen fest, wie viele Mitglieder eurer Klasse einen eigenen Fernseher besitzen, und diskutiert darüber, wovon es im Einzelnen abhängen kann, ob Kinder ein eigenes Gerät besitzen oder nicht.
2. Trifft auch für eure Altersgruppe zu, was in M 8 über das abendliche Fernsehen von Jungen und Mädchen gesagt wird?
3. Prof. Pfeiffer nennt in den beiden letzten Abschnitten im Wesentlichen drei gefährliche Folgen zu hohen Fernsehkonsums von Kindern und Jugendlichen, von denen ihr die beiden letztgenannten leicht verstehen und erläutern könnt. Versucht im Gespräch mit eurem Lehrer/eurer Lehrerin auch zu klären, was er mit „Medienverwahrlosung" meint.

Mit den folgenden Materialien wollen wir auf zwei der von Prof. Pfeiffer genannten Probleme noch etwas näher eingehen.

Schlechte Deutsch-Noten nach Fernsehkonsum

M 9a

Eine Forschungsgruppe der Universität Freiburg konnte nachweisen, dass die schulischen Leistungen von „Vielsehern" vor allem im Fach Deutsch deutlich schlechter sind als bei den Gleichaltrigen, die ihre Freizeit mehr mit Sport oder Bewegung verbringen. Das Zusammensein mit Freunden und Familienangehörigen ist bei den Vielsehern geringer.
Nach Angaben des Leiters der Forschungsgruppe, Michael Myrtek, sehen Kinder mit einem „Fernsehkonsum" von mehr als drei Stunden täglich hauptsächlich ziemlich minderwertige Sendungen wie z. B. Talkshows am Nachmittag. Da in solchen Talkshows oft eine sehr gewöhnliche, grobe und nachlässige Sprache vorherrsche, litten darunter auch die Deutsch-Kenntnisse, insbesondere die Fähigkeit, sich sprachlich richtig und einigermaßen differenziert auszudrücken. Kinder mit durchschnittlich einer Stunde Fernsehkonsum pro Tag sähen hauptsächlich Tierfilme; ein Zeichen, dass bei dieser Gruppe die Familie den Fernsehkonsum kontrolliere. Kinder mit mehr als drei Stunden vor dem Fernseher bewegen sich weniger, musizieren weniger und führen weniger Gespräche. Sie seien also auch häufiger alleine und schlechter Laune. Das Fernsehen bedeute für sie, dass sich ihre Stimmung hebe, was schließlich in eine „Fernsehsucht" führen könne. Auf diese Weise würden die Schule und das Zusammensein mit anderen als weniger schön erlebt als das Fernsehen.

(Autorentext nach: Cannstatter Zeitung v. 27.9.1999 und http://home.tonline.de/home/humanist.aktion/tvkind.htm)

„Ganz so einfach ist das nicht"

M 9b

Schlechte Schulnoten, ungenügende Allgemeinbildung, fehlende Disziplin ... immer wieder kann man die Meinung hören, daran sei vor allem das Fernsehen schuld, das den Kindern mit minderwertigen Sendungen die Zeit stehle und ihre Konzentrationsfähigkeit zerstöre.
Ganz so einfach ist das aber nicht. Es gibt Kinder und Jugendliche, die schlecht in der Schule sind, obwohl sie nicht viel Zeit vor dem Fernseher verbringen, und es gibt umgekehrt welche, die ausgiebig fernsehen und trotzdem gut in der Schule sind. Entscheidend für die schulische Leistungsfähigkeit ist, wie die Kinder in der Familie zusammenleben, ob die Eltern und andere Personen die Kinder und Jugendlichen dazu anregen, sich mit wichtigen und interessanten und vor allem auch mit geistigen Dingen und Fragen zu beschäftigen.
Denn, was nicht vergessen werden darf, Medien können auch einen positiven Einfluss auf das Wissen von Heranwachsenden haben:

- Durch das Fernsehen kann das (Allgemein-)Wissen bereichert werden. Schulen und andere Bildungsstätten beziehen ja nicht umsonst verstärkt Medien in ihre Arbeit mit ein.
- Das Fernsehen kann die Entwicklung der sprachlichen Fähigkeiten fördern. Dies war ja auch die Absicht von Vorschulsendungen und Kinderprogrammen. [...]
- Mit dem Fernsehen kann der Horizont eigener Erfahrungen erweitert werden. Wir können mittels Fernsehen ferne Länder und fremde Kulturen kennenlernen, in die wir niemals real kommen werden. In Spielfilmen können wir beobachten, wie Menschen aus aller Welt Situationen, wie wir sie aus unseren Alltagserfahrungen kennen, auf andere Weise gestalten und wie sie Probleme, die auch wir haben, ganz anders lösen.

(http://www.jff.de/zappen-klicken-surfen/familie/medienkonsum.htm; leicht verändert)

1. In M 9a wird über die Ergebnisse einer Untersuchung zu den Folgen übermäßigen „Fernsehkonsums" von Kindern berichtet. Gebt möglichst mit eigenen Worten wieder, welche Auswirkungen auf die schulische Leistungsfähigkeit, auf die Einstellung zum Schulbesuch und auf den Umgang mit anderen Menschen festgestellt wurden.

2. M 9b stellt M 9a einige positive Gesichtspunkte des Fernsehens von Kindern gegenüber. Erläutert sie konkreter (an Beispielen) und überlegt, ob diese Gesichtspunkte denen in M 9b widersprechen.

3. Nehmt selber Stellung zu der Frage nach der Nützlichkeit oder Schädlichkeit des Fernsehens und berücksichtigt dabei die in M 9a und b aufgeführten Gesichtspunkte und Argumente.

Was bei der „Programmplanung" helfen kann M 10

Zum vernünftigen Umgang mit dem Fernsehen gehört auch, dass man es nicht einfach dem Zufall überlässt, was man sieht oder wie lange man fernsieht, sondern ein bisschen planmäßig vorgeht: Welche Sendungen könnten für mich interessant sein? Welche möchte ich gerne sehen? Wie kann ich es (z. B. auch mithilfe des Videorekorders oder DVD-Players) einrichten, dass dabei meine sonstigen Interessen und Freizeitbeschäftigungen (und natürlich auch die Hausaufgaben) nicht zu kurz kommen?
Die Internetseite (M 10) kann euch dabei eine gute Hilfe sein. Aber ohne eine gute Programmzeitschrift geht es wohl auch nicht. Vielleicht könnt ihr gemeinsam untersuchen, welche Programmzeitschrift euch die besten Informationen liefert. Maßstäbe für die Beurteilung könnten z. B. sein:

- Welche Zeitschrift ist am übersichtlichsten gestaltet, in welcher kann man sich am leichtesten zurechtfinden?
- Welche Zeitschrift legt den vergleichsweise höchsten Wert auf die Information über Sendungen, die besonders eure Altersgruppe betreffen?
- Welche Zeitschrift informiert am vollständigsten und ausführlichsten (genaue Angaben zu den Zeiten, zum Inhalt, zur „Wiederholung" usw.)?

3. Werbung, Quoten, Riesengeschäfte – ein Blick hinter die Kulissen des Fernsehens

„Immer mehr Sender wollen immer mehr Zuschauer", so könnte die nebenstehende Karikatur unterschrieben werden.
Längst gibt es viel mehr Fernsehsender, als in der Karikatur genannt werden. Sie alle sind natürlich darauf aus, möglichst viele Zuschauer für ihre Programme vor den Bildschirm zu locken. Da die zahlreichen privaten Fernsehsender ihre Kosten allein aus den Werbeeinnahmen finanzieren müssen, hängt für sie alles davon ab, dass ein möglichst hoher Anteil aller Zuschauer ihr Programm einschaltet (deshalb spricht man von „Einschaltquote"). Denn: Je mehr Menschen die betreffende Sendung sehen, je höher also die „Quote*" ist, umso höher sind die Einnahmen aus der Werbung, weil die Firmen mit ihren Werbespots natürlich möglichst viele Verbraucher erreichen wollen. Im Folgenden wollen wir auf diesen Zusammenhang etwas näher eingehen.*

▶ Die Macht der Quote oder: Die Quote machts — M 11

„Quote weg, Tim Mälzer weg!" Wenn die Quote* erst mal auf Talfahrt geht, sind selbst bekannte Fernsehköche ihres Bildschirmlebens nicht mehr sicher. Bei jedem Sender das gleiche Bild: Der „Quotencheck" entscheidet, ob eine Sendung für erfolgreich gehalten wird oder nicht, über Folgeproduktionen oder das vorzeitige Aus für eine Sendung. „Fernsehkoch" Tim Mälzer übernahm im August 2007 bei VOX im Abendprogramm die Show „Born to cook". Wegen einer zu geringen Zuschauerbeteiligung wurde sie nach sechs Folgen aus dem Programm genommen.
Vor allem für die privaten Fernsehstationen sind die Werbeeinnahmen lebenswichtig: Sie stellen ihre einzigen Einnahmen dar, ohne sie können sie nicht existieren.

Wenn die Quote erst einmal stimmt, gibt‘s kein Halten mehr: Hohe Quoten sichern den Sendern hohe Werbeeinnahmen. Denn die Firmen lassen es sich etwas kosten, im Umfeld einer „erfolgreichen“ Sendung ihre Waren und Dienste anzupreisen. […]
Wenn ein neues Programm nicht auf Anhieb eine hohe Sehbeteiligung hat, wird nicht lange gefackelt: Qualität hin oder her, im Zweifelsfall entscheiden die nackten Zahlen über Sein oder Nichtsein. Dabei wissen doch eigentlich alle, dass das Fernsehpublikum viel mehr kann als Knöpfchen drücken.
(http:/www.flimmo.de/sub/hilft/hilft_03_text.php?!D=82108)

M 12

Wachsender Appetit!

Wie die Quote ermittelt wird **M 13**

Im Auftrag des Fernsehens erforscht die „Gesellschaft für Konsumforschung“ (GfK*) in Nürnberg die Einschaltquoten. Und von daher kennen wir sie: Spätestens im Mittagsmagazin, manchmal schon beim Frühstück, lesen die Radiosprecher die Hitliste vom gestrigen Abend vor: Spitzenreiter „Tagesschau“ mit 11,7 Millionen Zuschauern, gefolgt von „ZDF-Hitparade“ (9,8 Mio.) und „Notruf“ (7,4 Mio.).
Doch wie kommen die Nürnberger so schnell an unsere Daten? Woher wissen die, was wir gucken und was nicht? – Dahinter steckt kein Knopf im Fernsehgerät, der registriert, was 32 Millionen Haushalte sehen, und kein wildes Herumtelefonieren: Was haben Sie gestern Abend geguckt? Dahinter steckt ganz einfach System.
Das Messsystem der Fernsehforscher beruht auf der Auswertung der Daten von rund 5 600 repräsentativ* ausgewählten Haushalten (das sind rd. 13 000 Personen). Sie bilden ein verkleinertes, aber maßstabgetreues Abbild der Bevölkerung. In jedem dieser Haushalte steht ein schwarzer Kasten, der an das Fernsehgerät angeschlossen ist. Dieses Messgerät ist kleiner als ein Videorekorder, enthält einen Mikrocomputer und erfasst alles, was mit der

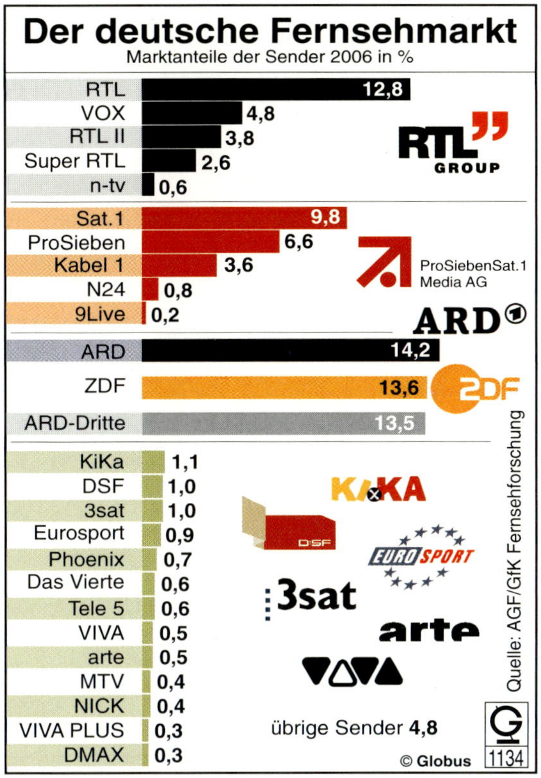

Glotze geschieht. Es misst Ein/Aus, Umschalten (erfasst werden bis zu 98 Kanäle), die Nutzung des Videorekorders, ob das Bild über Satellit oder Kabel kommt, ob gerade jemand ein Videospiel macht usw. Per Modem – einem Gerät, das Computerdaten ans Telefonnetz weitergeben kann – meldet unser schwarzer Kasten seine Daten nachts zwischen zwei und fünf Uhr an den Zentralcomputer nach Nürnberg. Und dort werden sie eingelesen, ausgewertet und weitergegeben.

Wie lange einer zugeguckt hat, geht ebenfalls – ab einer halben Minute Einschaltdauer pro Programm – in die Rechnung ein. Hat einer nur die Hälfte von „Wetten, dass“ gesehen, zählt seine Sehbeteiligung nur halb, hat er nur drei Minuten geguckt und dann umgeschaltet, wird das entsprechend als ein Sechzigstel oder ein Siebzigstel Sehbeteiligung gewertet. Ob die Leute wirklich zusehen oder das Gerät nur im Hintergrund laufen lassen, lässt sich konsequent nur mit einer eingebauten Kamera im Probehaushalt prüfen. Das will natürlich keiner. Die Forscher helfen sich mit Kontrollanrufen während der Sendung bei einer Zufallsauswahl der Prüfhaushalte. Das Ergebnis soll zu 98 Prozent mit den Angaben aus den Messgeräten übereinstimmen, sagen die Nürnberger. Ob die Leute zugeguckt oder geschlafen haben, ob sie sich am Ende geärgert haben oder gut unterhalten fühlten, ob sie eingeschaltet hatten, weil sie diese Schauspielerin unbedingt wieder mal sehen wollten oder den Schauspieler – das wird ein Geheimnis bleiben.

(PZ Nr. 75, August 1993, S. 24; Verfasser: Volker Thomas)

1. Auf die Bedeutung des Begriffs „Quote“ (von lat. quot – wie viele?) hatten wir bereits in der Einleitung zu M 11 hingewiesen. Erläutert anhand von M 11 die „Macht der Quote“. Vielleicht könnt ihr aktuelle Beispiele dafür nennen, dass Sendungen wegen der Quote entweder schnell „Karriere gemacht“ haben oder aber aus dem Programm genommen wurden. Erläutert dazu auch die Darstellung der Karikatur in M 11.
2. Erklärt anhand von M 13, auf welche Weise die Einschaltquoten festgestellt werden. Was kann dabei genau gemessen werden, was nicht?
3. Die Karikatur M 12 stammt aus der Zeit, als neben den beiden großen öffentlich-rechtlichen* Sendern (ARD* und ZDF*) die ersten privaten* Sender ihr Programm anboten. Stellt fest, wie sich der „Zuschauerkuchen“ im Jahre 2006 auf die wichtigsten Sender verteilte (Grafik in M 13).

▶ Ziele und Methoden der Werbung M 14

Direkte Werbung

Erreicht werden soll das Ziel der Umsatzsteigerung*, indem auf unterhaltsame Weise, mit vielen schönen Bildern, kleinen, meist lustigen Geschichten zu schöner, einprägsamer Musik der Bekanntheitsgrad eines Produktes gesteigert wird. Dazu kommen mehr oder weniger ausführliche und aussagekräftige Informationen, die die Vorzüge des Produktes herausstellen.

Einzelheiten sind gar nicht so wichtig. Über bestimmte Bilder, Melodien oder Slogans* muss sich der Produktname einprägen und abrufbar werden. Insbesondere die jungen Zuschauer „spielen“ da gern mit, freuen sich auf bestimmte Pointen, nennen den Produktnamen schon nach den ersten Tönen und Bildern eines Spots.
Werbung ist zu einem eigenen Unterhaltungsprogramm geworden, was bei den privaten* Fernsehanbietern in den sogenannten „Gameshows“ gipfelt.
Während viele Zuschauer bei den „Wir sind gleich wieder für Sie da“ - oder „Bleiben Sie dran“ - Unterbrechungen mal schnell umschalten, bleiben sie bei den Gameshows wirklich dran. Sie können mitraten, tippen, knobeln und bekommen so nebenbei eine Fülle von Produkten vorgestellt und nahegebracht, für die sie sich sonst wohl kaum interessieren würden. Dass die Gameshows dann auch noch von Werbeblöcken unterbrochen werden, liegt auf der Hand, denn: *„Hohe Quote – hoher Gewinn“*.

Indirekte Werbung

Neben diesen direkten Werbemethoden gibt es immer mehr indirekte:

- Unauffällig wird ein Produkt in Filmen, Serien und Shows stets präsentiert;
- Firmen sponsern* bestimmte Sendungen und bringen so ihren Namen und ihr Logo* ins Bild. […]

(Zeitlupe Nr. 31: Fernsehen, hg. von der Bundeszentrale für politische Bildung, Bonn 1995, S.15; Verf.: Klaus Peter Vogel)

M 15 „Albtraum Fernsehwerbung“

Albtraum Fernsehwerbung! Gerade wenn der Film die leisen Töne anschlägt, passiert es: Werbeunterbrechung! Und schon kreischt die Produktreklame auf den Zuschauer ein: „Saubillig! Schweinegünstig! Ferkeltolles Angebot!“ Hilfe, ich war gerade gedanklich in der Südsee! Als seien all die Zuschauer Ohrenarztpatienten mit verstopftem Gehörgang, die erst einmal wieder zum Leben erweckt werden müssen: „Hallo, Konsument, aufwachen!! Es gibt was zu kaufen!“

(www.welt.de/fernsehen/article888537/Warum_ist_die_Werbung_immer_so_laut.html; Verf.: Kolja Langnese)

1. Erläutert anhand von M 14, welches Ziel die Fernsehwerbung (wie auch jede andere Werbung für Waren) verfolgt. Was heißt „Umsatzsteigerung“? Nennt konkrete Beispiele für „direkte Werbung“ im Fernsehen. Fallen euch „bestimme Bilder, Melodien oder Slogans“ (kurze einprägsame Sprüche) ein? Was ist eine „Gameshow“?
2. Nennt auch Beispiele für die beiden genannten Arten der „indirekten Werbung“. Welche der beiden Methoden – die direkte oder die indirekte – haltet ihr für wirksamer?
3. Was will die Karikatur in M 15 zum Ausdruck bringen? Wie empfindet ihr selbst die zahlreichen Werbespots?

Die Kompetenzseite
Zur Sicherung der Lernergebnisse

1. Eine erklärungsbedürftige Grafik

Untersucht die abgebildete Grafik.

1. Wie nennt man diese Art von Grafik? Was genau soll sie darstellen?
2. Die angegebenen Prozentzahlen werfen Fragen auf: Was sollen sie wohl angeben? Mit welcher Methode hat man sie wohl festgestellt? Was bleibt unklar?
3. Am linken Rand der Grafik steht „Mehrfachnennungen“. Was soll das bedeuten?
4. Wer ist die Gesamtheit (100 %), auf die sich die einzelnen Prozentzahlen beziehen?
   a) Wenn es sich um Kinder (6 – 13 Jahre alt) handeln würde, dann kann da was nicht stimmen. Inwiefern?
   b) Worauf tippt ihr? Wer könnte die Gesamtheit sein? Begründet eure Antwort.
5. Wie würdet ihr die Grafik verändern bzw. ergänzen, um alle Fragen und Unklarheiten von vornherein zu klären?

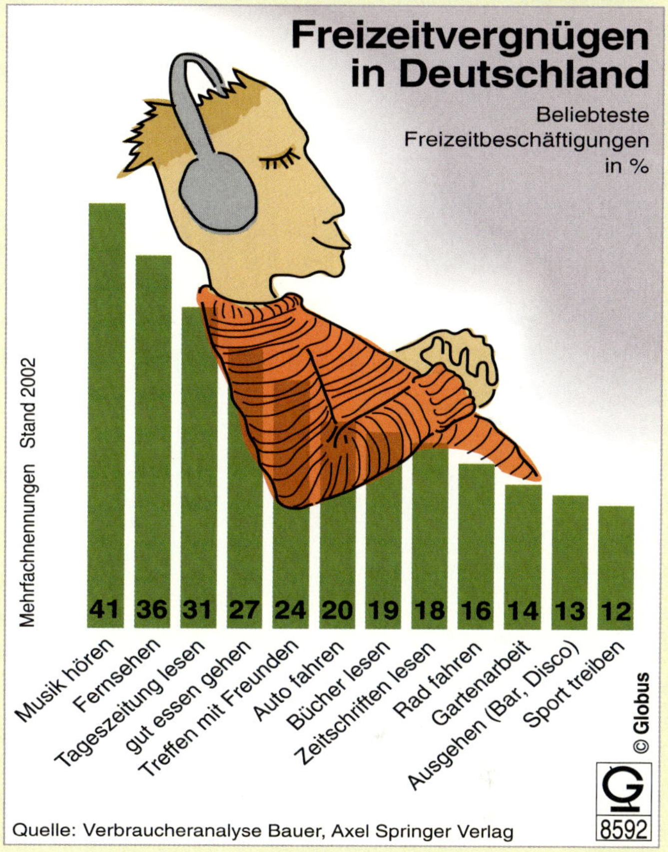

2. Wer kennt sich aus? Richtig oder Falsch?

1. Die Zeit, die 6- bis 13-jährige Kinder durchschnittlich täglich mit Fernsehen verbringen, hat in den letzten 15 Jahren stetig zugenommen.
2. Wenn man bei einer Befragung zu verlässlichen Ergebnissen kommen will, muss man wenigstens ein Drittel aller Menschen befragen, auf die sich die Ergebnisse beziehen sollen.
3. Die Lieblingssendungen von Jungen und Mädchen unterscheiden sich.
4. Wenn Kinder ihren eigenen Fernseher haben, verbringen sie auch mehr Zeit davor, als wenn das nicht der Fall ist.
5. Alle Fernsehsender müssen ihre Kosten allein durch Einnahmen aus der Werbung bestreiten.
6. Die „Quote“ für eine bestimmte Sendung ist der Prozentsatz der Fernsehzuschauer, die die betreffende Sendung eingeschaltet hatten.
7. Die Quote (z. B. für eine Abendsendung) wird festgestellt, indem man am nächsten Tag eine bestimmte Zahl von Leuten fragt, ob sie die betreffende Sendung gesehen haben.
8. ARD („Das Erste“) und ZDF („Das Zweite“) haben unter allen Fernsehsendern die größten „Marktanteile“ (werden insgesamt am meisten eingeschaltet).

3. Was meinst du?

Zur Frage, ob viel fernsehen Kindern eher schadet oder eher nützt, gibt es unterschiedliche Meinungen. Welche Meinung vertrittst du? Wie begründest du sie? Wo etwa würdest du die Grenze zwischen „viel“ und „zu viel“ ziehen?

3 Was das Herz begehrt – Wonach sich unsere Bedürfnisse richten

- von der **Werbung**: Sie will uns gezielt beeinflussen und unsere Wünsche nach ganz bestimmten Produkten wecken (Näheres dazu erfahrt ihr im zweiten Abschnitt, M 9 ff.).

(Autorentext)

Eine Rangordnung der Bedürfnisse M 2

1. Erläutert anhand von M 1 (erster Teil), welche Arten von Bedürfnissen man unterscheiden kann, und versucht die Fotos im Text und die auf den Auftaktseiten dazu in Beziehung zu setzen.

2. Erklärt, wovon es im Einzelnen abhängen kann, wie die jeweilige Bedürfnisbefriedigung bei den Menschen konkret aussehen kann (M 1, Z. 24 ff.). Nehmt auch hier auf die Fotos Bezug.

3. Der Zeichner von M 2 hat versucht, die Stufenfolge der Bedürfnisse, von der in M 1 (Z. 4 ff.) die Rede war, darzustellen. Erläutert diese Darstellung auf dem Hintergrund eurer Erarbeitung von M 1 und geht dabei besonders auf die einzelnen Zeichnungen ein.

4. Die im Folgenden aufgelisteten Bedürfnisse wurden von einer Schulklasse in einer Befragung spontan genannt. Gebt an, um welche Art von Bedürfnis (vgl. M 1/M 2) es sich jeweils handelt:
trinken,
schlafen,
Musik hören,
ausruhen,
gute Schulnoten haben,
Sport treiben,
telefonieren,
ein Buch lesen,
sich mit den Eltern gut verstehen,
Freunde haben,
gut aussehen,
dem Hobby nachgehen,
schicke Klamotten tragen,
duschen

M 3 Was in der Zeitung stand

„Wolfskinder" sieben Jahre nach ihrer Entdeckung im Alter von 12 und 14 Jahren gestorben

Wiedereingliederungsversuch in Familien gescheitert: Sie lernten nie richtig gehen und sprechen, blieben immer menschenscheu und aggressiv und entwickelten sich kaum weiter.

„Ohne Arbeit bist du nur ein halber Mensch!"

Kein Urlaub, keine Klassenfahrt, keine Einladungen mehr – ein verbitterter arbeitsloser Ingenieur über die Auswirkungen seiner Arbeitslosigkeit auf die Familie und das Selbstwertgefühl

Schüler verschwunden – Mobbing als Grund vermutet

Der Klassenlehrer: „Er war ein Außenseiter und wurde immer wieder von seinen Mitschülern gehänselt und schikaniert."

Zwei Überlebende eines Schiffsunglücks auf einer unbewohnten Insel entdeckt

Sensationelle Rettung nach 15 Monaten: Sie hatten sich mit dem Nötigsten versorgen können.

Kaufen macht Spaß! – Immer mehr Kinder und Jugendliche achten bei der Kleidung auf Markennamen

„Du gehst aus dem Laden und du bist ein neuer Mensch!" So beschreibt eine 14-Jährige ihre Gefühle nach einem Einkauf. „Wichtig ist, dass ich das morgen meinen Freundinnen zeigen kann."

(Autorentext nach Zeitungsmeldungen)

M 3 enthält einige Schlagzeilen zu Zeitungsartikeln, die von Ereignissen und gesellschaftlichen Entwicklungen berichten. So unterschiedlich diese sind, sie haben alle etwas gemeinsam: Es werden Bedürfnisse von Menschen angesprochen.

- Versucht zunächst, die hier nur kurz angesprochenen Situationen aus der Sicht der betroffenen Personen näher zu schildern.
- Benennt dann konkret die Bedürfnisse, die in dem jeweiligen Fall erfüllt oder nicht erfüllt wurden.

2. Bedürfnisdeckung und Bedürfnisweckung – Wie unser Kaufverhalten beeinflusst werden kann

Ihr wisst nun, dass es viele unterschiedliche Bedürfnisse gibt und dass ihr Vorhandensein von vielen Faktoren abhängig ist.
Manchmal stellen sich Bedürfnisse aber auch erst dann ein, wenn Unternehmen mit Werbemaßnahmen auf ihre Produkte aufmerksam machen. Sie wollen natürlich ihren Absatz erhöhen und den Menschen deutlich machen, dass es sich lohnt, ihre Produkte zu kaufen. Dabei wenden sie die unterschiedlichsten Mittel an und nutzen z. B. auch die Erkenntnisse von Wissenschaftlern („Konsumforschern"), die untersucht haben, was Menschen (bzw. bestimmten Gruppen von Menschen) besonders wichtig sein kann und wovon diese sich in ihrem Kaufverhalten beeinflussen lassen.

▶ Bezugsgruppen **M4**

Die sozialen Bedürfnisse, nämlich zum Beispiel Kontakt zu anderen Mitmenschen zu haben, sind für die Entwicklung des einzelnen Menschen sehr wichtig. Ihr wisst es von euch selbst sehr genau, wie wichtig eure Eltern für euch sind, eure Freundinnen und Freunde! Sie sind es, die euch verstehen, mit denen ihr besprechen könnt, was euch bewegt, die euch sagen, was ihr in bestimmten Situationen tun oder besser vielleicht nicht tun solltet, was sie richtig oder falsch finden. Ihre Meinung ist euch ganz wichtig. Die Beziehungen zu Menschen im unmittelbaren Umfeld sind für das eigene persönliche Verhalten von ganz entscheidender Bedeutung.
Menschen leben nicht für sich allein. Zwischen einzelnen Personen und Gruppen bestehen vielfältige Beziehungen und Abhängigkeiten. Eine besondere Bedeutung hat für Jugendliche die sogenannte „Peer Group". Darunter versteht man die *Gruppe der Gleichaltrigen*. Gerade für junge Menschen ist die Mitgliedschaft in einer Gruppe von Gleichaltrigen oft wichtiger als die Beziehungen zu anderen Personen.

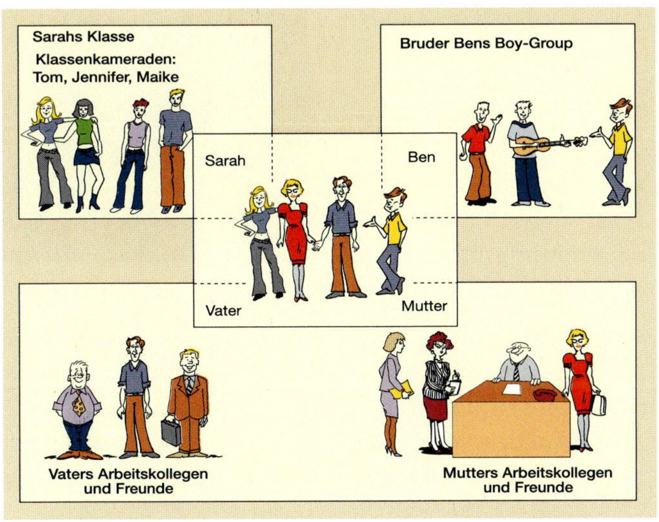

So kann es z. B. viel wichtiger sein, was eine Klassenkameradin oder ein Klassenkamerad über die neue Hose und das neue Hemd sagt, als das, was die Eltern meinen. Mit den Gleichaltrigen im Einklang zu leben, von ihnen akzeptiert zu werden, ist ein angestrebtes Ziel aller Kinder und Jugendlichen.
Die Freundesgruppe besitzt, wie man in Untersuchungen festgestellt hat, für Jugendliche die größte Bedeutung in Bezug auf Fragen des Geschmacks (z. B. Kleidung, Musik) oder auf Verhaltensweisen, zum Beispiel im Hinblick auf das Freizeitverhalten, bis hin zu den Essensgewohnheiten. Darüber hinaus ist jeder Mensch eingebunden in seine Familie. Hier muss er Rücksicht nehmen auf seine Eltern und Geschwister; er selbst beeinflusst diese wiederum auch und wird selbst beeinflusst.

Auch die Eltern sind wieder eingebunden in solche „Bezugsgruppen". Dazu zählen beispielsweise die Arbeitskollegen, mit denen sie auch privat Kontakt haben, und die Freunde und Nachbarn. Jeder steht letztlich in einer mehrfachen Beziehung und wechselseitigen Abhängigkeit zu anderen Personen und Gruppen.

(Autorentext)

1. Erläutert, was man unter ,,Bezugsgruppen*" versteht (s. Abbildung) und inwiefern für Kinder und Jugendliche die Gruppe der Gleichaltrigen für besonders wichtig gehalten wird.
2. Mit welchen „Bezugsgruppen" hast du es persönlich zu tun? Fertige – ähnlich wie in M 4 – ein Schaubild an, mit dem du deine Bezugsgruppen vorstellst.
3. Unterschiedliche „Bezugsgruppen" haben unterschiedliche Erwartungen. Kannst du von Konflikten berichten, in die du deshalb geraten bist (z. B. beim Musikgeschmack, beim „Kleidungsstil" o. Ä.)?

▶ Sarahs Vorbild macht Mode – "Meinungsführerschaft" M 5

In ihrer Klasse gilt Sarah als besonders modebewusst. Sie weiß immer, was man im Moment trägt, was ein absolutes „Muss" und „hip" ist. Sie ist damit für manchen neuen Modestil „Trendsetterin". Außerdem ist sie wegen ihrer Freundlichkeit in der Klasse sehr beliebt und fast alle wollen auch zu anderen Themen Sarahs Meinung hören. Sie gibt in gewisser Weise „den Ton an".

Solche Personen werden von Fachleuten auch als „Meinungsführer" bezeichnet. Solche Menschen gibt es überall: in der Schule, im Sportverein, am Arbeitsplatz. Das ist allbekannt und viele Firmen haben sich diese Tatsache zunutze gemacht. Sie setzen auf solche Personen, um ihre Güter besser an den Mann oder an die Frau zu bringen. In der Werbung können zum Beispiel bekannte Persönlichkeiten des gesellschaftlichen Lebens Meinungsführer sein: Sportler, Schauspieler, Sänger, Fernsehmoderatoren.

Den **Beeinflussungsprozess durch Meinungsführer** muss man sich so vorstellen:

1. Massenmedien wie Radio, Fernsehen, Zeitschriften, Werbefernsehen senden Kaufanreize an den Konsumenten aus. Manche Personen sind für diese Werbebotschaften empfänglicher als andere. Sie sind, wie in unserem Beispiel Sarah, immer „auf dem Laufenden". Sie wissen, welche neuen Produkte gerade auf dem Markt sind, was gerade „in" ist. Diese Personen kaufen auch bestimmte Produkte eher als andere und sind somit „Vorreiter" für andere Personen.

2. Aber damit nicht genug. Meistens sind solche Meinungsführer auch noch besonders kontaktfreudig und gesellig. Sie halten mit ihrem Wissen nicht hinter dem Berg und beeinflussen damit ihre Mitmenschen ganz erheblich.

So wie Sarah für die Mode in der Klasse zuständig ist, gilt Ben als besonders informiert im Sportbereich: Basketball und Fußball sind seine Hobbys, er spielt selbst im Fußballverein als Torjäger. Er weiß, wie sich Sportler am besten ernähren sollten und welche Sportkleidung besonders strapazierfähig ist. Und in der Theorie und Taktik kennt er sich selbstverständlich gut aus. Ihn kann man alles fragen, was die Fußballszene angeht, sogar im Frauenfußball weiß er Bescheid. Sarah und Ben beeinflussen somit bei entsprechenden Käufen zweifellos ihre Freunde. Das gilt auch für andere Bereiche. Jeder kennt in seinem Umfeld Personen, die für bestimmte Gebiete als besonders sachverständig angesehen werden, die man um Rat fragen kann und die die eigene Meinung beeinflussen.

(Autorentext)

1. Erklärt den Beeinflussungsprozess, der durch „Meinungsführerschaft“ zustande kommt (M 5). Vielleicht könnt ihr dazu ein Schaubild entwerfen?
2. Überlege einmal für dich selbst: Wer ist in welchen Bereichen für dich Meinungsführer? Übst du vielleicht auch für andere Personen in einem bestimmten Bereich eine Rolle als Meinungsführer aus?
3. Was haben die Werbeanzeigen in M 5 mit dem Modell der „Bezugsgruppen“ und der „Meinungsführerschaft“ zu tun?
4. Welche Bedürfnisse werden angesprochen?
5. Sucht in Zeitschriften nach weiteren Beispielen.

Werbestrategien M 6

Wer etwas verkaufen will, muss nicht nur wissen, womit er wirbt, sondern er muss auch wissen, *wem* er was verkaufen will. Er muss zum Beispiel die Bedürfnisse, Gewohnheiten und Wünsche der Verbraucher kennen oder er muss sie für seine Ziele entsprechend beeinflussen. Einzelne Unternehmen sind in der Regel damit überfordert, das zu leisten. Nicht selten werden deshalb Werbeagenturen* beauftragt, für sie die Werbemaßnahmen durchzuführen.

Die Werbeagentur beschäftigt Werbefachleute, die Spezialisten für alle möglichen Werbefragen sind und regelrechte „Schlachtpläne“ für „Werbefeldzüge“ entwerfen. Sie studieren die Eigenschaften eines Produktes, mögliche Absatzmärkte, das Verhalten bestimmter Verbrauchergruppen, die Gründe für den Kauf eines Produktes und welche Konkurrenten solch ein Produkt ebenfalls anbieten. Um zum Beispiel das Verbraucherverhalten von Jugendlichen herauszufinden, untersuchen die Werbespezialisten bis ins Detail,

- über wie viel *Geld* Jugendliche verfügen,
- welche *Freizeitgewohnheiten* sie haben,
- welche *Kleidung* sie besonders mögen,
- welche *Musik* sie gerne hören,
- *mit wem* sie gerne zusammen sind,
- welche *Sprache* sie sprechen und vieles andere mehr.

(Franz Josef Kaiser/Hans Kaminski, Jugend und Konsum Folge 3, Verführer und Verführte, Arbeitsmaterial für Schüler, in: Praxis Schulfernsehen 106/1985, Verlagsgesellschaft, Köln 1985)

Die „KidsVerbraucheranalyse“ verrät fast alles! M 7

Dass Kinder und Jugendliche für die Wirtschaft eine interessante Zielgruppe sind, zeigt die Tatsache, dass in jedem Jahr eine „KidsVerbraucheranalyse“ (KidsVA) erscheint und Ergebnisse zum Konsumverhalten von „Kids“ veröffentlicht. Die Kids sind aus mindestens zwei Gründen eine sehr wichtige Zielgruppe: Kinder und Jugendliche verfügen über viel Geld und sie beeinflussen die Kaufentscheidungen ihrer Eltern. Klar, dass einzelne Unternehmen daran interessiert sind, dass sie von dem großen „Geldkuchen“ der Kinder und Jugendlichen etwas abbekommen oder aber dass die Kinder ihre Eltern zum Kauf der Produkte des eigenen Unternehmens „überreden“. Die KidsVerbraucheranalyse 2007 hat im Zeitraum von Mitte Februar bis Anfang April in einer repräsentativen Untersuchung 1 588 Kinder im Alter zwischen 6 und 13 Jahren über ihr Medien- und Konsumverhalten befragt. Wichtige Ergebnisse werden in dem folgenden Bericht zusammengefasst (weitere Ergebnisse findet ihr unter der Internetadresse www.ehapa.de/ehapa/content/e7/e36/e37/e6387/index_ger.html).*

Das Geldvermögen der Kinder wächst weiter

Die aktuellen Zahlen (2007) belegen erneut, dass sich Kinder weiterhin großer finanzieller Mittel erfreuen können. Über 1,5 Milliarden Euro regelmäßige Geldzuwendungen und fast eine weitere Milliarde Euro an Geldgeschenken (Geburtstag, Weihnachten, Ostern) können die 5,76 Millionen Kinder im Jahr ausgeben.

Monatlich gibt es durchschnittlich 22,11 Euro Taschengeld (Vorjahr: 20,47 Euro) und zum Geburtstag und an Weihnachten zusammen 152 Euro Bares auf die Gabentische (Vorjahr: 145 Euro). Auch der Osterhase brachte neben Eiern noch im Schnitt 17 Euro mit.

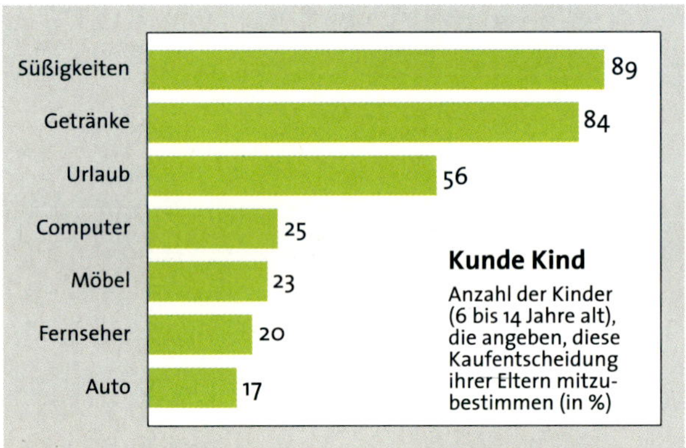

Quelle: Synovate Kids + Teens

Auf fast vier Milliarden Euro beläuft sich inzwischen das Sparvermögen der Kids. Das sind 692 Euro pro Kind und damit beeindruckende 12,5 Prozent mehr als im Vorjahr (615 Euro). [...]

Geht es dann konkret um Einkäufe für den Nachwuchs, ziehen die Eltern in der Regel ihre Kinder mit zurate. Besonders bei Spielwaren (78 Prozent), Bekleidung (72 Prozent) und Schuhen (69 Prozent), aber auch bei Sportausrüstung (55 Prozent) und Lebensmitteln (49 Prozent) bestimmen die Kinder oft, was gekauft wird. Darüber hinaus sind sie an Entscheidungen beim Besuch von Freizeitparks (77 Prozent), der Urlaubsplanung (40 Prozent) oder der Anschaffung neuer Möbel (23 Prozent) aktiv beteiligt (zur Bedeutung der Prozentzahlen s. den Hinweis in der Grafik).

(www.ehapa.de/ehapa/content/e7/e36/e37/e6387/index_ger.html)

1. Erläutert, was „Werbeagenturen*“ erreichen sollen und was sie zu erforschen versuchen (M 6).
2. Warum werden schon „Kids“ jedes Jahr in ihrem „Konsumentenverhalten“ (M 7) untersucht?
3. Fasst die wichtigsten Ergebnisse der KidsVerbraucheranalyse (M 7) zusammen und versucht die Aussagen übersichtlich – vielleicht in einem Schaubild – darzustellen. Unterscheidet dabei die Angaben
   a) zum Geld, über das die Kinder verfügen können, und
   b) über die Bereiche, in denen die Kinder den Eltern sagen, was sie kaufen sollen.

c) Das Schaubild „Kunde Kind" nimmt noch weitere Bereiche auf, in denen Kinder die Entscheidungen der Eltern beeinflussen (die Angaben zum „Urlaub" unterscheiden sich hier allerdings). Wie sieht es bei euch aus? Werdet ihr bei anstehenden Käufen auch gefragt? Wenn ja, bei welchen Produkten?

d) Begründet abschließend, warum Kinder für die Wirtschaft eine „interessante Zielgruppe" (vgl. M 7) sind! Bedenkt bei den Zahlenangaben (z. B. „692 Euro pro Kind"), dass es sich um *Durchschnittszahlen* handelt (vgl. Anhang, S. 279) und was man daher nicht daraus schließen kann.

M 8 Werbung in Zahlen

a)

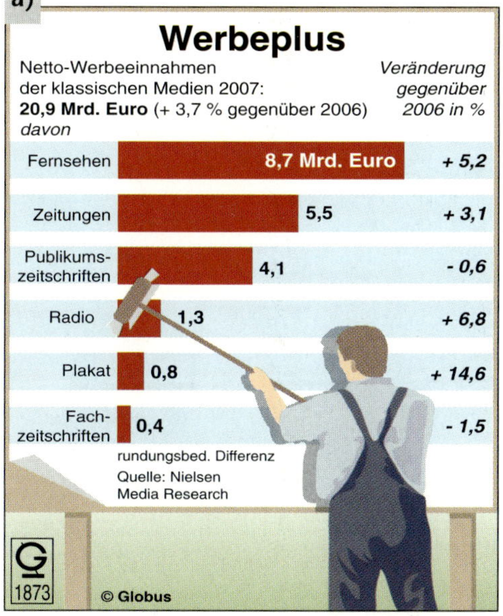

b)

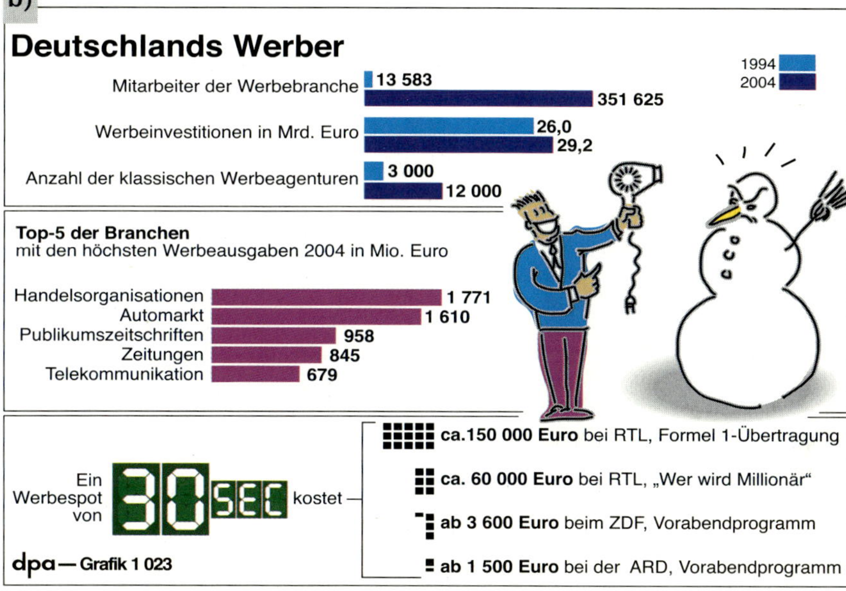

Diesen beiden Schaubildern könnt ihr viele Hinweise zur Werbung entnehmen. Findet heraus, ob folgende Aussagen richtig oder falsch sind. (Tipp: 7 Aussagen sind richtig, 7 sind falsch!)

1. Die Anzahl der Werbeagenturen hat sich im Zeitraum von 1994 bis 2004 vervierfacht.
2. Im ersten Halbjahr des Jahres 2007 betrug der Werbeumsatz der klassischen Medien 10,1 Milliarden Euro.
3. Damit ist die Summe der Werbeausgaben im Vergleich zum 1. Halbjahr 2006 stark zurückgegangen.
4. Die Zeitungen profitierten von dem Anstieg der Werbeausgaben am meisten.
5. Das Fernsehen verzeichnete den größten Anteil am Werbeumsatz im 1. Halbjahr 2007.
6. Der Anteil des Werbeumsatzes im Hörfunk ist am höchsten gestiegen.

7. Nur 0, 6 Mrd. € wurden für Werbung im Hörfunk ausgegeben.
8. Die Zahl der Mitarbeiter in der Werbebranche ist in dem Zeitraum von 1994 bis 2004 fast um das 26-fache gestiegen.
9. Die höchsten Werbeausgaben erfolgten in den Zeitungen.
10. In der Sendung „Wer wird Millionär?“ war die Werbung für einen 30-Sekunden-Spot nur halb so teuer wie bei der Formel-1-Übertragung.
11. Auch die Werbeinvestitionen (Ausgaben für Werbung) sind um das 26-fache gestiegen.
12. Die Autofirmen gaben für Werbung am meisten aus.
13. Bei Formel-1-Rennen kostete ein 30-Sekunden-Spot 150-mal so viel wie im Vorabendprogramm der ARD.
14. Die Werbung beim ZDF ist billiger als bei der ARD.

Schreibe die sieben richtigen Aussagen untereinander in dein Politikheft.

(Autorentext)

▶ Werbeanzeigen M 9

Die Werbung will an erster Stelle Aufmerksamkeit wecken, weil sie den Verbraucher für die Werbebotschaft zugänglich machen soll.

Durch verschiedene Reize, die wir mit den Sinnesorganen aufnehmen, wie z. B. Töne, Bilder und Worte, soll in uns eine innere Spannung oder Erregung entstehen. Die Werbung benutzt hauptsächlich drei Gruppen von Reizen:

- emotionale Reize, die *Gefühle* ansprechen,
- gedankliche Reize und
- gegenständliche Reize.

Emotionale Reize: Erzeugt werden diese in der Werbung durch erotische Abbildungen sowie Motive, die auf dem Kindchenschema aufbauen. Erotische Abbildungen sprechen die sexuellen Gefühle an. Sie sind besonders geeignet, unsere Aufmerksamkeit zu wecken, weil sie sich kaum abnutzen und immer neu wirken. Sie wirken auf fast jeden, unabhängig vom Alter, Geschlecht, von der Bildung usw. Das ,,Kindchenschema“ beruht auf Abbildungen von kleinen Kindern mit großem runden Kopf und strahlenden Kulleraugen. Solche Bilder lösen emotionale Reize aus, weil sie sich an „Mutter- und Beschützergefühle“ wenden.

Gedankliche Reize: Sie entstehen vor allem dann, wenn durch die Werbebotschaft Widersprüche und Überraschungen ausgelöst werden. Der Verbraucher wird zur gedanklichen Verarbeitung der Information angeregt. Beispiele für gedankliche Reize sind ungewohnte Schreibweisen oder die Einordnung von Wörtern in völlig andere Zusammenhänge oder eine ungewöhnliche Kombination von Bild und Produkt.

In Untersuchungen wurde festgestellt, dass gedankliche Reize den emotionalen Reizen unterlegen sind.

Gegenständliche Reize: Größe, Farbe, Helligkeit, Lautstärke der Werbung sind Reize, die ebenfalls unsere Aufmerksamkeit wecken. Farbige Anzeigen oder Plakate regen mehr an als nichtfarbige. Mehrfarbig gestaltete Werbung hat wiederum eine größere Wirkung als einfarbige. Die Wirkung ist auch von der Größe abhängig. Eine große Anzeige wird häufiger beachtet als eine kleine.

(Autorentext)

1. M 9 stellt euch vor, mit welchen Mitteln in der Werbung Aufmerksamkeit erzeugt werden soll. Erläutert die angeführten „Reizgruppen" und zeigt bei den abgebildeten Beispielen, mit welchen Reizen hier gearbeitet wird.
2. Geht selbst auf die Suche nach Werbeanzeigen, in denen ihr solche Reize wiedererkennt, und stellt eine Collage zusammen.
3. Seid kreativ und entwerft selbst eine Werbeanzeige, indem ihr mit den verschiedenen Reizgruppen arbeitet (vgl. Aufgabe 3, 2., S. 83).

Was man über Werbung wissen sollte — M 10

Zahlreiche gute Informationen und kritische Hinweise zu Arten und Methoden der Werbung in verschiedenen Bereichen könnt ihr der folgenden, eigens für Kinder in eurem Alter gestalteten Internetseite entnehmen: ***http://kinderseite.kinderkampagne.de***

Eine andere Strategie, Personen zum Kaufen anzuregen, wird in M 11 dargestellt. Ihr findet bestimmt schnell heraus, um welche es sich handelt!

M 11 Produkte werden vermarktet: Was die schöne Barbie und Harry Potter gemeinsam haben

Fast 50 Jahre ist sie alt – und immer noch taufrisch: die Barbie-Puppe, das Ideal junger Mädchen aus fünf Jahrzehnten. Derzeit ist sie der Star im Kölnischen Stadtmuseum. „Busy-Girl – Barbie macht Karriere“ heißt die Ausstellung mit 320 Puppen der Traumfrau. Sie war 2006 mit einem Jahresumsatz von umgerechnet 2, 8 Milliarden Euro das meistverkaufte Spielzeug der Welt. Seit 1959 ist es auf dem Markt. [...]
Infos: www.museen-koeln.de/koelnisches-stadtmuseum/

1 Am Beispiel von Barbie kann man sehen, dass der Kauf eines Produktes Wünsche nach vielen zusätzlichen Produkten erzeugen kann. Ein weiteres Beispiel hierfür ist das Geschäft rund um Harry Potter. Versucht zu erklären, warum das so ist.

2 Seit wann sammelt ihr schon Produkte rund um Harry Potter und/oder Barbie? Versucht einmal zusammenzuzählen, was diese Sammlung in etwa gekostet hat!

3 Kennt ihr noch andere Produkte, deren Kauf zu weiteren Wünschen und Zusatzkäufen führt?

Macht's die Marke? M 12

Die Kids von heute sind Markenkenner und möchten ihre Individualität (persönliche Eigenart) schon früh auch über den Besitz eigener Produkte ausdrücken. Die Eltern sind oft bereit, Markenwünschen ihrer Söhne und Töchter nachzukommen, und fragen ihre Kinder darum meist selbst, wenn es um konkrete Einkäufe für ihre Sprösslinge geht.
Besonders beim Outfit muss es die richtig Marke sein: Hier sind es vor allem Sportschuhe (57 Prozent), Taschen/Rucksäcke (53 Prozent) und Bekleidung (50 Prozent), die zudem eine wichtige Funktion als Statussymbole erfüllen. Es folgen Schulsachen (44 Prozent), Handy (41 Prozent) und Spielwaren (34 Prozent). Bei fast allen untersuchten Produktbereichen sind die Eltern bereit, den konkreten Markenwünschen ihrer Kinder nachzukommen. Lediglich bei teurerem technischem Equipment wie dem Handy ist die Bereitschaft deutlich geringer. Zum eigenen Style gehören bei vielen Kids nicht nur Klamotten und Accessoires, sondern auch individuelle Produkte zur Körperpflege. In den letzten Jahren nahm generell die Verwendung von Duschgels, Cremes, Haarpflegeprodukten oder Parfums bei Kindern zu. Dabei haben immer mehr von ihnen ihre eigenen Produkte im Bad stehen.
Dies ist nicht nur bei Mädchen, sondern auch bei Jungen zu beobachten. Es beginnt bei der eigenen Zahncreme (72 Prozent), geht über Shampoo (58 Prozent) und Duschgel (52 Prozent) bis hin zu eigenen Haarstylingprodukten (31 Prozent), Cremes (28 Prozent) und Deos (26 Prozent).
Ebenso zeigt sich bei Nahrungsmitteln und Süßigkeiten, dass die Kinder die Marken bekommen, die sie mögen und wollen. Jedoch geht hier das Markenbewusstsein bei einer Reihe von Produktgruppen zurück. [...]

(Ingo Höhnt/ Ralf Bauer, KidsVerbraucheranalyse 2007, Pressemitteilung S. 4 f., Egmont Ehapa Verlag GmbH/Walistraße 59/10179 Berlin)

Die Marke macht's! M 13

Schon bei Vorschulkindern prägen Fast-Food-Marken den Geschmack. Dies fanden US-Kinderärzte bei einer Studie mit Drei- bis Fünf-Jährigen heraus, denen sie für Schnellrestaurants typische Speisen und Getränke servierten. Die jeweils identischen Hamburger, Chicken McNuggets und Pommes frites waren in neutrale Kartons sowie in solche mit McDonalds Aufdruck verpackt. Nach der Mahlzeit erklärte eine klare

Frühe Prägung – Kinderpartys bei McDonalds erzeugen eine Vorliebe für die Marke

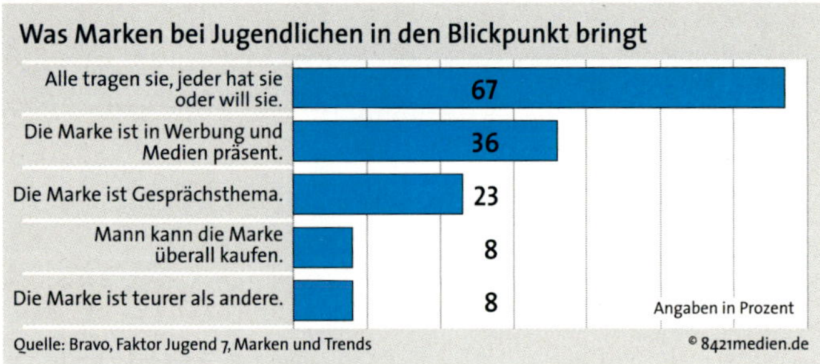

Mehrheit der Kleinen, die Produkte mit McDonalds-Logo hätten besser geschmeckt.
Ähnliches behaupteten die Kinder auch, wenn sie nur glaubten, die Speisen seien von dieser Firma. Diejenigen, die am häufigsten die Werbung der Burger-Kette gesehen oder dort schon gegessen hatten, zogen zumeist auch deren Menüs vor.

(ode, in: Focus Nr. 32/2007, S. 16)

1. In M 12 heißt es: Kids sind Markenkenner! In welchen Bereichen kennen sie sich denn am besten aus?
   a) Stellt die Informationen in einer Übersicht zusammen.
   b) Welche Produkte sind denn im Moment in den genannten Bereichen (Sportschuhe, Kleidung, Rucksäcke u. a. m.) besonders gefragt?
2. Wie wird begründet, dass die Kinder so viel Wert auf Markenprodukte legen? Was meint ihr dazu und welche Gründe haltet ihr für die wichtigsten (vgl. Grafik)?
3. Stellt das in M 13 dargestellte Experiment vor. Welche Schlussfolgerungen kann man aus dem Ergebnis des Experimentes ziehen?

▶ Warum kosten Marken-Shirts mehr als No-Name-Artikel? M 14a

Ein T-Shirt ist ja an sich ein sehr preiswerter Artikel. Ein Baumwollhemd, bedruckt oder nicht, mit kurzen Ärmeln, ist schnell gemacht. Da brauchst du nicht viel Handarbeit, um Kragen oder schicke Knöpfe anzunähen, denn das hat ein T-Shirt alles nicht. […]

Image ist alles

So, was macht nun die Textilindustrie, damit sie mit dem Billigartikel T-Shirt doch noch richtig Kohle macht? […]
Firmen mit bekannten Namen haben Folgendes beschlossen: Wir nehmen die T-Shirts und nähen oder kleben unseren Markennamen oder unser Markenzeichen als Wiedererkennung („Logo*“) auf die Brust – von Nike über Adidas, Puma bis Lacoste (Krokodil als Logo) oder wie sie alle heißen. Dann sagen wir dem jungen Verbraucher und hämmern ihm das durch Werbung, von Zeitungsanzeigen bis zu Fernsehwerbung, ein: Nur wenn du unser Hemd mit diesem Markennamen kaufst, dann hast du ein Original,

dann hast du was Besseres, dann unterscheidest du dich von den anderen, die diese billigen Hemden von Aldi etc. ohne Namen tragen. Dann kannst du stolz sein, weil du ein Nike-Shirt (oder eins mit einem anderen Namen) trägst. Und das muss es dir auch wert sein, etwas mehr dafür im Geschäft zu zahlen. Viele Eltern klagen darüber, dass ihre Kids, bloß um in der Schule mithalten zu können, nur Hemden mit bestimmten Logos drauf haben wollen (vgl. dazu M 14 b).

(Frank Lehmann, Warum kosten Marken-Shirts mehr als No-Name-Artikel?, in: S. Born/N. Würth [Hg.], GELD spielt [k]eine Rolle – Fragen zu Geld und Wirtschaft, S. Fischer Verlag GmbH, Frankfurt a. M. 2007, S. 152ff.)

M 14b Die Marke muss sein!

Dass Aldi in seinen Sonderangeboten kaum Hosen, T-Shirts und Schuhe für Kinder zwischen sechs und sechzehn führt, hat seinen Grund. Mit Aldi-Klamotten könnte man in der Schule, beim Jugend-Treff oder in der Disko schlicht und einfach nicht antreten. Das wäre uncool. Kultig ist etwas anderes – kultig ist die Markenware, kultig sind Designer-Klamotten; das Original-Fußballerdress von Bayern München oder von ManU (Manchester United) ist zumindest unter Jungs ohnehin Pflicht. Dementsprechend gehen den Kindern zig Markennamen leichter von den Lippen als so manche Vokabeln aus dem Englischunterricht. [...]

Die Eltern wissen ein Lied davon zu singen, was das heißt, wenn ihre Kinder die Schule als Laufsteg betrachten. Die Einkleidung der Kinder im Bekleidungsgeschäft oder in der Boutique wird dann zum Kampf und das morgendliche Anziehen zum Drama. „Mit diesen Fetzen kann ich mich nicht sehen lassen, damit steh ich ja da wie ein Aso (Asozialer)!" So oder noch viel deftiger fallen dann die Weigerungen aus, ein T-Shirt oder einen Pullover von der Stange anzulegen. Was Wunder, wenn in den Elternhäusern das Wort vom Markenterror die Runde macht!

Da ist es dann keine Seltenheit, wenn die Zehnjährige oder der Zwölfjährige mit Kleidung im Wert von 500 Euro und mehr am Leib in die Schule marschieren – Handy und Discman nicht mitgerechnet. Die meisten Lehrer haben keinen Blick dafür. Vor und zwischen den Stunden, im Schulbus und in den Pausen genießt man dann als solchermaßen gedresster und gestresster Schüler die tatsächlich oder vermeintlich neidvollen Blicke der Mitschüler. Und wenn man sie nicht genießt, dann ist man wenigstens damit glücklich, nicht verspottet zu werden.

(Josef Kraus, Präsident des deutschen Lehrerverbandes, 28.1.2002; http://www.lehrerverband.de/dralauf.htm)

1. „Image ist alles!" Wie wird erklärt, warum Kunden tatsächlich oft den höheren Preis für ein T-Shirt bezahlen, obwohl sie ein anderes viel billiger bekommen könnten?

2. In M 14 b übt ein Lehrer-Vertreter heftige Kritik an der „Marken-Konkurrenz" unter Schülerinnen und Schülern. Entspricht seine Darstellung euren eigenen Erfahrungen? Setzt euch mit dieser Kritik auseinander und nehmt auch Bezug auf die Meinung, die eure Eltern dazu haben.

Methode M 15 Markenwelt, gut oder schlecht? – Diskussion

Jetzt mal ganz ehrlich! Uns geht es um die Frage: Wie frei bist du wirklich, wie vernünftig und wie stark? Können die Werbung und das Marketing dich so beeinflussen, dass du ständig Entscheidungen triffst, die eigentlich unvernünftig sind? Gibst du mehr Geld aus, als du dir eigentlich leisten kannst? Macht es dir etwas aus, wenn sich deine Mitschüler über die Aldi-Jeans und das Woolworth-T-Shirt lustig machen? Wenn du alle Fragen mit „ja" beantworten musst, dann hast du ein Problem.
Man muss schon ganz schön stark sein, um schlechten Verlockungen zu widerstehen. Aber immer mehr Jugendliche scheinen die Stärke aufzubringen. Zum Glück!
Wir schlagen euch vor, zu diesem Thema in der Klasse eine Diskussion durchzuführen. Bereitet euch dazu vor, indem ihr euch zunächst eure Position klarmacht und überlegt, mit welchen Argumenten ihr diese begründen wollt.

Zur Methode:

Diskutieren will gelernt sein! Es ist nämlich gar nicht so einfach, auch andere Meinungen und Auffassungen gelten lassen zu können. Diese Schwierigkeit haben auch Erwachsene. Manchmal verlaufen Diskussionen so, dass Menschen sich verletzt fühlen, weil z. B. der Ton recht barsch ist oder weil die Gesprächssituation so chaotisch ist. Das habt ihr bestimmt auch schon in Talk-Shows im Fernsehen oder bei politischen Diskussionen beobachtet.
Aber richtig und angemessen um eine Sache „streiten" zu können, ist in einer Demokratie eine ganz wichtige Fähigkeit. Um nämlich Klarheit in eine Sache zu bringen, ist es hilfreich, sie von allen Seiten zu beleuchten und sie in die unterschiedlichsten Aspekte zu „zerlegen", um abschließend zu einem umfassenderen Urteil zu gelangen.
Dabei gilt es aber ganz bestimmte Regeln einzuhalten.

Diskussionsregeln:

1. Begründe deine Meinung!
2. Hör gut zu!
3. Lass andere ausreden!
4. Ruf nicht dazwischen!
5. Streite nur mit fairen Mitteln (z. B. keine Beleidigungen; keine Lügen)!
6. Sei nicht übertrieben rechthaberisch!

(Eine Meinung zu überdenken oder zu ändern muss keine Schwäche sein!)

Der Diskussionsleiter (Moderator)

- erklärt die Spielregeln,
- erteilt das Wort,
- lenkt durch Fragen und Impulse,
- beendet die Diskussion mit einem Schlusswort/Resümee.

Umfrage: Wie hältst du es mit den Marken? M 16

Wie sieht es in eurer Jahrgangsstufe/Schule mit dem Markenbewusstsein aus? Wir schlagen euch vor, eine Befragung durchzuführen. Der folgende Umfragebogen kann dabei eine Hilfe sein. Vielleicht wollt ihr aber auch noch andere Fragen aufnehmen!
Über die ermittelten Ergebnisse könnt ihr in eurer Schule (z. B. in eurer Schülerzeitung) informieren und mit euren Kenntnissen über z. B. Meinungsführerschaft und Werbestrategien Aufklärung betreiben. Man könnte auch mit Interviews auf das Problem des „Markendrucks" noch stärker hinweisen. Die durch die Umfrage insgesamt gewonnenen Ergebnisse können auch als Argumentationsgrundlage für eine Diskussion in der SV oder der Schulkonferenz über die Einführung einer einheitlichen Schulkleidung verwendet werden.

Umfragebogen „Marken"

1. Nenne 10 Marken, die dir spontan zuerst einfallen!

______________________ ______________________

______________________ ______________________

______________________ ______________________

______________________ ______________________

______________________ ______________________

2. Wie wichtig sind dir Marken generell?

❑ sehr ❑ ziemlich ❑ weniger ❑ gar nicht

2a. Wenn „sehr" oder „ziemlich": Warum? (Stichworte)

____

____

____

2b. Wenn „weniger" oder „gar nicht": Warum nicht? (Stichworte)

____

____

____

3. Wie wichtig sind Marken in deinem unmittelbaren Freundeskreis?

❑ sehr ❑ ziemlich ❑ weniger ❑ gar nicht

4. Bei welchen Produkten achtest du besonders auf die Marke?

❑ Handy ❑ Klamotten ❑ Schuhe ❑ Kosmetik

❑ Ernährung ❑ Getränke ❑ andere: ______________________

____

4a. Welche Marken sind dir da am liebsten?

____

____

4b. Wie bist du auf diese Marken aufmerksam geworden?

❑ Werbespot ❑ andere Werbung ❑ Freunde

Sonstiges: ______________________________________

____

____

5. Wie wichtig ist Werbung deiner Einschätzung nach für die Beliebtheit einer Marke?

❑ sehr ❑ ziemlich ❑ weniger ❑ gar nicht

6. Wie wichtig ist der Freundeskreis deiner Einschätzung nach für die Beliebtheit einer Marke?

❑ sehr ❑ ziemlich ❑ weniger ❑ gar nicht

7. Denkst du, dass bekannte Marken auch generell bessere Qualität als weniger bekannte Marken haben?

❑ Ja ❑ Nein

8. Glaubst du, dass es Schüler/innen mit angesagten Markenklamotten in der Klasse leichter haben als die mit NoName-Kleidung?

❑ Ja ❑ Nein

8b. Falls ja: Würdest du das gerne ändern?

❑ Ja ❑ Nein

Glaubst du, dass Schuluniformen eine gute Lösung sein könnten, um den Markendruck bei Kleidung zu verringern?

❑ Ja ❑ Nein

(http://www.learnline.nrw.de/angebote/werbung/medio/materialien/m7.pdf; © Verbraucherzentrale Nordrhein-Westfalen)

Das Foto zeigt die Schulministerin von Nordrhein-Westfalen mit Schüler(innen) einer Grundschule, die eine einheitliche „Schuluniform“ eingeführt hat.

Die Kompetenzseite

Zur Sicherung der Lernergebnisse

1. Stimmt's oder stimmt's nicht?

Die beiden unten stehenden Zitate stammen von Werbefachleuten. Haben sie damit Recht? Diskutiert in eurer Klasse darüber und verwendet zur Begründung eurer Meinung Erkenntnisse aus der Bearbeitung dieses Kapitels. Bereitet die Diskussion dadurch vor, dass ihr in einer Gruppenarbeit Argumente (Pro und Kontra) zusammenstellt und in den Materialien zu folgenden Themenbereichen nach Belegen sucht:

- Bedürfnisse
- Meinungsführerschaft/Bezugsgruppen
- Werbestrategien
  - Reizgruppen
  - Vermarktungsstrategien (Harry Potter/Barbie)
  - Markenbewusstsein

Wir verkaufen keine Produkte, wir fangen Konsumenten.

Alfred Zeien

Die Werbung schenkt uns neue Bedürfnisse und nimmt uns Stück für Stück die eigenen.

Iring Fetscher

2. Karikatur

„Kindgerechte“ Fernsehwerbung

a) Beschreibt zunächst die Karikatur.

b) Was will der Zeichner zum Ausdruck bringen?

c) Was haltet ihr von dieser Darstellung?

3. Werbeanzeigen

a) Diese Anzeigen haben Schülerinnen der Dollinger Realschule in Biberach entworfen (in Anlehnung an ein berühmtes Gemälde des italienischen Malers Leonardo da Vinci). Welche Reizgruppen-Elemente (s. M 9) haben sie dabei verwendet?

b) Vielleicht können euch die Arbeiten der Biberacher Schülerinnen dazu anregen, selber kreativ zu werden und eigene Anzeigen zu gestalten. Verwendet dabei eure Kenntnisse über Reizgruppen in Werbung.

4 Wirtschaften will gelernt sein – Vom Handeln auf Märkten und der Rolle des Geldes

Zur Orientierung

*Sicherlich habt ihr schon einmal etwas vom „Ötzi" gehört oder gelesen, der 1991 auf einem Gletscher in den Ötztaler Alpen gefundenen Mumie eines Menschen, der vor ungefähr 5 300 Jahren (!) gelebt hat. Mit seiner interessanten Geschichte wollen wir das vorliegende Kapitel beginnen (**erster Abschnitt**), weil sich daran zeigen lässt, wann und wie wirtschaftliches Handeln entstanden ist und was man bis heute darunter versteht.*
*Zum wirtschaftlichen Handeln braucht man Handelsplätze, Märkte. Was dort geschieht, damit beschäftigen wir uns in einem **zweiten Abschnitt**. Hier wird auch geklärt, welche Rolle das Geld spielt und wie Preise entstehen. „Ohne Moos nix los!" – das wisst ihr ja auch. Im **dritten Abschnitt** untersuchen wir die Geschichte des Tauschhandels, der durch die Erfindung des Geldes eine völlig neue Entwicklung genommen hat. Ihr werdet sehen, welche vielfältigen Aufgaben Geld heute erfüllen kann. Wie das Geld bei uns und zugleich in vielen Ländern Europas aussieht, das sollt ihr im **vierten Abschnitt** erarbeiten. Durch Arbeit an verschiedenen Stationen könnt ihr zu Euro-Experten werden!*
***Zum Schluss** geben wir euch Hinweise und Anregungen, wie ihr ein Spiel zum Thema „Geld" entwerfen und auch selbst spielen könnt, auch um euch zu vergewissern, was ihr in diesem Kapitel gelernt habt.*

1. Wirtschaftlich handeln

M 1a Von Jägern, Sammlern und Bauern – was „Ötzi" mit Wirtschaft zu tun hat!

So hat Ötzi wohl ausgesehen (Landschaftsmuseum Bozen)

Im September 1991 machten deutsche Touristen in Südtirol einen spektakulären Fund: Auf einem Gletscher entdeckten sie eine Mumie – die Leiche eines Mannes, der vor ungefähr 5300 Jahren gelebt hat. Diese Zeit nennt man **Jungsteinzeit** und der einzige bekannte Mensch aus der Endphase der Jungsteinzeit ist der „Ötzi" genannte „Mann vom Hauslabjoch". Seine Leiche blieb als gefriergetrocknete Mumie im Eis des Similaungletschers in den Ötztaler Alpen erhalten.

Ötzi an seinem Fundort

Warum nun war die Jungsteinzeit (Neolithikum, altgriech. neos „neu, jung" und lithos „Stein") für die Wirtschaft so wichtig?

Ein Dach über dem Kopf zu haben und im Supermarkt Lebensmittel einzukaufen, erscheint uns heute völlig selbstverständlich. Aber die längste Zeit ihres Daseins haben die Menschen eigentlich fast immer als *Jäger und Sammler* gelebt. Als unsere Vorfahren sesshaft wurden, war das wahrscheinlich die folgenreichste Entscheidung, die sie jemals getroffen haben. Begonnen hat alles vor elf- bis zwölftausend Jahren im Vorderen Orient, im Gebiet zwischen Persischem Golf, Zweistromland und Totem Meer. Dieser sogenannte „Fruchtbare Halbmond" gehört zu den Orten, an denen Landwirtschaft und Viehzucht erfunden wurden. Von dort breitete sich diese neue Lebensweise allmählich bis nach Mitteleuropa aus. Der australische Archäologe Gordon Childe hat 1925 diesen *Wandel vom Jäger und Sammler zum Viehzüchter und Ackerbauern* als **„Neolithische Revolution"** bezeichnet.

Im heutigen Deutschland dauerte alles noch etwas länger als im Vorderen Orient. Bis ungefähr 5 800 vor Christus lebten die Menschen hier als umherziehende Jäger und Sammler.

Dann begegneten ihnen Hirten, die aus Westeuropa eingewandert waren. Diese Hirtenvölker besaßen Schafe und Ziegen und stellten Keramik her. Rund dreihundert Jahre später gesellten sich Bauern zu den Jägern und Hirten. Die Bauern waren wahrscheinlich mitsamt ihren Errungenschaften vom Fruchtbaren Halbmond über den Balkan nach Mitteleuropa gewandert. Viele Menschen werden das nicht gewesen sein, aber sie machten auf die Jäger einen gewaltigen Eindruck. Aus den Jägern und Sammlern wurden rasch sesshafte Bauern. Sie schauten sich bei den Einwanderern deren Lebensweise ab und lernten von ihnen. Sie lebten in Dörfern und stellten Gefäße aus Keramik her. Sie errichteten Häuser, bauten Emmer (Getreidesorte), Ein-

korn (Getreidesorte) und Gerste an und hielten Hunde, Rinder, Schweine, Schafe und Ziegen als Haustiere.
Aber von der Landwirtschaft leben zu können erforderte planvolles Handeln: Land musste gerodet, Äcker mussten bestellt werden. Die Tiere brauchten Ställe und Futter für die Wintermonate, und Saatgut für das Frühjahr musste aufbewahrt werden. Es entwickelten sich Handwerke, die für ein Dorfleben erforderlich waren. Ein langfristiges, planvolles Handeln und Arbeiten heißt aber nichts anderes als: wirtschaften können!
Was hat das mit Ötzi zu tun? – Vieles haben die Wissenschaftler über ihn herausfinden können und vieles deutet darauf hin, dass er ein typischer Vertreter dieser Zeit war.

(Autorentext)

Die Geheimnisse des Ötzi M 1b

Ötzi hat in der Umgebung von Bozen gelebt. Heute sind sich die Wissenschaftler sicher, dass er die letzten Monate seines Lebens im Schnalstal verbrachte. Als guter Bergsteiger konnte er von dort aus in nur wenigen Stunden das Tisenjoch erreichen.
In dieser Zeit haben die Menschen in Dörfern in den Tälern gewohnt. Ein typisches Zeichen für das Dorfleben sind die rauchigen Lungen, die auch bei der Gletschermumie eindeutig nachzuweisen sind. Ötzis Zeitgenossen lebten von Viehzucht und betrieben aktiven Handel. Ihre Handelswege müssen quer durch die Alpen geführt haben. Zahlreiche archäologische Funde zeigen nämlich, dass bestimmte Materialien zu beiden Seiten der Alpen vorkommen. Vielleicht war Ötzi Kupferfachmann. Wie die Wissenschaftler erstaunt feststellen mussten, wurde bereits in der Jungsteinzeit sehr viel mit diesem Material experimentiert. Diese Rohstoffe und ihre Verarbeitung dürften ein gewisses Prestige [Ansehen] bedeutet haben. Nur hochrangige Dorfmitglieder hatten zu diesem Werkstoff Zugang. Außerdem war es sehr aufwendig, Kupfer zu verarbeiten. Schließlich musste es auch damals schon bei über 1 000 Grad geschmolzen werden. Ein möglicher Hinweis darauf ist der hohe Schwermetallgehalt in Ötzis Lunge. Aber vielleicht war er auch nur ein Hirte, der die Alpen mit seiner Schafherde durchstreifte, um sie auf den üppigen Almen des hinteren Ötztals weiden zu lassen.

(Autorentext)

1. Erklärt, warum gerade die „Jungsteinzeit“ – das Neolithikum – für die Wirtschaft so wichtig war und als „Neolithische Revolution“ bezeichnet werden kann. Was hat sich im Vergleich zur vorherigen Zeit grundlegend geändert? (M 1a)
2. Wann kann man von einem „wirtschaftlichen Handeln“ sprechen? (M 1a)
3. Warum ist „Ötzi“ ein Beispiel für einen „wirtschaftlich handelnden“ Menschen? (M 1 b)
4. Wenn ihr noch mehr über Ötzi wissen wollt, findet ihr es auf der Internetseite: www.planetwissen.de (Suchbegriff: Ötzi) und auf der Internetseite des Archäologischen Museums Bozen (Südtirol) (www.archaeologiemuseum.it/f01_ice_de.html).

Arbeitsteilung ermöglicht Tauschwirtschaft M 2

Als die Menschen anfingen, in größeren Gemeinschaften zu leben und Dörfer zu errichten, stellten sie fest, dass es wesentlich effektiver ist, die Arbeit untereinander aufzuteilen. So konnte zum Beispiel der eine wesentlich besser Jagdwaffen herstellen, während der andere ein ausgesprochen erfolgreicher Jäger war.

Der Waffenschmied konnte seine Speerspitzen nicht essen. Und der Jäger kam ohne gute Waffen mit viel zu wenig Nahrung von seiner Jagd zurück.
Die beiden tauschten also. Der Schmied erhielt seine Nahrung vom Jäger. Der wiederum konnte viel mehr Beute erzielen mit den Speerspitzen des Schmieds. Dieser sogenannte einstufige Tausch, also *Ware gegen Ware*, wird „Naturalwirtschaft“ genannt.
Du kennst diesen **Tauschhandel** vielleicht selber: Wenn du zwei gleiche Dinge von einer begehrten Sammlung hast, suchst du jemanden, der genau eines davon haben möchte. Dafür erhältst du dann ein anderes, das du noch nicht hast. Solange beide mit dem Gegenwert zufrieden sind, hat ein erfolgreicher Tauschhandel stattgefunden.
Dieser Tauschhandel hört sich zwar sehr einfach an, das war er aber früher nicht. Wenn du als Zahlungsmittel zum Beispiel eine Kuh hattest, musstest du jemanden finden, der dir das, was du wolltest, gegen deine Kuh eintauscht.

(http://www.kindernetz.de/infonetz/thema/geld/tauschhandel/-/id=32926/nid=32926/did=32888/r86ijk/index.html; Verf.: Friederike Wilhelmi)

Wie komme ich an einen Feuerstein? M 3

Das Kräuterweib bringt getrocknete Kräuter zum Heilen und Würzen auf den Markt, denn es braucht einen neuen Feuerstein, um Feuer zu machen. Der Bauer hat Getreide, braucht aber dringend ein Tongefäß zur Aufbewahrung. Der Töpfer stellt praktische Tongefäße her und möchte seiner Frau ein paar Heilkräuter gegen ihre Kopfschmerzen vom Markt mitbringen. Der Fischer hatte einen guten Fang mit vollen Netzen, braucht aber dringend Getreide, um frisches Brot zu backen. Und der Feuersteinhändler hat nützliche Feuersteine, möchte aber gerne Heringe für die Familie haben.

(Autorentext)

1. Tauschhandel ist eine gute Sache. Aber unter welchen Bedingungen ist er nur möglich? (M 2)
2. Wie oft und auf welchem Weg muss das Kräuterweib (M 3) tauschen, um an den dringend benötigten Feuerstein zu gelangen?

▶ Zum Tauschen braucht man Märkte M 4

Man kann viel Zeit sparen, wenn man weiß, wer welches Produkt gegen welches eintauschen möchte. Wo und wie findet man am schnellsten jemanden, der überschüssige Produkte gegen Mangelware eintauscht? Heutzutage findet man das ganz schnell heraus. Man kann im Internet nachschauen, Zeitungen aufschlagen, in den Supermarkt oder in andere Geschäfte gehen. Aber früher, als es das alles noch nicht gab, setzte sich die Idee durch, sich auf Marktplätzen zu treffen. Und zwar überall auf der Welt.

Der fränkische König Pippin der Jüngere, der Vater des späteren Karl des Großen, ordnete im Jahre 744 an, dass in allen größeren Siedlungen seines Reiches **Wochenmärkte** einzurichten seien. Diese Märkte unterschieden sich nicht wesentlich von denen, die es heute noch überall auf der Welt gibt. Bauersfrauen, Handwerker und Händler boten ihre Waren auf einem dafür geeigneten Platz an. Die einen hatten überdachte Stände, andere breiteten Äpfel und anderes Obst nur auf einem Tuch aus, wieder andere verkauften lebende Hühner in kleinen Käfigen. Man feilschte um den Preis, wobei der Handel damals oft, oder sogar hauptsächlich,

Fischmarkt in einer mittelalterlichen Stadt (16. Jh.)

ein Tauschhandel gewesen sein muss, denn Geld war sehr knapp. Die fränkischen Könige hatten zwar die römische Münztradition übernommen; […]. Aber die meisten ihrer Untertanen hatten gar keine Gelegenheit, in den Besitz von Münzen zu kommen.

Märkte sind eine der erstaunlichsten Entwicklungen der Menschheit. Es gab sie zu allen Zeiten und überall auf der Welt. Niemand hat jemals das Prinzip des Marktes „erfunden", die Menschen entwickelten es unbewusst, indem sie einfach ihren eigenen Bedürfnissen nachgingen. Es funktionierte auf den Wochenmärkten zu Pippins Zeiten nicht anders als in den Suks[1] der arabischen Städte (s. Foto), auf Flohmärkten oder auf den Wochenmärkten in unseren heutigen Städten: *Wer etwas anzubieten hat, möchte dies möglichst teuer verkaufen, wer etwas braucht, will dafür möglichst wenig bezahlen.* Oder wie es die Wirtschaftswissenschaftler (Ökonomen) heute ausdrücken: *Je höher der Preis ist, desto weniger Menschen möchten dieses Gut kaufen, und deshalb fragen eben wenige Menschen danach.* Die Nachfrage, so sagen die Ökonomen, ist umso geringer, je höher der Preis ist. Natürlich würden viele Anbieter bei einem hohen Preis ihr Gut verkaufen, aber sie werden es nicht los! Und dann gilt natürlich umgekehrt: *Je niedriger der Preis ist, desto weniger Menschen bieten dieses Gut auf dem Markt an, aber viele würden es kaufen wollen.* Sie finden aber niemanden, der zu diesem Preis verkauft! Erst wenn die Käufer bereit sind, mehr für ein Gut zu zahlen, finden sich auch mehr Menschen, die dieses Gut dann verkaufen wollen. Wenn ein Markt richtig funktioniert, dann muss kein Anbieter abends nach Hause gehen und seine Waren wieder mitnehmen. Käufer und Verkäufer feilschen oder handeln eben so lange, bis jeder zufrieden und der Markt „geräumt" ist.

(Autorentext nach: Nikolaus Piper, Geschichte der Wirtschaft, Beltz Verlag, Weinheim 2002, S. 50ff.)

[1] **Suk** ist das arabische Wort für (persisch) Basar und bezeichnet ein (oft überdachtes) Markt-/Geschäftsviertel.

1. Erklärt, warum der Tauschhandel durch die Schaffung von Marktplätzen (M 4) deutlich erleichtert wurde.
2. Wo liegen die unterschiedlichen Interessen von Anbietern (denjenigen, die etwas auf dem Marktplatz anbieten und verkaufen wollen) und Nachfragern (denjenigen, die etwas kaufen wollen)? Nach welchem Prinzip versuchen sie, ihre Ziele zu erreichen?
3. Wann kann man sagen: Der Markt ist „geräumt"? Näheres dazu findet ihr in M 5.

Wie Preise zustande kommen M 5

Eine starke Nachfrage nach einem Gut oder nach bestimmten Produkten hat enorme Auswirkungen auf den Preis, den man bezahlen muss, vor allem dann, wenn es nur eine bestimmte, eventuell begrenzte Menge von diesen Gütern gibt. Wer z. B. auf einen Flohmarkt geht, will entweder etwas verkaufen (Angebot) oder einkaufen (Nachfrage). Auf jeden Fall aber will er handeln und möglichst günstig kaufen oder verkaufen. Dabei lässt sich mit einer alten Uhr meist mehr Geld verdienen als mit einem Comic. Denn alte Uhren sind selten, das Angebot ist klein. Das funktioniert allerdings nur dann, wenn überhaupt jemand eine Uhr kaufen will: Es muss auch Nachfrage nach einer Ware vorhanden sein. Auf jedem Markt gilt: Alles hat seinen **Preis**. Wie viel Geld man für eine Ware bezahlen muss oder bekommt, hängt von **Angebot und Nachfrage** ab. Obst und Gemüse sind im Sommer billig, weil das Angebot groß ist. Im Winter ist es genau umgekehrt: kleines Angebot, hoher Preis. Genauso verändert sich der Preis, wenn sich die Nachfrage ändert. Wenn niemand mehr die Sammelalben von Harry Potter kaufen will, sinkt der Preis. Allerdings können sich Preise nicht unbegrenzt bewegen: Der Hersteller muss in der Regel zumindest seine *Kosten* wieder einspielen. Die Rohstoffe, die Arbeitslöhne, die Werbung, der Transport – alles wird in den Preis eingerechnet. Und verdienen will der Hersteller auch noch etwas. Er braucht den *Gewinn*, um sein Unternehmen weiterführen zu können. Ähnlich überlegt der Käufer: Welchen Preis kann ich bei meinem Einkommen für eine Ware noch bezahlen? Und brauche ich sie zu diesem Preis überhaupt, hat sie für mich einen Nutzen! Denn jeder Haushalt wird versuchen, mit seinem Einkommen seine Bedürfnisse möglichst gut zu befriedigen. Der Nutzen kann von Person zu Person sehr verschieden sein:

Manchem genügt irgendein Turnschuh, bei einem anderen muss es eine bestimmte Marke sein. Dann gilt: Es war schon immer etwas teurer, einen besonderen Geschmack zu haben. Der Ausgleich zwischen möglichst billig einkaufen und möglichst teuer verkaufen wird auf dem Markt gefunden – über den Preis. Angebot und Nachfrage ins Gleichgewicht zu bringen, das ist das Ziel des Marktgeschehens.

(Xaver Fiederle [Hg.], P wie Politik, Band 2, Schöningh Verlag, Paderborn 1994, S. 77)

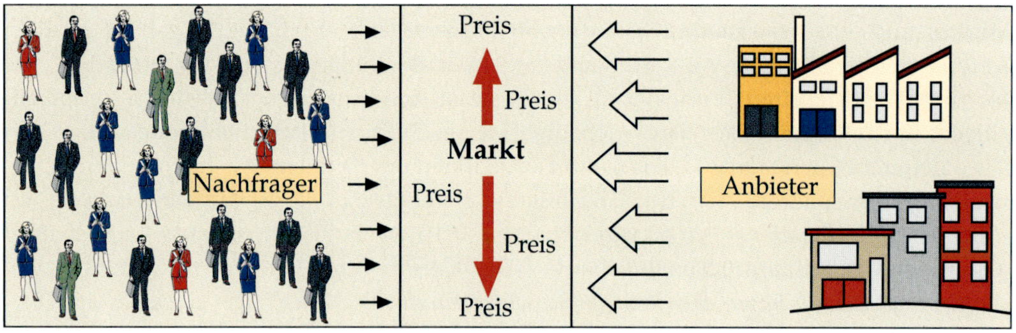

Angebot und Nachfrage

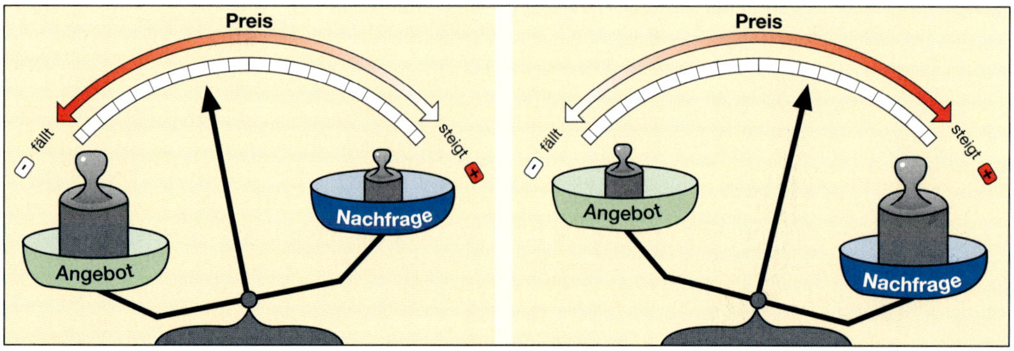

1. Stellt euch vor, ihr geht als Gemüsehändler auf den Markt und wollt eure Produkte anbieten. Was müsst ihr alles berücksichtigen, wenn ihr überlegt, zu welchen Preisen ihr die Kartoffeln, den Spargel oder den Salat verkaufen wollt?

2. Umgekehrt: Ihr seid Käufer (Nachfrager) und wollt zum Wochenende Gemüse kaufen. Auf was achtet ihr, wenn ihr die Preise miteinander vergleicht?

3. Wenn du den Text M 5 richtig gelesen hast, kannst du die folgenden Sätze zutreffend vervollständigen (übertrage sie in dein Heft):

   1. Auf einem Markt treffen sich Menschen, die entweder ____________ oder ____________ wollen.
   2. Es hängt von ____________ und ____________ ab, wie hoch der Preis ist.
   3. Ist das Angebot klein und die Nachfrage groß, ist der Preis ____________ .
   4. Im Preis sind die Kosten des Herstellers enthalten, das sind z. B. ____________ .
   5. Der Anbieter will aber auch noch einen ____________ erzielen.
   6. Der Nachfrager muss überlegen, welchen ____________ die Ware bei diesem Preis für ihn hat.
   7. Jeder Haushalt (Nachfrager/Konsument) wird versuchen, mit seinem zur Verfügung stehenden Geld seine ____________ möglichst gut zu befriedigen.
   8. Für den Ausgleich zwischen möglichst teuer verkaufen und möglichst billig einkaufen muss der ____________ sorgen.

4. Macht euch bei der Erläuterung der Abbildung mit der Waage (S. 90 u.) zunächst klar, was es bedeutet, wenn die jeweilige Schale sich senkt oder sich hebt.

2. Geschichte und Aufgaben des Geldes

Tausche Erbsen gegen Speck M 7

Das war vielleicht eine komische Zeit, damals, als es noch kein Geld gab: Da musste man einen störrischen Esel hinter sich herziehen, um ihn gegen zwei Säcke Mehl zu tauschen. Oder man musste einen Sack Korn durch die Gegend schleppen, wenn man ein paar Liter Wein haben wollte. Stell dir nur mal vor, das wäre heute noch so. Du willst einen Füller kaufen und musst dafür drei Liter Milch hergeben. Was machst du dann, wenn ihr zu Hause überhaupt keine Kuh habt? Du musst dir erst mal die Milch besorgen und dafür fünf Pfund Mehl hergeben. Dann gehst du zum Verkäufer des Füllers – und da will der gar keine Milch mehr haben: er hat sie längst. Jetzt braucht er Windeln für sein Baby. Die hast du aber nicht.

Jetzt suche erst einmal einen, der Windeln hat und ausgerechnet Milch haben will. Du findest keinen, stattdessen triffst du jemanden, der zehn Eier übrig und gerade Durst hat. Der nimmt deine Milch, du kriegst die Eier. Damit rennst du zu dem Mann, der Windeln hat. Der will aber keine Eier, weil er ....

Schrecklich umständlich, was? Man müsste also heute das Geld schnellstens erfinden, wäre es nicht schon erfunden. Wer hat es überhaupt erfunden?

(Claus D. Grupp, Mit Tausch fing's an, Verlag Deutsche Jugendbücherei, Köln 1986, S. 13)

Stationen der Geldgeschichte M8

Das Bezahlen mit Bargeld, die Überweisung von Konto zu Konto oder das Einkaufen mit der EC- oder Kreditkarte – dies alles ist in Europa mittlerweile Alltag. Welche Stationen hat die Geschichte des Geldes vom Tausch von Gegenständen bis heute durchlaufen? Das Geld hat sein „Gesicht" im Laufe der Geschichte viele Male geändert; seine grundlegenden Aufgaben (Funktionen) sind jedoch weitgehend gleich geblieben.

Pfeilspitzen aus Flintstein, 3. Jahrtausend v. Chr.

Naturaltausch: Am Anfang stand der Naturaltausch: Der Jäger brachte Fleisch und Felle und erhielt dafür Salz oder Speerspitzen. Die Sammlerin tauschte Kräuter und Beeren gegen Fisch oder Kleidung. Dies klappte, solange die Menschen in kleinen Dorfgemeinschaften zusammenlebten und jede Person darin ihrer besonderen Aufgabe nachging. Mit der Zeit brachte der Naturaltausch aber immer mehr Probleme mit sich: Was tun, wenn der Fischer für seinen Fang von dem Tauschpartner Felle angeboten bekommt, er aber ein Netz braucht – derjenige, der ein Netz anbietet, aber keinen Fisch benötigt? Ein Zwischentauschmittel wurde eingeführt: das Naturalgeld.

Kaurimuscheln

Naturalgeld: Der zweistufige Tauschhandel mit Naturalgeld funktionierte so: Kam ein Jäger mit seiner Beute nach Hause und benötigte neue Speerspitzen, tauschte er zunächst das Fleisch gegen ein allseits anerkanntes Zwischentauschmittel, z. B. Salz. Für das Salz bekam er dann von einer anderen Geschäftspartnerin oder einem anderen Geschäftspartner die benötigten Speerspitzen. Ein weit verbreitetes Naturalgeld war die Kaurimuschel, mit der vor ca. 4000 Jahren zunächst in China, später auch in Nordafrika und ganz Südostasien bezahlt wurde. Sie war klein und handlich, leicht zu zählen und zu transportieren und stand nur in begrenzten Mengen zur Verfügung: Sie besaß schon viele Eigenschaften unseres heutigen Geldes. Metalle wie Kupfer, Silber oder Gold waren ebenfalls beliebtes Naturalgeld, denn auch sie sind selten, haltbar und gut zu transportieren.

Hacksilber in verschiedenen Formen

Hack- oder Wägegeld: Die Metalle wurden in Ringe, Stäbe, meistens aber in Barren gegossen. Von diesen Metallbarren hackte man bei Bedarf entsprechend große Stücke ab und wog sie anschließend. Hack- oder Wägegeld nannte man diese Form des Metallgelds. Im Gegensatz beispielsweise zur Kaurimuschel ergab sich aber folgendes Problem: Es musste bei jedem Tauschhandel eine Waage verfügbar sein, um das exakte Gewicht des Metallgelds herauszufinden.

Antike römische Silbermünze

Münzen: Einen Ausweg boten erst die Münzen, die von den Lydern, einem Volk in Kleinasien, um 650 v. Chr. erfunden wurden. Einheitlich große Stücke aus Edelmetall wurden mit einem Wappen versehen, mit dem der lydische König Krösus („Reich wie Krösus", sagt man bis heute) für das Gewicht und den Wert der Münze garantierte. Die Griechen und Römer übernahmen dieses Münzsystem und verfeinerten es – und Münzen sind bis heute aus keiner modernen Währung wegzudenken.

Papiergeld: Aber was tun, wenn wertvolle Güter zu bezahlen waren? Große Mengen an Münzen ließen sich schwer transportieren und aufwendiges Zählen war bei der Übergabe erforderlich. Papiergeld erleichterte das Begleichen größerer Summen. Anfänglich misstrauten viele den Scheinen, denn anders als Gold- oder Silbermünzen hat Papiergeld praktisch keinen Materialwert. Der Schotte John Law erfand Anfang des 18. Jahrhunderts ein

System, das das Vertrauen der Menschen in Papiergeld stärken sollte. Er ließ Papierzettel ausgeben, auf denen die Garantie vermerkt war, dass man sie jederzeit gegen eine bestimmte Menge von Münzgeld oder Edelmetallen eintauschen konnte. Dieses Prinzip der Wertsicherung wurde später auch auf „echte“ Geldscheine übertragen. […] Heute steht der Staat mit seinem Besitz als Garant für die ausgegebenen Geldscheine.

Kontoauszug

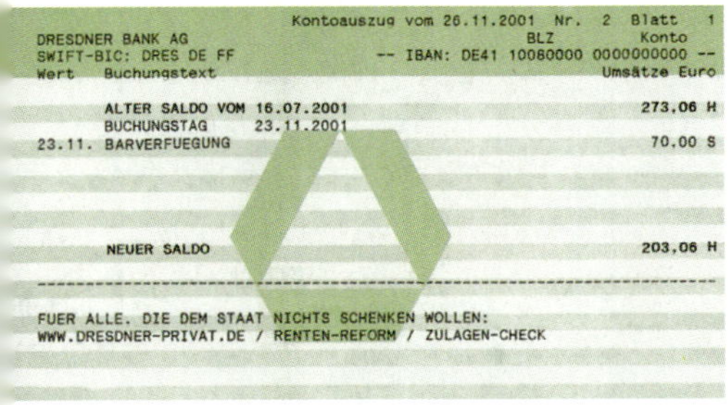
```
                         Kontoauszug vom 26.11.2001  Nr.  2  Blatt   1
DRESDNER BANK AG                                        BLZ        Konto
SWIFT-BIC: DRES DE FF                 -- IBAN: DE41 10080000 0000000000 --
Wert   Buchungstext                                           Umsätze Euro

       ALTER SALDO VOM 16.07.2001                                  273,06 H
       BUCHUNGSTAG     23.11.2001
23.11. BARVERFUEGUNG                                                70,00 S

       NEUER SALDO                                                 203,06 H
--------------------------------------------------------------------------
FUER ALLE. DIE DEM STAAT NICHTS SCHENKEN WOLLEN:
WWW.DRESDNER-PRIVAT.DE / RENTEN-REFORM / ZULAGEN-CHECK
```

Buchgeld: Stellt euch vor, am Ersten jedes Monats kommen eure Eltern nach Hause und leeren eine Tüte voller Geld auf dem Küchentisch aus. Von diesem Geldberg zählen sie dann euer Taschengeld ab, legen die Summen für Strom oder Telefon beiseite und schließen den Rest als Haushaltsgeld in eine Kasse ein. So oder so ähnlich hätte es sich noch vor 50 Jahren abspielen können. Bis in die 1950er-Jahre trugen Berufstätige ihre Löhne und Gehälter genau abgezählt in Lohntüten nach Hause. Mit diesem Bargeld wurden dann die laufenden Rechnungen bezahlt, wurde eingekauft oder in Urlaub gefahren. Nur ein Bruchteil des Betrags wurde zur Bank gebracht und z. B. auf ein Sparkonto eingezahlt. Und heute? Ein Großteil des Geldes, das als Gehalt ausgezahlt und zum Begleichen von Rechnungen oder zum Einkaufen in Geschäften genutzt wird, bleibt unsichtbar. Als Buch- oder Giralgeld wird es vom Arbeitgeber auf die Girokonten[1] der Angestellten überwiesen. Sie tätigen davon bargeldlos die Zahlungen für Miete, Strom, Autoversicherung usw. Nur ein kleiner Teil des Gehalts tritt schließlich als Bargeld in Erscheinung: Er wird vom Girokonto abgehoben und zum Einkaufen im Supermarkt, zum Bezahlen in Cafés oder an der Kinokasse benutzt.

„Plastikgeld“: Aber beim Einkauf ist das „Plastikgeld“ auf dem Vormarsch. Ob die neue Jeans im Geschäft per Electronic Cash bezahlt oder am Fahrkartenautomat zur Geldkarte gegriffen wird, der prall gefüllte Geldbeutel kann immer öfter zu Hause gelassen werden. Wir können vier Arten von „Plastikgeld“ unterscheiden: Kreditkarte, EC-Karte, Geldkarte, Kundenkarte.

(Das Geldbuch, Bundesverband deutscher Banken [Hrsg.], Ausgabe 2002, S. 8–14)

[1] **Girokonto** (von ital. giro – Kreislauf). Ein Konto bei einer Bank oder Sparkasse, auf das laufende Einzahlungen erfolgen oder von dem jederzeit Beträge abgehoben werden können.
Im Unterschied dazu werden auf einem **Sparkonto** Geldbeträge für eine bestimmte Zeit „festgelegt“. Dafür erhält man dann von der Bank Zinsen (s. S. 94).

Kreditkarte

ec-Karte

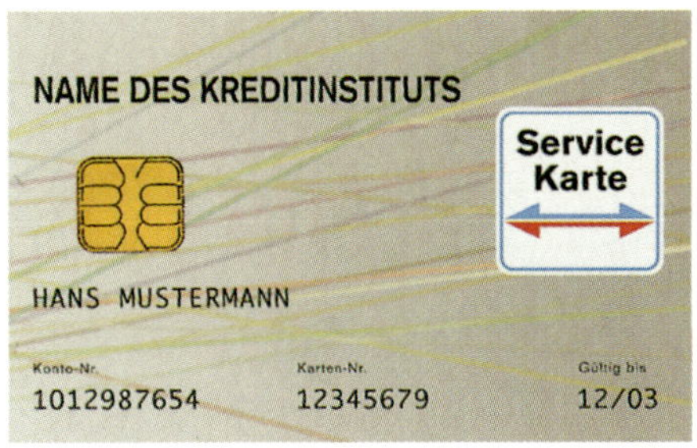

Kundenkarte

▶ Die Aufgaben des Geldes M9

Ihr wisst jetzt, dass das Vorhandensein von Geld den Austausch von Gütern äußerst vereinfacht und die wirtschaftliche Entwicklung ermöglicht und vorangetrieben hat. Was die Geldsorten anbelangt – der Einfallsreichtum der Menschen ist groß!
Aber das Geld übernimmt noch weit mehr Aufgaben als nur die Bezahlung von Rechnungen.

- Mithilfe des Geldes können wir Waren oder Dienstleistungen verschiedenster Art miteinander vergleichen, zum Beispiel einen Computer mit einem Pfund Bananen. Jeder weiß natürlich genau, dass der Computer mehr wert ist als die Bananen. Aber *um wie viel* er mehr wert ist, das können wir erst mithilfe des Geldes ausdrücken. Geld dient also als *Wertmaßstab und Rechenmittel*.
- Mit Geld kann man sich Güter (z. B. Kleidung) und Dienstleistungen (z. B. einen neuen Haarschnitt) kaufen, man tauscht also eine Leistung gegen eine andere ein, Geld ist ein allgemein anerkanntes *Tauschmittel*.
- Als *Zahlungsmittel* wird es benutzt, wenn mal wieder z. B. Steuern zu bezahlen sind oder eure Eltern euch das Taschengeld ausbezahlen, also kein unmittelbarer Tausch von Gütern und Dienstleistungen vorliegt.
- Geld kann auch als *Wertaufbewahrungsmittel* dienen. Niemand muss sein erworbenes Geld sofort wieder gegen Ware eintauschen, er kann es aufbewahren, zum Beispiel bei einer Bank sparen.
- Die Bank wiederum kann dieses gesparte Geld – gegen Zinsen[1] – an Menschen weitergeben, die sich Geld leihen wollen oder müssen; dann wird Geld zu einem *Kreditmittel*[2].

(Autorentext)

[1] **Zinsen.** Sie sind der Preis, den man entweder für geliehenes Geld (Kredit) zahlen muss oder den man erhält, wenn man sein Geld einer Bank oder Sparkasse auf Zeit zur Verfügung stellt (Sparguthaben).

[2] **Kredit.** Eine Geldsumme, die eine Bank einem Kunden leihweise zur Verfügung stellt.
Einen größeren Kredit erhält ein Kunde nur, wenn die Bank darauf vertrauen kann (das Wort Kredit kommt von lat. credere – glauben, vertrauen), dass der Kunde nicht nur die Kreditsumme zurückzahlen, sondern auch die Zinsen (s. o.) dafür bezahlen kann.

Welche Aufgaben des Geldes sind gemeint? M 10

1. Tobias will sich einen Fußball kaufen; deshalb spart er jeden Monat 5 Euro.

2. Vater ist ärgerlich; schon wieder ist die Kraftfahrzeugsteuer fällig.

3. Susanne hat es geschafft! Endlich kann sie sich für 550 Euro das lang ersehnte Fahrrad kaufen!

4. Thomas erbt von seinem Onkel aus Amerika 5 000 Dollar.

5. Steffi und Lisa sind gute Freundinnen; deshalb tauschen sie auch oft untereinander Kleidungsstücke. Heute hat Steffi ein Auge auf Lisas rot-weißen Pullover geworfen; sie will ihr dafür ihr neues T-Shirt anbieten. Doch Lisa ist nicht einverstanden, denn der Pullover hat 100 Euro gekostet!

6. Die Firma Produkta will neue Maschinen kaufen, die schneller und besser arbeiten. Sie verspricht sich dadurch einen höheren Gewinn. Doch im Moment ist sie nicht „flüssig" und benötigt deshalb unbedingt Geld von der Bank.

7. Damit Familie Reisegern im Sommer endlich ihren lang geplanten Urlaub in Amerika verbringen kann, überweist Frau Reisegern bereits seit zwei Jahren monatlich 200 Euro auf ein Urlaubskonto.

8. Oma Weißhaar bekommt eine Rente*, von der sie jeden Monat 25 Euro beiseite legen kann. Dafür hat sie eine besonders schöne Geldkassette aus Birkenholz, die ihr ihr Sohn Jan aus Finnland mitgebracht hat.

9. Der Fußballspieler Franck Ribéry wechselte zur Bundesligasaison 2007/2008 für 26 Mio. vom Fußballverein Olympic Marseille zu Bayern München.

(Autorentext)

1. Erklärt, warum die „Erfindung des Geldes" das Tauschen erheblich erleichtert hat (M 7).
2. Mit M 8 könnt ihr euch einen Überblick darüber verschaffen, in welchen Stationen sich das Geld über Jahrtausende hin entwickelt hat. Auf der Internetseite des Geldmuseums der Deutschen Bundesbank (www.geldmuseum.de) könnt ihr zu den unterschiedlichsten Aspekten interessante Seiten für unser Thema finden (z. B. zur Geschichte des Geldes: www.geldmuseum.de/einblick/einblick_geldgeschichte.php).
3. Versucht die in M 9 dargestellten Aufgaben des Geldes mithilfe der Bilder und an weiteren Beispielen zu verdeutlichen.
4. In M 10 werden euch Beispiele für die Verwendung von Geld vorgegeben. Überlegt, wie darin jeweils das Geld eingesetzt wird (als Zahlungsmittel, Wertmaßstab und Rechenmittel, Tauschmittel, Kreditmittel oder Wertaufbewahrungsmittel). Manchmal ist das gar nicht so einfach und man kann auch mehrere Möglichkeiten gelten lassen. Auch hier sei verwiesen auf die Seite der Deutschen Bundesbank: www.geldmuseum.de/einblick/einblick_geldfunktionen.php

3. Rund um den Euro – Lernen in Stationen

Ihr solltet natürlich auch Bescheid wissen über die Währung, die für uns und in vielen Ländern Europas gilt. Dazu schlagen wir euch vor, an drei unterschiedlichen Stationen zu arbeiten. Es ist ratsam, jede Station zwei- bis dreimal einzurichten, damit eure Arbeitsgruppen nicht zu groß werden.
Die Vorbereitung des „Stationenlernens" besteht im Wesentlichen im Aufbau der drei Stationen. Dafür ist euer Lehrer oder eure Lehrerin verantwortlich; ihr solltet ihm oder ihr aber natürlich dabei helfen. Womit die einzelnen Stationen ausgestattet sein müssen, wird im Folgenden jeweils angegeben.

1. Station A: Münzen

Hier sollten bereitgestellt werden:

- echte Euro- und Cent-Münzen aus verschiedenen Ländern
- Lupen
- Wandplakate für die Fixierung der Ergebnisse

Arbeitsblatt:

Euro-Münzen

1. Welche unterschiedlichen Werte haben die Euro-Münzen?
2. Wie sehen die Vorderseiten der verschiedenen Euro-Münzen aus?
3. Welche Buchstaben gibt es auf den Münzen und was bedeuten sie?
4. Welche Symbole sind auf den Rückseiten der deutschen Euro-Münzen zu sehen?
5. Wie können blinde Menschen die verschiedenen Münzen auseinanderhalten?
6. Aus welchen Materialien sind die Münzen hergestellt?
7. In welchen Ländern wurden die Münzen, die auf dem Tisch verteilt sind, hergestellt?

2. Station B: Scheine

Hier sollten bereitgestellt werden:

- echte 5-Euro-Scheine
- Papiergeld (Spielgeld)
- Lupen

Arbeitsblatt:

1. Welche unterschiedlichen Werte haben die Euro-Scheine?
2. Welche Bildmotive findet man auf den Euro-Scheinen auf der Vorder- und Rückseite und was könnten diese bedeuten?
3. Jeder Geldschein besitzt eine bestimmte Anzahl von Kennzeichen, an denen ihr erkennen könnt, ob ihr echtes oder Falschgeld in der Hand habt. Nehmt einen 5-Euro-Schein zur Hand und versucht die vorhandenen Sicherheitsmerkmale herauszufinden. Betrachtet den Euro-Schein ganz genau, haltet ihn dazu auch gegen das Licht und befühlt ihn! Achtet auf Vorder- und Rückseite!
4. Welche Gebäude eurer Stadt ähneln den Bauelementen auf den verschiedenen Euro-Scheinen?
5. Welche Farbe hat der 1000-Euro-Schein?

3. Station C: In welchen Ländern ist der Euro eingeführt und wo liegen diese Länder?

In dieser Buchstabenbox sind (senkrecht und waagerecht) die 15 Länder versteckt, in denen nach dem Stand vom 1. Januar 2008 der Euro als Bargeld eingeführt ist. Schreibe sie heraus.

R	A	U	F	I	N	N	L	A	N	D	E	M	L	E	X
N	U	X	S	R	A	L	B	C	H	E	V	Z	N	Q	Y
I	Q	R	A	L	U	X	E	M	B	U	R	G	F	G	Z
E	H	I	J	A	G	K	L	M	N	T	O	P	Q	R	Y
D	S	T	U	N	R	V	W	X	A	S	Y	Z	A	B	P
E	C	D	E	D	I	F	G	E	H	C	J	I	U	F	E
R	K	L	M	E	E	N	O	P	Q	H	I	R	E	R	R
L	S	P	T	U	C	V	S	E	W	L	X	A	Y	A	N
A	Z	O	A	B	H	C	P	I	T	A	L	I	E	N	A
N	D	R	E	F	E	G	A	H	I	N	J	K	L	K	D
D	M	T	N	O	N	P	N	Q	R	D	P	S	T	R	M
E	U	U	B	E	L	G	I	E	N	Q	C	D	E	E	A
V	B	G	C	F	A	I	E	K	M	E	P	Q	R	I	L
W	A	A	D	G	N	J	N	L	N	I	A	O	U	C	T
X	Z	L	E	H	D	A	E	N	E	M	A	R	K	H	A
Y	O	E	S	T	E	R	R	E	I	C	H	V	L	K	E
U	V	W	X	S	L	O	W	E	N	I	E	N	A	B	C

Trage die Namen der Länder, in denen der Euro als Bargeld eingeführt ist, in eine vergrößerte Kopie dieser Karte ein. Am besten malst du die Länder auch farbig aus, damit du sie besser erkennen kannst. Vielleicht kannst du auch die Hauptstädte einiger Länder benennen?

Folgende Internet-Adressen können euch bei der Bearbeitung dienlich sein:

- *http://www.kindernetz.de/infonetz/thema/geld/eurolaender.html*
- *http://magazine.web.de/de/themen/wissen/bildermemo/4059988,cc=000007205700040599881sJLb7.html*
- *http://www.bundesbank.de/info/info_sitemap.php#anchor_bargeld*

Die Kompetenzseite

Aufgaben des Geldes	Geschichte des Geldes	Der Euro	Verschiedenes
10	10	10	10
20	20	20	20
30	30	30	30
40	40	40	40
50	50	50	50

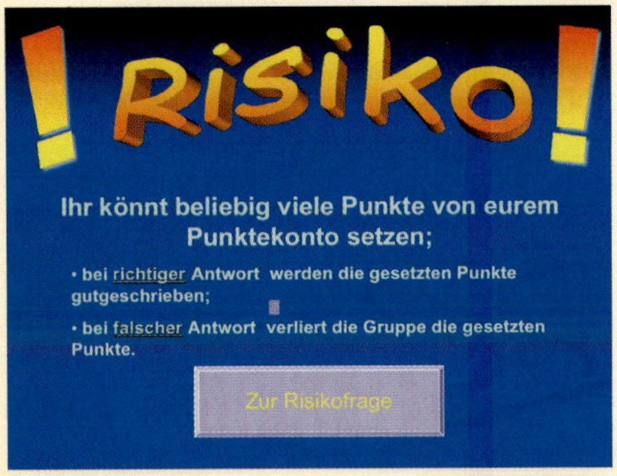

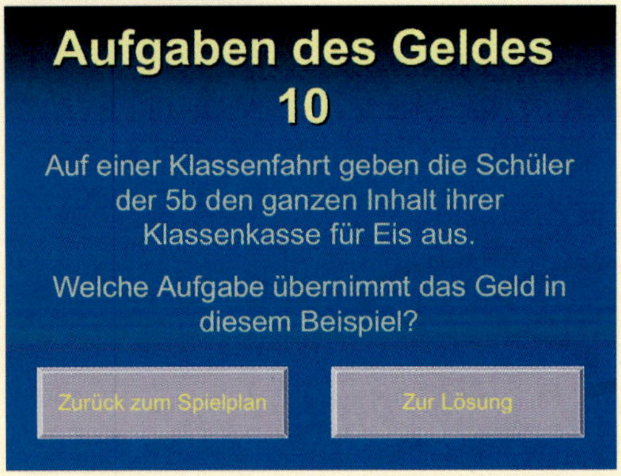

Wir schlagen euch vor, ein **Quiz-Spiel** zum Thema „Geld" zu erstellen und natürlich auch zu spielen!

Man könnte dieses Spiel *für einen Rechner* (als pps/Idee von J. Kannegießer) entwerfen: Auf einer „Magischen Wand" sind unterschiedliche Felder anzuklicken, die beim Klick unterschiedliche Fragen offenlegen. Der (steigende) Schwierigkeitsgrad wird durch die Zahlen 10, 20, 30, 40, 50 angegeben. Wer die angeklickte Frage richtig beantworten kann, erhält die entsprechende Punktzahl als „Gutschrift". Ob die Frage richtig beantwortet ist, darüber gibt ein zu der Frage gehörendes entsprechendes „Lösungsfeld" Aufschluss. Die Fragen sind verschiedenen Bereichen zugeordnet:

- Aufgaben des Geldes
- Geschichte des Geldes
- Euro
- Verschiedenes

Man kann aber auch *ohne Rechner* spielen; dafür müsst ihr einzelne **Kärtchen** anfertigen. Auf der Vorderseite stehen der Themenbereich und die Ziffer für den Schwierigkeitsgrad. Entweder sind die richtigen Antworten auf der Rückseite nachzulesen, oder ihr fertigt eigene Antwortkarten in einer anderen Farbe an (Vorderseite: Themenbereich und Schwierigkeitsgrad/Rückseite: Antwort). Man kann vielleicht sogar auch Jokerkarten einbauen. Dann hat man Glück und bekommt Punkte gutgeschrieben, ohne die Antwort wissen zu müssen. Risikokarten erhöhen die Spannung (Beispiel siehe oben)! Natürlich könnt ihr über die hier angebotenen Fragen (S. 99) hinaus noch weitere Fragen aufnehmen. Geht ruhig das gesamte Kapitel durch, ihr findet bestimmt noch weitere. Vielleicht wissen ja auch einige von euch noch mehr, als im Buch steht! Das könnt ihr unter „Verschiedenes" anbieten. Für den besseren Gebrauch ist es sicher sinnvoll, die Kärtchen zum Schutz zu laminieren. In eurer Schule gibt es diese Möglichkeit bestimmt. Viel Spaß beim Erstellen des Spiels und natürlich beim Spielen selbst!

Zur Sicherung der Lernergebnisse

1. Aufgaben des Geldes

Welche Aufgaben übernimmt in diesen Beispielen das Geld?

10: Auf einer Klassenfahrt geben die Schüler der 5b die gesamte Klassenkasse für Eis aus. (Lösung: Tauschmittel)

20: Lisa zahlt seit zwei Monaten ihr ganzes Taschengeld auf ihr Sparbuch ein, um im Sommer auf den Reiterhof fahren zu können. (Lösung: ???)

30: Kevin erbt von seiner Oma aus Australien 3000 Dollar. (Lösung: ???)

40: Frank möchte von Mike eine halbe Tafel Schokolade und bietet ihm dafür 10 Gummibärchen. Mike findet das ungerecht. (Lösung: ???)

50: Familie Mertens wünscht sich ein Haus im Grünen. Doch das Ersparte reicht nicht aus, und Herr und Frau Mertens entschließen sich, zu einer Bank zu gehen. (Lösung: ???)

2. Geschichte des Geldes

10: Vor Tausenden von Jahren lebten die Menschen noch in kleinen Dorfgemeinschaften zusammen. Jeder trug zum Lebensunterhalt mit dem bei, was er am besten konnte. Der Jäger brachte Fleisch und Felle und erhielt dafür Salz oder Speerspitzen, die Sammlerin tauschte Kräuter und Beeren. Wie bezahlten die Menschen die Dinge, die sie zum Leben brauchten? (Lösung: ???)

20: Der Warentausch brachte mit der Zeit immer mehr Probleme mit sich: Was tun, wenn der Fischer für seinen Fang von dem Tauschpartner Felle angeboten bekommt, er aber ein Netz braucht und derjenige, der ein Netz anbietet, keinen Fisch benötigt? Welches „Geld" wurde für diese Fälle eingeführt? Nennt Beispiele. (Lösung: ???)

30: Welches offizielle Zahlungsmittel gab es nie? Plastikgeld – Buchgeld – Knopfgeld (Lösung: ???)

40: Welche Form des Geldes hat sich in der Geschichte der Menschheit nach dem Naturaltausch und dem Naturalgeld entwickelt? (Lösung: ???)

50: Das „Naturalgeld" bedeutete gegenüber dem Tauschhandel einen klaren Fortschritt für die Menschen. Nenne drei Vorteile, die das „Naturalgeld" gegenüber dem Tausch „Ware gegen Ware" besaß. (Lösung: ???)

3. Der Euro

10: Seit wann können wir in Deutschland mit dem Euro bezahlen? a) seit dem 17. 12. 2001; b) seit dem 1.1.1999; c) seit dem 1.1.2002 (Lösung: ???)

20: Wie viele europäische Länder haben zurzeit den Euro als Zahlungsmittel? (Lösung: ???)

30: Wie viele Euro-Scheine gibt es? Zähle sie auf. (Lösung: ???)

40: Was ist auf der Rückseite der deutschen 5-Cent-Münze zu sehen? a) der Bundesadler; b) das Brandenburger Tor; c) ein Eichenzweig (Lösung: ???)

50: In welchen europäischen Ländern kann man nicht mit dem Euro bezahlen? a) Großbritannien, Dänemark, Schweden; b) Großbritannien, Schweden, Finnland; c) Großbritannien, Dänemark, Luxemburg (Lösung: ???)

4. Verschiedenes

10: Welche Unterschrift ist auf den Euro-Scheinen abgedruckt? a) die der Bundeskanzlerin; b) die von Daniel Düsentrieb; c) die des Präsidenten der europäischen Zentralbank (Lösung: ???)

20: Wie können Sehbehinderte Menschen erkennen, welche Münze sie in der Hand haben? (Lösung: ???)

30: Wie wurde in Österreich vor der Einführung des Euro bezahlt? a) mit Gulden; b) mit Schilling; c) mit der Mark (Lösung: ???)

40: Wer erfand das Papiergeld? a) die Amerikaner; b) die Chinesen; c) die Ägypter (Lösung: ???)

50: Welche Aussage ist richtig: a) Der Staat bestimmt die Preise von Gütern. b) Je höher das Angebot, desto höher sind die Preise. c) Wenn die Nachfrage steigt, steigen auch die Preise. (Lösung: ???)

5 Was können wir uns leisten? – Mit dem Einkommen auskommen

Zur Orientierung

In Kapitel 4 ist deutlich geworden, wie reichhaltig und unterschiedlich unsere Bedürfnisse sind. Wenn auch die Wunschliste lang ist – alle Wünsche zu erfüllen, das wird kaum jemandem gelingen. „Was können wir uns leisten?", fragen wir in diesem Kapitel.
Im ***ersten Abschnitt*** *beschäftigen wir uns damit, wie Einkommen entstehen und welche unterschiedlichen Möglichkeiten es gibt, Einkommen zu erlangen. Im* ***zweiten Abschnitt*** *widmen wir uns der Frage, welches Einkommen eigentlich Kinder haben und wofür sie es ausgeben. Dabei wird das Taschengeld eine wichtige Rolle spielen. Das Problem kennt ihr sicher auch: Es ist fast immer zu wenig Taschengeld da für all die Wünsche, die man hat. Auch die Eltern müssen mit ihrem Einkommen sorgfältig planen. Worauf man beim Geldausgeben achten sollte, darauf gehen wir in einem* ***dritten Abschnitt*** *ein.*

1. Einkommen muss hereinkommen

▶ Woher kommen die Einkommen? M 1

Unter Einkommen versteht man im Allgemeinen den Geldbetrag, der einem Einzelnen bzw. einem privaten Haushalt (Haushaltseinkommen) in regelmäßigen Abständen (z. B. monatlich oder jährlich) zufließt und der ihm daher für seine Ausgaben zur Verfügung steht. Doch woher kommt das Einkommen? Die „Quellen", aus denen der Betrag fließt, sind ganz unterschiedlich, je nach der **beruflichen Tätigkeit**, der ein Einkommensbezieher nachgeht, oder je nach dem **Vermögen***, das er besitzt. Und: Die meisten Leute beziehen Einkommen gleichzeitig aus mehreren Quellen. Im Einzelnen kann man folgende Quellen unterscheiden:

- Wer bei einem privaten Unternehmen (einer Firma, die Produkte herstellt wie z. B. Autos, oder einer Firma, die Dienstleistungen*, wie z. B. Reparaturen, anbietet, oder einem Handelsunternehmen, das Waren verkauft) oder beim Staat (im „öffentlichen Dienst", z. B. als Lehrer oder Finanzbeamter) arbeitet, erhält dafür einen bestimmten **Lohn** (Arbeiter) oder ein **Gehalt** (Beamte, Angestellte). Hier spricht man von Einkommen aus **„abhängiger Beschäftigung"**.
- Wer nicht abhängig, sondern **„selbstständig"** tätig ist (als Unternehmer, Landwirt oder in einem „freien Beruf", wie z. B. als Künstler, Arzt oder Rechtsanwalt), bezieht sein Einkommen als **Gewinn** aus seinem Betrieb oder als **„Honorar"** für seine freiberufliche Tätigkeit.
- Wer Grundstücke, Gebäude oder Wohnungen besitzt und sie vermietet, bezieht dafür **Einkommen aus Vermietung oder Verpachtung**.
- Wer in der Lage ist, Geldbeträge zu verleihen (z. B. an Banken und Sparkassen), erhält dafür **Zinsen***. Wer Geld in Aktien* (Anteilen an Unternehmen) anlegen kann, erhält Gewinnanteile des betreffenden Unternehmens.
- In den beiden erstgenannten Fällen (unselbstständige und selbstständige Tätigkeit) spricht man von **Erwerbseinkommen**, in den beiden letzten Fällen von **Vermögenseinkommen**.

In jedem Fall entsteht das Einkommen aus einer bestimmten Leistung, die der Einkommensbezieher erbringt, sei es aus seiner Arbeit oder aus dem Vermögen, das er zur Verfügung stellt. Viele Haushalte erhalten aber auch Einkommen, für die keine Gegenleistung erbracht werden muss: Sie erhalten *Leistungen vom Staat*, der von den Steuermitteln*, die alle Einkommensbezieher an ihn abführen müssen, bestimmte Beträge nach bestimmten Gesichtspunkten an bestimmte Haushalte „umverteilt" (**„Transfereinkommen"**, von lat. transferre – übertragen, von einer Seite auf eine andere). Diese Leistungen des Staates dienen u. a. dazu, Haushalte mit einem zu geringen Einkommen zu unterstützen (durch **„Sozialleistungen"** wie z. B. Arbeitslosengeld* oder Wohngeld*) oder die Familienbildung zu fördern (z. B. durch Kindergeld). Zu den Sozialleistungen werden aber auch die **Renten*** gezählt, für die der Empfänger während seines Erwerbslebens Beiträge in die staatliche Rentenkasse gezahlt hat, die aber zu fast einem Drittel auch aus Steuermitteln finanziert werden.

(Autorentext)

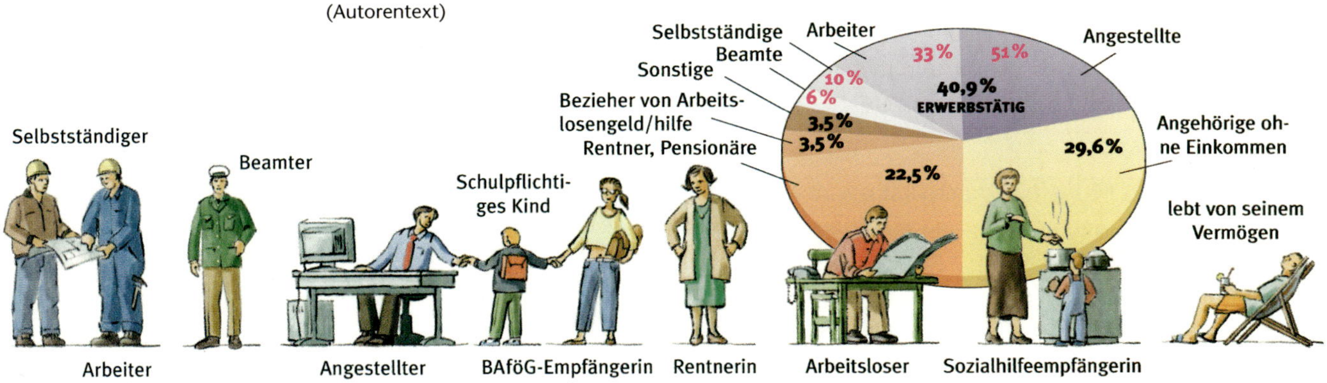

Personen und ihre Einkünfte M 2

- **Familie Becker** besteht aus drei Personen. Herr Becker ist Abteilungsleiter („leitender Angestellter") in einem großen Elektrokonzern. Seitdem Mirja, die 14-jährige Tochter, auf der Welt ist, hat Frau Becker ihre Berufstätigkeit aufgegeben. Sie wohnen in einer vornehmen Wohnsiedlung in Düsseldorf und Frau Becker liebt es besonders, ihre Kleidung in dieser „Modestadt" einzukaufen. Sie und ihr Mann nutzen jede Gelegenheit, ins Theater zu gehen und Konzerte zu besuchen. Herr Becker ist ausgesprochener Fußballfan und besitzt eine Jahreskarte für die Heimspiele von Borussia Dortmund. Dahin begleitet ihn auch oft seine Tochter und gemeinsam fahren sie dann mal eben schnell nach Dortmund. Noch lieber geht Mirja allerdings zu Rockkonzerten. Alle drei reisen sehr gern.
- **Frau Ruhe** ist alleinerziehende Mutter mit drei Kindern (3, 4 und 7 Jahre alt). Sie ist geschieden und muss von der Sozialhilfe* leben. Ihr ehemaliger Mann ist arbeitslos und kann ihnen kein Geld geben. Frau Ruhe selbst kann wegen der Kinder nicht arbeiten gehen. Das Geld reicht oft „hinten und vorne" nicht, und deshalb ist sie froh, dass ihre Mutter ihnen manchmal „etwas zusteckt".
- **Jörg Brauer** ist 27 Jahre alt und studiert in Heidelberg Medizin. Er wollte eigentlich sein Studium schon abgeschlossen haben. Er bekommt vom Staat zwar BaföG*, doch leider reicht dieses Geld nicht aus, um damit Wohnung, Bücher, Kleidung und Essen bezahlen zu können. Er will aber nicht immer seine Eltern um Geld bitten und deshalb verdient er sich noch etwas dazu: Er geht häufig abends in die „Rote Lampe" und kellnert dort ein paar Stunden. Deshalb konnte er nicht immer die Zeit für das Studium aufbringen, die für ein frühzeitiges Examen notwendig gewesen wäre.
- **Sabine Laufer** (19) hat gerade ihr Abitur erfolgreich abgeschlossen und möchte gern in München eine Lehre als Hotelkauffrau beginnen. Sie hat auch schon eine kleine Wohnung gefunden und freut sich darauf, sich gemütlich einrichten zu können. Zum Glück hat ihr ihre Oma zum bestandenen Abitur ein Sparbuch mit einem erheblichen Betrag geschenkt. Das kann sie jetzt gut gebrauchen! Sie will aber auf keinen Fall alles ausgeben, denn ein Sparbuch bringt ja auch Zinsen*!

- **Frau und Herr Ferner** arbeiten zusammen mit noch fünf Mitarbeitern in ihrer eigenen „Software*"-Firma. Zum Glück ist am Ort ein sehr großes Unternehmen ansässig, das sie mit sehr vielen Aufträgen versorgt. Die Geschäfte laufen so gut, dass sie überlegen, einen weiteren Mitarbeiter einzustellen. Das tun sie aber nur, wenn noch genug für sie übrig bleibt.

(Autorentext)

1. Lest den Text M 1 genau durch und macht euch – ggf. mithilfe eurer Lehrerin oder eures Lehrers – klar, aus welchen unterschiedlichen „Quellen" Familien ihr Einkommen beziehen. Als Ergebnis eurer Textbearbeitung, bei der ihr auch die Abbildungen zu Hilfe nehmen könnt, solltet ihr in der Lage sein, die im Text fett gedruckten Begriffe selbstständig und möglichst mit eigenen Worten zu erläutern.
2. Untersucht die in M 2 beschriebenen Personen und Haushalte unter dem Gesichtspunkt, woher sie jeweils ihr Einkommen erhalten. Nehmt dabei Bezug auf die verschiedenen „Einkommensquellen" in M 1 und stellt auch fest, zu welcher der in der Abbildung (Kreisdiagramm in M 1) dargestellten Gruppen sie jeweils gehören.
3. Erkundigt euch bei euren Eltern, zu welcher Gruppe von Einkommensbeziehern sie gehören und über welche Arten von Einkommen sie verfügen können.

2. Rund um das Taschengeld

Das verflixte Taschengeld! M 3

Wie immer treffen sich Jasmin, Eva, Philipp und Christian in der ersten Pause unter der alten Linde auf dem Schulhof. In der Unterhaltung geht es um Geldprobleme:

Philipp: „Christian, kannst du mir drei Euro fünfzig leihen?"

Christian: „Warum? Kannst du nicht mit deinem Geld umgehen? Du bekommst doch viel mehr Taschengeld als ich! Ich mit meinen zehn Euro im Monat!"

Philipp: „Du, morgen bekomme ich von meiner Oma fünf Euro, dann gebe ich dir die drei fünfzig zurück!"

Jasmin: „Bei uns ist das so: Taschengeld bekomme ich nicht, aber wenn ich etwas brauche, dann geben mir meine Eltern Geld dafür."

Christian: „Das finde ich absolut nicht gut, Jasmin! Ich kann mir mein Geld selbst einteilen und bestimmen, was ich damit mache."

Eva: „Ich bekomme 15 Euro Taschengeld pro Woche, aber davon muss ich auch die Sachen für die Schule bezahlen."

Philipp: „Nein, mein Taschengeld ist nur für ganz private Dinge! – Aber ich komme trotzdem nicht damit aus!"

(Autorentext)

▶ Warum brauchen Kinder Taschengeld? M4

- Taschengeld ist ein fester Geldbetrag zur freien Verfügung. Es wird regelmäßig ausgezahlt.
- Einen gesetzlichen Anspruch auf die Zahlung von Taschengeld haben Kinder allerdings nicht. Taschengeld ist eine freiwillige Leistung.
- Einen menschlichen Anspruch auf Taschengeld hat jedoch jedes Kind. In unserer Gesellschaft mit ausgeprägten Konsumgewohnheiten und hohem technischen Standard sind wir auf Geld als Zahlungsmittel angewiesen.
- Taschengeld ist keine reine Geldfrage, auch nicht bei geringem Einkommen. Man kann es dem Familieneinkommen anpassen. Wichtig ist, dass es regelmäßig gegeben wird und dass das Kind frei darüber verfügen kann.

(Aus: Die Taschengeldfrage, Stuttgart 1993, S. 2, 4)

Wie hoch soll das Taschengeld sein? M5

Kinder brauchen Taschengeld, damit sie lernen können, ihr **Geld einzuteilen** und damit **auszukommen**. So können sie sich Dinge selbst kaufen und werden eher dazu angehalten, für „größere“ Wunsche zu **sparen**. Sie sammeln **Erfahrungen** im Umgang mit Geld und üben sich in **Selbstständigkeit**.

Welche Summe ist angemessen?
Das **erste Taschengeld** sollten Kinder mit vier oder fünf Jahren erhalten. Bis zum zehnten Lebensjahr ist es besser, einmal **wöchentlich** zu zahlen, da kleinere Kinder selten über einen ganzen Monat planen können. Ältere Kinder dagegen sollten monatlich von den Eltern etwas Bares erhalten, da sie so eher lernen, ihre Finanzen zu organisieren.
Über die Höhe des Taschengeldes gibt es unterschiedliche Auffassungen. Folgende Beträge sind nach dem Online-Familienhandbuch gute **Richtwerte**:

Alter der Kinder:	empfohlenes Taschengeld:
ab ca. 4 Jahre	1,50 bis 2 Euro pro Woche
7 bis 9 Jahre	2 Euro pro Woche
10 bis 12 Jahre	10 Euro pro Monat
13 bis 15 Jahre	20 Euro pro Monat
16 bis 18 Jahre	30 bis 60 Euro pro Monat

Sind die Kinder sieben Jahre alt, können sie sich bei den Banken **Einsteigerkonten** anlegen und so lernen, ein Konto zu verwalten.

(ARD-Ratgeber Kinder und Erziehung, http://www.ard.de/-/id=85574/1anudsi/index.html; Stand: 04.05.2007)

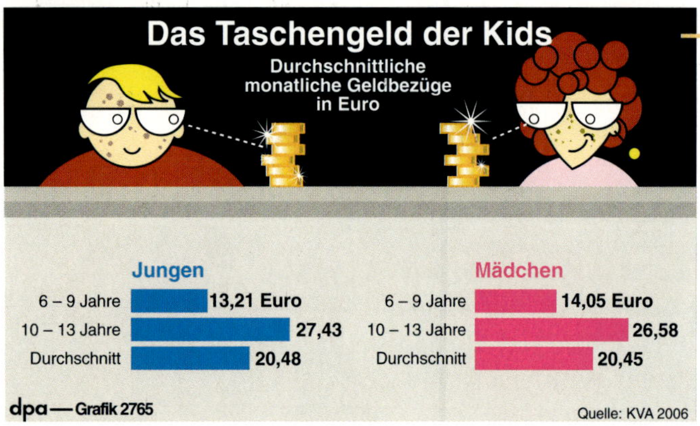

M 6 Die Angaben in der Grafik beruhen auf einer Befragung, die bei rd. 2600 Kindern durchgeführt wurde („KidsVerbraucheranalyse" 2006, KVA). Die Angaben beziehen sich auf regelmäßiges Taschengeld und kleinere unregelmäßige Zuwendungen; Geldgeschenke zum Geburtstag und zu Weihnachten sind dabei nicht mitgerechnet.
In der Befragung des Jahres 2007 ergaben sich im Durchschnitt 21,98 Euro (Jungen) und 22,24 Euro (Mädchen). Der Gesamtdurchschnitt lag für die 6- bis 9-Jährigen bei 14,44 Euro, für die 10- bis 13-Jährigen bei 22,24 Euro.

1. Welche der in M 3 angesprochenen Möglichkeiten zur Zahlung des Taschengeldes findet ihr am besten? Begründet eure Meinung.
2. Wie beurteilt ihr die Äußerungen in den Sprechblasen (M 4)?
3. Was haltet ihr von den Begründungen für die Zahlung von Taschengeld in M 4 und M 5? Welche sind für euch am wichtigsten? Stellt eine Reihenfolge auf.
4. Sind die Richtwerte zur Höhe der Taschengeldzahlungen (M 5) und der Zahlungsweise (pro Woche/pro Monat) eurer Meinung nach angemessen? Was gibt es bei der Beurteilung zu berücksichtigen?
5. Stellt fest, wodurch sich die in M 6 angegebenen Beträge zum Taschengeld von den in M 5 empfohlenen Beträgen unterscheiden. Entsprechen diese Beträge in etwa euren Erfahrungen oder sind sie zu hoch bzw. zu niedrig angesetzt?
6. Bedenkt bei allen Angaben zum Taschengeld in M 5 und M 6, dass es sich um *Durchschnittsbeträge* handelt. Was kann man daher diesen Angaben nicht entnehmen?

M 7 Wofür Kinder (10 – 13 Jahre) ihr Taschengeld ausgeben

Süßigkeiten/Kekse/Kaugummi	55,5
Handy-Kosten	37,3
Comics, Mangas, Zeitschriften, Magazine	36,9
Getränke	36,8
Eis	36,6
Essen unterwegs/Fast Food	33,7
Kino	24,1
Musik-CDs	21,6
Sport/Hobby/Freizeit	17,0
Spiele/Spielzeug	13,3

(Ehapa Verlag, KidsVerbraucheranalyse 2007, Berichtsband S. 26)

Den Befragten (s. M 6) wurde eine Liste mit 18 Produkten (Produktbereichen) vorgelegt mit der Frage: „Wofür gibst du dein Geld normalerweise aus?" (Mehrfachnennungen möglich). Die Zahlen geben zu den 10 am meisten genannten Produkten an, *wie viel Prozent aller Befragten* das entsprechende Produkt genannt haben. Den Zahlen kann man *nicht* entnehmen, *wie groß der Teil des Taschengeldes* ist, der für das jeweilige Produkt ausgegeben wird.
(Mitteilung des Ehapa-Verlages vom 13. 3. 2008)

Untersuche die Tabelle M 7 zur Verwendung des Taschengeldes.

- Macht euch zuerst die Anlage der Tabelle klar (Altersgruppe, „Top Ten" der Ausgaben, Bedeutung der Zahlen; zu Prozentzahlen allgemein vgl. M 2b in Kap. 2).
- Zur Erleichterung der Auswertung hier ein Lesebeispiel: 55,8% der befragten 10–13 Jahre alten Kinder gaben an, dass „Süßigkeiten" zu den Sachen gehörten, für die sie normalerweise ihr Geld ausgäben.
- Macht euch ein Bild von der Reihenfolge der „Top Ten". Entspricht es in etwa euren eigenen Erfahrungen und Gewohnheiten oder überraschen euch bestimmte Angaben?

Wenn ihr bestimmte Produkte in der Liste der Top Ten vermisst, geben wir euch hier noch weitere Zahlen: Computer-, Video-, Konsolenspiele 13,1 %, Bücher 12,2%, Sticker/Sammelkarten 12,0%, Bekleidung 11,7%.

Vier weitere Produkte lagen unter 10%: Kosmetik/Körperpflege, Schulsachen/Schulbedarf, DVDs/Videos und Höspiele auf CDs, Kassetten.

Eine Grafik, die das Ergebnis für die Gesamtgruppe der 6- bis 13-Jährigen zeigt (neben vielen anderen Befragungsergebnissen), findet sich unter der Internetadresse www.wz-online.de/mediaarchiv/grab_pic.php?id=219119 (S. 54).

Umfrage zum Taschengeld M 8

Wir schlagen euch vor, in eurer Klasse oder in eurer Schule oder in anderen Klassen selbst eine (anonyme) Umfrage durchzuführen, für deren Durchführung und Auswertung ihr die folgenden Bogen benutzen könnt. Befragt werden sollten **10–13 Jahre alte Schüler/innen**. Die Ergebnisse könnt ihr dann mit M 6 und M 7 vergleichen.

a) Fragebogen

I.

Alter	Klasse	Junge	Mädchen	Taschengeld Euro/pro Monat	Ich bekomme Taschengeld zu viel	zu wenig	gerade genug

II. Wozu verwenden 10- bis 13-jährige Schülerinnen und Schüler ihr Taschengeld?

Getränke		Spielsachen	
Süßigkeiten		Zeitschriften/Comics	
Eis		CDs/DVDs	
Fast Food		Kino	
Sport/Hobby		Handy	

Zu II.: Jede/jeder Befragte sollte hier die Sachen ankreuzen, für die sie/er normalerweise das Taschengeld ausgibt.

b) Auswertungsbogen

Die Ergebnisse eurer Auswertung zu a) I. könnt ihr folgendermaßen festhalten:		
I.	10- bis 13-Jährige bekommen durchschnittlich	.... € Taschengeld
II.	Überhaupt kein Taschengeld bekommen	.... Schüler(innen)
	3–6 Euro Taschengeld bekommen	.... Schüler(innen)
	6–12 Euro Taschengeld bekommen	.... Schüler(innen)
	12–16 Euro Taschengeld bekommen	.... Schüler(innen)
	16–30 Euro Taschengeld bekommen	.... Schüler(innen)
III.	*Schülerinnen* bekommen durchschnittlich	
	10- bis 13- Jährige	.... € Taschengeld
	Schüler bekommen durchschnittlich	
	10- bis 13-Jährige	.... € Taschengeld

Die Auswertung zu a) II. (Verwendung des Taschengeldes) kann mithilfe des Lehrers/der Lehrerin erfolgen (Häufigkeit der Nennungen für die einzelnen Sachen).
Selbstverständlich könnt ihr den Fragebogen auch verändern und/oder ergänzen, wenn ihr das für sinnvoll erachtet.

(Autorentext)

3. Mit Geld planvoll umgehen

▶ „Das Geld reicht nie bis zum Monatsende!“ M9

Max hat ein Problem: Es ist erst Mitte des Monats, im Laden gibt es die neue CD der Lieblingsband, seine Freunde wollen mit ihm ins Kino, und bei ihm? Es herrscht wieder einmal Ebbe im Portmonee. Eigentlich wollte er auch noch etwas gespart haben, denn schon lange wünscht er sich ein ganz bestimmtes Skateboard, das aber leider 199 Euro kosten soll. Seinen Eltern ist es zu teuer, er soll etwas dazutun, mindestens 50 Euro! Wie soll ihm das nur gelingen, bei 30 Euro Taschengeld im Monat? Er weiß, das ist schon viel mehr, als andere aus seiner Klasse bekommen, aber irgendwie bekommt er das mit seinen Finanzen nicht geregelt! Er weiß, dass seine Mutter zur besseren Übersicht monatlich einen Haushaltsplan aufstellt, in dem sie alle Einnahmen und Ausgaben der Familie festhält und so besser entscheiden kann, was sich die Familie in diesem Monat noch leisten kann oder aber eben nicht.
Rund 1750 Euro verdienen Max' Eltern zusammen. Das kommt Max ziemlich viel vor. Aber schließlich muss davon die Familie ernährt werden, und die festen Kosten gehen auch

noch davon ab. Ein Haushaltsplan hilft herauszufinden, wie viel Geld für den Einzelnen zur freien Verfügung übrig bleibt. Einnahmen wie Lohn, Gehalt oder Ausbildungsvergütung werden die festen Ausgaben wie z. B. Miete oder Telefon-Grundgebühren und die veränderlichen Ausgaben wie z. B. Nahrungsmittel oder Benzin gegenübergestellt.
Auch ohne eigenen Haushalt kann ein derartiger Plan nützlich sein. Max zum Beispiel kann sich mit einem Taschengeldplan einen Überblick über seine Finanzen verschaffen. Das könnte so aussehen:

Taschengeldplan/Haushaltsplan

Einnahmen:		**Ausgaben:**	
Taschengeld	30,00 Euro	*Feste Ausgaben:*	
Einkaufen für Oma	7,00 Euro	Schwimmbad	2,50 Euro
Sonstiges (z. B. Geschenke)	7,00 Euro	Fußballzeitschrift	6,00 Euro
Summe	**44,00 Euro**	*Veränderliche Ausgaben:*	
		Eis und Pommes frites	12,50 Euro
		Geburtstagsgeschenke	5,50 Euro
		Kino, CD oder Ähnliches	10,00 Euro
		Summe	**36,50 Euro**

Rest:
44,00 Euro – 36,50 Euro = 7,50 Euro

Max' Haushaltsplan ergibt danach tatsächlich eindeutig, dass er durchaus jeden Monat etwa acht Euro und mehr sparen könnte, wenn er seine veränderlichen Ausgaben sorgfältig überlegen würde und vielleicht auch einmal auf etwas verzichtete.
Außerdem gibt ihm seine Mutter noch folgende Tipps:

- Das Geld wochenweise portionieren!
- Einnahmen verteilen: Geld für Taschengeld und für Jobs nicht zur gleichen Zeit auszahlen lassen!
- Liste für wichtige Geburtstage oder Veranstaltungen für den Monat im Voraus erstellen und das dafür benötigte Geld zurücklegen!
- Das Geld, das man sparen will, gleich zur Seite legen!

(Autorentext)

1. Erstellt für euch einen vergleichbaren Haushaltsplan mit festen und veränderlichen Einnahmen und Ausgaben.
2. Siehst du für dich persönlich Möglichkeiten, die Einnahmen zu erhöhen und die Ausgaben zu senken?
3. Fallen dir noch weitere Tipps für Max ein?

▶ Wie handele ich wirtschaftlich? M 10

Das knapp bemessene Taschengeld von Max zwingt ihn dazu, sorgfältig zu haushalten und vernünftig zu handeln. Er muss die richtigen Entscheidungen treffen. Die Wirtschaftswissenschaftler („Ökonomen“) würden sagen: Sein wirtschaftliches („ökonomisches“) Handeln muss „vernünftig“ und „rational“ (vom Verstand, nicht vom Gefühl bestimmt) sein. Er muss seine zur Verfügung stehenden Mittel so einsetzen, dass er seine Bedürfnisse bestmöglich („optimal“) befriedigen kann. Das könnte er auf zweierlei Weise (nach zwei unterschiedlichen Grundsätzen/Prinzipien) zu erreichen versuchen:

Das ökonomische Prinzip

Maximalprinzip

Man verfügt über bestimmte *Mittel* und will damit einen größtmöglichen Erfolg erzielen.

Minimalprinzip

Man strebt ein bestimmtes *Ziel* an und will dabei möglichst geringe Mittel aufwenden.

(Autorentext)

1. Erklärt die beiden Prinzipien, nach denen man sich „ökonomisch“ verhalten kann. Von welchem unterschiedlichen Ausgangspunkt geht man jeweils aus?

2. Stellt fest, welches der beiden Prinzipien in den Beispielen jeweils die entscheidende Rolle spielt. Vielleicht könnt ihr einige weitere konkrete Beispiele nennen:
   - Du hast 20 Euro zur Verfügung und willst für jedes Familienmitglied ein passendes Geschenk kaufen.
   - Du willst für deine Geburtstagsfeier eine Pizza „Vier Jahreszeiten“ so günstig wie möglich einkaufen.
   - Deine Familie möchte mit der vorhandenen Urlaubskasse so weit weg/so lange/so luxuriös wie möglich verreisen.
   - Du willst die brandneue Spielkonsole als Schnäppchen ersteigern.

3. Die beiden Prinzipien spielen nicht nur beim Umgang mit Geld eine Rolle, sondern auch bei sonstigem Aufwand (z. B. an Arbeitszeit), den man betreibt, um bestimmte Ziele zu erreichen. Denkt an euer Verhalten in der Schule (z. B. bei der Vorbereitung auf eine Klassenarbeit)!

Methode

Rollenspiel – Mit dem Einkommen auskommen

Die Situation

1. Wir lesen und besprechen den Fall: die Situation

Familie Breuer besteht aus einem 4-Personen-Haushalt. Herr und Frau Breuer haben ihrem Sohn Fabian, der 16 wird, einen Computer versprochen. Jana, die 12 Jahre alt ist, wünscht sich schon seit längerem ein neues Mountainbike. An dem Abend, an dem Herr Breuer mit seinem Sohn den Computer kaufen will, kommt er verspätet mit dem Bus nach Hause. Sein Wagen ist auf dem Heimweg liegen geblieben und musste in die Werkstatt abgeschleppt werden. Der Motor ist kaputt. Herr Breuer würde am liebsten jetzt einen neuen Wagen kaufen, wenn er auch ursprünglich den Wagen noch weiterfahren wollte. Doch an ein neues Auto zu denken ist nur möglich,

- wenn der Sohn auf seinen Computer (ca. 1000 Euro) verzichtet,
- die Tochter jetzt kein neues Fahrrad (500 Euro) bekommt,
- die geplante Urlaubsreise nach Spanien (ca. 2900,– Euro) ausfällt.

Die Mutter plädiert dafür, einen preisgünstigen Wagen oder einen neuen Motor zu kaufen. Familie Breuer muss eine Entscheidung treffen: Wie soll man mit dem Einkommen auskommen? Die Meinungen der einzelnen Familienmitglieder gehen dabei auseinander. Das gleiche Problem stellt sich für jedes Mitglied anders dar.

Rollenverteilung

2. Wer möchte spielen?

Wie im Theater werden die Rollen verteilt. Ihr müsst den Text der teilnehmenden Spielerinnen und Spieler vorab besprechen, evtl. sogar schreiben. Die Rollenbeschreibungen der einzelnen Familienmitglieder sollen euch dabei eine Hilfe sein.

Koordination

3. Die Szene, die gespielt werden soll, wird aufgebaut.

Zuschauer

4. Die Zuschauer sehen nicht nur zu; sie machen Notizen, um das Spiel beurteilen zu können.

Analyse

5. Das Spielgeschehen wird besprochen, vor allem geht es um das Verhalten und die Aussagen der Spieler.

Rollentausch

6. Eine andere Gruppe spielt die Diskussion.

Auswertung

7. Das Spielgeschehen wird ausgewertet. Was ist aus ihm für Konfliktfälle zu lernen?

Rollenkarte: Vater Breuer

Persönliche Daten:

43 Jahre alt, Bauingenieur bei einer Hoch- und Tiefbaufirma

Rollenbeschreibung:

Herr Breuer hat in der Firma viel zu tun und ist froh, wenn er zu Hause seine Ruhe hat. Er ist häufig mit dem Auto beruflich unterwegs und daher auf ein Auto angewiesen. Deshalb möchte er sofort einen Neuwagen kaufen. Er befürchtet, dass bei seinem alten Wagen noch weitere Reparaturen anfallen werden.
Gegenüber seinen Kindern und ihren Wünschen ist er sehr tolerant, nur ausgefallene Sachen mag er nicht.

Rollenkarte: Mutter Breuer

Persönliche Daten:

39 Jahre alt; seit der Geburt der Kinder nicht mehr berufstätig.

Rollenbeschreibung:

Durch den Hausbau vor vier Jahren hat Familie Breuer hohe Abzahlungen zu leisten und deshalb muss Frau Breuer mit dem Haushaltsgeld sehr sparsam umgehen. Für überflüssigen „Schnickschnack" hat sie nicht sehr viel übrig. Es muss alles sehr solide sein.

Sie plädiert für den Kauf eines Gebrauchtwagens oder für die Reparatur des alten Wagens. Sie war seit fünf Jahren nicht mehr im Urlaub und würde gerne endlich einmal wieder gemeinsam mit der Familie verreisen, am liebsten nach Spanien.

Rollenkarte: Fabian Breuer

Persönliche Daten:

16 Jahre alt, besucht die 10. Klasse des Gymnasiums

Rollenbeschreibung:

Er bekommt 20 Euro Taschengeld im Monat und seine große Leidenschaft ist der Computer; mit seinen Freunden spielt er sehr häufig und lange die neuesten Spiele, die auf dem Markt sind, doch leider reicht die technische Ausstattung seines Gerätes für viele Spiele nicht mehr aus. Im Betriebspraktikum war er in einem Computerladen und hat sich in der Zeit zu einem richtigen „Fachmann" weitergebildet. Schon seit einem Jahr spart er für einen neuen Computer und hat sich darauf verlassen, dass seine Eltern ihm Geld dazugeben.

Rollenkarte: Jana Breuer

Persönliche Daten:

12 Jahre alt, Schülerin in einer 6. Klasse des Gymnasiums

Rollenbeschreibung:

Jana möchte gerne wie ihre Freundin Silke immer auf dem „neuesten Stand" sein. Leider reicht aber dafür ihr Taschengeld – sie bekommt 10 Euro im Monat – nicht immer aus; deshalb ist sie bei vielen Dingen auf die finanzielle Unterstützung durch ihre Eltern, Großeltern und andere „Geldgeber" angewiesen. Schon lange wünscht sie sich dieses neue Fahrrad, damit sie bei Radtouren ihrer Clique oder der Klasse nicht immer mit dem alten „Schätzchen" ankommen und die mitleidigen Blicke der anderen ertragen muss. Dafür würde sie auch auf eine Urlaubsreise mit der Familie verzichten.

Beobachtungsbogen

Konfliktkategorien	Familie Breuer I	Familie Breuer
1. Konfliktgegenstand Worum geht es bei dem Konflikt?		
2. Konfliktursache Wo liegen die Ursachen für den Konflikt?		
3. Stellung der Konfliktparteien a) Wer argumentiert gegen wen? b) Wer verbündet sich mit wem?		
4. Austragungsweise Wie wird der Konflikt ausgetragen? Sind die Auseinandersetzungen sachlich, handgreiflich oder gefühlsbetont?		
5. Argumentation Wie begründen die Konflikt-Parteien ihre Meinung?		
6. Lösung Wie wird der Konflikt gelöst?		

(Autorentext)

Die Kompetenzseite — Zur Sicherung der Lernergebnisse

A Kreuzworträtsel

1. Wer Häuser vermietet, bezieht Einkommen aus ....
2. Die Ausgaben dürfen die .... nicht überschreiten, wenn man keine Schulden machen will.
3. Damit unterstützt der Staat Familien mit Kindern.
4. Steht bei den Taschengeldausgaben an zweiter Stelle.
5. Sollte man aufstellen, wenn man wirtschaftlich handeln will.
6. Zahlt der Staat jungen Menschen manchmal als Unterstützung zum Studium dazu.
7. Muss ein erfolgreiches Unternehmen erwirtschaften.
8. Bekommt man, wenn man einem Unternehmen seine Arbeitskraft zur Verfügung stellt.
9. Können das zur Verfügung stehende Taschengeld enorm erhöhen.
10. Zahlt der Staat manchmal als Beitrag zur Miete dazu.
11. Wird demjenigen gezahlt, der kein Einkommen, keine Arbeitslosenunterstützung und keine Rente bekommt.
12. Dürfen nicht höher als die Einnahmen sein.
13. Gehört zum Einkommen aus Vermögen.
14. So heißt ein Teil des „Einkommens" von Kindern und Jugendlichen.
15. Erhalten Beamte, wenn sie im Ruhestand sind.
16. Erhalten Menschen, die Geld bei der Bank anlegen.
17. Dafür geben Jungen und Mädchen gleich viel Taschengeld aus.
18. Schon siebenjährige Kinder können es bei der Bank einrichten.
19. Davon gibt es unterschiedliche Arten.
20. Erhalten Angestellte und Arbeiter, wenn sie nicht mehr berufstätig sind.

B Minimal- oder Maximalprinzip?

1. Erklärt das „Minimalprinzip" und das „Maximalprinzip" am Beispiel des Kaufs eines Handys oder CD-Players.
2. Das „ökonomische Prinzip" muss nicht immer mit Geldausgeben verbunden sein. Nach diesen Prinzipien kann man sich auch in der Schule verhalten, wenn man z. B. den zu erbringenden Arbeitsaufwand betrachtet. Habt ihr eine Idee, zu welchen Gelegenheiten man hier von Minimal- oder Maximalprinzip sprechen kann?

6 Computerspiele, Internet und Handy – Kinder und neue Medien

Zur Orientierung

*„Neue" Medien sind eigentlich gar nicht mehr neu. Computer z. B. spielen seit Langem in vielen Bereichen des Alltagslebens eine große Rolle. Kinder wachsen mit ihnen auf und nutzen sie für ihre Interessen, insbesondere für Computerspiele. Im **ersten Abschnitt** dieses Kapitels wollen wir euch zeigen, dass es dabei auch Probleme zu bedenken gibt. Anhand der Informationen könnt ihr euch eine eigene Meinung dazu bilden.*

*Sicherlich habt ihr mit dem Computer auch schon im Internet „gesurft" und dabei unterschiedliche Seiten gefunden, gute und schlechte, interessante und „blöde". Im **zweiten Abschnitt** wollen wir euch auf einige für euch interessante Seiten hinweisen, aber eure Aufmerksamkeit auch darauf lenken, dass es auch „Schattenseiten" des Internetgebrauchs gibt. Wie ihr Gefahren entgehen könnt, die sich für euch z. B. beim „Chatten" ergeben können, dazu geben wir euch wichtige Hinweise. Wir wollen euch aber auch Hilfen dazu anbieten, wie ihr den Computer für das Lernen zu Hause und in der Schule sinnvoll nutzen könnt; das wird in Zukunft immer wichtiger werden.*

*Im **letzten Abschnitt** geht es dann um das Handy. Sein Gebrauch wird für euch mehr oder weniger selbstverständlich sein und euch viel Spaß machen. Aber aufgepasst: Es kann auch erhebliche Probleme geben! Darüber solltet ihr euch anhand der Materialien gut informieren.*

1. Faszination Computer – beliebte Computerspiele

M 1

M 2 Computer gehören zum Leben von Kindern

Im Sin („Studio im Netz“)-Zentrum in München treffen sich Kinder und Jugendliche regelmäßig. Sie lernen – unter Anleitung – verschiedene Programme kennen; sie lernen, wie man Web-Seiten baut und Bilder einscannt, sie begutachten verschiedene neue Spiele und rezensieren (bewerten) sie für eine große, überregionale Zeitung. […] Urs ist 16 Jahre alt und einer der Jugendlichen, die regelmäßig ins Münchner Sin-Zentrum gehen. Er erzählt, wie er seine Mutter am Computer angelernt hat. „Inzwischen“, sagt er mit einer Spur von Erleichterung, „chattet sie selbst im Internet.“

Er erinnert sich noch, wie früher seine Mutter wieder und wieder zu ihm sagte: „Geh doch mal draußen spielen!“ Bis Urs seine Mutter eines Tages an die Hand nahm und mit ihr vor die Tür ging. „Siehste Mama, hier ist niemand“, erklärte er seiner Mutter. „Weil alle zu Hause vor dem Computer sitzen.“ Er war damals zehn oder elf. […]

Florians Mutter braucht Hilfe, wenn sie ihre Mails abfragen will, also hilft Florian ihr. Geduldig, immer wieder. „Meine Eltern hätten gern, dass ich genau das mache, was sie früher gemacht haben“, erklärt Jonas kopfschüttelnd, Radtouren, Lagerfeuer, Pfadfinderromantik. Dagegen hat Jonas nichts, gelegentlich, aber er gibt zu, dass er halt lieber mit Freunden oder auch allein vor dem Computer sitzt.

(Angela Gatterburg, Aliens im Kinderzimmer, in: DER SPIEGEL, Nr. 20/2007, S. 54)

▶ Kinder (6 – 13 Jahre) und Computertätigkeiten 2006 M 3

(mindestens einmal pro Woche)

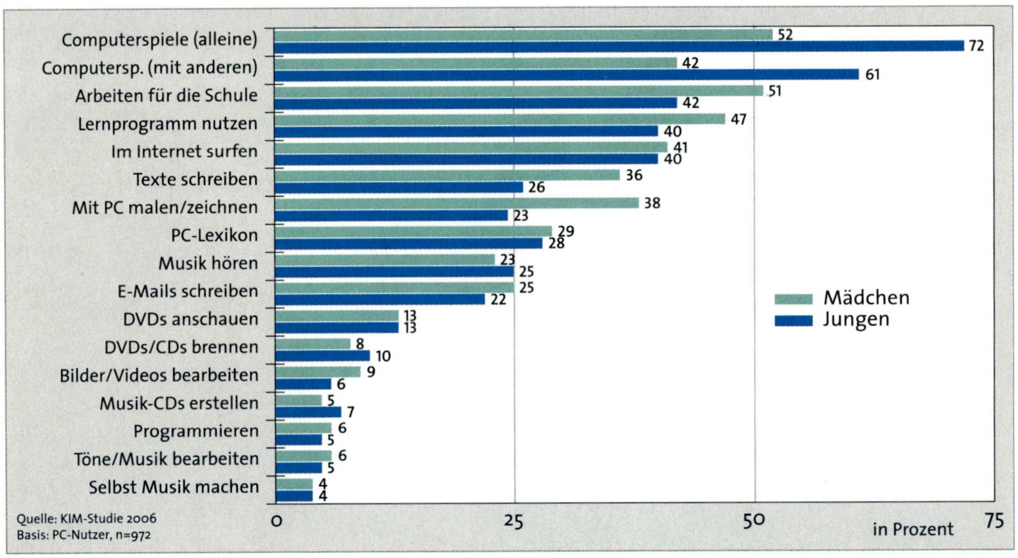

Lesebeispiel: 52 % der 6 bis 13 Jahre alten Mädchen spielen mindestens einmal pro Woche Computerspiele.

1 a) Beschreibt genau die Darstellung der Karikatur M 1.
b) Erklärt, was der Karikaturist zum Ausdruck bringen möchte.
c) Nehmt Stellung: Gibt die Karikatur die Einstellung von Kindern zu Computern eurer Meinung nach richtig wieder?

2 a) Beschreibt, inwiefern in M 2 die Eltern der genannten Kinder zum Thema Computer anderer Meinung sind als sie. Was ist den Eltern aus welchen Gründen wichtig?
b) Woran lässt sich in M 2 erkennen, dass die Einstellung von Eltern gegenüber Computern sich auch ändern kann? Welche Erfahrungen habt ihr in dieser Hinsicht gemacht?
c) Sammelt Gründe, warum Computer für Kinder und Jugendliche wichtig und interessant sein können.

3 a) Das Schaubild M 3 informiert darüber, wofür Kinder den Computer verwenden. Versucht die auffallenden Unterschiede zwischen Jungen und Mädchen zu erklären.
b) Entspricht das Ergebnis dieser Untersuchung auch in etwa euren Erfahrungen? Führt dazu in eurer Klasse eine kurze Befragung (durch Handaufheben) durch.

Wie Kinder Computerspiele beurteilen M 4

Ich finde Computerspiele gut, weil manche eine coole Grafik haben, lustig sind oder viel Action haben. Manche sind aber auch schlecht, weil die Figuren, Wesen oder Personen zu langsam sind oder weil die Level zu klein sind und nur Hindernisse kommen, über die man springen muss. *(Can)*

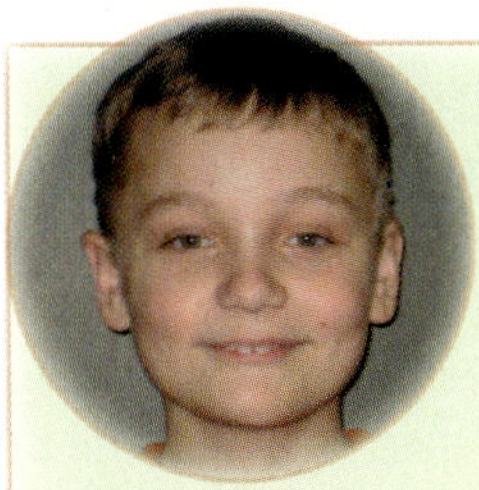

Rennspiele sind klasse, weil man dabei Reaktion zeigen muss und ein Gefühl für das Lenkrad bekommt. Die Strategiespiele finde ich auch sehr gut, weil man dort überlegen und sich eine Taktik für z. B. die Verteidigung einer Burg ausdenken muss. *(Dennis)*

Ich spiele gern Computerspiele, denn von manchen kann man lernen. Ich spiele gern Tierspiele, besonders gern spiele ich „Die Sims“. Jedoch gibt es auch Nachteile an Spielen. Man kann süchtig werden, wenn man nicht aufpasst. Mein Bruder z. B. ist nach dem Computerspielen total aufgedreht, und wenn er aufhören soll, macht er Theater. Daher dürfen wir nur zwei- bis dreimal in der Woche spielen. Trotzdem: Computerspiele sind cool! *(Johanna)*

(© 2007 Electronic Arts Inc.)

Computerspiele für zwischendurch sind eigentlich ganz gut. „Die Sims 2" ist zum Beispiel ein sehr gutes Strategiespiel. Denn hier muss man auf vieles achten, zum Beispiel muss man einen Sim versorgen, ihm Arbeit geben und vieles mehr. So lernt man vielleicht, später selber Arbeit zu finden. Wenn man am Computer sitzt und spielt, vergeht die Zeit wie im Fluge, deswegen sollte man vorher alles Wichtige wie Hausaufgaben erledigen. Mit Computerspielen kann man sich die Langeweile vertreiben, aber man sollte durch sie nicht seine Freunde ersetzen. Wenn man dann einmal Hilfe braucht, kann diese ein Computerspiel nicht bieten. *(Gregor)*

Mein Lieblingscomputerspiel ist „Die Sims 2". Man kann sich in die Menschen selbst hineinversetzen und man lernt, die Kinder, Haushalt, Beruf und vieles andere unter einen Hut zu bringen. Außerdem lernt man das wahre Leben kennen, wie man mit Geld und sozialem Leben umgeht. „Die Sims" ist ein einzigartiges Spiel, man muss einfach immer weiterspielen, denn es macht wirklich süchtig. *(Lia)*

(Autorentext)

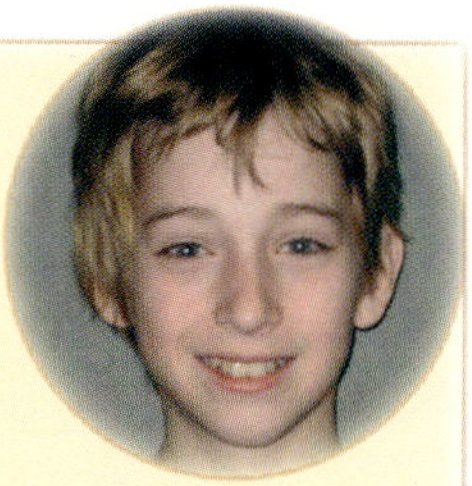

Ich finde brutale Spiele, zum Beispiel wo man morden kann, schlecht, weil man daraus nicht viel lernt. Außerdem haben das schon manche Jugendliche nachgeahmt und in der Realität einen umgebracht. *(Marvin)*

M 5 Lieber Computerspiele als Fernsehen

Beim Computerspielen können Kinder Erfahrungen und Fehler machen, ohne dass ihnen wirklich etwas passiert. Sie messen ihre Kräfte mit Freunden, indem sie versuchen, mehr Punkte oder höhere Spielebenen als diese zu erreichen. Sie tun sich zusammen und treffen sich bei dem, der das neueste „Game" hat. Sie helfen einander weiter, wenn's bei einem Spiel knifflig wird, und tauschen Spielerfahrungen und Spieldisketten aus. Und der Computer macht das, was sie wollen. Der Computer gehorcht ihnen (einmal einer, der den Kindern gehorcht, sonst müssen immer sie gehorchen!). Aus all diesen Gründen ist den meisten Kindern der Computer lieber als das Fernsehen, das ihnen zwar Unterhaltung bietet, bei dem sie aber nicht aktiv eingreifen können.

(Otto Mantler, Computerspiele, in: www.lernspiele.at/comspie.html-18k, 27.8.07)

M 6 Warum sind Computerspiele toll?

Sie sitzen stundenlang im abgedunkelten Hinterzimmer, auch wenn draußen die Sonne scheint. Ab und zu schlurfen sie in die Küche, um sich eine Cola zu holen und dann weiter am Computer zu daddeln. […] Die meisten Eltern stehen dem ratlos und vor allem besorgt gegenüber: „Sie können sich nicht vorstellen, was die Kinder so toll daran finden", sagt der

Hannoveraner Psychotherapeut (Arzt für seelische Krankheiten) Wolfgang Bergmann, 58, der sich seit 15 Jahren mit Computerspielen beschäftigt. Er glaubt, dass die Spiele „ein Ersatz für Abenteuer sind, die Kinder früher draußen, ohne ständige Aufsicht der Eltern, erlebt haben". Außerdem können sie sich „endlich einmal als strahlender Held fühlen". […]

(http://www.brigitte.de/frau/familie/computerspiele/index.html?print=1, 29.07.07; Verf.: Beate Koma)

1 a) In M 4 äußern Kinder ihre Meinung zu Computerspielen, mit denen sie selbst gespielt haben. Stellt die Gründe heraus, warum bzw. wann sie Computerspiele positiv beurteilen. Was kann man nach Meinung der Kinder durch Computerspiele auch lernen?

b) Nennt die negativen Seiten von Computerspielen, welche die Kinder ansprechen.

c) In M 5 und M 6 werden weitere Gründe für die Beliebtheit von Computerspielen genannt, die Experten herausgefunden haben. Erläutert sie und erklärt, ob ihr sie auch aus eurer Erfahrung heraus bestätigen könnt.

2 Man unterscheidet zwischen unterschiedlichen Arten von Computerspielen. Einige sind schon von den Kindern genannt worden (M 4). Listet diese sowie noch weitere euch bekannte auf.

3 Berichtet von entsprechenden Computerspielen, die ihr selbst schon kennengelernt habt. Welche würdet ihr empfehlen, welche nicht? Nennt Gründe für euer Urteil.

Im Folgenden wollen wir auf zwei mögliche Gefahren von Computerspielen hinweisen, über die viel diskutiert wird: Kann Computerspielen zur Sucht werden? (M 7 – M 10) Können Computerspiele die Spieler aggressiv machen? (M 11 – M 14)

M 7

M 8 ▶ Computersucht: Ich bin betroffen

Bei mir ging die Computersucht mit einem Problem los: Ich war damals 10 oder 11 Jahre alt, hatte in meiner Realschulklasse nicht viele Freunde und bekam dann noch einen Bruder. So drehte sich dann alles um den Bruder und nicht mehr um mich. Da zog ich mich am Computer meines Vaters zurück, damals nur eine Stunde, den Rest verbrachte ich mit Lernen und TV. Meine Schulnoten waren damals richtig gut, bis ich dann meinen eigenen Computer hatte. Die Noten wurden immer schlechter; ich wollte was dagegen machen, konnte aber nichts ändern, denn wenn ich zu Hause war, zog es mich immer an den Computer. Es war einfach ein tolles Gefühl, am Computer zu sitzen. In der 8. Klasse hatte ich gute Noten, in der 9. Klasse wurden sie schon schlechter und in der 10. Klasse waren sie ganz schlecht. Die 11. Klasse auf dem Gymnasium war die schlechteste, ich hatte keinen Bock auf Schule und so waren auch die Noten. Zurzeit habe ich mich wieder gefangen, es geht wieder aufwärts. […] Aber nicht nur die Noten wurden schlechter, auch mein Kontakt zu anderen Leuten, zur Familie wurde fast komplett abgebrochen. Man sah sich nur mal kurz zum Essen. Die einzigen realen Freunde hatte ich in meiner Handballmannschaft. Sonst nur Freunde aus dem Internet, die auch täglich mehrere Stunden davorsaßen.

M 9

Die Sucht hatte also schon mit 11 Jahren angefangen, mit 12 Jahren hatte ich meinen eigenen Computer im Kinderzimmer. Das war der größte Fehler. Ein Computer ist ein Arbeitsgerät und kein Spielzeug, deswegen sollten die Computer aus allen Kinderzimmern verschwinden. Mit 13 Jahren hatte ich dann ein Modem. Die Forderungen nach noch mehr wurden immer größer. Erst DSL Time Tarif, dann DSL Flat. Ich versprach, dass ich dann noch weniger am Computer sitzen würde, weil durch das DSL ja alles schneller geht. Aber leider war dem nicht so, ich saß länger denn je. Der Computer bestimmte meinen Lebensablauf, wie bei einem Alkoholiker, der sein Bier braucht, man glaubt es nicht, aber es ist so.

Meine Eltern haben jetzt die Notbremse gezogen und mir nur zwei Stunden am Tag am Computer erlaubt; für mich ist es extrem schwierig, das durchzuhalten. Was soll ich denn mit meiner neu gewonnenen Freizeit anfangen? Rausgehen? Bücher lesen? Nein! Alle meine Freunde sind auch die meiste Zeit online, also wär ich dann alleine draußen. Wohin also? Alles, was Spaß macht, ist verboten, man darf nirgends Ball spielen, Jugendclubs gibt es fast nicht mehr und Vereine sind sehr teuer. Das ist sicherlich die Meinung vieler, ich bin aber wenigstens im Handballverein.

Letztes Wort: Wenn ich zurückblicke, finde ich es schade, was ich alles verpasst habe durch sechs Jahre fast nur am Computer.

(Auszugsweise entnommen: http://www.freetagger.com/Computersucht-ich-bin-betroffen/, Eintrag am 5.4.07; Download vom 25.9.07; leicht bearbeitet)

1. Beschreibt die beiden Abbildungen in M 7/M 9. Stellt Vermutungen darüber an, wie der Junge in M 7 wohl reagieren könnte, wenn seine Mutter ihn auffordern würde, schnell an die Erledigung seiner Hausaufgaben zu gehen. Wie könnte sich die Szene in M 9 weiterentwickeln? Wie könnten sich die beteiligten Personen verhalten?

2. a) In M 8 berichtet ein Jugendlicher eindringlich von seiner Computersucht. Woran wird spürbar, dass es sich um eine Sucht handelt? Wie erklärt er, dass es bei ihm so weit gekommen ist? Nennt die verschiedenen Gründe.
   b) Beschreibt, was bei dem Jugendlichen unter der Computersucht leidet bzw. zu kurz kommt.
   c) Welche Maßnahme soll ihn von der Computersucht befreien? Wie ergeht es ihm dabei?
   d) Zeichnet die Entwicklung, die der Jugendliche seit seinem 11. Lebensjahr genommen hat, als einen Weg. Beschriftet ihn mit den wichtigsten Stationen.
   e) Der Jugendliche nennt selbst verschiedene Möglichkeiten, die helfen könnten, vom Computer loszukommen, die ihm allerdings fehlen. Nennt diese und begründet, warum sie hilfreich sein könnten.

▶ Schlechte Noten für Vielseher und Vielspieler

M 10

Eine Untersuchung des Kriminologischen Forschungsinstituts Niedersachen (KFN) hat gezeigt, dass die Schulnoten mit dem Ausmaß des Medienkonsums – Fernsehen und Computerspiele – zusammenhängen. Je mehr Zeit die Jugendlichen und Kinder vor dem Fernseher oder Computer verbringen, desto schlechter sind die Noten.

KFN-Chef Christian Pfeiffer und sein Team hatten insgesamt 23000 Kinder und Jugendliche im Alter von 10 bis 15 Jahren befragt. Das Ergebnis: Die wichtigsten Freizeitbeschäftigungen insbesondere der Jungen waren Fernsehen und Computerspielen. Und das spiegelt sich auch in der schulischen Laufbahn wider. Seit einigen Jahren gibt es bei den Jungen deutlich mehr Schulabbrecher als bei den Mädchen. […]
„Zu viel Fernsehen und Computerspielen", so Pfeiffer, „macht Kinder dick, krank, dumm und traurig". Eine Studie der Ruhr-Universität Bochum deutet ebenfalls in diese Richtung. Bei einer Untersuchung mit fast 300 Schülern zwischen 13 und 17 Jahren stellte man fest, dass die Computerspiele in über 50 Prozent der Fälle auf Kosten von Lernen, Hausaufgaben und Schlaf gespielt werden.

(Auszugsweise entnommen: Markus C. Schulte v. Drach: Schlechte Noten für Computerspieler, in: http://www.sueddeutsche.de/computer/artikel/904/61843/print.html, 29.7.07)

1. In M 10 sagt Prof. Pfeiffer, ein Experte auf dem Gebiet der Medienforschung, zu viel Fernsehen und Computerspielen mache Kinder „dick, krank, dumm und traurig". Erklärt mithilfe der Textaussagen, warum diese Folgen im Einzelnen bei Kindern eintreten können.
2. Prof. Pfeiffer kommt in der genannten Untersuchung u.a. auch zu dem Schluss, dass die Schulentwicklung der Kinder besonders dann negativ beeinflusst wird, wenn sie zu früh (schon bevor sie 14 Jahre alt sind) einen eigenen Fernseher oder Computer erhalten. Welche Meinung vertreten eure Eltern und Lehrer/Lehrerinnen dazu?

▶ Computerspiele können aggressiv machen – was Wissenschaftler sagen M 11

Die Entstehung gewalttätigen Verhaltens hat verschiedene Ursachen, von denen Gewaltdarstellungen in Medien nur *eine* ist. Wie sehr Gewalt in Computerspielen *langfristig* das Verhalten von Kindern und Jugendlichen verändert, lässt sich noch nicht sicher sagen. Die Aussagen der Wissenschaftler zur *kurzfristigen* Wirkung gewalthaltiger Computerspiele sind aber relativ eindeutig. Die Studien zeigen, dass solche Computerspiele kurzfristig aggressives Verhalten, aggressive Wahrnehmung und aggressive Gemütszustände fördern. So sind Nutzer gewalthaltiger Computerspiele nach dem Spiel eher geneigt, eine Bewegung einer anderen Person als feindselig anzusehen oder einen Angriff zu vermuten.

(Nach: Wolfram Hilpert/Bundesprüfstelle für jugendgefährdende Medien: Reiz und Risiken von Computerspielen, S. 13, in: http://www.bundespruefstelle.de/bmfsfj/generator/bpwj/redaktion/PDF-Anlagen/bpjm-aktuell-reiz-und-risiken-von-computerspielen-aus-04-06,property=pdf, 29.8.07)

Verlust des Mitgefühls M 12

Wer Killerspiele mag, wird nicht automatisch zum Gewalttäter, es müssen viele Faktoren zusammenkommen. Gewaltdarstellungen können vor allem bei einer bestimmten Risikogruppe gewalttätiges Verhalten auslösen: bei jüngeren, männlichen Vielsehern, die in Familien aufwachsen, in denen viel Fernseh(gewalt) gesehen wird und die in ihrem unmittel-

baren sozialen Umfeld viel Gewalt erleben. Eine andere Folge tritt häufiger auf: Mediengewalt kann zur Abstumpfung führen und die Fähigkeit verringern, Mitgefühl zu empfinden.
(Ariane Heimbach, in: http://www.brigitte.de/frau/familie/computerspiele/index.html?print=1, 29.7.07)

1. Beschreibt die Abbildung in M 11. Welchen Eindruck vermittelt sie? Welche Gefühle kann sie erwecken?
2. In M 11 wird bei der Frage, ob gewalthaltige Computerspiele bei den Spielern gewalttätiges Verhalten fördern, eine Unterscheidung getroffen. Erläutert sie, auch anhand von Beispielen.
3. Viele behaupten: „Kinder, die Computerspiele spielen, in denen Gewalt vorkommt, werden selber gewalttätig." Was ist zu dieser Behauptung aufgrund der Feststellungen in M 12 zu sagen?

M 13 Wie lange soll ein Kind höchstens spielen?

Die Arbeitsgemeinschaft für Jugendschutz gibt zu dieser Frage die folgenden Empfehlungen; dabei soll aber berücksichtigt werden, dass jedes Kind unterschiedlich ist:

- bis 7 Jahre: etwa 30 Minuten am Tag
- 8 bis 10 Jahre: etwa 60 Minuten mit Pause
- 10 bis 12 Jahre: etwa 75 Minuten
- ab 12 Jahre: abhängig vom Spiel, aber nicht länger als zwei Stunden.

Die Zeiten sollten nicht durch Fernsehen deutlich verlängert werden. Gerade bei den jüngeren Kindern (bis 10 Jahre) sollten die Zeiten entweder für Fernsehen oder das Computerspielen verwendet werden. Ab dem Alter von 12 Jahren empfiehlt es sich, einen Wochenumfang für Spielen und Fernsehen zu vereinbaren. Außerdem sollte die für Computerspiele zur Verfügung stehende Zeit von den schulischen Belastungen abhängig gemacht werden.

(Nach: http://www.ajs.nrw.de/pdf/comspiel.pdf, 29.8.07)

M 14a Nicht ins Kinderzimmer

Achten Sie auf die Kennzeichen! Sie achten doch auch darauf, dass Ihr Kind nicht bei Rot über die Straße geht. Computerspiele „freigegeben ab 16 Jahren" und Erwachsenenspiele (keine Jugendfreigabe) enthalten in der Regel Gewaltdarstellungen und könnten die Entwicklung Ihres Kindes beeinträchtigen. Diese Spiele gehören nicht ins Kinderzimmer!

(http://www.usk.de/93_Die_aktuelle_Kampagne.htm; 10.11.07)

M 14b ▶ Geeignete Computerspiele?

Seit dem 1.4.2003 sind Altersfreigaben für Computerspiele gesetzlich vorgeschrieben. Sie sollen sicherstellen, dass Kinder und Jugendliche nur Zugang zu Spielen haben, die für ihr jeweiliges Alter unbedenklich sind. Die entsprechenden Sticker sind auf dem Cover der Computerspiele angebracht. Dabei geht es aber nur um den Gesichtspunkt des Jugendschutzes. Das heißt, dass die Kennzeichnung nichts über die allgemeine Qualität des Spiels aussagt, z. B. über die Grafik, den Sound oder die Bedienbarkeit.

(Autorentext)

1 Die Überschrift von M 13 enthält eine wichtige Frage. Ist diese auch zwischen euch und euren Eltern ein Problem? Zu welcher Regelung seid ihr gekommen?

2 a) Erklärt, warum es sich bei den angegebenen Spielzeiten nur um Richtwerte für die Dauer von Computerspielen handeln kann, sie also nicht auf die Minute genau zu nehmen sind. Wann könnten sie überschritten, wann sollten sie z. B. unterschritten werden?
b) Sind die empfohlenen Spielzeiten aufgrund eurer Erfahrung in der Regel auch einzuhalten?
c) Der Arbeitsgemeinschaft für Jugendschutz ist es wichtig, die Spieldauer nicht unabhängig von der Dauer des Fernsehens zu sehen. Was stellt sie in dieser Hinsicht fest?

3 Erklärt die Überschrift und das Bild in M 14 a. Stellt auf der Seite www.usk.de fest, welche Alterskennzeichnungen für Computerspiele es gibt und was sie bedeuten.

4 Wer legt die Alterskennzeichnungen fest? Worüber informieren sie den Nutzer nicht (M 14 b)? In dieser Hinsicht weiter gehende Informationen über die Qualität von Computerspielen erhaltet ihr auf der Seite www.internet-abc/Kinder/.

2. Surfen – Chatten – Mailen

M 15 Internet-Tätigkeiten von Kindern (6 – 13 Jahre) 2006
(mindestens einmal pro Woche)

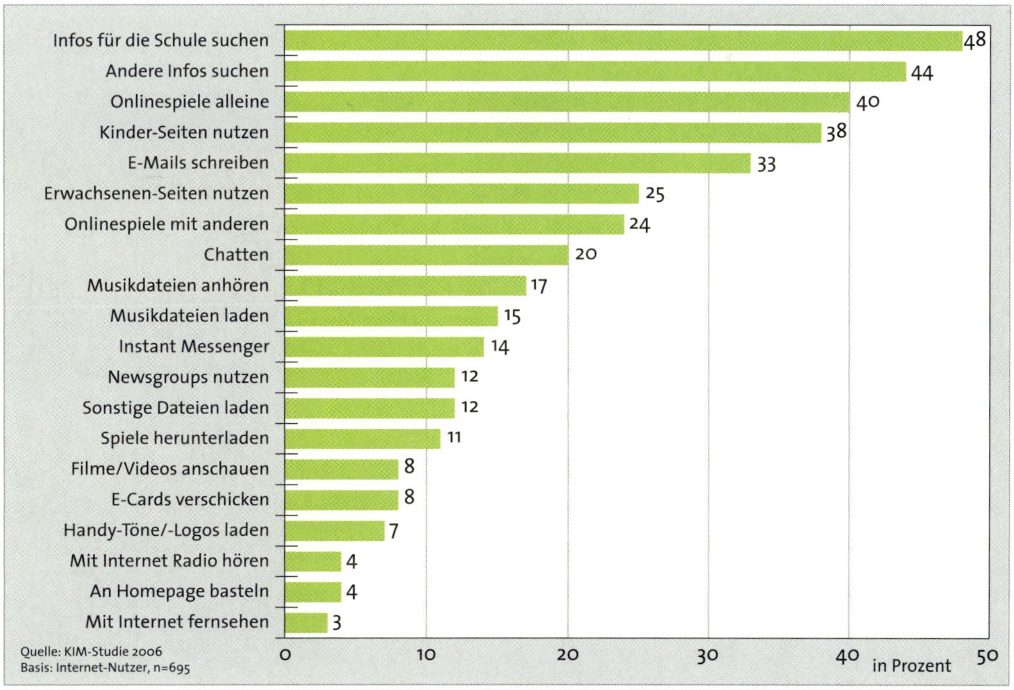

(Medienpädagogischer Forschungsverbund Südwest, KIM-Studie 2006, Stuttgart 2007, S. 44; www.mpfs.de)

1 M 15 zeigt die Internet-Tätigkeiten von Kindern. Stellt für die zehn zuerst genannten in einer kurzen Befragung in der Klasse (Handzeichen) fest, wie diese Tätigkeiten in eurer Klasse verteilt sind.

2 Seid ihr bei der Beschäftigung mit den genannten Internet-Tätigkeiten frei, oder kontrollieren eure Eltern diese? Worauf legen sie Wert, wenn ihr den Computer nutzt?

*Im Folgenden lernt ihr zunächst Internetseiten kennen, die sich speziell an Kinder richten. **Seitenstark.de** ist ein Zusammenschluss von verschiedenen Seiten, die einen sinnvollen Umgang mit dem Internet ermöglichen. Einen Ausschnitt aus dieser bunten Kinderseitenlandschaft könnt ihr in M 16 sehen. Eine besondere Orientierungshilfe stellt die Seite **„Blinde Kuh" (www.blinde-kuh.de)** dar. Sie erhielt 1999 den Kinderkulturpreis und wird seit 2004 durch das Bundesministerium für Familie, Senioren, Frauen und Jugend gefördert.*
Wie man das Internet auch für die Schule nutzen kann, zeigen wir euch in M 19–M 21.

M 16

Kinder beurteilen Internetseiten M 17

„Man kann alles finden, was man wissen will.“ (Katja, 12)

„Es ist eine gute Idee, seine Meinung zu den Nachrichten sagen zu können. Bei Sport steht nicht viel. Bei ‚gefragt‘ ist das besser.“ (Benjamin, 11)

„Alles ist übersichtlich und schön gestaltet! Die Seiten werden schnell geladen! Neues gibt's immer. Man erkennt sofort, wer die Seite macht und was mit meinen Daten passiert.“ (Franziska, 11)

„Es gibt so viele verschiedene Themen auf der Insel, da findet man immer was Neues.“ (Xenia, 11)

„Die Figuren, also Bugfrog, Kingkid und Skatergirl sind sehr schön und lustig.“ (Hannah, 11)

„Sehr viel Text und manchmal lange Ladezeiten.“ (Bianca, 11)

„Mitmachen kann man, denn es gibt Spiele und Bauanleitungen. Unten steht oft, wer die Seite gemacht hat. Das beste sind wahrscheinlich die Grafiken.“ (Judith, 15)

„Die Mail-Addys der Macher sind angegeben. Sie schreiben auch zurück.“ (Lea, 13)

„Das Tolle: Sie ist aktuell und erklärt, wenn man z. B. was über Krieg oder wichtige Sachen, die passieren, wissen will.“ (Stephanie, 10)

„Die Nachrichten sind oft alt. Gut finde ich, dass man seine Meinung dazu schreiben kann. Machen aber nicht viele.“ (Stephanie, 10)

„Man kann viele interessante Sachen finden.“ (Sven, 10)

„Mir gefällt es, weil man Nachrichten über den Krieg erklärt bekommt.“ (Linda, 12)

„Die Schatzkarte kann man nicht gut lesen.“ (Rick, 12)

„Die Insel ist toll. Man weiß nicht gleich, was hinter den Bildern steckt. Das ist spannend. Aber schade, dass es nicht mal was zum Mitmachen gibt.“ (Mädchen, 8)

(Aus: Ein Netz für Kinder – Surfen ohne Risiko?, hrsg. v. Bundesministerium für Familie, Senioren, Frauen und Jugend, Düsseldorf 2003, S. 44 ff.)

1. Mit M 16 machen wir euch auf Internetseiten aufmerksam, die besonders für Kinder geeignet sind. Über www.seitenstark.de könnt ihr sie leicht finden. Die Seite www.blinde-kuh.de gilt allgemein als besonders nützlich, z. B. auch als Suchmaschine. Teilt euch in Gruppen auf und untersucht einmal die angebotenen Seiten.

2. Bei der Auswertung könnt ihr die Äußerungen von Schülern in M 17 einbeziehen. Arbeitet heraus, welche Merkmale die Seiten haben, die die Kinder als gut beurteilen. Stellt diese Merkmale für die Klasse in einer Liste zusammen. Beurteilt dann anhand dieser Aufstellung die Seiten in M 16.

M 18

M 19 Auf der Suche nach mehr Wissen – Was Schüler und Schülerinnen sagen

„Oft habe ich gute, ausführliche Texte mit Bildern gefunden, manchmal ist aber auch viel zu viel geschrieben oder es ist Quatsch.“ *(Lea)*

„Im Internet ist oft zu viel und mit vielen unerklärten Fachbegriffen. Es ist dort nicht geordnet. Das ist in den Lexika besser.“
(Christian)

„Um nicht zu viel und Unsinn auszudrucken, muss der Text durchgelesen werden. Man kann gute Abschnitte markieren und dann nur das Markierte ausdrucken.“
(Verena)

„Wenn wir uns über Personen oder andere Dinge informieren sollen, gehe ich ins Internet, dann auf eine Suchmaschine (z. B. google.de oder wissen.de), und dort findet man ziemlich viel. Teilweise gehe ich ins Internet, um mich auf eine Klassenarbeit vorzubereiten. Ich suche bei einer Suchmaschine Grammatikaufgaben zur Wiederholung. Die Aufgaben sind aber teilweise nicht so toll. Zum Überprüfen wird manchmal lange gebraucht und daher können die Rechnungen schnell steigen.
Wenn man in einer Suchmaschine sucht und zum Beispiel eine Person gefunden hat, sollte man sich erst den Text durchlesen, und wenn man merkt, dass dieser gar nichts mit dem Thema zu tun hat, sollte man weiterschauen und gucken, ob es vielleicht zwei berühmte Personen mit gleichem Namen gibt. Dann muss man natürlich darauf achten, dass man die richtige findet. Manchmal komme ich mithilfe eines Lexikons im Computer weiter, z. B. mit Encarta.“
(Theresa)

„Es ist einfacher, als wenn man die ganzen Informationen aus dem Lexikon abschreibt. Die Seite von Wikipedia ist eine Hilfe. Man kann den Text bequem ausdrucken. Das macht das Abschreiben überflüssig.“
(Rafael)

„Man kann durch den Computer viel Zeit und Mühe sparen. Allerdings ist er auch ein Hilfsmittel, das nicht immer sinnvoll ist, z. B. wenn Internettexte gar nicht durchgelesen werden und man sie nur ausgedruckt ins Heft legt.“
(Maximilian)

(Autorentext nach einer Umfrage in der Klasse 7c des Mauritius-Gymnasiums Büren)

Hinweis: Die ***Suchmaschinen www.google.com*** *und* ***http://de.yahoo.com*** *werden euch vertraut sein. Eine für Schüler geeignete Suchmaschine habt ihr schon mit der Seite* ***www.blinde-kuh.de*** *kennengelernt. Auch die Seite* ***www.milkmoon.de*** *ist informativ. Wissenswertes über Suchmaschinen findet ihr unter* ***www.schulweb.de/de/seiten/zeigen.html?seite=1511&anzeige=m****.*

Methode M 20 Internetrecherche

Der Computer kann ein sinnvolles Hilfsmittel auch für euch Schülerinnen und Schüler sein. Ihr dürft ihn allerdings nicht überschätzen. Der PC schreibt keine Referate und erledigt keine Hausaufgaben. Er kann euch helfen, aber das Lernen für die Schule kann er euch nicht abnehmen. Es kann sogar vorkommen, dass der Computer bei der Suche im Internet so viele Texte und Bilder anbietet, dass man Mühe hat, den Überblick zu behalten. Man weiß nicht mehr, wo ein Thema anfängt oder aufhört. Damit das nicht passiert, solltet ihr bei der Suche nach Material im Internet folgende **Regeln** beachten:

1. Bevor du den PC anschaltest, musst du dir einen Überblick über deine Aufgabe verschaffen. Schreibe wichtige Stichworte auf, die zu dem Thema gehören.
2. Schlage die Begriffe auch in einem Lexikon oder Buch nach. Notiere dabei evtl. weitere Stichworte, Namen, Zahlen oder Meinungen zu dem Thema.
3. Um Ordnung in die Vorinformationen und eine Übersicht über den Themenkreis zu bekommen, kann es sinnvoll sein, eine Mindmap* aus den gefundenen Begriffen zu bilden.
4. Jetzt kannst du das Internet gezielt nutzen. Wähle eine Suchmaschine oder Metasuchmaschine aus (z. B. metager) und gib ein entsprechendes Suchwort ein. Damit das gewünschte Suchergebnis eingegrenzt wird und dir nicht zu viele, nicht brauchbare Treffer angeboten werden, kannst du auch mehrere Suchwörter eingeben und jeweils mit einem Pluszeichen verbinden.
5. Die Suche im Internet kann einige Zeit dauern. Da die Nutzung des Internets kostenpflichtig ist, solltest du gefundene Materialien im Textverarbeitungsprogramm (Word) abspeichern. Du kannst dann offline, d. h. kostenfrei am Text weiterarbeiten.
6. Einige Stellen in den gefundenen Texten sind oft nicht zu gebrauchen. Um zu vermeiden, dass du sie mit ausdruckst, kannst du den gewünschten Teil des Textes markieren und nur diesen ausdrucken.
7. Um zu entscheiden, welche Textstellen wichtig sind, musst du den Text genau lesen und überlegen, welche Informationen für das Thema von Bedeutung sind.
8. Texte lassen sich gründlicher bearbeiten und besser verstehen, wenn sie ausgedruckt sind. Man kann Wichtiges unterstreichen und am Textrand Ausrufezeichen oder Fragezeichen setzen, wenn etwas sehr wichtig oder unklar ist.
9. Wenn du widersprüchliche Informationen findest, darfst du nicht einfach darüber hinweggehen. Du musst prüfen, welche zutreffen. Vielleicht musst du noch einmal in einem Lexikon oder Buch nachlesen.
10. Halte die Quelle des Materials fest, das du verwenden willst. Sichere also stets die Internetadresse und das Datum des Ausdrucks.
11. Stöbere nicht in zu vielen Internetseiten. Beschränke dich auf einige, z. B. vier, sonst verlierst du dich in einem Dschungel von Material. Frage auch deine Lehrerin bzw. deinen Lehrer nach sinnvollen Seiten.
12. Du lernst kaum etwas, wenn du die ausgedruckten Seiten einfach nur abliest oder unbearbeitet ins Heft einordnest. Wenn du ein Thema richtig verstehen willst, musst du in der Lage sein, die Informationen mit deinen eigenen Worten wiederzugeben bzw. aufzuschreiben. Was du vorträgst oder aufschreibst, muss deine eigene Arbeit sein. Du kannst dir dann auch die Zusammenhänge besser merken.

(Autorentext)

1 a) Beschreibt die Karikatur M 18. Erklärt, was der Zeichner zum Ausdruck bringen möchte.
b) Stellt die Möglichkeiten zusammen, die es an eurer Schule gibt, um den Computer oder andere neue Medien in den Unterricht mit einzubeziehen.

2 In M 19 berichten Schüler und Schülerinnen über ihre Erfahrungen bei der Suche nach Informationen für die Schule im Internet. Nennt einerseits die Vorteile, die sie sehen, und andererseits die Nachteile. Welche Erfahrungen habt ihr in dieser Hinsicht gemacht?

3 Lest die Hinweise für eine Internetrecherche (M 20). Überlegt, zu welchem Thema im Fach Politik ihr jetzt etwas suchen und aufbereiten könntet, und wendet dabei die Regeln an.

Bei der Beschäftigung mit den Internetseiten, die sich vor allem an Kinder richten, habt ihr sicher festgestellt, dass sie für euch sehr nützlich sein können. Das Internet kann für euch ein wertvoller Helfer und Informant sein.
Es darf aber auch nicht verschwiegen werden, dass auf anderen Seiten im Internet viele ***Gefahren*** *lauern. Vielleicht kennt ihr schon einige davon. Die folgenden Materialien zeigen euch beispielhaft, worauf besonders Kinder achten müssen.*

Sophie und die ‚kostenlosen' SMS M 21

Sophie surft im Internet, klickt sich neugierig von Seite zu Seite. Sophie ist elf und schreibt für ihr Leben gern SMS. Sie gibt „SMS" in das Suchfeld einer Suchmaschine ein. Über die Liste der Suchergebnisse gelangt sie auf eine Seite, die ihr 100 Gratis-SMS verspricht. Außerdem kann sie noch ein Handy gewinnen – super!
Das Mädchen freut sich über seinen Fund und füllt das Formular aus. Das Häkchen zur Akzeptanz (Annahme) der AGB (Allgemeine Geschäftsbedingungen) ist schnell gesetzt. Bis nach unten an den Bildschirmrand scrollt Sophie nicht und übersieht so den versteckten Abo- und Preishinweis: Bis 24.00 Uhr des Anmeldetages kann sie ihren angeforderten Testzugang kündigen, heißt es da, danach erhält sie jeden Monat 100 SMS für 9 Euro, für ganze zwei Jahre, bei jährlicher Vorauszahlung.
Nach zwei Wochen schneit eine Rechnung über 99 Euro ins Haus. Sophie ist aufgeregt: „Mama, so viel Geld! Ich hab nicht gewusst, dass das was kostet!" Sophies Eltern sind geschockt.
Warum sind gerade Kinder gefährdet?
Kinder und Jugendliche sind eine lohnende Zielgruppe für Seitenbetreiber mit unlauteren Absichten. Warum? Sie sind mit ‚kostenlosen' Angeboten leicht zu ködern. Gutgläubig geben sie ihre persönlichen Daten heraus, ohne über mögliche Konsequenzen nachzudenken.
Kinder und Jugendliche fallen auf Abzocke herein, weil sie das ‚Kleingedruckte' missachten. Der Wunsch, die heiß begehrte Musikdatei sofort auf die Festplatte zu laden, online SMS verschicken zu können oder schnell das Test-Ergebnis zur eigenen Intelligenz zu erhalten, ist übermächtig und besiegt die Vernunft. Vertragsregelungen und Lizenzbestimmungen werden gern übersprungen und selten gelesen. Ein schneller Klick auf ‚ok', schon hat man die AGBs akzeptiert.

So weit, so gut. Leider kann das Kleingedruckte auch Bestimmungen enthalten, die unfair sind und unwissentlich zu einem Abonnement oder zu überteuerten Dienstleistungen verpflichten. Den Gratis-Lockangeboten folgen teure Rechnungen. Aus Unsicherheit, mangelndem Wissen um die rechtlichen Bestimmungen und Angst zahlen die betrogenen Minderjährigen oft sogar, ohne den Eltern davon zu berichten.

Internetseiten mit Vertragsfallen – Abos und versteckte Kosten

Die beliebteste Abzocke-Masche besteht neuerdings in vermeintlich kostenlosen Angebotsseiten, die auf die verbreitete Meinung, im Netz sei alles gratis, abheben. Die Seiten suggerieren [erwecken den Eindruck], ihre Angebote seien unverbindlich. Die Kostenpflicht ist versteckt, meist am Seitenende in kleiner Schrift oder einen Klick entfernt. Ahnungslose Surfer denken, sie würden ein kostenloses Probe-Angebot eingehen oder zunächst nur an einem Gewinnspiel teilnehmen. Mit dem Gewinnspiel werden die Nutzer dazu bewogen, ihre echten Daten einzugeben. Denn um die Gewinner zu benachrichtigen, ist eine korrekte Adresse Voraussetzung, das leuchtet ein. Tatsächlich schliddern sie beim Ausfüllen der Datenmaske unbeabsichtigt in ein kostspieliges Abonnement oder in überteuerte Dienstleistungen.

Eines ist allen Angeboten immer gemeinsam: Die Inhalte und Leistungen sind ihr Geld nicht wert!

(http://www.internet-abc.de/newsletter/iabc_newsletter070523pdf; 3.10.07)

Chatten im Netz M 22

Geplaudert, gequasselt, geschwätzt oder geredet wird beinahe überall, auch im Internet. Chat ist das englische Wort für plaudern oder schwatzen. Um zu chatten, muss man sich einen sogenannten *Chatroom* suchen. Über die Tastatur kann man dort eingeben, was einem gerade durch den Kopf geht. Mit der Enter-Taste abgeschickt, können alle diejenigen die Nachricht lesen, die sich auch gerade in diesem Chatroom befinden. Meist muss man nicht lange warten, bis man eine Antwort erhält.

Ein Chatroom ist ein Raum zum Plaudern. Er bietet die Möglichkeit, mit Leuten aus aller Welt in Kontakt zu treten. In einem Chatroom kann jeder chatten – das heißt, sich per Computer mit anderen unterhalten. Allerdings spricht man nicht richtig miteinander, sondern schreibt sich. Vorher muss man sich allerdings registrieren lassen. Das bedeutet, dass man sich über einen Benutzernamen und ein Passwort bei der entsprechenden Seite anmeldet. Viele Chatrooms wenden sich an bestimmte Benutzer-Gruppen. Es gibt Chats speziell für Kinder, für Hundefreunde oder Eisenbahnfreaks. Die unterschiedlichen Chatrooms findet man über Suchmaschinen.

(http://www.internet-abc.de)

Zehnjährige beim Chat ausspioniert M 23

Aschaffenburg (ddp). Ein 31-Jähriger soll bei einem Internetchat die Adresse einer Zehnjährigen aus Aschaffenburg erfahren und das Kind schließlich in sein Auto gelockt haben. Der Mann wurde in Mannheim festgenommen. Gegen ihn wird wegen Freiheitsberaubung und Nötigung ermittelt. Die Polizei prüft, ob eine Entführung geplant war.

(Westfälisches Volksblatt v. 29.3.2007)

Getäuscht M 24

„Die Leute geben sich dort im Internet als sonst wer aus und beschreiben sich ganz anders, als sie wirklich sind. Ich hab' mich mal mit einem aus dem Chat getroffen – im Kino. Das war ein totaler Reinfall, genau das Gegenteil von dem, was er beschrieben hatte. Seitdem mache ich so was nicht mehr."
(Beata, 15 Jahre)

(Deutsches Kinderhilfswerk [Hrsg.], Kinderreport Deutschland 2004, München 2004, S. 315 f.)

(www.freeware-project.de/PDdownloads+single-file.cid+47+lid+531.htm; 4.10.07)

▶ Internetregeln für Kinder M 25

1. Vertraue nicht jedem Fremden deine persönlichen Daten an!

Stell dir vor, du wärest ganz alleine in einer großen, dir völlig unbekannten Stadt. Dort würdest du auch nicht jedem Menschen, der dir auf der Straße begegnet, einfach deinen Namen und deine Adresse verraten. Und schon gar keine geheimen Dinge wie Passwörter, Kontonummern oder Geheimzahlen von dir oder deinen Eltern.
Verrate niemandem deinen richtigen Namen, die richtige Adresse, auch nicht deine Telefonnummer! Selbst wenn dir versprochen wird, dass kein anderer davon erfährt, erzähle nichts Persönliches.
Es gibt Ausnahmen, über die du mit deinen Eltern sprechen solltest (z. B. Clubmitgliedschaften, dazu werden in vielen Fällen deine Angaben benötigt).
Denk dir doch einen tollen Spitznamen („Nickname") aus! Damit kann jeder zu dir Kontakt aufnehmen. Sicher kennst du eine Menge Namen, die du gerne mal tragen möchtest. Wichtig ist, dass du den Namen nicht vergisst.

2. Surfe am Anfang mit jemandem, der sich auskennt!

Wenn dir das Netz noch unbekannt ist, erforsche die neuen Möglichkeiten erstmal zusammen mit deinen Eltern bzw. mit jemandem, der sich auskennt!
Weil deinen Eltern beim Surfen Kosten entstehen, trefft ihr am besten eine Regelung in der Familie, die klar sagt, ob du sie vorher fragen musst oder ob du auch alleine surfen darfst und wie lange. Ihr solltet euch einigen, damit alle einverstanden sind.

3. Informiere deine Eltern über deine Vorhaben und wenn dir etwas komisch vorkommt!

Sprich mit deinen Eltern oder anderen Erwachsenen, zu denen du Vertrauen hast, wenn du irgendetwas merkwürdig findest oder wenn dir jemand sehr persönliche Fragen stellt.
Sag es deinen Eltern unbedingt, wenn du dich mit einem Internet-Nutzer verabreden möchtest! Vereinbare keine (heimlichen) Treffen mit anderen, ohne mit deinen Eltern darüber zu sprechen!

4. Glaub nicht alles, was dir erzählt wird!

Das Internet macht vieles möglich, zum Beispiel, dass eine Person in eine bestimmte Rolle schlüpft, das heißt, in Wirklichkeit eine andere Person ist, die anders heißt und sich ganz anders verhält. Ähnlich wie Schauspieler, die nur eine Rolle spielen und nach der Vorstellung oder nach dem Dreh wieder die echte Person sind. Im Internet ist es nur viel leichter als im Fernsehen, weil man sich ja im Internet meist nicht sieht. So kann es sein, dass Jungen so tun, als seien sie Mädchen. Mädchen können die Rolle eines Jungen spielen. Erwachsene können so tun, als seien sie Kinder. Und Kinder können Erwachsene spielen! Das kann alles sehr viel Spaß machen, aber aufpassen musst du, wenn ein fieser Mensch die Rolle eines netten Menschen übernimmt! Es ist allerdings ziemlich schwer, so etwas herauszufinden.

5. Sprich mit jemandem darüber, wenn dich etwas stört!
Wenn du das Gefühl hast, dass dich jemand ärgert, dich nicht in Ruhe lässt, dich bedrängt, dann sag einer Person Bescheid, der du vertraust! Niemand hat das Recht, Dinge zu dir zu sagen, die dich verletzen, beleidigen oder dir unangenehm sind.

6. Benutze nur sichere Chaträume!
Um Gefahren beim Chatten zu entgehen, benutze nur solche Chaträume, die für Kinder überwacht sind. Solche findest du z. B. auf den Seiten von seitenstark.de.

(www.kidsville.de/internaut/09ischutz08.htm; v. 13.3.2004)

1. Sophie hat im Internet eine unerfreuliche Erfahrung gemacht (M 21). Mit welchem Problem wird sie bzw. werden ihre Eltern konfrontiert? Wie konnte es dazu kommen?

2. a) In M 21 wird erklärt, in welche Fallen Kinder tappen können, wenn sie im Internet surfen. Formuliert aufgrund dieses Beispiels Regeln, die Kinder beachten sollten, damit ihnen böse Überraschungen erspart bleiben.
   b) Weitere Informationen über unsichere Seiten erhaltet ihr unter http://www.internet-abc.de/kinder/und da unter dem Button „verdächtige Seiten“.

3. Wenn ihr wie Sophie mit unliebsamen Rechnungen aus dem Internet konfrontiert werdet, wendet euch vertrauensvoll an eure Eltern. Denn diese wissen Rat und kennen die Rechtslage. Seht dazu auch in www.internet-abc.de/eltern/114369.php nach. Umfangreiche Informationen zur Sicherheitsproblematik rund um den Computer bietet die Seite www.klicksafe.de/projekte/ratgeber.php.

4. Erklärt das Wort „chatten“ (M 22). Wie unterscheidet sich ein Chatroom von einem realen Raum (z. B. einer Klasse, einem Gruppenraum), in dem man miteinander spricht?

5. Beschreibt, welche Gefahren mit dem Chatten verbunden sind (M 23/M 24).

6. M 25 enthält eine Reihe von Regeln, um Kindern einen sicheren Umgang mit dem Internet zu gewährleisten. Lest diese aufmerksam, und formuliert zu jedem Punkt weitere einzelne Regeln, die ihr aus dem Text ableiten könnt.

7. Erstellt einen Flyer (Merkblatt, Faltblatt), mit dem ihr eure Mitschüler über einen sicheren Umgang mit dem Internet informiert. Dieser könnte die Regeln enthalten, die ihr unter den Aufgaben 2. und 6. formuliert habt. Überlegt, wie man diesen Flyer gestalten müsste, damit er von euren Mitschülern gern gelesen wird und diese gut informiert werden. Ihr könnt euer Ergebnis auch auf einer Homepage einstellen, die ihr möglicherweise mit eurer Klasse im IG-Unterricht eingerichtet habt. Gebt diese Anregung an euren IG-Lehrer/eure IG-Lehrerin weiter.

8. Viele Kinder und Jugendliche chatten im „ICQ“. Beschreibt, wie diese Art des Chattens funktioniert. Worin bestehen dabei Unterschiede zu den zuvor zur Sprache gekommenen Chaträumen?

3. Spaß und Ärger mit dem Handy

M 26

M 27 Begehrtes Handy

Ich habe ein Handy, seit ich 12 Jahre alt bin. In diesen zwei Jahren hatte ich drei verschiedene Karten-Handys. Mein erstes bekam ich zu Weihnachten, jedoch nahm ich es einmal mit zum Sport und da wurde es mir geklaut. Dieses Handy ist nie wieder aufgetaucht. Dies war für mich eine sehr schlechte Erfahrung. Aber ich habe aus meinen Fehlern gelernt, denn ich nehme es nie wieder mit zum Sport. Zu diesem Zeitpunkt wollte ich kein neues Handy. Aber ungefähr ein halbes Jahr später bekam ich von meinem Vater doch ein neues. Jedoch war dieses ein recht veraltetes, ohne Spiele und auch ziemlich unpraktisch. Dieses Handy behielt ich ein Jahr lang und kaufte mir dann ein gebrauchtes; das ist praktisch, hat viele Funktionen und besitzt auch Spiele.

Ich finde es sehr praktisch und manchmal auch wichtig, erreichbar zu sein. Ich gebe zu, dass ich mit meinem neuen Handy auch sehr viel spiele. Ich könnte mir zwar vorstellen, ohne Handy auszukommen, will es aber nicht. Ich schreibe täglich fünf bis zehn SMS an meine Freundin. So weiß ich immer, wie es ihr gerade geht.

(Carina, 14 Jahre)

M 28

M 29

1. Beschreibt das Foto M 26. Stellt Vermutungen darüber an, wofür die Jugendlichen in der dargestellten Situation das Handy nutzen könnten.
2. a) In M 27 beschreibt eine Schülerin ihre Erfahrungen mit Handys. Worauf legt sie Wert? Zeichnet ein Handy und verbindet damit stichwortartig alle Funktionen bzw. die Bedeutung, die ein Handy für einen jugendlichen Besitzer haben kann. Nennt auch solche, die die Schülerin nicht anspricht.
   b) Welche Funktionen werden vermutlich am meisten genutzt, welche sind in der Regel überflüssig?
3. Beschreibt und erklärt die Karikaturen M 28 und M 29. Worauf kommt es dem Zeichner jeweils an? Nehmt Stellung zu dem, was er zum Ausdruck bringen will.

Kostenfalle Handy M 30

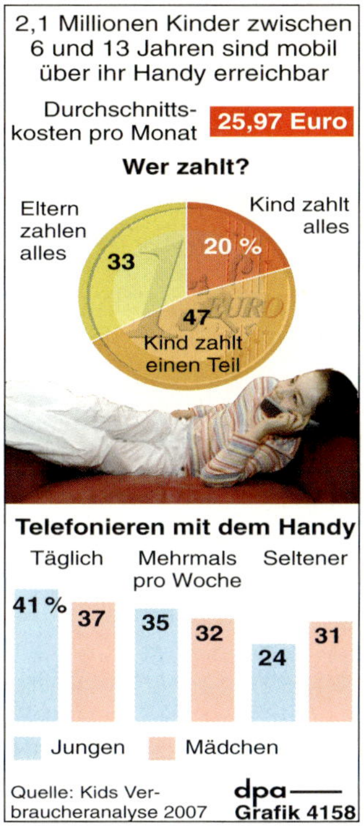

Der Schock saß tief, nachdem Emely ihre Handyrechnung aus dem Briefkasten geangelt hatte. Sage und schreibe 624 Euro sollte sie für die zurückliegenden drei Monate berappen. Für die 17-Jährige ein Batzen Geld. Das tägliche Schwätzchen mit Freundin Nicole, die zur Gewohnheit gewordenen SMS-Liebesbotschaften an ihren Freund und die Bemühungen, ihren favorisierten „Superstars“-Kandidaten per Anruf aufs Siegertreppchen zu wählen – hatte das alles wirklich so viel gekostet?
Emely steht nicht alleine da. Immer mehr Jugendliche tappen in die *Schuldenfalle Handy*. Bereits 12 Prozent der 13- bis 24-Jährigen sind in Deutschland mit durchschnittlich 1810 Euro verschuldet. Das Handy steht dabei schon auf Platz vier der Gründe: Zu diesem Ergebnis kommt das Münchener Institut für Jugendforschung.
Dass ein Mobiltelefon heute neben Geldbörse und diversen Schmink-Utensilien in jede gut sortierte Handtasche gehört, stand für Emely außer Frage. Ob auf dem Schulhof oder im Café – überall um uns herum schrillt, tütet, fiepst und klingelt es ständig in allen erdenklichen Tönen und Melodien. Laut einer Kölner Studie besitzen inzwischen 82 Prozent der 12- bis 18-Jährigen ein Handy. Tendenz steigend.
Viel-Telefonierer wie Emely, denen die Kosten über den Kopf wachsen, klopfen nach Erhalt der Telefonrechnung nicht selten bei Heinz Beimdiek von der Schuldnerberatung der Diakonie Rheda-Wiedenbrück an. Dessen Erfahrung: „Gerade Jugendliche können das Ausmaß der Kosten anfangs überhaupt nicht abschätzen, zumal die erste Rechnung manchmal erst Monate später eintrifft. Da kommen dann auf einen Schlag horrende Summen zusammen.“ Heinz Beimdiek warnt alle Handy-Fans: „Die Mobilfunkanbieter lassen sich in der Regel nicht auf Ratenzahlung ein. Wer nicht zahlt, dem wird der Vertrag gekündigt. Und dann ist nicht selten zusätzlich die Grundgebühr für 24 Monate fällig.“ Bei ausbleibender Zahlung treiben die Anbieter ihre Rechnungen über ein Inkassobüro ein, beauftragen schließlich einen Rechtsanwalt. „Deren Kosten bleiben dann zusätzlich beim Schuldner hängen“, weiß der Berater.

M 31

Gutscheine zur Handy-Personalisierung im Ringtoneking Silver Sparabo (Töne/Logos) für € 2,99/Woche. Jederzeit Ende: stopsilver per SMS

Handy-Kunden wie Emely rät Heinz Beimdiek ganz eindeutig zur Prepaid-Karte*. „Da hat man die Kosten schon vorher bezahlt und weiß, wie viel vertelefoniert wird“, zählt er die Vorzüge der Karten auf, auf denen ein festes Guthaben gespeichert ist. Wer in Besitz einer solchen Prepaid-Karte ist, wird schnell merken, dass das Überspielen von Klingeltönen und Logos eine Stange Geld kostet. Die Übertragung dauert oft lange. Da werden schon mal Kosten von mehr als 2,50 Euro pro Minute fällig.
„Eine echte Katastrophe“, meint Heinz Beimdiek, sind die 0190er-Nummern, mit denen sich Fernsehzuschauer an Sendungen wie Big Brother und Rateshows beteiligen können. Für den Schuldnerberater ein klarer Fall von Abzocke. „Da kostet ein Anruf manchmal 49 Cent die Minute, und darüber werden dann die Preise finanziert. Viele schnallen nicht, was da abgeht.“

(Westfälisches Volksblatt v. 23.11.03)

Teure Töne M 32

Manchmal bekommt man auch einfach so eine SMS, in der um Antwort gebeten wird. Macht das auf keinen Fall, denn auch wenn nicht ihr die erste SMS geschickt habt, kosten solche Nachrichten viel Geld, wenn ihr antwortet!

Mit einem Pre-Paid-Handy kann man solche schon betrügerisch zu nennenden Angebote nur so lange nutzen, bis die Karte leer ist, mit einem normalen („Post-Paid“) Handyvertrag können da schnell mehrere hundert bis tausend Euro Telefonrechnung zusammenkommen!

Hier ein kleines Rechenbeispiel, um euch zu zeigen, was diese vermeintlich kostenlosen oder günstigen Angebote wirklich kosten:

Den aktuellen Hit eines Musikers bekommst du beim Klingeltonhersteller „Ding-Dong“ für 1,99 Euro. Abrufen musst du den Hit über eine SMS für 0,25 Euro. Die Datei des Klingeltons ist 45 KB groß. Für die Übertragung dieses Datenvolumens per GPRS[1] musst du natürlich auch bezahlen: 0,19 Euro pro angefangene 10 KB. In der Summe zahlst du dann also: 1,99 Euro + 0,25 Euro + 5 × 0,19 Euro = 3,19 Euro – in der Werbung werden aber nur die 1,99 Euro hervorgehoben.

Willst du dir das gleiche Stück als MP3-Musikstück aufs Handy laden, wird es noch viel teurer: Der Song kostet laut Werbung nur 1,49 Euro. Wieder kostet der Abruf per SMS 0,25 Cent. Die Datei ist diesmal aber 3,5 MB groß. Pro angefangenen 10 KB musst du diesmal nur 0,09 Euro GPRS-Gebühren bezahlen. Ein einziger Song kostet dich dann also: 1,49 Euro + 0,25 Euro + 350 × 0,09 Euro = 33,24 Euro! Dafür kann man sich schon fast drei CDs mit insgesamt 30 Liedern kaufen.

(http://www.wasistwas.de/technik/alle-artikel/artikel/link//54a76dd9fc/article/falsche-freunde.html; 5.11.07)

[1] GPRS: Das ist ein besonderes Verfahren zur Datenübertragung mit Handys (General Packet Radio Service).

Handy-Tagebuch zur Kostenkontrolle M 33

Handy-Tagebuch für die Woche vom … bis …

Uhrzeit und Tag der Handy-Nutzung	Dauer & Preis pro Min. für Gespräch oder andere Funktion	Was hast du mit dem Handy gemacht und warum?	Kosten insgesamt	War die Handynutzung wirklich nötig?
Mo, 13.15 Uhr	10 Minuten 1 Minute = 39 Cents	Anna auf dem Nachhauseweg wegen Schulaufgaben angerufen.	3,90 €	Nein, hätte auch von zu Hause mit dem Festnetz anrufen können.
Mo, 17.00 Uhr	2 Minuten	Henrik angerufen, wo er bleibt, weil Kinofilm gleich anfängt.	0,78 €	Ja, zum Teil, weil ich alle[in] vor dem Kino stand und nicht länger warten woll[te].
Di, 18.00 Uhr	1,49 € je 5 Tage	Im Fernsehen coolen Klingelton gehört und heruntergeladen.	nach einem Monat 8,94 €	Klingelton ja, aber das A[bo] war nicht nötig.
Mi, 10.00 Uhr	zwei Fotos verschickt, pro Foto 49 Cents	Anna Fotos von ihrem Schwarm aus der 4b geschickt.	0,98 €	Ein Foto hätte auch gereicht.
Summe	…	…	…	…

(Aus: Fit fürs Handy, hrsg. v. Deutsches Kinderhilfswerk, Berlin 2006, S. 4)

1. a) Emely ist von ihrer Handyrechnung geschockt (M 30). Stellt zusammen, wofür sie ihr Handy genutzt hat, sodass ein so hoher Abrechnungsbetrag zustande kommen konnte.
   b) Welche Konsequenzen drohen, wenn eine Handyrechnung nicht bezahlt werden kann?

2. Beschreibt, wofür in M 31 geworben wird. Welche Wünsche werden beim Handynutzer angesprochen? Was wird in der Werbung über die Kosten ausgesagt?

3. In M 32 wird beschrieben, wie unerwartet hohe Handykosten entstehen können. Rechnet die zwei Beispiele nach. Setzt die Ergebnisse in ein Verhältnis zu eurem Taschengeld. Was stellt ihr fest?

4. In M 33 wird euch beispielhaft ein Handy-Tagebuch vorgestellt, das dabei hilft, die Handykosten gering zu halten. Stellt anhand dieses Beispiels euer eigenes Handy-Tagebuch zusammen.

5. Stellt unter der Überschrift „Stopp der Kostenfalle Handy!" Maßnahmen und Verhaltensweisen zusammen, die dazu beitragen können, die Kosten für ein Handy möglichst gering zu halten. Bezieht euch dabei auf M 30, M 32 und M 33. Wertvolle Hinweise erhaltet ihr auch auf den Seiten www.mobilfunkundschule.bayern.de/download/handy_flyer.pdf und www.handy-in-kinderhand.de. Unter www.netzcheckers.de wird euch erklärt, wie ihr kostenlos Klingeltöne und Handylogos bekommen oder sogar selbst herstellen könnt. In dieser Hinsicht findet ihr auch Hilfe unter www.internauten.de.
   Ihr könnt die Liste der Maßnahmen auf ein Plakat schreiben. Denkt auch an die Möglichkeit, eure Ergebnisse auf der Homepage eurer Klasse oder Schule zu präsentieren und so für alle Schülerinnen und Schüler zugänglich zu machen.

Gewalt-Videos auf Handys M 34

„In manchen Risikogruppen ist Gewalt auf Handys ein Alltagsphänomen", sagt die Stuttgarter Kommunikationswissenschaftlerin Prof. Petra Grimm. Dargestellte und tatsächliche Gewalt seien in den Handyvideos vermischt. „Die Jugendlichen haben furchtbare Angst, selbst von Gewalttätern gefilmt und dadurch als Opfer abgestempelt zu werden." Grimm begründet diese Furcht mit der Verbreitung der Videos von Handy zu Handy und über das Internet.

In den vergangenen Jahren habe sich das „Mobile Bullying" ausgebreitet, bei dem Jugendliche in peinlichen Situationen aufgenommen werden, um die Bilder anschließend zu verbreiten. Als „Slapping" werden Grimm zufolge Videos bezeichnet, in denen Menschen ohne Grund geschlagen werden.

93 Prozent der Jugendlichen haben einer repräsentativen Umfrage zufolge bereits

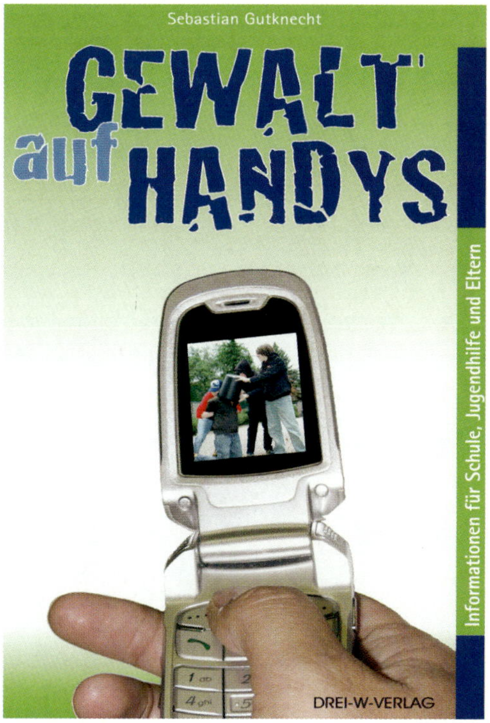

von solchen Videos gehört. „Diese verunsichernden Inhalte anzuschauen und weiterzugeben, ist eine Mutprobe", sagt Grimm. „Viele Kinder und Jugendliche können diese Bilder aber nicht verdauen und ängstigen sich."

Besonders weit verbreitet seien Gewaltdarstellungen auf den Handys von jungen Männern mit geringer Bildung. Den problematischen Videos könne man nur entgegenwirken, wenn das Thema in der Schule angesprochen werde, sagt Grimm. Nachholbedarf bestehe auch in den Familien: „Die große Mehrheit der Eltern hat bisher überhaupt kein Interesse daran, was auf den Handys ihrer Kinder gespeichert ist."

Skeptisch äußert sich die Kommunikationswissenschaftlerin zu Handyverboten an Schulen. „Ein von oben verordnetes Verbot hilft nicht", so Grimm. Gehe ein solcher Entschluss auf die Initiative von Jugendlichen zurück, könne er aber sinnvoll sein.

(Auszugsweise entnommen: dpa, Jugendliche in Angst vor der Opfer-Rolle, in: Westfälisches Volksblatt v. 28.9.2007)

Gewaltdarstellungen verboten M 35

Strafbar macht sich, wer Minderjährigen vorsätzlich grausame Gewaltdarstellungen auf Bildern oder Filmen zugänglich macht. Bereits das Versenden von solchen gewaltverherrlichenden Bildern an einen anderen Minderjährigen, z. B. mittels Bluetooth, ist also strafbar. Ebenso strafbar ist es, solche Bilder zu verbreiten oder öffentlich zugänglich zu machen (nach dem Strafgesetzbuch § 131 Absatz 1).

(Aus: Gewalt auf Handys, hrsg. v. der Arbeitsgemeinschaft Kinder- und Jugendschutz Landesstelle Nordrhein-Westfalen e. V., Köln/Essen 2006, S. 7)

1. Schaut euch das Bild in M 34 an. Was wird dargestellt? Versucht zu erklären, wie es zu dem dargestellten Geschehen kommen konnte.
2. Gewaltvideos auf Handys zeigen dargestellte oder tatsächliche Gewalt. Erklärt, worum es sich dabei handeln kann (M 34).
3. Welche Ursachen für die Verbreitung von Gewaltdarstellungen lassen sich dem Text M 34 entnehmen?
4. Erklärt, worin die Problematik der Gewaltvideos für Jugendliche besteht.
5. M 35 stellt eine knappe Zusammenfassung eines wichtigen Paragraphen dar. Aus welcher Quelle stammt dieser? Was besagt er?
6. In M 34 wird ein Verbot von Handys an Schulen angesprochen. Stellt fest, welche Regelungen zur Handynutzung es an eurer Schule gibt. Diskutiert, ob ihr diese für sinnvoll haltet.

Die Kompetenzseite — Zur Sicherung der Lernergebnisse

1. Was gehört wozu?

Ordnet die Begriffe in der linken Hälfte der Tabelle den Bemerkungen in der rechten Hälfte richtig zu.

Klingeltöne	Kostenfalle	*Kann man bekommen, wenn man zu lange am Computer spielt.*	*Ist eine sehr sinnvolle Seite für Kinder und ein Tor für weitere Internetseiten.*
Computerspiele	Handy	*Da könnt ihr Leute kennenlernen. Aber passt auf! Warum?*	*Die könnt ihr auch selbst herstellen, um Geld zu sparen. Tipps findet ihr im Internet.*
Chatten	Altersfreigabe	*Damit Bilder von Gewalt zu verbreiten, ist verboten.*	*Da hilft eine Prepaid-Karte.*
Handy-Schulden	Internetrecherche	*Sind umstritten. Manchmal kann man aber auch etwas durch sie lernen.*	*Das werden nicht alle Kinder, die am Computer spielen, aber …*
Probleme durch Internet	www.seitenstark.de	*Kann hilfreich in der Schule sein. Trotzdem sollte man nicht auf ein Lexikon verzichten.*	*Nicht alle Computerspiele sind für dein Alter geeignet. Welche Farbe sagt dir: „Das ist o.k.?"*
schlechte Schulnoten	aggressiv	*Man muss besonders das Kleingedruckte und bis zum Ende der Seite lesen.*	*Wendet euch an eure Eltern oder andere Vertrauenspersonen.*

2. Wer weiß weiter?

Vervollständigt die folgenden Sätze:

Besser, als am Computer zu spielen, wäre es manchmal, in der Freizeit …

Die Sucht nach Computerspielen ist für den Betroffenen ein großes Problem, weil …

Wenn man am Computer spielt, sollte man…

Damit man bei einer Internetrecherche nicht den Überblick über das Informationsangebot verliert, sollte man …

Gewinnspiele im Internet …

Damit ihr beim Chatten nicht Gefahren für euch heraufbeschwört, …

Ein Handy-Tagebuch …

7 Wozu dient die Familie? – Aufgaben und Wandel der Familie in der Gesellschaft

Zur Orientierung

Umfragen zeigen immer wieder: Die Familie ist für die meisten Menschen, junge wie alte, das Wichtigste in ihrem Leben. Warum das so ist, welche Aufgaben die Familie darüber hinaus für die ganze Gesellschaft erfüllt und wie sich die Familie seit längerer Zeit verändert hat, darauf wollen wir im ***ersten Abschnitt*** *dieses Kapitels eingehen. Vielleicht können euch dazu auch die* ***Fotos*** *schon etwas sagen. Betrachtet sie genau.*

In letzter Zeit konnte man häufiger in der Zeitung davon lesen, dass Familien auch „versagen" können, wenn die Eltern nicht in der Lage sind, ihre Pflichten gegenüber den Kindern zu erfüllen. Von den Rechten und Pflichten, die Eltern und Kinder in der Familie haben, insbesondere von der Erziehung, soll daher im ***zweiten Abschnitt*** *die Rede sein.*

Muss der Staat die Familien stärker unterstützen, als das bisher der Fall war? Klagen darüber, dass es immer mehr arme Familien gibt und daher immer mehr Kinder in ihrer Entwicklung benachteiligt sind, werden immer lauter. Im ***dritten Abschnitt*** *sollt ihr euch ein Stück weit mit diesem schwerwiegenden Problem auseinandersetzen.*

1. Wozu brauchen wir eine Familie?

Methode „Schreibgespräch“: Was bedeutet mir meine Familie?

Bevor ihr euch mit den in M 1 wiedergegebenen Äußerungen von Jugendlichen und einer Darstellung zu den Aufgaben der Familie befasst, solltet ihr vielleicht einmal ganz spontan formulieren, was die Familie für euch persönlich bedeutet (bisher und in Zukunft), welche Vorstellungen und welche (positiven und vielleicht auch problematischen) Erfahrungen ihr damit verbindet usw. Ihr könnt das am besten in der Form eines „Schreibgesprächs“ tun:

Jede(r) von euch schreibt ihre/seine Äußerung (einen Begriff, einen verkürzten oder kurzen Satz) in großer Schrift auf ein DIN-A-5-Blatt. Die einzelnen Blätter werden dann nebeneinandergelegt (auf einem Tisch oder auf dem Fußboden), sodass ihr zusammen feststellen könnt, welche verschiedenen Standpunkte und Beurteilungen es gegeben hat, welche davon ggf. mehrfach oder besonders häufig vorkommen usw.

Vielleicht könnt ihr – ggf. nach einer Diskussion – auch ein kurzes zusammenfassendes Ergebnis dieses Schreibgesprächs an der Tafel festhalten, das ihr dann später mit den Informationen in M 1 und M 2 vergleichen könnt.

(Autorentext)

M 1 Was Kinder über ihre Familie sagen

Marco, 13 Jahre:
Ich finde es gut, dass meine Eltern mir immer sagen, ich soll was für die Schule tun. Ich habe manchmal gar keine Lust dazu.

Maike, 12 Jahre:
Durch meine Eltern, aber auch durch meine Oma, wird mir vermittelt, dass man immer vernünftig und auch selbstbewusst auftreten soll, dass man immer höflich ist und immer wissen muss, mit wem man spricht und welchen Ton man anschlagen muss.

Vanessa, 12 Jahre:
Die wichtigste Regel bei uns in der Familie ist, dass man immer alles erzählt. Bis auf Kleinigkeiten mache ich das auch immer. Meinen Eltern kann ich vertrauen.

Marie, 13 Jahre:
Mit meinen Eltern gibt es manchmal auch Spannungen. Bei mir ist es aber so, dass ich das meistens auch schnell wieder vergesse. Meine Mutter ist ein bisschen nachtragender, aber das gibt sich dann auch wieder.

Paul, 13 Jahre:
Eine Grundregel meiner Eltern ist, sich nicht hängen zu lassen, wenn es mal nicht so läuft. Und wenn ich Probleme habe, kann ich immer kommen und darüber reden. Die stehen dann auch hinter einem. Sie haben Lebenserfahrung und können einem helfen.

(Autorentext)

▶ M 2 Die Aufgaben der Familie

Die Aufgaben (Funktionen), die die Familie für ihre Mitglieder und für die gesamte Gesellschaft erfüllt, haben sich im Laufe der Geschichte gewandelt. So war z. B., als es noch keine allgemeine Schulpflicht gab, die Familie weitgehend für die Bildung und Ausbildung der Kinder zuständig; und solange es noch keine Kranken- und Rentenversicherung* gab, musste die Familie allein für die Krankheitskosten aufkommen und für die Alterssicherung sorgen. Heute lassen sich im Allgemeinen vier Aufgaben der Familie unterscheiden:

Kindernachwuchs • Jede Gesellschaft lebt davon, dass sie immer wieder für „Nachwuchs“ sorgt, dass also immer wieder ungefähr so viele Kinder geboren und aufgezogen werden, wie ältere Menschen sterben. Der Bereich, in dem Kinder geboren und aufgezogen werden, ist die Familie. Familien sorgen also dafür, dass die Gesellschaft nicht „ausstirbt“, dass sie sich immer wieder neu herstellt.

Lebensbedingungen • Die Familie sorgt auch dafür, dass Kinder das erhalten, was sie unbedingt zum Leben und Aufwachsen brauchen: Nahrung, Wohnung, Kleidung, Gesundheit, Schutz vor Gefahren usw. Die Eltern sichern durch ihre berufliche und häusliche Arbeit diese äußeren Lebensbedingungen für ihre Kinder und für sich selbst.

Erziehung • Über diese äußeren Lebensbedingungen hinaus kümmern sich die Eltern aber auch darum, dass ihre Kinder bestimmte Fähigkeiten erwerben, die sie brauchen, um mit anderen Menschen umgehen und mit ihnen zusammenleben zu können. Lesen, Schreiben, Rechnen zu lernen und viele weitere Kenntnisse und Fertigkeiten zu erwerben, dafür ist vor allem die Schule da. Ehrlich und zuverlässig zu sein, Verständnis für andere Menschen zu entwickeln, Rücksicht auf andere zu nehmen, höflich zu ihnen zu sein, aber auch aufgeschlossen zu sein, die eigenen Interessen und Meinungen zum Ausdruck zu bringen – all diese und andere Fähigkeiten, die auch für den Erfolg in der Schule wichtig sind, lernen Kinder hauptsächlich in der Familie. Die Eltern haben die Aufgabe, ihre Kinder dazu zu „erziehen“.

Geborgenheit • Zwischen den Familienmitgliedern sind die menschlichen Beziehungen so eng und vertraulich, wie das außerhalb der Familie nicht möglich ist. Man kann sich aufeinander verlassen, sich über alles aussprechen, kann Trost und Hilfe finden, wenn sich Probleme ergeben. In der Familie kann man sich geborgen fühlen.

(Autorentext)

1. Untersucht die Äußerungen der Kinder in M 1 und hebt die Gesichtspunkte hervor, unter denen die Familie gesehen und beurteilt wird.
2. Wissenschaftler haben immer wieder die Bedeutung untersucht, die die Familie für das Leben des Einzelnen und für die ganze Gesellschaft hat. Sie unterscheiden dabei im Allgemeinen die in M 2 kurz beschriebenen Aufgaben („Funktionen“). Erläutert sie mit eigenen Worten und stellt fest, auf welche dieser Funktionen eure Äußerungen im Schreibgespräch und die Aussagen in M 1 jeweils Bezug nehmen.

▶ Was ist eine Familie? Wie hat sie sich verändert? M 3

Was eine Familie ist, ist gar nicht so leicht zu sagen, wie man zunächst meint. Während das Statistische Bundesamt bis vor Kurzem auch kinderlose Ehepaare zu den Familien rechnete, werden jetzt nur noch **„Eltern-Kind-Gemeinschaften“** als Familien bezeichnet. Dazu gehören neben verheirateten Eltern mit Kind oder Kindern auch unverheiratete Paare mit Kind oder Kindern und alleinerziehende Mütter und Väter mit Kind oder Kindern.
Die Zahl der *„nichtehelichen Lebensgemeinschaften“* (2006: 6% der Familien) und besonders der Alleinerziehenden (*„Ein-Eltern-Familien“*; 2006: 21%) hat seit 1996 um 30% zugenom-

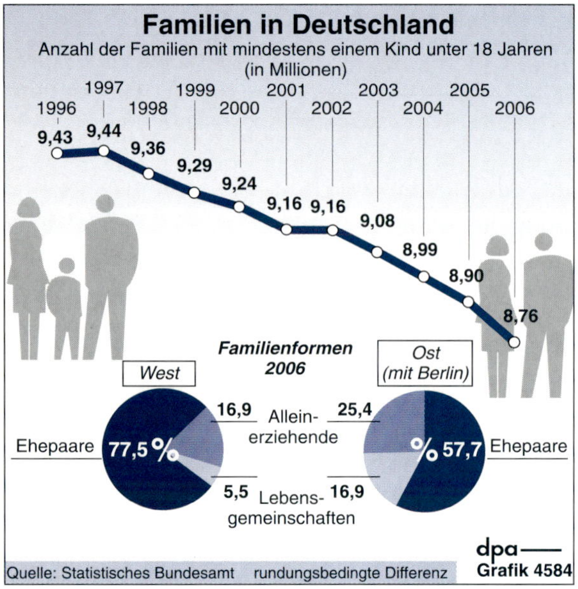

men (in den östlichen Bundesländern stärker als in den westlichen). Dafür gibt es verschiedene Gründe: Zum einen hat sich die Einstellung zur Eheschließung allmählich verändert: Vor allem jüngere Paare wollen sich nicht mehr zu früh fest (durch eine Heirat) aneinander binden. Zum anderen hat die Zahl der *Ehescheidungen* immer mehr zugenommen; die Kinder bleiben dann entweder beim Vater oder – ganz überwiegend – bei der Mutter.

Die am meisten verbreitete Familienform ist aber immer noch das verheiratete und zusammenlebende Ehepaar mit Kind oder Kindern. Diese Form wird als *traditionelle Familie* oder auch als „Normalfamilie“ bezeichnet, weil sie immer noch von der Mehrheit der Bevölkerung als die eigentlich angestrebte Familienform betrachtet wird und weil der größte Teil der Kinder (in Westdeutschland 81 %, in Ostdeutschland 62 %) in solchen Familien aufwächst. Etwas mehr als ein Viertel (26 %) aller Kinder sind „Einzelkinder“.

Dass die Zahl der Familien in den letzten zehn Jahren insgesamt stark abgenommen hat (s. Grafik), hängt u. a. auch damit zusammen, dass immer mehr Ehepaare kinderlos bleiben und dass es immer weniger jüngere und immer mehr ältere Menschen in Deutschland gibt.

Als *„Großfamilien“* werden nicht Familien mit vielen Kindern (große Familien) bezeichnet, sondern Familien, bei denen die Großeltern mit ihren Kindern und Enkelkindern zusammenwohnen. Sie gibt es nur noch selten (etwa 2 % der Familien).

(Autorentext)

Familienbilder M 4

a)

b)

c)

d)

e)

1. Den Text M 3 solltet ihr möglichst gründlich durchlesen und dann in eurem Heft festhalten,
   - welche drei Lebensformen das Statistische Bundesamt* zu den Familien rechnet,
   - welche Form immer noch als „Normalfamilie" bezeichnet wird und
   - wodurch sich eine „große Familie" von einer „Großfamilie" unterscheidet.

2. Stellt fest, welche Familienformen auf den Fotos in M 4 jeweils zu sehen sind. Zeigen alle Fotos Familien im Sinne von M 3?

3. Überprüft, ob die folgenden Formulierungen zutreffen oder nicht (drei sind falsch):
   - In Westdeutschland gibt es deutlich weniger „Ein-Eltern-Familien" als in Ostdeutschland.
   - Die Zahl der „nichtehelichen Lebensgemeinschaften" ist in Ostdeutschland fast dreimal so groß wie in Westdeutschland.
   - Nur noch die Hälfte aller Kinder haben ein oder mehrere Geschwister.
   - Die Zahl der Familien hat von 1996 bis 2006 um mehr als 10 % abgenommen.
   - Der Rückgang der Familienzahl gegenüber dem Vorjahr war 2006 besonders stark.

▶ Familien und andere Lebensformen M 5

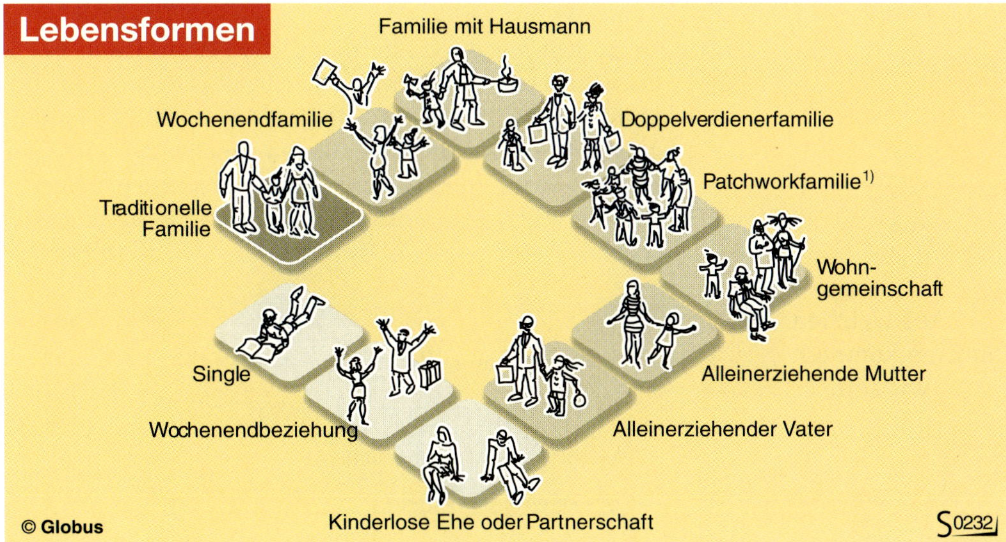

[1] Eine Patchwork-Familie (von engl. patchwork – Flickenteppich), auch Flickenfamilie genannt, ist im Sinne des Wortes ein ‚Flickenteppich' aus mehreren verschiedenen Familien, bei denen die Eltern ihre jeweiligen Kinder aus vorhergehenden Ehen oder Lebenspartnerschaften in die neue Beziehung eingebracht haben. Die Kinder einer Patchwork-Familie sind also nicht zwangsläufig biologische Verwandte.

Familien- und Lebensformen heute – Beispiele M 6

Familie 1

Susanne lebt mit ihren Eltern in einem gemeinsamen Haushalt. Sie hat keine Geschwister. Der Vater arbeitet, ihre Mutter hat einen Teilzeitjob, neben dem sie auch noch für den Haushalt verantwortlich ist. Eigentlich wünscht sich Susanne noch Geschwister, aber dafür reicht das Familieneinkommen nicht aus.

Familie 2

Kevin lebt nach der Scheidung seiner Eltern mit seiner Mutter zusammen. Er hat noch einen kleinen Bruder, Frank. Kevins Mutter kann deshalb nur halbtags arbeiten, was das Familieneinkommen mager aussehen lässt, obwohl Kevins Vater zum Unterhalt etwas beisteuert. Sie sind auf staatliche Unterstützung angewiesen – für schicke Klamotten, ein Handy oder gar einen Urlaub reicht das Geld aber nicht.

Familie 3
Mahmouds Familie besteht aus ihm, seinen zwei Geschwistern, Vater und Mutter und den Großeltern. Sein Onkel und seine beiden Tanten wohnen im Stockwerk über ihnen und sind oft zu Besuch und helfen auch schon mal im Haushalt. Im Sommer gehen alle gemeinsam zum Grillen in den Schrebergarten. Mahmoud findet eine so große Familie schön, wenn auch manchmal die Großeltern und die anderen Verwandten seiner Meinung nach zu viel an ihm herumerziehen.

Familie 4
Karin lebt nach der Scheidung ihrer Eltern mit ihrer Mutter und deren neuem Freund (Robert) zusammen. Durch die neue Beziehung hat Karin zwei Geschwister dazubekommen, Hans und Sabine, die Robert mit in die Beziehung gebracht hat. Mit Sabine versteht sie sich gut, mit Hans kommt es ständig zu Streitereien.

Familie 5
Emma lebt mit ihren Eltern und vier Geschwistern in einem kleinen Reihenhaus, wo es manchmal recht eng wird, langweilig wird es dafür nie. Da nur der Vater berufstätig ist (die Mutter muss sich um den Haushalt und die Kinder kümmern), ist das Geld so knapp, dass die Kinder die Kleidung der älteren Geschwister auftragen müssen. Emma ist das manchmal gegenüber ihren Mitschülern in der Klasse peinlich.

(Redaktion Wochenschau, in: Wochenschau I Nr. 3/4, Mai-August 2005, S. 108)

M 7 Aus welchen Familien kommen wir selbst?

	Familie 1	Familie 2	Familie 3
1. Wie viele Personen gehören zur Familie?			
2. Wie viele Kinder leben in der Familie?			
3. Mutter/Vater ist alleinerziehend.			
4. Der Vater ist berufstätig.			
5. Die Mutter ist berufstätig.			
6. Folgende Erwachsene (neben den Eltern) leben noch in der Familie:			

(Xaver Fiederle [Hg.], P wie Politik, Band 1, Schöningh Verlag, Paderborn 2000, S. 63)

Auswertungshilfe:

1. Durchschnittliche Personenzahl pro Familie:
2. Durchschnittliche Kinderzahl pro Familie:
3. In … von … Familien sind … Mütter und … Väter alleinerziehend.
4. In … von … Familien sind … Väter berufstätig.
5. In … von … Familien sind … Mütter berufstätig.
6. Folgende Personen leben noch in den Familien: …

1. Bevor ihr die Beispiele in M 6 untersucht, solltet ihr anhand des Schaubildes M 5 beschreiben,
   - welche Lebensformen es gibt, die nicht zu den Familien (s. M 3) gerechnet werden, und
   - mit welchen Begriffen man heute bestimmte unterschiedliche Arten des Zusammenlebens in den Familien bezeichnet.
2. Untersucht die fünf Beispiele in M 6, ordnet sie den Formen aus M 3 und M 5 zu und erläutert insbesondere die unterschiedlichen Lebensverhältnisse (z. B. im Hinblick auf die Berufstätigkeit der Eltern und auf das Einkommen) in den beschriebenen Beispielen.
3. Vielleicht könnt ihr mithilfe eines nach M 7 gestalteten Fragebogens erkunden, wie sich die Verteilung nach Familienformen usw. für eure Klasse darstellt. Natürlich müssen die Fragen anonym beantwortet, gesammelt und dann in der Klasse ausgewertet werden. Danach könnt ihr das Ergebnis im Hinblick auf die Kinderzahl und den Anteil der Ein-Eltern-Familien mit den Daten in M 3 vergleichen.

2. Rechte und Pflichten von Kindern und Eltern

Im „Grundgesetz der Bundesrepublik Deutschland", das die grundlegenden Bestimmungen für die staatliche Ordnung und das Zusammenleben der Menschen in Deutschland enthält, heißt es in Artikel 6:

(1) **Ehe und Familie stehen unter dem besonderen Schutze der staatlichen Ordnung.**

(2) **Pflege und Erziehung der Kinder sind das natürliche Recht der Eltern und die zuvörderst ihnen obliegende Pflicht. Über ihre Betätigung wacht die staatliche Gemeinschaft.**

In zahlreichen Einzelgesetzen werden diese Grundsätze näher bestimmt.

*In M 2 habt ihr die Aufgaben kennengelernt, die Familien in unserer Gesellschaft zu erfüllen haben. Darunter befindet sich als die vielleicht wichtigste Aufgabe der Eltern die **Sorge** für ihre Kinder und ihre Erziehung. Der Auszug aus dem Grundgesetz* der Bundesrepublik Deutschland zeigt, dass der Staat die Erfüllung dieser Aufgabe unterstützt (darauf gehen wir später noch ein), dass er sie aber auch von den Eltern erwartet, sie zur **Pflicht der Eltern** macht und kontrolliert. Das tut er auch deswegen, weil es – wenn auch in insgesamt wenigen Fällen und aus unterschiedlichen Gründen – immer wieder vorkommt, dass Eltern ihren Pflichten nicht nachkommen und die Sorge um ihre Kinder vernachlässigen oder sich ihrer Pflicht ganz entziehen. Wir wollen daher, bevor wir auf die Rechte und Pflichten von Kindern und Eltern näher eingehen (M 9), auf einen solchen Fall der Vernachlässigung hinweisen (M 8).*

M 8 Wenn die Familie versagt – ein schwerer Fall von Vernachlässigung

Die Polizei ermittelt in einem schweren Fall von Vernachlässigung. Ein zwölfjähriger Junge hatte sich seit Sommer 2006 um einen jüngeren Bruder und zwei Schwestern kümmern müssen. Jetzt wusste er nicht mehr weiter und suchte verzweifelt Hilfe beim Jugendamt. Der 12-Jährige hatte Mitarbeitern des Jugendamtes* erzählt, er müsse seit vergangenen Sommer seine drei Geschwister (ein achtjähriger Junge sowie zwei neun- und elfjährige Mädchen) versorgen, da die Mutter bei ihrem Freund leben würde. Weiterhin erklärte er, es wäre es ihm peinlich, wie die Wohnung im Berliner Bezirk Pankow (Ortsteil Prenzlauer Berg, s. Foto S. 146) aussehe. Er fühle sich mit der Situation völlig überfordert.

In dieser Straße in Berlin (Prenzlauer Berg) wohnten die vier Kinder.

„Die alleinerziehende Mutter hat sich nicht um die Wohnung gekümmert", sagte die Jugendamtsdirektorin von Pankow, Judith Pfennig.
Die vom Jugendamt alarmierten Polizeibeamten suchten die Wohnung auf und fanden sie in einem katastrophalen hygienischen Zustand vor. [...] Die Küche war offensichtlich seit Monaten nicht mehr benutzt worden, das schmutzige Geschirr überzogen Spinnweben. Kindgerechte Nahrung sei nicht vorhanden gewesen. Auch die Toilette wurde total verdreckt und mit Kot beschmiert vorgefunden. [...]
Wovon sich die Geschwister ernährt haben, war zunächst nicht ganz klar, sagte Ermittler Michael Havemann. Während die Küche unbenutzbar war, fanden die Beamten am Donnerstag im Flur der Wohnung Margarine und Toastbrot. „Davon haben sie sich wohl ernährt", sagte Havemann. Die Mutter sei wohl ab und zu erschienen und habe den Kindern fünf Euro hinterlassen. [...] Weder den Jugendamtsmitarbeitern noch den Lehrern sei aber die Verwahrlosung aufgefallen. „Die Kinder gingen regelmäßig zur Schule, waren nicht unterernährt und auch bei kaltem Wetter ausreichend gekleidet", sagte Pfennig. Zu einem Termin mit Jugendamtsmitarbeitern in der Schule der Kinder war die Mutter nach Polizeiangaben nicht erschienen. Dort habe sich dann aber der 12-Jährige das Herz ausgeschüttet. [...]
In Berlin gab es in den vergangenen Wochen mehrere schlimme Fälle von Kindesmisshandlung und Vernachlässigung. 2006 hatte die Polizei eine Zunahme der Fälle um 19 Prozent registriert, was nach Behördenangaben auch auf ein verändertes Anzeigenverhalten zurückzuführen ist. In Deutschland sind nach Expertenschätzung bis zu 80000 Kinder von Verwahrlosung und extremer Vernachlässigung durch ihre Eltern bedroht.

(http://www.welt.de/berlin/article837700/Kinder_lebten_sechs_Monate_allein_in_Berliner_Wohnung.html; dpa/AP/sei)

▶ Rechte und Pflichten von Kindern und Eltern M9

Nach einer Vereinbarung der Vereinten Nationen (UN) haben **Kinder** u. a. folgende Rechte:

- Das Recht, *ohne Not heranzuwachsen*: Jedes Kind hat ein Recht auf ausreichende Nahrung. Es hat ein Recht auf Kleidung, Schulbildung und ein Dach über dem Kopf. Die Eltern müssen für diese Dinge sorgen, bis das Kind erwachsen ist.
- Das Recht auf *Bildung*: Kinder haben das Recht, so viel zu lernen, wie sie können. Jedes Kind darf zur Schule gehen.
- Das Recht, optimal *gefördert* zu werden: Behinderte Kinder haben die gleichen Rechte wie alle anderen Kinder. Oft brauchen sie besondere Pflege, Zuwendung und Unterstützung. Benötigen die Eltern hierzu finanzielle Hilfe, wird dies vom Staat auf Antrag übernommen.
- Das Recht, *nicht geschlagen oder misshandelt zu werden*: Gewalt gegen Kinder ist verboten. Kinder dürfen nicht geschlagen, eingesperrt oder misshandelt werden.
- Das Recht auf *Spiel und Freizeit*: Kinder haben das Recht auf Ruhe und Freizeit, auf Spiel und Erholung. Dafür müssen geeignete Möglichkeiten (Spielplätze, Sportanlagen usw.) bereitgestellt werden.

- Das Recht, *nicht ausgebeutet zu werden*: Kinder dürfen nicht zu Arbeiten gezwungen werden, die gefährlich oder gesundheitsschädlich sind.
- Das Recht auf *private Bereiche*: Kinder haben ein Recht darauf, dass ihr eigener Bereich respektiert wird.

Welche Pflichten haben Eltern gegenüber ihren Kindern?

Die Rechte und Pflichten der **Eltern** sind grundsätzlich im Bürgerlichen Gesetzbuch (BGB) beschrieben:

„Die Eltern haben die Pflicht und das Recht, für das minderjährige Kind zu sorgen. Die elterliche **Sorge** umfasst die Sorge für die Person des Kindes (**Personensorge**) und das Vermögen* des Kindes (**Vermögenssorge**).

Bei der Pflege und Erziehung berücksichtigen die Eltern die wachsende Fähigkeit und das wachsende Bedürfnis des Kindes zu selbstständigem verantwortungsbewusstem Handeln. Sie besprechen mit dem Kind, soweit es nach dessen Entwicklungsstand angezeigt ist, Fragen der elterlichen Sorge und streben Einvernehmen an.“ (§1626 BGB)

- In den Angelegenheiten der Ausbildung und des Berufs haben die Eltern insbesondere auf Eignung und Neigung des Kindes Rücksicht zu nehmen. Bestehen Zweifel, so soll der Rat eines Lehrers oder einer anderen geeigneten Person oder Stelle eingeholt werden.
- Das Kind muss sich auf seine Eltern verlassen können. Es müssen ihm jene Werte, Regeln und Grenzen vermittelt werden, die notwendig für ein soziales Zusammenleben sind. Dabei zu berücksichtigen sind sein Entwicklungsstand und die wachsende Fähigkeit und das wachsende Bedürfnis zu einem selbstständigen und verantwortungsbewussten Handeln.

Welche Pflichten ergeben sich hinsichtlich der Beaufsichtigung des Kindes?

Die **Aufsicht** des Kindes muss zuverlässig, nachvollziehbar und altersentsprechend gewährleistet sein.

Dem Kind sind notwendige Ge- und Verbote zu vermitteln. Dabei werden gesetzte Grenzen vom Kind nur ernst genommen, wenn auf ihre Einhaltung geachtet wird.

Entsprechend seinem Alter ist das Kind auf Gefahren hinzuweisen und angemessen anzuleiten. Dies trifft beispielsweise im Straßenverkehr, an Gewässern, Baustellen oder fremden Orten zu.

Weiterhin ist das Kind vor Gefährdungen zu schützen, die es selbst noch nicht einschätzen kann. Hierzu zählen unter anderem der Aufenthalt an kinder- und jugendgefährdenden Orten, der Umgang mit nicht altersentsprechenden Medien etc.

(http://www.elternimnetz.de/cms/paracms.ph?site_id=5&page_id=165)

1. Beschreibt mit eigenen Worten den Fall, über den in M 8 berichtet wird. Klärt im Gespräch mit eurem Lehrer oder eurer Lehrerin, welche Stellung und welche Aufgaben ein Jugendamt hat. Falls ihr (z. B. aus der Zeitung oder aus dem Fernsehen) von ähnlichen Fällen gehört habt, berichtet darüber.
2. Geht die in M 9 aufgelisteten Rechte und Pflichten im Einzelnen durch und nennt nach Möglichkeit konkrete Beispiele für einzelne Rechte und Pflichten.
3. Stellt fest, welche Pflichten die Mutter in dem Beispiel M 8 vernachlässigt hat und welche Rechte der Kinder dadurch verletzt wurden.
4. Von Pflichten der Kinder ist in M 9 nicht ausdrücklich die Rede. Überlegt, welche Pflichten der Kinder sich aus den im letzten Abschnitt aufgeführten Aufsichtspflichten der Eltern ableiten lassen. Auf Probleme, die sich bei der Erziehung der Kinder ergeben können, gehen wir in den folgenden Materialien näher ein.

*Dass Eltern häufig andere Vorstellungen von eurem Verhalten haben, beruht meistens nicht darauf, dass sie einfach „dagegen sind", sondern dass sie ihre **Pflicht zur Erziehung** wahrnehmen müssen und sich dabei an bestimmten Wertvorstellungen und Zielen orientieren. Die beiden folgenden Materialien können euch dabei helfen, solche Erziehungsziele besser zu verstehen und euch bewusst zu machen, inwieweit eure eigenen Vorstellungen davon abweichen.*

▶ Erziehen – aber wie? M 10

Überall, wo Menschen in Gruppen zusammenleben, müssen sie lernen, sich so zu verhalten, dass dieses Zusammenleben für sie und die anderen mit möglichst wenigen Konflikten abläuft. Eltern versuchen ihren Kindern das beizubringen, was sie ihrer Meinung nach brauchen, um im Leben anerkannt zu werden, um Zufriedenheit und Erfolg zu haben in der Familie, im Beruf und in der Freizeit.

Erziehungsziele

Verglichen mit früheren Generationen erziehen viele Eltern heute partnerschaftlicher: Kindern werden größere Freiheiten und mehr Mitspracherechte zugestanden. Manche Eltern sind immer häufiger bereit, mit ihren Kindern vieles zu besprechen und ihr erzieherisches Verhalten ihnen gegenüber zu begründen. Nicht mehr nur Anpassung und Unterordnung, sondern Selbstständigkeit und Kritikfähigkeit werden oft als die vorrangigen Erziehungsziele angegeben. Nach Ansicht vieler Erwachsener sollten Kinder dazu erzogen werden, dass sie beispielsweise hilfsbereit, höflich und bescheiden sind, den Eltern gehorchen und ältere Menschen besonders achten. Erziehungsziele entsprechen in der Regel den Werten, die die Eltern mit einem positiven sozialen und moralischen Verhalten verbinden.

In der Erziehung geht es nicht darum, alles richtig zu machen. Entscheidend ist die Bereitschaft, aus Erfahrungen zu lernen: aus den eigenen wie aus denen anderer. Erziehung funktioniert nie nach einem Patentrezept.

Macht einen Zeitsprung von 20 Jahren und stellt euch vor, ihr hättet selbst Kinder! Die folgenden Beispiele, die ihr auch im Rollenspiel fortsetzen könnt, verlangen von euch Entscheidungen als Eltern. Wie würdet ihr reagieren?

1. Beispiel: Ihr habt mit eurer Familie im Urlaub eine Ferienwohnung gemietet. Bei der Aufgabenverteilung in der Familie wurde besprochen, dass die beiden Kinder für den Müll zuständig sind. Anders als zu Hause gibt es bei diesem Haus nur eine Mülltonne. Getrennte Müllentsorgung (Glas, Papier, Bio-Müll) ist etwa 300 Meter entfernt möglich. Das ist den Kindern zu umständlich.

2. Beispiel: Die Tochter (12) plant eine Geburtstagsfete mit Mädchen und Jungen aus der Klasse. Das Nachbarmädchen, mit dem sie manchmal Hausaufgaben macht und das ihr vor Mathe-Arbeiten hilft, will sie aber nicht einladen, da es in der Klasse eine Außenseiterin („Streberin") ist.

3. Beispiel: Der 6-jährige Sohn spielt häufig mit seinen Freunden auf dem Spielplatz in der Siedlung Fußball. Wegen des Abendessens soll er im Sommer spätestens um 18.30 Uhr zu Hause sein. Er kommt 20 Minuten später, weil er „bei dem wichtigen Spiel" nicht früher weggehen konnte.

(Zeitlupe Nr. 37 – Familie, hg. von der Bundeszentrale für politische Bildung, Bonn 1999, S. 10f.; Verf.: Bernd Werdich)

1. In M 10 wird eine Reihe elterlicher Erziehungsziele genannt und darauf hingewiesen, dass sich das Erziehungsverhalten der Eltern im Laufe der Jahre geändert hat. Welche der genannten Erziehungsziele werden im Verhalten eurer Eltern spürbar?

2. Der in M 10 vorgeschlagene Rollenwechsel kann vielleicht zum besseren Verständnis zwischen euch und euren Eltern beitragen und euch zum Nachdenken über eure eigenen Vorstellungen anregen. Diskutiert die drei Beispiele. Seid ihr euch in der Klasse weitgehend darüber einig, wie ihr euch als Eltern verhalten würdet, oder gibt es deutliche Unterschiede?

Erziehungsziele – welche sind besonders wichtig? M 11

Hier findet ihr einen alphabetisch geordneten Katalog von 18 Erziehungszielen, den ihr für eine interessante Umfrage verwenden könnt:

- Jeder von euch kreuzt an, welche Ziele er für „besonders wichtig“, „wichtig“ und „unwichtig“ hält, und befragt danach seine Eltern nach demselben Muster.

	besonders wichtig	wichtig	unwichtig
Anpassungsfähigkeit	❏	❏	❏
Ehrlichkeit	❏	❏	❏
Fleiß	❏	❏	❏
Gehorsam	❏	❏	❏
gutes Benehmen	❏	❏	❏
Höflichkeit	❏	❏	❏
Hilfsbereitschaft	❏	❏	❏
Kreativität	❏	❏	❏
Kritikfähigkeit	❏	❏	❏
Offenheit	❏	❏	❏
Ordnung	❏	❏	❏
Pünktlichkeit	❏	❏	❏
Sauberkeit/Reinlichkeit	❏	❏	❏
Selbstständigkeit	❏	❏	❏
Sparsamkeit	❏	❏	❏
Toleranz	❏	❏	❏
Verantwortungsgefühl gegenüber Mitmenschen	❏	❏	❏
Zuverlässigkeit	❏	❏	❏

- Jeder ordnet die 18 Ziele entsprechend dem Befragungsergebnis in die drei Gruppen (besonders wichtig, wichtig, unwichtig) und vergleicht die eigene Liste mit der seiner Eltern.
- Wertet eure Fragebögen in der Weise aus, dass ihr feststellt, welche 5 (oder 10) Ziele von euch bzw. von euren Eltern die meisten Kreuzchen in der Spalte „besonders wichtig“ erhalten haben, und ordnet diese Ziele dann nach der Häufigkeit (Rangfolge). Vergleicht euren Rangfolgekatalog mit dem eurer Eltern.
- Interessant wäre auch festzustellen, wie die Rangfolge der 5 am meisten mit „unwichtig“ beurteilten Ziele aussieht.

(Autorentext)

M 12 Erziehungsziele konkret

Kinder bekommen oft folgende Aussprüche zu hören:

- „Iss die Tafel Schokolade nicht auf einmal auf! Heb dir etwas davon für morgen auf!"
- „Du willst fernsehen, du willst aber auch mit zum Schwimmen – entscheide dich!"
- „Spar dir von deinem Taschengeld etwas, wenn du Inline-Skater haben willst. Wenn du 50 Euro zusammenhast, legen wir dir den Rest dazu."
- „Wasch dir die Hände! So ein schmutziges T-Shirt! So ein unordentliches Zimmer!"
- „Steh aus dem Staub auf! Nimm den Finger aus dem Mund! Du kannst eine entzündete Nase kriegen, wenn du immer mit dem Finger darin herumbohrst!"
- „Erst die Arbeit, dann das Vergnügen!"
- „Ich hab dir doch schon oft gesagt: Wenn ich beide Hände voller Geschirr habe, sollst du mir die Tür aufhalten!"
- „Du musst der älteren Frau die Taschen tragen helfen!"
- „Ich sage dir doch jeden Morgen, du sollst deine Schuhe putzen!"
- „Wir wollen im Sommer in den Urlaub fahren, dafür müssen wir alle sparen helfen!"
- „Pass auf deine kleine Schwester auf, wenn wir nicht rechtzeitig zurück sind!"
- „Geh langsamer, dein kleiner Bruder kann nicht so schnell!" (auf dem Familienausflug)
- „Du kannst es mir ruhig sagen, ich erfahre es ja doch!"

(Autorentext)

M 13 Worüber es Streit gibt

Mit Ungehorsam, Faulheit und Radau bringen noch immer die meisten Kinder ihre Eltern auf die Palme. Das ist das Ergebnis einer Umfrage der Zeitschrift „Eltern" unter 1855 Kindern im Alter zwischen 7 und 17 Jahren.

Immerhin 34,8 Prozent der Kinder gaben an, überhaupt keinen Ärger mit ihren Eltern zu haben. An der Spitze der Ärgernisse stehen Lügen (28,4 Prozent), Faulheit (26,7) und schlechte Noten (26,4). Zigaretten und Alkohol sind für 19,2 Prozent der Eltern ein rotes Tuch. Viele Kinder haben in Streitpunkten durchdachte Gegenargumente parat: So stoßen elterliche Vorurteile gegen Computerspiele auf Unverständnis: „Sie meinen, dadurch würde ich total plemplem. Das stimmt aber nicht. Mit dem Computer lernt man logisch denken", erläutert ein 13-Jähriger. […]

Mit unverständlichen Verboten müssen nur noch wenige Kinder leben. „Wenn ich unpünktlich nach Hause komme, ist der Ofen aus. Sie meinen, eines Tages fänden sie mich entführt und vergewaltigt am Bahndamm", erzählt eine 12-Jährige.

(Neue Westfälische v. Dez. 1996)

1. Untersucht die Aussprüche in M 12 und findet heraus, welche der in M 11 mit einem einzigen Begriff bezeichneten Erziehungsziele jeweils hinter diesen Aussprüchen stehen (welche Ziele also die Eltern mit ihren Worten anstreben).

2. Erläutert, über welche Punkte es nach der Darstellung in M 13 häufig Streit zwischen Eltern und Kindern gibt. Inwiefern entspricht diese Darstellung euren eigenen Erfahrungen? Gibt es weitere oder andere Anlässe für Streit?

Erziehungsziele und Erziehungsmittel M 14

Die 14-jährige Julia lebt mit ihrer Mutter in einer kleinen Wohnung. Da die Mutter vor Kurzem eine Vollzeit-Arbeitsstelle annehmen musste, vereinbarte sie mit Julia, dass diese bestimmte kleinere Aufgaben im Haushalt übernimmt. Das funktionierte bisher oft nicht, weil Julia die Aufträge vergaß, keine Lust dazu hatte oder so lange mit Freunden zusammen war, dass keine Zeit blieb, die Arbeit zu erledigen.

Die Mutter kritisiert auch, dass Julia so unordentlich ist. Nicht nur in Julias Zimmer bricht regelmäßig „das Chaos" aus, sondern sie lässt auch im Wohnzimmer, das der Mutter als Schlafzimmer dienen muss, alles liegen. Die Mutter ist sehr „sauer", wenn sie nach der Arbeit erst einmal eine halbe Stunde oder mehr aufräumen muss. Früher machte ihr das nichts aus, aber jetzt …! Als die Mutter ihrer Freundin ihr Leid klagt, hört sie von dieser: „Das ist Erziehungssache!" „Ich möchte aber, dass sich im Zusammenleben mit Julia eine Art Partnerschaft entwickelt", erwidert die Mutter. Wer bestimmte Erziehungsziele erreichen will, muss geeignete Erziehungsmittel verwenden. Wer von einem Kind absoluten (blinden) Gehorsam und Unterordnung verlangt, wird dies mit harten Strafen, Drohungen und Befehlen zu verwirklichen versuchen.

Welche der folgenden Erziehungsmittel sollte Julias Mutter für die angestrebte partnerschaftliche Erziehung einsetzen?

- Liebesentzug
- loben
- Vorbild sein
- tadeln
- drohen
- überzeugen
- strafen
- fördern
- unterstützen
- schlagen
- helfen
- befehlen

(Zeitlupe Nr. 30/1994, hg. von der Bundeszentrale für politische Bildung, S. 9: Verf.: Bernd Werdich)

1. In M 14 geht es um die Frage, welche Methoden bzw. Mittel Eltern einsetzen (sollten), um ihre Kinder zu einem bestimmten Verhalten zu erziehen. Beschreibt die als Beispiel gegebene Situation und benennt unter den genannten zwölf „Erziehungsmitteln" fünf, die ihr für besonders sinnvoll haltet, und fünf, die ihr für unangebracht haltet.
2. Überlegt: Ist das, was ihr für „sinnvoll" haltet, identisch mit dem, was ihr für „wirkungsvoll" haltet (entsprechend „unangebracht" = wirkungslos)?
3. Die in der Liste genannten „Erziehungsmittel" sind sehr allgemein formuliert; „strafen" kann man z. B. auf sehr verschiedene Weise. Bei welchen weiteren Begriffen müsste man konkrete Angaben machen, um beurteilen zu können, ob dieses Erziehungsmittel sinnvoll (angemessen, wirkungsvoll) ist?

3. Brauchen Familien mehr staatliche Unterstützung?

M 15a Wenn das Geld nicht reicht – Yasmin und Florian essen in der Suppenküche

Kinder wie Yasmin und Florian kommen jeden Tag nach der Schule zum Essen in die Berliner Suppenküche.

400 Jungen und Mädchen werden täglich in der Berliner Suppenküche „Arche" betreut. Sie können hier essen, Hausaufgaben machen, Basteln, mit Erziehern sprechen. „Wir verstehen uns als Ergänzung zur Familie", sagt „Arche"-Gründer Pastor Bernd Siggelkow.
Yasmins Mutter Andrea (46) ist seit langem arbeitslos und deshalb „Hartz IV*"-Empfängerin, d. h. sie erhält die staatliche Unterstützung für Langzeitarbeitslose, „Arbeitslosengeld II". Nach allen Abzügen bleiben der gelernten Verkäuferin und ihren Zwillingskindern Yasmin und Florian 300 Euro im Monat zum Leben. Meist wird das Geld schon Mitte des Monats knapp. Der Kühlschrank – außer Milch, Butter, ein bisschen abgepackter Wurst und Billig-Joghurts ist er leer.
Leicht ist es Mutter Andrea nicht gefallen, ihre Kinder in die Arche zu schicken. Sie sitzt auf ihrer abgewetzten Couch, sagt leise: „Bevor ich den Kindern tagelang nur Nudeln mit Ketchup koche, sind sie in der Arche besser versorgt."
Während Yasmin mit den anderen Kindern durch die Arche tobt, scheint draußen die Sonne über Plattenbauten [großen Wohnblocks]. Jeder Fünfte hier in Hellersdorf ist arbeitslos, ohne Zukunftsaussichten. In der „Arche" tun sie alles, damit sich das nicht auf die Kinder vererbt. Die Kleinen sollen an ihre Zukunft glauben. So wie Yasmin: „Wenn ich groß bin, will ich Model werden", sagt sie. „Und ein Pferd haben!"
Möchte sie denn auch Kinder? „Ja", sagt das Mädchen „aber nicht mehrere. Die sind doch so teuer."

(http://www.bild.t-online.de/BTO/news/2007/04/20/kinder-serie-teil4/maedchen-suppenkueche.html; Verf.: Katharina Wolf)

Maik und Marie sind benachteiligt M 15b

Maik hat kein eigenes Fahrrad, und Marie fährt nicht in den Urlaub. Zwei Kinder, eine Gemeinsamkeit: Ihre Eltern haben nur halb so viel Geld im Monat wie ein deutscher Durchschnittsbürger. Damit gelten sie als „arm" – zwei von rund 1,5 Millionen Kindern in Deutschland, die gemeint sind, wenn von Kinderarmut gesprochen wird. Maik und Marie sind nicht obdachlos. Sie sehen nicht verlottert aus. Aber sie sind benachteiligt – ganz einfach deshalb, weil sie weniger haben als die meisten anderen Kinder in der Republik. [...]
• Die Armut wohnt in Hamburg-Rahlstedt. Marie Rolfs[1] ist vier Jahre alt. Mit ihrer Zwillingsschwester Petra[1], ihrem achtjährigen Bruder und ihrer Mutter Sabine[1] wohnt sie in

[1] Namen geändert

einer Dreizimmerwohnung in Rahlstedt am östlichen Hamburger Stadtrand: etwas beengt, aber sicher nicht das, was man sich unter „Armut" vorstellt. Dies ist keine Sozialwohnung. Sabine Rolfs hat eine Teilzeitstelle als Betriebshelferin in einer Schule und verdient ihr eigenes Geld. Ihr Mann, mit dem sie sich zuvor einen Hausmeisterjob und das zugehörige Einzelhaus geteilt hat, kam vor eineinhalb Jahren einfach nicht mehr nach Hause und ließ sie mit den Kindern zurück. Wenn sie die Miete für die Wohnung abzieht, bleiben ihr und ihren drei Kindern 870 Euro zum Leben. Das bedeutet: kein Geld für den Zoo, kein Geld für Urlaub, wenig Geld für Kleidung. [...]

Sabine Rolfs aus Hamburg-Rahlstedt ist erst seit Kurzem arm. Von ihren Kindern hält sie ihre Sorgen fern. Sie müssen nicht hungern, aber als Marie und Petra neulich Butter in den Kindergarten mitbringen sollten, ging das nur, weil die Bank ihrer Mutter 20 Euro Vorauszahlung gewährte. Noch erleben die Kinder den Druck einer vom Konsum geprägten Welt nicht. Aber Geschenke werden bei Kindergeburtstagen schon erwartet. „Ein Kind hatte im Spielzeugladen eine Wunschliste hinterlegt. Ich war froh, dass noch ein Aufziehauto für 3,50 Euro zu vergeben war", berichtet Rolfs. [...]

- Die Armut wohnt in Hamburg-Lurup. Lurup ist ein sozialer Brennpunkt der Hansestadt, ein Vorort mit Einzelhäusern, aber auch vielen Wohnblocks im Westen der Stadt. Hier lebt Maik Celik[1]. Er hat Schwierigkeiten, sich zu konzentrieren, und geht daher auf eine Förderschule. Aufgewachsen ist er mit seinen zwei Brüdern und den Eltern in einer Zweizimmerwohnung. Seine Mutter lebt seit 19 Jahren von Sozialhilfe, seit sie erstmals schwanger wurde und den Hauptschulabschluss nicht gemacht hat. Armut heißt hier: geringe Bildungschancen.

Einmal im Monat geht Monika Celik[1] einkaufen und füllt die Tiefkühltruhe auf. Durch die Unterstützung eines Kinder- und Familienzentrums wird sie mit Obst oder getragenen Hosen versorgt – an Vitaminen und Markenklamotten fehlt es Maik also nicht. Ein Segen sind für seine Mutter auch Markenimitate aus Polen. „Neulich haben wir einen Eastpak-Rucksack für acht Euro bekommen. Den Unterschied sieht man gar nicht", sagt sie. Trotzdem „sagen meine Mitschüler ‚arm' zu mir, weil ich keine Playstation habe", sagt Maik. Und zu seinen Geburtstagen kommen nur noch Verwandte, seit den eigenen Spielgefährten von deren Eltern verboten wurde zu kommen.

[1] Namen geändert

(Phillip Krohn: Arm – ärmer – Kind, in: DIE ZEIT v. 6.4.2005; www.zeit.de/2005/15/Kinderarmut?page=all)

1. Beschreibt die Situation von Yasmin und Florian und erläutert, warum die alleinerziehende Mutter sich dafür entschieden hat, ihre beiden Kinder in die „Arche" zu schicken. Warum ist es ihr nicht leichtgefallen? Was kommt in Yasmins Antwort (letzter Satz des Textes) zum Ausdruck?
2. Schildert die Lebensverhältnisse von Maik und Marie (M 15 b). Worin bestehen Gemeinsamkeiten und Unterschiede im Vergleich zur Situation von Yasmin und Florian (M 15 a)? Inwiefern gibt es auch Unterscheide zwischen Marie und Maik (Situation der Mutter, Wohnverhältnisse, Einkommen)?
3. Im Text heißt es, die Situation der beiden Kinder sehe auf den ersten Blick nicht nach dem aus, was man sich unter „Armut" vorstelle. Inwiefern sind sie „benachteiligt"? Was bedeutet der Satz „Armut heißt hier: geringe Bildungschancen"?

▶ Armut in Familien – was heißt das? M 16

Armut ist nicht gleich Armut

Im Allgemeinen unterscheidet man zwischen „absoluter" und „relativer" Armut. Von *absoluter Armut* spricht man, wenn es Menschen an den für ihr Leben notwendigsten Dingen fehlt: an Nahrung, Kleidung, Wohnung, medizinischer Hilfe. Armut dieser Art ist in vielen Entwicklungsländern weit verbreitet (s. Kap. 13); in wohlhabenden Industrieländern gibt es sie wohl nur in Ausnahmefällen.

Von Armut spricht man aber auch, wenn Menschen (Haushalte, Familien) über ein deutlich *geringeres Einkommen* verfügen, als es dem *Durchschnitt* der Bevölkerung eines Landes zur Verfügung steht. Hier spricht man von *„relativer" Armut*, d. h., dass Menschen im Vergleich (in „Relation") zum Durchschnitt der Bevölkerung arm sind. In Europa hat man sich darauf geeinigt, dass ein Haushalt als in diesem Sinne arm gilt, wenn er über weniger als 60 % des durchschnittlichen Einkommens aller Haushalte verfügt (diese Grenze nennt man die „Armutsgrenze").

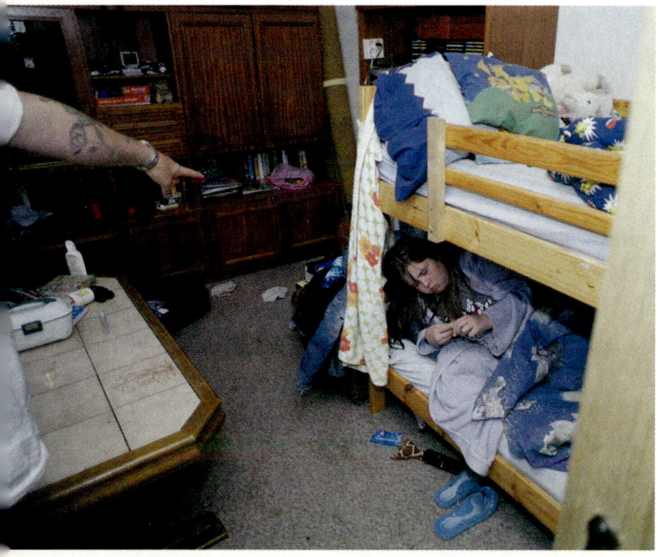

Wachsende Kinderarmut

Während bis vor etwa 10 Jahren Erwachsene und Kinder in gleichem Ausmaß von relativer Armut betroffen waren, hat sich seitdem die Situation der Kinder deutlich verschlechtert, vor allem auch deshalb, weil immer mehr Väter oder Mütter von *Arbeitslosigkeit* betroffen sind. Zwar sind nicht schlechthin Haushalte mit Kindern ärmer als andere Haushalte – Paare mit zwei Kindern sind im Vergleich zu allen Haushalten eher weniger von Armut betroffen. Aber Familien mit drei und mehr Kindern und vor allem *Alleinerziehende* mit ihren Kindern leben weit überdurchschnittlich in relativer Armut: Während z. B. im Jahr 2005 rd. 13 Prozent der gesamten Bevölkerung als relativ arm galten, waren es fast 20 % der Familien mit mehr als zwei Kindern und 41 Prozent der Alleinerziehenden mit zwei und mehr Kindern. Insofern spricht man von verbreiteter „Kinderarmut" und meint damit nicht, dass es zu wenig Kinder gibt, sondern dass zu viele Kinder in armen Familien leben. Nach Schätzungen des Deutschen Kinderschutzbundes lebten im März 2007 rd. 1,9 Millionen Kinder (unter 15 Jahren) in Deutschland in relativer Armut (darunter befindet sich eine große Zahl von Kindern aus Zuwanderer-Familien; vgl. M 9 in Kap. 10).

Vielfältige Benachteiligungen

Kinderarmut ist aber nicht nur eine Frage des Einkommens und der Versorgung mit lebenswichtigen Gütern. Kinder in armen Familien sind auf vielfältige Weise *benachteiligt und ausgegrenzt*:

- Ihre Familien leben in kleineren und schlechter ausgestatteten *Wohnungen*,
- sie können sich weniger oder gar keinen *Urlaub* leisten,
- die Kinder haben häufiger gesundheitliche Probleme, weil sie weniger *ärztliche Hilfe* in Anspruch nehmen können, und – dies ist besonders wichtig –

- sie verfügen über schlechtere Voraussetzungen für den Erfolg in der *Schule*. Sie finden zu Hause nicht genügend Platz und Ruhe, um ihre Schularbeiten zu erledigen; ihre Eltern, die häufig selbst nur über eine geringe Schulausbildung verfügen, können sich nicht genügend um sie kümmern und ihnen kaum Dinge kaufen, die für die Mitarbeit und den Erfolg in der Schule wichtig sein können (Bücher, Lernmaterial, Computer).

(Autorentext)

1. M 16 gibt eine abstrakte, allgemeine Zusammenfassung zu dem, was ihr den beiden konkreten Fällen (M 15 a/b) entnehmen konntet. Erläutert, was gemeint ist, wenn man „absolute" von „relativer" Armut unterscheidet. Wie weit verbreitet ist „relative" Armut, insbesondere „Kinderarmut" in Deutschland? Welche Familien sind besonders betroffen? Worin liegen die Hauptursachen?

2. Macht deutlich, dass Kinderarmut nicht nur darin besteht, dass weniger Geld für Anschaffungswünsche zur Verfügung steht, sondern in weiteren wichtigen Benachteiligungen. Erläutert dazu die im letzten Abschnitt (Z. 35 ff.) genannten Bereiche und stellt fest, welche dieser Gesichtspunkte in den konkreten Beispielen (M 15 a und b) eine Rolle spielen. Welche Folgen können sich daraus für die weitere Entwicklung und den Lebensweg der Kinder ergeben?

▶ Wie fördert der Staat die Familien? M 17

Aus der Einleitung zu M 8 konntet ihr die Bestimmung des Grundgesetzes entnehmen, nach der „Ehe und Familie unter dem besonderen Schutz der staatlichen Ordnung" stehen. Daraus leitet sich die Verpflichtung des Staates ab, für Familien Bedingungen zu schaffen, die es ihnen ermöglichen, ihre Aufgaben (vgl. M 2) zu erfüllen.*

Im Folgenden geben wir einen kurzen Überblick über die wichtigsten Leistungen, mit denen der Staat die Familien zu fördern versucht. Außerdem geben wir einen kurzen Hinweis, welche weiteren Hilfen für erforderlich gehalten werden, um die in M 15 und M 16 beschriebene Benachteiligung von Kindern in armen Familien möglichst zu beseitigen.

Der Staat unterstützt Familien in vielfacher Weise. Er baut z. B. Kindergärten und Kindertagesstätten sowie Spielplätze. Familien haben auch oft verbilligten Eintritt in öffentliche Einrichtungen der Gemeinde, wie z. B. Schwimmbäder, Museen, Theater usw.

Im Rahmen seiner **Familienpolitik** unterstützt der Staat Familien auch dadurch, dass Familien weniger Steuern zu zahlen brauchen als Haushalte ohne Kinder.

Darüber hinaus erhalten Familien auch direkte **finanzielle Hilfen**.

Das **Kindergeld** beträgt für das erste bis dritte Kind monatlich 154 Euro, ab dem vierten Kind 179 Euro. Für die Kindererziehung in den ersten 12 bis 14 Monaten nach der Geburt eines Kindes erhalten die Eltern das sog. **Elterngeld**. Berufstätige erhalten es, wenn mindestens ein Elternteil für diese Zeit aus dem Beruf aussteigt und sich um das Kind kümmert.

Wenn Eltern ein Haus kaufen oder bauen möchten, erhalten sie besonders günstige Kredite*. Sie können auch einen Zuschuss zu den Mietkosten erhalten, wenn das Einkommen nicht ausreicht (**Wohngeld***).

Wenn Eltern nicht in der Lage sind, ihren Kindern eine Ausbildung oder ein Studium zu finanzieren, können sie Zuschüsse nach dem sog. Berufsausbildungsförderungsgesetz (**BAföG***) beantragen.

Trotz all dieser staatlichen Unterstützungsleistungen hat sich die Kinderarmut in den letzten Jahren weiter ausgebreitet (s. M 15/M 16), vor allem in Familien, in denen die Eltern über lange Zeit hin *arbeitslos* sind, oder in „Ein-Eltern-Familien", in denen es der/dem *Alleinerziehenden* nur schwer möglich ist, durch eigene Berufstätigkeit ein ausreichendes Einkommen zu erzielen.
Deshalb wird von vielen Seiten, insbesondere auch vom Deutschen Kinderschutzbund, gefordert, dass der Staat Familien in stärkerer Weise unterstützen müsse, als das bisher geschehen ist. Die Bundesregierung plant bzw. überlegt daher u.a. folgende Maßnahmen, deren genauere Ausgestaltung aber z.T. unter den Parteien noch umstritten ist:

- eine Erhöhung des *Kindergeldes*,
- eine verbesserte schulische Förderung durch den Ausbau vieler Schulen zu *Ganztagsschulen*,
- die Schaffung von bedeutend mehr *Kindertagesstätten*, die es auch Eltern von kleinen Kindern ermöglichen, berufstätig zu sein oder zu bleiben,
- ein *Erziehungsgeld* für alle Eltern, die nicht berufstätig sein wollen,
- größere *Steuererleichterungen* für Familien.

Einig ist man sich darüber, dass der Staat nicht mehr Geld ausgeben kann, als er durch seine Steuereinnahmen* zur Verfügung hat, und die Chancen der Kinder nicht allein durch mehr Geld für die Familien, sondern vor allem auch durch eine verbesserte Bildung und Ausbildung der Kinder verbessert werden können. Dazu müssten auch die Eltern selbst, vor allem auch in Familien von Zuwanderern, ihren Beitrag leisten.
(Autorentext)

1. Erstellt aus M 17 eine Liste mit den darin beschriebenen staatlichen Fördermaßnahmen für Familien und erklärt kurz mit eigenen Worten, worum es sich jeweils handelt. Nähere Einzelheiten könnt ihr ggf. über die Internetadresse des Bundesfamilienministeriums erfahren (www.bmfsfj.de).
2. Diskutiert im Gespräch mit eurer Lehrerin oder eurem Lehrer über die verschiedenen Maßnahmen zur „Familienpolitik". Welche sind aus eurer Sicht besonders geeignet, die Chancen von Kindern in armen Familien zu verbessern? Welche sind inzwischen beschlossen und verwirklicht?
3. Nicht nur die Bundesregierung unterstützt auf der Grundlage der für ganz Deutschland gültigen Gesetze die Familie. In vielen Gemeinden (Kommunen) gibt es inzwischen „Lokale Bündnisse für Familien" (Näheres: www.familienbuendnisse.de; unter „Bündnisse von A bis Z" sind alle Städte aufgelistet). Informiert euch darüber, ob es auch in eurer Gemeinde besondere Fördermaßnahmen gibt, und ladet, wenn möglich, einen Vertreter der Gemeindeverwaltung zu einem Gespräch in den Unterricht ein.

Die Kompetenzseite

Zur Sicherung der Lernergebnisse

I. Wer kennt sich aus?

In dem abgebildeten „Familienhaus" leben Menschen in verschiedenen Formen zusammen.

1. Stelle fest, welche der dargestellten Lebensformen im engeren Sinne (des „Statistischen Bundesamtes") als Familien bezeichnet werden.
2. Welche anderen Formen, die nicht zu den Familien gerechnet werden, sind zu sehen?

II. Richtig oder falsch?

1. Die Zahl der Familien hat in Deutschland seit vielen Jahren ständig abgenommen.
2. Unter den Familien gibt es immer weniger „Ein-Eltern-Familien".
3. Wenn die Eltern nicht miteinander verheiratet sind, spricht man nicht von einer Familie.
4. Als „arm" bezeichnet man eine Familie
   - nur dann, wenn die Wohnung nur aus zwei Zimmern besteht und das Geld nicht reicht, um ausreichend Lebensmittel zu kaufen;
   - auch dann, wenn das Einkommen weniger als 60 Prozent von dem beträgt, was alle Familien im Durchschnitt zur Verfügung haben.
5. Die Zahl der Kinder, die in armen Familien leben, hat in letzter Zeit zugenommen.
6. Besonders stark von Armut betroffen sind
   - Paarfamilien mit zwei Kindern,
   - „Ein-Eltern-Familien" mit mehreren Kindern.
7. Kindergeld erhalten nur arme Familien.
8. Familien zahlen grundsätzlich weniger Steuern als Alleinstehende („Singles").

III. Und noch zwei Fragen:

1. Was versteht man unter „Familienpolitik"?
2. In diesem Kapitel heißt es an einer Stelle: „Armut, das heißt hier: geringe Bildungschancen".
   - Wie erklärst du dir diese Aussage?
   - Was sollte aus deiner Sicht getan werden, um dieses Problem zu verringern?

8 „Typisch Mädchen, typisch Junge!?“ – Geschlechterrollen in Familie und Schule

Zur Orientierung

„Mädchen interessieren sich nur für Puppen“ – „Jungen streiten sich ständig und wollen zeigen, wie stark sie sind“ – „Mädchen heulen nur rum“ – „Jungen spielen den ganzen Tag nur Fußball“ – „Frauen können nicht Autofahren“ – „Männer können nicht weinen“.

Sicherlich hast du schon häufig solche oder ähnliche Sätze über das weibliche und männliche Geschlecht gehört. Aber stimmen diese Aussagen denn überhaupt? Ist nicht die deutsche Frauennationalmannschaft 2007 Fußballweltmeister geworden und wälzen sich nicht gerade die Jungen jammernd auf dem Boden, wenn sie sich beim Spielen verletzt haben?

Mit diesen Fragen wollen wir uns in diesem Kapitel beschäftigen und zu klären versuchen, ob es überhaupt typische Eigenschaften und Verhaltensweisen von Jungen und Männern bzw. Mädchen und Frauen gibt und ob Unterschiede im Verhalten angeboren oder anerzogen sind.

*Im **ersten Abschnitt** sollt ihr euch erst einmal Gedanken darüber machen, was ihr selbst über Mädchen und Jungen wisst oder zu wissen glaubt. Danach wird anhand wissenschaftlicher Erkenntnisse die Frage erörtert, ob unterschiedliche Einstellungen und Verhaltensweisen von Mädchen und Jungen von Geburt an festgelegt sind oder ob sie von Kindern so erlernt werden, wie man Lesen oder Schreiben erlernt. Die gewonnenen Erkenntnisse könnt ihr sodann auf eure Lebenswelt in Familie und Schule anwenden.*

*Im **zweiten Abschnitt** könnt ihr zunächst Einblicke in das Leben von Männer und Frauen in der Vergangenheit und in der Gegenwart gewinnen und abschließend dann eine „Zukunftsvision“ entwickeln, d. h. ein Bild davon, wie ihr euch euer zukünftiges Leben als Frauen und Männer vorstellt.*

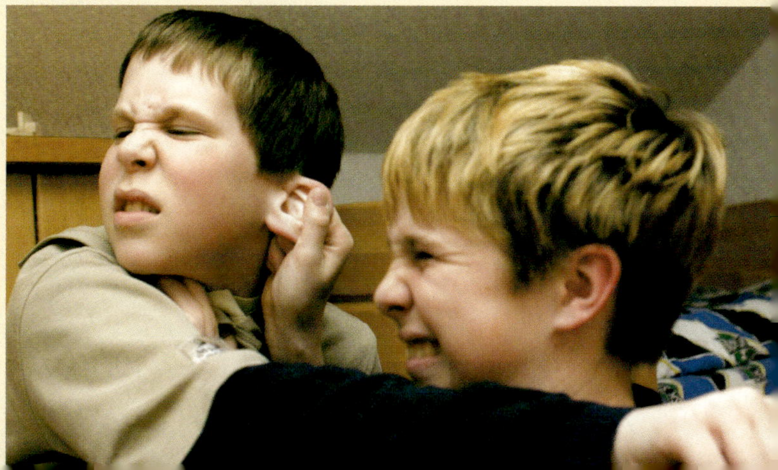

1. Angeboren oder anerzogen? – Was Mädchen und Jungen (nicht) unterscheidet

Was ist typisch? M1

häuslich selbstsicher stark weinerlich

tapfer cool

zickig gesprächig

vorlaut draufgängerisch

fleißig technisch

zappelig ängstlich

handwerklich fürsorglich

gefühlvoll brutal ordentlich treu

Jungen und Mädchen in Film und Fernsehen M2

1. In M 1 sind verschiedene menschliche Eigenschaften zusammengestellt. Teilt die Klasse in eine Mädchengruppe und eine Jungengruppe auf. Ordnet in den Gruppen Mädchen und Jungen jeweils sechs Eigenschaften zu. Vergleicht die Ergebnisse, indem die Jungen- und die Mädchengruppe ihre Ergebnisse an die Tafel schreiben. Diskutiert die Ergebnisse.

2. Schaut euch die Fotos auf den Auftaktseiten dieses Kapitels an. Was ist eurer Meinung nach „typisch Mädchen“ und was „typisch Junge“?

3. Setzt euch nun in gemischten Jungen- und Mädchengruppen zusammen und diskutiert,
   a) ob aufgrund eurer Erfahrungen und eurer eigenen Eigenschaften die Zuordnung aus Aufgabe 1 sinnvoll war,
   b) ob ihr euch selber als Junge oder Mädchen so seht, wie es auf den Fotos dargestellt wird. Notiert die Ergebnisse in Stichpunkten.

4. Sicherlich kennt ihr einige der in M 2 vorgestellten Figuren aus Filmen und Fernsehen. Was ist an den Jungen typisch, was an den Mädchen? Ordnet den Figuren auch die Eigenschaften aus M 1 zu. Kennt ihr andere Figuren aus Filmen oder Büchern, die völlig untypische Mädchen oder Jungen darstellen?

5. Macht in der Schule ein „Fotoshooting“, bei dem sich jede/jeder selbst in Szene setzen kann. Jede/jeder bringt dazu fünf Gegenstände mit, die ihr/ihm wichtig sind und mit auf das Foto kommen sollen. Vergleicht eure Fotos: Gibt es typische Mädchen- und typische Jungenbilder?

M 3 ▶ Die biologische Entwicklung von Mädchen und Jungen – Was Wissenschaftler dazu sagen

Entwicklung und Gehirn

Mädchen sind bereits vor der Geburt weiter entwickelt als Jungen. Ihre Knochenentwicklung im Mutterleib ist der von männlichen Babys drei Wochen voraus, bei der Geburt dann sechs Wochen, und bis etwa zum 12. Lebensjahr baut sich ihr Vorsprung auf zwei Jahre aus. Auch „motorisch" (bewegungsmäßig) sind sie fixer: Sie können früher mit Löffel und Gabel essen, gerade Striche malen, einen Reißverschluss hochziehen.

Einige Bereiche im Gehirn unterscheiden sich bei Jungen und Mädchen: So sind die Nervenbahnen, die linke und rechte Gehirnhälfte verbinden, bei Mädchen früher und kräftiger entwickelt. Sie können deshalb beim Sprechen und später beim Lesen beide Gehirnhälften benutzen, Jungs nur die rechte. Die Folge: Als Kleinkinder lernen sie früher sprechen und in der Schule tun sie sich leichter, Laute mit Worten in Verbindung zu bringen, das heißt, sie machen beim Rechtschreiben weniger Fehler. Jungen können das aber aufholen.

Bewegungsdrang und Schmerzempfinden

Langsamer verläuft die männliche Gehirnentwicklung auch dort, [...] wo die Impulse (die Antriebe) kontrolliert [werden], die zur Selbstbeherrschung notwendig sind. Dass es dort langsamer vorangeht als bei Mädchen, macht die Erziehung „wilder Kerle" ein wenig schwerer und noch wichtiger.

Jungs lieben Bewegungsspiele, Mädchen mögen es oft ruhiger. Dass dafür die Natur, besser: das männliche Hormon Androgen [ein Hormon gibt im Körper bestimmte Informationen weiter], verantwortlich ist, zeigen Experimente mit Menschenaffen. Weibliche Schimpansen, deren Mütter während der Schwangerschaft eine zusätzliche Portion Androgen verabreicht bekamen, tobten deutlich lauter und heftiger als ihre Geschlechtsgenossinnen.

Auch wenn es Frauen so vorkommt, als ob Männer lauter jammerten, neueste Studien haben ergeben: Mädchen (und Frauen) empfinden Schmerz intensiver. Das liegt zum einen daran, dass sie eher bereit sind, Schmerzen zuzugeben. Und: Man vermutet heute, dass das weibliche Hormon Östrogen die Schmerzempfindlichkeit erhöht, während das männliche Hormon Testosteron nicht nur für die nachgewiesene höhere Aggressivität („Angriffslust") von Männern zuständig ist, sondern auch deren Schmerzempfindlichkeit herabsetzt.

(http://www.eltern.de/forfamily/schule_erziehung/erziehung/tdw_typisch.html?p=1; 11.10.2007)

1. Gebt möglichst mit eigenen Worten wieder, welche wissenschaftlichen Erkenntnisse im Text M 3 berichtet werden. Das könnt ihr in Partnerarbeit tun, indem der eine Tischnachbar den Abschnitt „Entwicklung und Gehirn" und der andere den Abschnitt „Bewegungsdrang und Schmerzempfinden" bearbeitet. Stellt euch die Ergebnisse anschließend gegenseitig vor. Diskutiert in der Klasse, inwiefern die Ergebnisse euren eigenen Erfahrungen entsprechen bzw. widersprechen.
2. Überlegt euch auf der Grundlage eurer Arbeitsergebnisse, was Eltern, Lehrerinnen und Lehrer und andere Erwachsene beim Umgang mit Mädchen und Jungen beachten sollten.

▶ Was uns prägt – „Sozialisation“ und „Rollen“ M4

„Wie der Vater, so der Sohn“, lautet ein altes Sprichwort. Es drückt aus, dass die Menschen wenig überrascht sind, wenn sich ein Sohn genauso verhält wie sein Vater oder etwas ebenso gut kann wie sein Vater. Der Spruch könnte natürlich auch lauten: „Wie die Mutter, so die Tochter“. Jetzt könnte man vielleicht sagen, dass bestimmte Eigenschaften von den Eltern auf die Kinder vererbt werden – aber warum ähneln sich dann die Hobbys von Vater und Sohn eher als die von Mutter und Sohn? So haben viele Jungen, deren Mütter gut stricken können, nie Stricken gelernt!

Das, was uns über die Natur hinaus prägt, bezeichnet man als **Sozialisation**. Mit diesem (etwas schwierig klingenden) Begriff fasst man alle Einflüsse zusammen, die auf einen Menschen im Laufe seiner Entwicklung einwirken, also nicht nur die Erziehung durch die Eltern. In erster Linie erfolgt diese Beeinflussung natürlich durch die engste *Familie*, an nächster Stelle folgen dann aber schon *Freunde*, mit denen man häufig zusammen ist (die „Clique*“), die *Großeltern*, *Mitschüler* und *Lehrer*. Aber auch das *Fernsehen* nimmt Einfluss auf uns und ist nicht wenig an unserer Sozialisation beteiligt. Die Sozialisation prägt uns also in unseren Anschauungen und Verhaltensweisen ganz wesentlich und ist mitverantwortlich für die Entwicklung unserer Persönlichkeit, für das, was später mal aus uns wird.

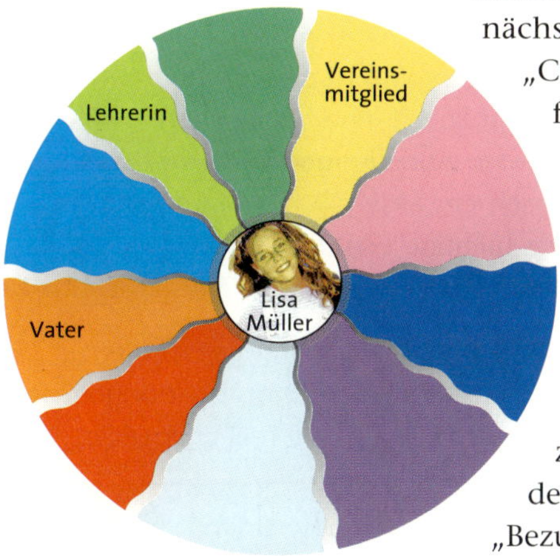

Durch die Sozialisation erlernt der Mensch auch verschiedene **„Rollen“**. Damit ist Folgendes gemeint: Jeder Mensch nimmt in seinem Leben bestimmte Stellungen („Positionen“) im Verhältnis zu anderen Menschen ein, z. B. als Kind zu den Eltern, als Bruder/Schwester zu Bruder/Schwester, als Enkel zu den Großeltern, als Freund zum Freund, als Schüler zum Lehrer oder zu den Mitschülern, als Vereinsmitglied zu den anderen Mitgliedern usw. Die Mitmenschen, mit denen wir es zu tun haben (die „Bezugspersonen“ oder „Bezugsgruppen*“), erwarten dann von uns auch immer bestimmte Verhaltensweisen (vgl. M 7 in Kap. 1). So erwarten z. B. die Eltern, dass man ihnen als Kind Achtung entgegenbringt, der Lehrer/die Lehrerin erwartet, dass man fleißig und aufmerksam ist, die Sportgruppe, dass man pünktlich zum Training erscheint usw. Wenn man diese Erwartungen (**„Rollenerwartungen“**) erfüllen kann, hat man gelernt, in der Gesellschaft „eine Rolle zu spielen“. Man hat die Fähigkeit erworben, mit anderen Menschen umgehen zu können (was natürlich nicht heißt, dass man alle Rollenerwartungen immer vollständig erfüllen muss oder kann).

Eine Rolle, die man auch in der Kindheit erlernt, ist die sogenannte **Geschlechterrolle**. Biologisch gesehen ist man natürlich Junge oder Mädchen, Mann oder Frau. Aber ob damit nun bestimmte *typische Eigenschaften, Einstellungen und Verhaltensweisen* verbunden sind, das hängt sehr stark von den Erwartungen ab, die die Gesellschaft in besonderer Weise an Männer oder Frauen richtet, eben von den Rollenerwartungen. Diese „geschlechtsspezifischen“ Rollenerwartungen können sich im Laufe der Zeit ändern. Lange Zeit galt so zum Beispiel, dass Männer sich auf den Beruf konzentrieren und den Unterhalt der Familie verdienen sollten, während die Frauen für Haushalt und Familie zustän-

dig sein sollten. Das hat sich in den letzten Jahrzehnten mehr oder weniger stark verändert. Immer aber gilt, dass durch Eltern, nahe Verwandte und Freunde, ganz besonders auch durch die Medien (Fernsehen, Filme, Zeitschriften, Werbeanzeigen) bestimmte Bilder gezeigt und vorgelebt werden von dem, wie man sich eine (typische, gute, tüchtige, erfolgreiche) Frau oder einen Mann vorzustellen hat („Vorbilder“, „Idealbilder“).
Übrigens: Die „Geschlechterrollen“ können sich nicht nur im Laufe der Zeit verändern, sie sind bei verschiedenen Völkern auch manchmal unterschiedlich. So gibt es z. B. in Indonesien, Nordafrika und Indien Volksgruppen, bei denen nur die Frauen in der Familie „das Sagen“ haben.

(Autorentext)

1. Lest den Text M 4 gründlich durch und erklärt mit eigenen Worten, was man unter „Sozialisation“ und „Rolle“ versteht. Verdeutlicht, was gemeint ist, an konkreten Beispielen. Besprecht Unklarheiten ggf. mit eurer Lehrerin/eurem Lehrer.
2. Jede(r) von euch sollte mit Blick auf die Grafik überlegen, mit welchen Bezugspersonen oder -gruppen er es derzeitig zu tun hat und welche Erwartungen an sie/ihn gerichtet werden. Kann man eigentlich allen Erwartungen gerecht werden oder kann es Widersprüche und Konflikte geben? Wie könnte man sie ggf. lösen?
3. Auf die Geschlechterrolle werden wir im Folgenden noch etwas näher eingehen. Was ist damit gemeint? Überlegt, welche männlichen und weiblichen „Vorbilder“ durch die beiden Abbildungen verbreitet werden. Wie muss danach ein ansehnlicher Mann aussehen? Was muss eine tüchtige Frau leisten? Setzt euch mit diesen Vorbildern auseinander.
4. Vielleicht findet ihr in den Zeitungen und Zeitschriften, die es bei euch zu Hause gibt, ähnliche Abbildungen (vor allem Werbeanzeigen). Bringt sie mit und erklärt sie vor der Klasse.

Hurra, (k)ein Junge! M 5

Herr und Frau Weiß erwarten ein Baby. Sie wollen das Kinderzimmer beizeiten einrichten. Und schon streiten sie sich nach einem kurzen Gespräch heftig. Es geht um die Farbe: Blau oder Rosa? Ein nahezu klassisches Dilemma. Denn damit nimmt das Unglück sozusagen schon vor der Geburt seinen Lauf.
Niemand weiß genau, wo es herkommt. Und doch ist es für die meisten gar keine Frage: Rosa bedeutet Mädchen und Blau bedeutet Junge. Bereits im Krankenhaus wird vielen Babys unmittelbar nach der Geburt ein Bändchen mit der entsprechenden Farbe angehängt. Und dann kann es losgehen:
„Ein kräftiger Junge, und so unternehmungslustig. Und wie laut er schon brüllen kann! Ganz der Papa!“
Oder anders herum:
„Ach nein, wie süß die Kleine ist: eine richtige Schönheit! Und diese zierliche Nase! Der Mama wie aus dem Gesicht geschnitten.“
Alles klar? Mit der Farbe wird der kleine Unterschied dokumentiert, die Geschlechterrolle wird festgelegt.
Zwar gibt es heute Babykleidung in allen Farben. Und es wäre auch nicht richtig, Rosa und Blau als einzige Farben zu erwähnen. Aber angezogen werden dem kleinen Mädchen immer noch die hellen, freundlichen Farben, die Rüschchen und Spitzen.

Der kleine Junge bekommt die kräftigen, gedeckten Farben, möglichst ohne Schnörkel. Und wer den Jungen „kleiner Mann“ nennt, sagt nicht zwangsläufig auch „kleine Frau“ zum Mädchen. Da bleibt es dann beim klassischen „kleinen Fräulein“. Auch die fortschrittlichsten Eltern, die ihre Babys nicht in Rosa oder Blau kleiden, gehen häufig beim Spielzeug in die traditionelle „Rollenfalle“. Sie hängen ihrem kleinen Sohn ein Mobile mit Autos oder Flugzeugen über's Bett, während für das Töchterchen Engelchen und Blümchen unter der Zimmerdecke tanzen.

Natürlich bekommen auch kleine Jungen heute schon mal Puppen zum Spielen, dürfen sich kleine Mädchen mit Lastwagen oder Rennautos beschäftigen. Aber wenn der Junior anfängt, wirklich intensiv mit seiner Puppe zu spielen und vielleicht noch die von seiner Schwester dazunimmt, dann bangen so manche Eltern um die Zukunft des kleinen Puppenvaters.

Unterschiede gibt es auch in der Erziehung – wenn auch nicht mit böser Absicht, sondern aus Gedankenlosigkeit oder Gewohnheit. Eltern bewerten in der Regel die Interessen von Mädchen und Jungen verschieden. Was sie bei einem kleinen Jungen für „normal“ und „richtig“ halten, z. B. wagemutige Spiele oder Raufereien im Sandkasten, wird dem kleinen Mädchen oft untersagt („Achtung, du tust dir weh“, „pass' auf dein Kleidchen auf“, „ein Mädchen tut das nicht“). Und meist wird dieses Verhalten der Eltern durch die Umwelt – durch Großeltern, Nachbarn, Freunde, den Kindergarten, die Schule oder auch das Fernsehen – noch verstärkt. Schon im Kindergarten werden die Weichen dafür gestellt, wie viel sich Mädchen und Jungen zutrauen, welche Interessen im Laufe der Jahre bewusst ausgebaut und in beruflichen Erfolg umgemünzt werden können.

(Frauen und Männer sind gleichberechtigt, Verlag Dr. Neufang, Gelsenkirchen-Buer 1997, S. 14)

M 6

„Ob ich ein Junge oder Mädchen bin? Mama sagt immer: Wir werden nicht als Mädchen geboren, wir werden dazu gemacht!“

In M 5 wird in lockerer Form beschrieben, in welcher Weise Eltern durch ihr Verhalten und ihre Erziehung dafür sorgen, dass ihre Kinder von der Geburt an bis zum Kindergartenalter die „Geschlechterrolle“ (s. M 4) erlernen.

1. Erzählt zunächst nach, in welcher Weise das passiert, und nehmt dann dazu Stellung:
   - Inwieweit könnt ihr aus eurer eigenen Erfahrung und Beobachtung bestätigen, was hier beschrieben wird?
   - Haltet ihr die Darstellung für übertrieben oder überholt?
   - Wie beurteilt ihr die einzelnen Einflussnahmen, über die hier berichtet wird?
2. Beschreibt genau die Karikatur M 6. Ist das Kind ein Mädchen oder ein Junge? Überlegt, was der Zeichner mit dieser Darstellung und dem Text zum Ausdruck bringen wollte und in welchem Zusammenhang das mit M 5 steht.
3. Was genau soll der Satz „Wir werden nicht als Mädchen geboren, wir werden dazu gemacht“ bedeuten? Stimmt ihr dem zu?

Kinderspielzeug M 7a

M 7b

1 Betrachtet die in M 7a abgebildeten Spielzeuge. Wie werden sie in diesen Werbekatalogen dargeboten? Welche haltet ihr selbst für typische Mädchen- oder Jungenspielzeuge?

2 Mit welchen Spielzeugen habt ihr selbst gespielt? Vielleicht kann jede/jeder eine kleine Liste erstellen und sie mit der des Tischnachbarn vergleichen. Ist die Liste typisch „weiblich“ oder „männlich“ oder eher gemischt?

3 Beschreibt genau die Darstellung der Karikatur M 7b. Wie verhalten sich das Mädchen, der Junge und die Eltern? Wie ist die Bemerkung des Verkäufers zu verstehen? Hat er eurer Meinung nach Recht?

Was man zu hören bekommt – Probleme mit Rollenerwartungen

M 8

Weil mich meine Freunde immer gehänselt haben, habe ich mit dem Reiten aufgehört.
Pascal, 11 Jahre

Als ich mir die Haare habe kurz schneiden lassen, haben mich alle für einen Jungen gehalten. Das mache ich nicht noch einmal!
Katrin, 12 Jahre

Meine Mutter sagt immer zu mir: „Mädchen müssen kein Fahrrad reparieren können." Mein Bruder pumpt immer mein Fahrrad für mich auf.
Alina, 10 Jahre

Als ich nach der 5 in Physik geweint habe, haben mich alle „Weichei" genannt. Da war ich noch trauriger.
Paolo, 12 Jahre

Ich kann sehr gut stricken. Meinen Eltern habe ich selbst gestrickte Socken zu Weihnachten geschenkt. In der Klasse erzähle ich das aber keinem.
Lukas, 12 Jahre

Ich spiele total gerne „Ballerspiele" auf dem Computer. Meine Freundinnen finden das alle blöd.
Ilona, 10 Jahre

1. In M 8 sind Aussagen von Kindern wiedergegeben, die sich mit Vorstellungen von ihrer Jungen- oder Mädchenrolle auseinandersetzen mussten. Erläutert, von welchen Bezugspersonen oder Bezugsgruppen sie angesprochen wurden und wie sie darauf reagiert haben. Wie hättet ihr euch verhalten? Wart ihr auch schon einmal in einer ähnlichen Situation?

2. Vielleicht könnt ihr in einer kleinen Untersuchung selbst einmal feststellen, ob sich im Bereich der Schule bestimmte typische Verhaltensweisen von Jungen und Mädchen feststellen lassen. In einer Gruppenarbeit könntet ihr folgenden Fragen nachgehen und das Ergebnis eurer Untersuchung festhalten:
   - Wer wird im Unterricht häufiger wegen Störungen usw. ermahnt?
   - Wer muss ggf. Bücher, Tische und Stühle tragen usw.?
   - Wer ist gefragt, wenn es gilt, Schönschriftarbeiten o. Ä. anzufertigen, den Klassenraum zu schmücken usw.?
   - Wer spielt in den Pausen an der Tischtennisplatte?
   - Wer sitzt in den Pausen auf den Sitzgelegenheiten und unterhält sich?
   - Wer ist in den Pausen an Raufereien beteiligt?

   Vielleicht fallen euch noch weitere Untersuchungsfragen ein. Welche Schlüsse zieht ihr aus den festgestellten Ergebnissen?

Angeboren oder anerzogen? Was Wissenschaftler sagen M 9

Sind die Hormone schuld oder die Gesellschaft? Forscher sind sich nach wie vor nicht einig, warum Mädchen so gerne mit Babypuppen, Glitzerperlen und Mamas Stöckelschuhen, Jungen dagegen mit Müllautos und Pistolen spielen. Gerianne Alexander von der Universität Texas untersuchte Affen, die gerne mit menschlichem Spielzeug spielten: Die weiblichen Tiere verbrachten mehr Zeit mit Puppen, während die männlichen lieber Autos umherschoben. Also alles reine Biologie? Eine andere wissenschaftliche Untersuchung fand Belege für das Gegenteil: Jungen, denen in einem Werbespot suggeriert [eingeredet] wurde, dass bestimmte Spielsachen für Mädchen gedacht waren, wollten nicht mehr damit spielen, obwohl sie sie vorher mochten. […] Vielleicht gilt also von beidem ein bisschen: Biologie *und* Gesellschaft machen uns zu typischen Männern und Frauen.

(http://www.zeit.de/online/2007/05/bildergalerie-spielen?3; Verf.: Parvin Sadigh)

Studien [wissenschaftliche Untersuchungen] der Zwillingsforschung zeigten folgendes Ergebnis: Eineiige Zwillinge, deren Erbgut identisch [völlig gleich] ist, zeigen in ihrer Persönlichkeit nur etwa 50 Prozent Übereinstimmung. Die restlichen 50 Prozent, in denen sie sich unterscheiden, müssen demnach auf Umwelteinflüsse zurückgehen. Nur ist dafür offensichtlich nicht nur das Elternhaus an sich entscheidend, sondern es sind *Erfahrungen*, die jedes Kind für sich macht: eine Krankheit oder eine Urlaubsreise, der nette Mathematiklehrer, die Rolle in der Clique [der gleichaltrigen Freundesgruppe]. Diese Einflüsse sind jedoch meist zufällig und kaum steuerbar.

(GEO Wissen, Nr. 37: Kindheit und Erziehung, S. 103)

In M 9 werden wissenschaftliche Ergebnisse zu der Frage zusammengefasst, inwieweit die „Biologie" (die Erbanlagen) oder aber der Einfluss der „Gesellschaft" für bestimmte typische Verhaltensweisen von Jungen und Mädchen verantwortlich ist. Beschreibt mit eigenen Worten die Art der beiden unterschiedlichen Untersuchungen und die Schlüsse, die die Wissenschaftler aus ihren Feststellungen gezogen haben. Wie könnte man zusammenfassend die Antwort auf die in der Überschrift genannte Frage formulieren?

Jungen – in der Schule das „schwache Geschlecht" M 10

Die Statistik zeigt: Jungen werden häufiger als Mädchen schon bei Schulbeginn zurückgestellt. Sie bleiben häufiger sitzen. Ihre Schulnoten sind nicht so gut, und sie haben die schlechteren Abschlüsse. „Wenn man sich den Schulerfolg ansieht, sind Jungen heute schon das schwache Geschlecht", stellt die Berliner Bildungsforscherin Eggers fest. […]

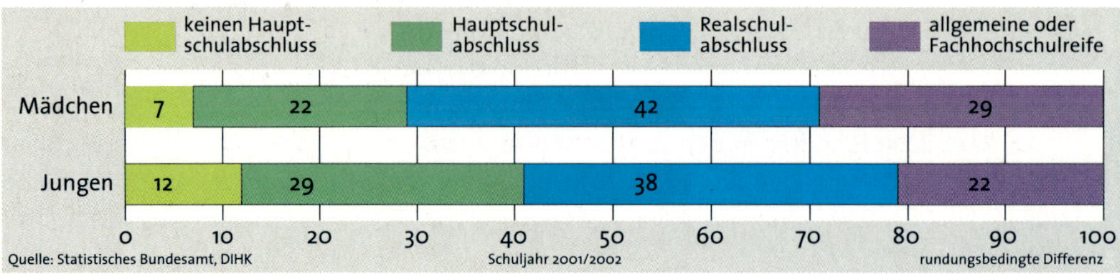

(© Globus Nr. 9400)

Jungen haben es in der Schule deutlich schwerer als Mädchen. Sie werden vor Schulbeginn häufiger zurückgestellt, sie wiederholen häufiger eine Klasse, sie besuchen weniger häufig Gymnasien und sind dafür an Sonderschulen stärker vertreten, sie verlassen häufiger die Schule ohne Abschluss und machen seltener Abitur als die Mädchen. […]

In allen großen Schulleistungsstudien der vergangenen Jahre schnitten die Jungen schlechter ab als die Mädchen, vor allem beim Lesen. Der jüngsten Pisa-Studie zufolge sind 28 Prozent der Jungen beim Lesen sogenannte Risikoschüler. Dagegen können nur gut 16 Prozent der Mädchen selbst einfache Texte nicht vollständig verstehen.

(Süddeutsche Zeitung v. 13.3.2006, S. 16; Verf.: Marion Schmidt)

Dass die Jungen es im Bildungssystem schwerer haben, zeigt sich heute schon in der Grundschule: „Wenn ich morgens in die Klasse komme und den Schülern sage: ‚Holt eure Hefte raus‘, dann packen alle Mädchen ihre Hefte auf den Tisch“, berichtet Herbert Rentmeister, Rektor einer Grundschule im nordrhein-westfälischen Dorsten. „Bei den Jungen sind es höchstens 80 Prozent.“

- Jungen stören häufiger. Sie treten, sie schlagen, sie schreien. Sie sind nicht so brav. „Damit haben sie es im Unterricht häufig schwerer. Es wird gezielter mit Mädchen gearbeitet, weil sie sich leichter in die Schulstrukturen einpassen und konstruktiv mitarbeiten können“, sagt Bildungsforscherin Eggers. Natürlich sind Jungen immer schon rüpelhafter als ihre Mitschülerinnen aufgetreten. Lange sah niemand darin ein Problem. Doch körperliche Kraft und Überlegenheitsstreben haben in der modernen Wissensgesellschaft und in der Schule an Wert verloren.
- Jungen, auch die ganz kleinen, halten häufig an den alten Rollenbildern fest. Neue männliche Vorbilder fehlen ihnen, denn in der Schule sehen sie fast nur Lehrerinnen. […]
- Oft geht der Unterricht auch inhaltlich an den Jungen vorbei, zum Beispiel beim Lesen. „Es gibt eine breite Literatur, die für Mädchen geeignet ist. Literatur für Jungen gibt es kaum“, sagt Rentmeister. Statt sich wie die Mädchen „unterrichtskonform“ zu verhalten, schalten sie lieber ab oder mimen in der Klasse den coolen Typ. […]
- Während Mädchen mehr lesen, verbringen Jungen ihre Zeit lieber mit Computerspielen oder vor dem Fernseher. Zwei von drei Jungen sitzen länger vor dem Bildschirm als in der Schule. Bei den Mädchen sind es nur 14 Prozent. Die Schule geht auf dieses andere Freizeitverhalten aber nicht ein. „Am Computer sind sie ohne Anleitung“, sagt Eggers.

(Frankfurter Allgemeine Sonntagszeitung Nr. 31 v. 5.8.2007, S. 31; Verf.: Carsten Germis)

1. Gebt wieder, was im ersten Abschnitt des Textes M 10 über die Schulerfolge von Jungen und Mädchen gesagt wird, und erläutert dazu auch die Grafik zu den Schulabschlüssen („Hochschulreife“ heißt, dass jemand das Abitur hat).
2. Vielleicht könnt ihr dazu einmal eine eigene kleine Untersuchung anstellen: Jede/jeder von euch errechnet die Durchschnittsnote seines letzten Zeugnisses und schreibt sie anonym (d. h. ohne Namensnennung) auf einen Zettel. Die Zettel werden dann getrennt nach Geschlechtern gesammelt und daraus die Durchschnittsnote jeweils für die Mädchen und die Jungen errechnet. Stellt fest, ob es einen Unterschied gibt, wie groß er ggf. ist und ob er bestätigt, was in M 10 über die Schulnoten von Jungen und Mädchen gesagt wird.
3. Besprecht sodann, was im zweiten Teil des Textes im Einzelnen über das Verhalten von Jungen und Mädchen in der Schule gesagt wird. Hat der Grundschulrektor Recht mit seinen Aussagen? Habt ihr die gleichen oder auch andere Beobachtungen gemacht?
4. In den letzten Jahren wurde immer wieder einmal über die Vor- und Nachteile der „Koedukation“ (des gemeinsamen Unterrichts für Jungen und Mädchen) diskutiert. Welche Meinung habt ihr dazu auf dem Hintergrund der Aussagen des Textes und eurer eigenen Erfahrungen?

2. „Geschlechterrollen“ im Familienleben – gestern, heute, morgen

M 11 **Wie es damals war – Jungen und Mädchen in der Familie**

1. Die Fotos in M 11 sind alle mindestens 50 Jahre alt (eins ist noch viel älter). Betrachtet sie genau und erläutert, was euch an den dargestellten Kindern und Situationen auffällt, auch im Hinblick auf die Unterschiede zwischen Mädchen und Jungen. Vielleicht könnt ihr eure Fantasie spielen lassen und jeweils eine kleine Geschichte erfinden: Wie könnte das Alltagsleben (Familie, Freizeit) ausgesehen haben, in das die jeweilige Situation eingebunden war?

2. Sucht in Zeitschriften usw. nach ähnlichen Fotos aus heutiger Zeit und stellt fest, worin Unterschiede zu den „alten Bildern“ liegen. Was hat sich geändert, was nicht? Kann man auf geänderte „Geschlechterrollen“ schließen?

3. Befragt eure Eltern oder besser noch eure Großeltern, wie sie als Jungen oder Mädchen in eurem Alter gelebt haben. Stellt Fragen z. B. zur Mitarbeit im Haushalt, zu Freizeitbeschäftigungen, zur Schule usw. und vergleicht, was ihr erfahrt, mit eurem eigenen Leben. Was hat sich im Leben von Jungen und Mädchen, Männern und Frauen verändert?

Aufgabenverteilung im Haushalt – so oder anders? M 12

1. Betrachtet und beschreibt die Fotos (M 12). Handelt es sich um Szenen aus dem normalen Lebensalltag, wie ihr ihn aus euren Familien kennt?
2. Wie würden die Fotos aussehen, die ihr in euren eigenen Familien machen könntet?

M 13

Ein „harter Kern typischer Aufgaben“ M 14

Am ehesten lassen sich die Männer noch dazu erwärmen, die Vaterrolle zu spielen. An der Betreuung der Kinder beteiligen sie sich stärker als an der Haushaltsführung. Trotz dieser „neuen Väterlichkeit“ wendeten die Mütter in Westdeutschland in den 1990er-Jahren – so wie in den 1980er-Jahren – doppelt so viel Zeit dafür auf wie die Männer. […]

Zur Beteiligung an den traditionellen Hausfrauenarbeiten sind die Männer schwerer zu bewegen. Es existiert weiterhin ein harter Kern von *typisch weiblichen Aufgaben*, denen sich die Ehemänner verweigern bzw. die die Ehefrauen als ihre Domäne [Spezialgebiet] behaupten: Waschen, Bügeln, Kochen und Saubermachen werden – das zeigen mehrere Studien aus den 1990er-Jahren – weiterhin in 75 bis 90% der Familien oder Partnerschaften überwiegend von den Frauen erledigt. […]

Den Hausfrauenarbeiten steht ein harter Kern von Aktivitäten gegenüber, für den überwiegend *Männer* verantwortlich sind: Reparaturen in Haus oder Wohnung, Arbeiten im Garten, die Pflege und Wartung des Familienfahrzeugs. […]

Ein dritter Komplex von Familienarbeit – Einkaufen, Geschirrspülen, Behördengänge – wird zunehmend gemeinsam oder im Wechsel zwischen Mann und Frau erledigt.

(Rainer Geißler, Die Sozialstruktur Deutschlands, Westdeutscher Verlag, Wiesbaden 2006, S. 318)

1. Die Statistik M 13 ist etwas kompliziert aufgebaut. Macht euch daher zunächst klar,
   - worüber sie etwas aussagen will,
   - nach welchen beiden Altersgruppen sie aufgeteilt ist,
   - worauf sich zu den fünf Tätigkeiten im Haushalt jeweils die drei „Streifen“ beziehen und
   - was die jeweiligen Zahlen angeben.

   Zur Kontrolle des Verständnisses geben wir euch eine „Lesehilfe“ für ein Zahlenbeispiel: In 30 Prozent der Haushalte von 16 bis 29 Jahre alten Paaren sind am Wäschewaschen beide Partner beteiligt, bei den 45 bis 59 Jahre alten Paaren sind es 8 Prozent.
2. Wertet die Statistik aus. Ihr braucht dazu nicht alle Zahlenangaben in Worte zu kleiden, es kommt vielmehr darauf an hervorzuheben,
   - bei welchen Tätigkeiten die Frauen am meisten auf sich selbst gestellt sind,
   - für was besonders die Männer zuständig sind,
   - wo es bemerkenswerte Gemeinsamkeiten gibt und
   - wo es deutliche Unterschiede zwischen den jüngeren und den älteren Paaren gibt.
3. M 14 enthält Aussagen zur Verteilung einiger weiterer Aufgaben in der Familie. Stellt sie heraus und vergleicht die Angaben in M 13 und M 14 mit dem, was ihr über euren eigenen Familienhaushalt wisst.
4. Nehmt Stellung: Findet ihr die bestehende Aufgabenverteilung in der Familie richtig oder müsste sich nach eurer Meinung etwas ändern? Wenn ja, was würdet ihr vorschlagen?

Methode – Zukunftsvision – So stelle ich mir meine Zukunft vor!

Hättest du als Junge oder Mädchen vor 100 Jahren gelebt, wären dir viele Möglichkeiten, die du heute hast, verwehrt geblieben. Damals war es z. B. die große Ausnahme, dass Frauen studierten, und dass Männer sich zu Hause um die Kinder kümmerten, kam eigentlich gar nicht vor. Bis heute hat sich in diesen und vielen anderen Bereichen einiges geändert. Aber wie soll es weitergehen? Die Vorstellungen darüber, wie es in der Zukunft aussehen sollte, sind ja zum Teil auch unterschiedlich.

Vielleicht hast du dir schon einmal Gedanken über dein eigenes zukünftiges Leben gemacht. Wie soll, wenn es nach dir geht, deine eigene Zukunft aussehen? Überlege dir – auch auf dem Hintergrund dessen, was du in diesem Kapitel erfahren hast –, wie du dein Leben als Mann oder Frau später gestalten möchtest. Teile es dabei in verschiedene Bereiche ein, wie z. B. Familie, Beruf und Freizeit. Notiere dir zuerst kurz die Ideen zu den einzelnen Bereichen und überlege dir dann, wie du deine Zukunftsvision gestalten möchtest: als kleine Geschichte eines typischen Tagesablaufs (Tagebucheintrag), auf einem Bogen mit Stichworten in großen bunten Buchstaben, in Form einer bildlichen Darstellung, als Comic-Zeichnung oder was dir sonst an Möglichkeiten einfällt.

Interessant wäre es, wenn ihr anschließend in der Klasse eure Zukunftsbilder, so gut es geht, nebeneinanderlegen und beim Vergleich feststellen könntet, ob es typische Unterschiede zwischen Jungen und Mädchen oder aber auch innerhalb der Jungen- und Mädchengruppe gibt.

(Autorentext)

Die Kompetenzseite – Zur Sicherung der Lernergebnisse

1. Bilde aus den folgenden Silben fünf wichtige Begriffe, die alle damit zu tun haben, was euch als Jungen und Mädchen in eurem Verhalten beeinflusst:
   ge – zia – schaft – sa – bio – le – ti – schlech – gie – lo – er – sell – li – tung – on – ter – rol – war – ge – so
   Erläutere noch einmal kurz die Bedeutung der einzelnen Begriffe.

2. Schau dir die Karikatur an. Welches Verhalten zeigt der Junge? Was meint die Mutter mit ihrer anerkennenden Bemerkung? Von welcher Vorstellung geht sie aus? Was hätte die Mutter wohl gesagt, wenn sich das Mädchen so verhalten hätte wie der Junge? Verhalten sich die Mütter eurer Meinung nach richtig?

3. Schreibe eine kleine Geschichte, in der sich ein Mädchen oder ein Junge völlig untypisch für seine jeweilige Geschlechterrolle verhält. Beschreibe dabei auch, wie die Erwachsenen auf das „untypische“ Verhalten reagieren.

9 Miteinander leben, voneinander lernen – behinderte Menschen

Zur Orientierung

Sicherlich habt ihr von behinderten Menschen schon einmal gehört oder kennt auch selbst Behinderte. Doch was bedeutet das genau, behindert zu sein?
Inwiefern kann man überhaupt von „Behinderung" sprechen? Welche verschiedenen Arten von Behinderungen – einige davon seht ihr auf den Fotos – lassen sich unterscheiden? Wie sehen Behinderte selbst ihre Situation? Welches Verhalten erwarten sie von ihren Mitmenschen? Diesen Fragen wollen wir im ***ersten Abschnitt*** *nachgehen, in dem ihr zunächst zwei Beispiele von behinderten Menschen kennenlernt.*
Im ***zweiten Abschnitt*** *berichten Schülerinnen, Schüler und Schulklassen eurer Altersstufe über ihre Begegnungen mit behinderten Kindern, die in Heimen leben, insbesondere darüber, was sie selbst dabei lernen konnten. Die Beispiele können euch vielleicht anregen, auch selbst solche Kontakte zu knüpfen. Ihr könnt gemeinsam und voneinander etwas lernen, was euch der Schulalltag nicht ermöglichen kann.*

1. Was heißt behindert?

▶ Unser Bruder mit Down-Syndrom M1

Hallo, wir sind Lena, Jan und Magnus. Jan ist dreizehn Jahre, Magnus ist neun und ich, Lena, bin jetzt elf Jahre. Und dann gibt es noch unseren kleinen Bruder Albin. Er ist jetzt fünf Jahre. Da sitzt er, ganz unten auf der Kletterleiter. Wir möchten dir heute etwas über unsere Familie erzählen. Warum? Weil unsere Familie ein bisschen anders ist als die meisten Familien, und das hängt mit Albin zusammen.

Schau, so sahen wir vor fünf Jahren aus (Foto links). Da war ich sechs Jahre. Jan war acht und Magnus vier. Das Baby auf Jans Schoß ist Albin. Eigentlich heißt er Albin Jonathan. Er war gerade geboren. Wir drei Großen haben uns riesig über unseren kleinen Bruder gefreut. Unsere Eltern auch, aber sie waren nach der Geburt erst einmal traurig und unglücklich. Der Arzt hatte ihnen nämlich erzählt, dass Albin das Down-Syndrom hat. Für Mama und Papa war das eine schlimme Nachricht. Sie dachten, dass ein Kind mit Down-Syndrom nicht viel lernen kann, dass es behindert ist und ganz anders sei als wir. Sie meinten, Albin würde uns viele Sorgen machen. Du fragst jetzt: Was ist ein Down-Syndrom? Das ist nicht einfach zu erklären, aber ich werde es versuchen.

Dein Körper besteht aus unendlich vielen Zellen. Die sind so winzig klein, dass du sie nicht sehen kannst. In diesen Zellen sind die noch kleineren Chromosomen, und diese winzig kleinen Dingerchen bestimmen fast alles in deinem Körper, deine Haarfarbe, wie groß du wirst oder ob du Sommersprossen bekommst. Sie bestimmen auch mit, wie schnell du etwas lernen kannst. Meine Brüder Jan und Magnus und ich haben in jeder Zelle 46 Chromosomen, genauso wie du und die meisten Menschen. Albin aber nicht. Er hat 47 Chromosomen, also eins mehr als wir. Und das ist eben das Down-Syndrom. Deshalb sieht er vielleicht etwas anders aus und er lernt viele Dinge nicht so schnell wie wir. Er muss immer viel mehr üben, bis er etwas kann. Das kann manchmal ganz schön anstrengend sein.

Findest du, dass Albin anders aussieht als andere Kinder? Ich finde das nicht, aber ich habe mich ja auch daran gewöhnt, schließlich sind wir schon fünf Jahre zusammen. Manchmal fragen andere Kinder: Warum hat Albin solche Augen? Wieso sieht euer Bruder anders aus, was ist mit ihm los? Ich versuche dann, das mit dem Down-Syndrom zu erklären. Eigentlich ist es nicht so wichtig, wie man aussieht, es kommt darauf an, wie man ist. Weißt du, was ich nicht gern habe? Wenn Menschen unseren Albin anstarren, als käme er vom Mond oder so. Das finden wir alle doof. Albin merkt das natürlich. Auch er kann das nicht leiden.

Zu Hause spielt Albin am liebsten mit Autos oder auf seiner Gitarre. Er hat schon richtige Hobbys und versucht wie wir, zu lesen oder Musik zu machen. Gut, dass wir zu viert sind, so wird es Albin gar nicht langweilig. Am allerliebsten spielt er mit Magnus im Garten. Nur bei einer Sache können wir Albin nicht gut gebrauchen: wenn wir Hausaufgaben machen! Am besten ist es, wenn er selbst auch „Hausaufgaben“

machen muss. Die bereitet Mama vor, sie spielt mit Albin Lotto, Puzzle und übt mit ihm sogar schon lesen mit echten Wortkarten. Ist das nicht toll, dass er schon ein bisschen lesen kann? Das macht Albin großen Spaß und hilft ihm, besser sprechen zu lernen. Er spricht noch ziemlich undeutlich und auch noch nicht so viel wie andere Kinder in seinem Alter. Ab und zu finden wir es auch anstrengend mit Albin. Ich werde schon mal ungeduldig, wenn er sooo langsam seine Schuhe anzieht oder bei einem Würfelspiel herumalbert. Im Großen und Ganzen kommen wir aber sehr gut zurecht und ich finde es schön, einen besonderen Bruder zu haben.

Wir alle helfen Albin gern. Es ist nämlich toll, wenn man ihm etwas beibringen kann. Er freut sich dann so, dass wir uns alle mitfreuen.

(Cora Halder/Barbara Lange-Hofmayer, Albin Jonathan – unser Bruder mit Down-Syndrom, © 1994 Selbsthilfegruppe für Menschen mit Down-Syndrom und ihre Freunde e. V., Helmut Seubert Verlag 1994, S. 1–4, 7, 8, 24)

1. Erläutert, ggf. im Gespräch mit eurer Lehrerin oder eurem Lehrer, was es mit dem Down-Syndrom auf sich hat, und beschreibt anhand der betreffenden Textstellen, worin sich Albin von seinen Geschwistern unterscheidet. Was kann er, was kann er nicht so gut?
2. Welche Hilfen werden Albin von seinen Geschwistern und den Eltern zuteil? Über welches Verhalten anderer Menschen ärgert sich Lena?
3. Was meint Lena mit dem Satz, dass es „nicht so wichtig ist, wie jemand aussieht, es kommt darauf an, wie man ist?"

Vom Alltag einer Rollstuhlfahrerin M 2

Bettina M. ist Lehrerin für Logopädie. Eine Logopädin hilft Menschen mit Stimm- und Sprachstörungen. Bettina M. ist querschnittsgelähmt. Von den Schwierigkeiten ihres Alltags berichtete sie in einer Zeitschrift.

Andreas ruft mir nach: „Ich bin bei dir!" Er stützt sich auf den Gehstock und sieht mir hinterher, während ich an blühenden Tulpen vorbei zum Auto rolle. Mein Mann weiß selbst, wie mühsam es ist, von Geburt an mit einer Querschnittslähmung zu leben. Ich stemme mich mit den Armen auf den Autositz, dann kommt der Rollstuhl an die Reihe: die beiden Räder per Knopfdruck lösen, hinter mich werfen, die Rückenlehne umklappen und den Rahmen über mich nach hinten heben. Ein kleiner Kraftakt am Morgen und doch so routiniert wie Zähneputzen. Ich bin froh, dass mein Auto wieder zurück ist aus der Werkstatt; dank des Hebels am Lenkrad, mit dem man Gas gibt und bremst, kann ich wieder selbst zur Arbeit fahren.

In den letzten beiden Tagen war ich auf öffentliche Verkehrsmittel angewiesen, und während ich meinen Rolli im Auto verstaue, kommen mir die Erinnerungen an abgekoppelte Behindertenabteile, von Busfahrern „vergessene"

Einstiegshilfen oder eiskalte Gepäckwagen als „einzig passende“ Beförderungsmöglichkeit. Unternehmungen ohne mein Auto muss ich so minutiös planen wie einen Geldtransport. Und sie bleiben dann doch ein Abenteuer. Meist aus Gedankenlosigkeit gegenüber den Problemen einer Rollstuhlfahrerin. Was nützt mir ein Rollstuhlplatz im ICE, wenn ich dafür sechs Stunden lang nicht die Toilette erreiche? Eine Frage übrigens nicht von milder Wohltätigkeit, sondern es geht um mein Recht auf Mobilität[1]. Wie heißt es doch seit 1994 in unserer Verfassung: Niemand darf wegen seiner Behinderung benachteiligt werden. In der Lehranstalt für Logopädie[2], wo ich arbeite, ist heute ein spannender Tag: mündliche Prüfung und Zeugnisausgabe. Dass ich als Behinderte Logopäden und Logopädinnen ausbilde und prüfe, sorgt immer wieder für Unsicherheit. Wenn ich vor eine neue Klasse rolle, gucken die Schülerinnen erst mal verwirrt. Ich erzähle dann einfach von mir, das hilft. Wird mich heute der Prüfungsvorsitzende vom Gesundheitsamt, wie beim letzten Mal, fragen, ob ich denn wirklich die „richtige“ Logopädin sei? […]
Kummer mit Flügen bin ich gewohnt. Man wird zwar in Flugzeugrollstühlen zum Platz gebracht und angeschnallt. Doch vor dem Start verschwinden Begleiter und Rollstuhl; als ich es auf dem Urlaubsflug nach Barbados nicht mehr aushielt, musste ich auf die Bordtoilette robben.

(Aus: DIE WOCHE vom 3. Mai 1997, S. 26)

[1] *Mobilität:* Bewegungsmöglichkeit, Möglichkeit, sich von einem Ort zu einem anderen zu begeben
[2] *Logopädie:* Sprachheilkunde; Behandlung und Heilung von Sprachstörungen

1. Worin liegen entscheidende Unterschiede zwischen der Behinderung von Bettina M. (M 2) und der von Albin (M 1)?
2. Beschreibt, welche Probleme Bettina in ihrem Tagesablauf zu bewältigen hat.
3. Stellt zusammen, welche Maßnahmen und Einrichtungen Bettina in öffentlichen Verkehrsmitteln (Bus, Bahn, Flugzeug) vermisst, die es ihr erlauben würden, gleichberechtigt am Verkehr teilzunehmen. Erzählt ggf. von euren eigenen Beobachtungen zu diesen Problemen.
4. Warum gucken die Schülerinnen von Bettina M. „erst mal verwirrt“, wenn ihre Lehrerin zum ersten Mal die Klasse betritt?

▶ Arten und Ursachen von Behinderungen M 3

Behinderte sind Menschen mit einer körperlichen oder geistigen Beeinträchtigung. Dadurch sind sie in ihren Handlungsmöglichkeiten eingeschränkt. Oft sind sie auf Hilfe angewiesen. Eine Behinderung betrifft nie den ganzen Menschen. Niemand ist nur behindert und selten jemand nur gesund. Neben der Behinderung hat jeder behinderte Mensch eine einzigartige Persönlichkeit und eine spezielle Art zu leben, sich zu freuen und sich wohlzufühlen.
Man unterscheidet zwischen geistigen und körperlichen Behinderungen, Lernbehinderungen, Sinnesbehinderungen (vor allem beim Sehen und Hören), Sprachbehinderungen und dauerhaften Erkrankungen (wie z. B. Lähmungen, Rheuma).

- Es ist gar nicht so leicht zu definieren, was eine **geistige Behinderung** ist. Jedenfalls ist es keine Krankheit, wie oft geglaubt wird. Es ist in erster Linie eine verstandesmäßige („intellektuelle“) Beeinträchtigung, die die Gesamtentwicklung und Lernfähigkeit mehr oder weniger beeinflusst.

- Die **Ursachen** dafür sind vielfältig und häufig noch immer nicht klar festzustellen. Es gibt erblich („genetisch“) bedingte angeborene geistige Behinderung wie z. B. das Down-Syndrom, das man früher als „Mongolismus“ bezeichnete (vgl. M 1). Daneben gibt es viele andere Faktoren, die z. T. erblich bedingt sind. Auch Sauerstoffmangel und andere Komplikationen bei der Geburt können geistige Behinderung bewirken.

Die Statistik besagt, dass etwa 3 % aller Kinder in irgendeiner Form behindert zur Welt kommen. 2 % aller Kinder werden während der Schwangerschaft oder bei der Geburt geschädigt. Die meisten Behinderungen aber entstehen erst im Verlauf des späteren Lebens.

- Ebenso vielfältig wie die Ursachen sind auch die **Erscheinungsformen** geistiger Behinderung und die Auswirkungen auf das Leben der betroffenen Menschen. Geistig behinderte Kinder erlernen das Sitzen, Stehen und Gehen später und beginnen auch später zu sprechen. Sie brauchen für Entwicklungsfortschritte mehr Zeit. Geistig behinderte Menschen sind oft sehr feinfühlig und gesellig und können sich, auch wenn sie nicht sprechen können, gut verständlich machen. Sie sind durchaus in der Lage, ihr Leben mitzugestalten.
- Zu den **körperlichen Behinderungen** gehört z. B. die *Querschnittslähmung*, die meistens durch Arbeits- und Verkehrsunfälle, aber auch durch Badeunfälle entsteht. Querschnittsgelähmte sind meistens auf den Rollstuhl angewiesen. *Spastische Lähmungen* zählen zu den häufigsten Körperbehinderungen. Sie zeigen sich am deutlichsten durch Verkrampfung der Muskeln und als mehr oder weniger auffällige Störung der Körperbewegungen. Spastiker lernen nicht, den Kopf zu halten, sich abzustützen, zu greifen, und zu laufen. Manchmal können Verkrampfungen der Muskeln dazu führen, dass spastisch Gelähmte nur schwer essen und sprechen können.

Durch Gymnastik, Schwimmen und Reiten können spastische Lähmungen gelindert werden. Spastisch Gelähmte werden von vielen Menschen zu Unrecht als geistig behindert angesehen.

(Autorentext nach verschiedenen Veröffentlichungen)

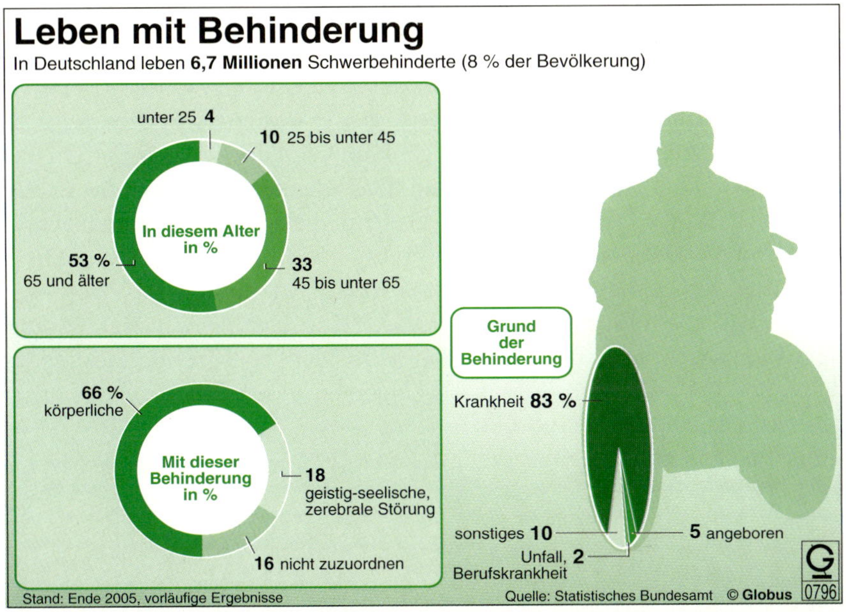

Offiziell (im „Sozialgesetzbuch IX“) wird Behinderung wie folgt definiert: „Menschen sind behindert, wenn ihre körperliche Funktion, geistige Fähigkeit oder seelische Gesundheit mit hoher Wahrscheinlichkeit länger als sechs Monate von dem für das Lebensalter typischen Zustand abweichen und daher ihre Teilhabe am Leben der Gesellschaft beeinträchtigt ist.“

Der *Grad der Behinderung* (GdB) kann zwischen 20 und 100 liegen. Als Schwerbehinderte gelten Behinderte ab einem amtlich festgestellten GdB von 50. Sie haben Anspruch auf einen „Schwerbehindertenausweis“.

1. Die Unterscheidung nach verschiedenen Arten von Behinderungen ist schwierig und wird z. T. auch unterschiedlich vorgenommen. Beschreibt anhand von M 3 zunächst möglichst mit eigenen Worten und unter Rückgriff auf das Beispiel von Albin (M 1), was man allgemein unter einer *geistigen Behinderung* versteht und wo die Ursachen für geistige Behinderungen liegen können (oft können auch Wissenschaftler das nicht eindeutig feststellen).
2. Beschreibt, wie sich die beiden genannten, häufig vorkommenden Formen *körperlicher Behinderung* auswirken und welche unterschiedlichen Ursachen zugrunde liegen.
3. Betrachtet die Abbildungen auf den Auftaktseiten dieses Kapitels und versucht, die dort dargestellten Formen von Behinderung zuzuordnen.
4. Wendet euch nun der statistischen Darstellung (Schaubild) zu und beantwortet folgende Fragen:
   - Wie stellt sich das zahlenmäßige Verhältnis zwischen körperlichen und geistigen Behinderungen dar?
   - Auf welches Problem weist die Statistik mit der Kennzeichnung „nicht zuzuordnen" hin?
   - Stellt heraus, in welchem Maße Krankheiten (also alle Beeinträchtigungen, die nicht angeboren und damit von Geburt an vorhanden sind) die Ursachen von Behinderungen darstellen.
   - Vergleicht den Anteil der Krankheiten an den Ursachen mit dem Anteil, den ältere Menschen (ab 65 Jahren) an der Zahl der Behinderten haben. Welcher Zusammenhang besteht zwischen diesen beiden Anteilen? Denkt dabei z. B. an typische Alterserkrankungen (Gelenks- und Knochenerkrankungen, Schlaganfall, Demenz, Sehbehinderung).

M 4 Was man oft mit dem Wort „behindert" verbindet

Mit dem Wort ‚behindert' werden oft zwei grundlegende Bedeutungen verknüpft:
1. Behindert wird oftmals gleichgesetzt mit minderwertig. So wurden Menschen mit Down-Syndrom als „Mongoloide" bezeichnet und Kleinwüchsige wurden „Zwerge" genannt. Es gibt eine Vielzahl von Schimpfwörtern und Beleidigungen, die sich direkt oder indirekt aus dem Wortschatz für behinderte Menschen herausgebildet haben. Viele herabsetzende Redensarten stammen von Bezeichnungen für Behinderte. Wer „blind" ist, hat keinen Durchblick. Die „taube Nuss" hat nichts begriffen und nichts zu sagen, und eine Sache ist nur dann gut, wenn sie „Hand und Fuß" hat.
2. Die zweite Bedeutung von „behindert" ist das Leiden. Behinderte Menschen „leiden" an Epilepsie, an spastischen Lähmungen, an Gehörlosigkeit usw. Ein Behinderter ist an den Rollstuhl „gefesselt", er ist mit Blindheit „geschlagen" oder er lebt auf „der Schattenseite des Lebens". Ein bekanntes Beispiel ist das Wort „Sorgenkind". Auf der einen Seite steht das Wort für die „Aktion Sorgenkind" und ihre Arbeit, auf der anderen Seite bezeichnet es alle behinderten Menschen als Sorgenkinder. Menschen also, um die man sich Sorgen machen muss und die einem Sorgen bereiten und die gleichzeitig wie Kinder sind. Die „Aktion Sorgenkind" wurde 1964 anlässlich des Contergan-Skandals* gegründet. Das Wort war damals richtig, weil es sich zunächst tatsächlich auf durch Contergan geschädigte Kinder bezog. Behinderte mögen das Wort nicht, weil sie sich selber nicht als Sorgenkinder verstehen. Sie sind keine Menschen, die nur Fehler und Mängel aufweisen. Die Aktion Sorgenkind heißt deshalb seit Februar 2000 „Aktion Mensch".

(Ich, du und die anderen – Eine Information für Schüler/innen, in Zusammenarbeit mit der Aktion Mensch, Bonn, 2/2001, S. 5; gekürzt und leicht verändert)

„Aktion Sorgenkind" heißt jetzt „Aktion Mensch"

1 Erläutert, inwiefern sich in der deutschen Umgangssprache oft Begriffe und Redensarten finden, die sich auf die Bedeutung von „behindert" im Sinne von „minderwertig" beziehen (M 4, 1. Abschnitt). Kennt ihr weitere Beispiele?

2 Welche Begriffe beziehen sich darauf, dass Behinderte immer zu „leiden" haben? Warum wehren sich Behinderte gegen einen solchen Sprachgebrauch? Warum verstehen sie sich nicht als „Sorgenkinder"?

M 5 Ängste und Unsicherheit – Wie man mehr „Miteinander" erreichen kann

M 5a „Jede(r) für sich eine Persönlichkeit"

Es scheint in der Natur des Menschen zu liegen, dass er gegenüber dem Fremden, dem von der Norm[1] Abweichenden, dem nicht Vertrauten, zunächst ablehnend reagiert. Dahinter stecken nicht zuletzt Angst und Unsicherheit, die auch in der Begegnung mit geistig behinderten Menschen zum Vorschein kommen. In der Vorstellung vieler sind sie anders, und ihr Auftreten, manchmal auch ihre äußere Erscheinung, lösen Betroffenheit und Beunruhigung aus. Daher fällt es einem Großteil der Bevölkerung so schwer, unbefangen mit ihnen beziehungsweise ihrer Behinderung umzugehen. Die Frage „Was sind das für Menschen?" findet ihr am besten beantwortet, indem ihr auf geistig behinderte Menschen zugeht und Gelegenheit habt, sie persönlich kennenzulernen. Dann werdet ihr feststellen, dass jede Einzelne, jeder Einzelne neben ihrer/seiner geistigen Behinderung noch viele andere individuelle Eigenschaften hat und jede/jeder für sich eine Persönlichkeit ist.

(www.lebenshilfe.de/wDeutsch/leben_mit_behinderung/sympathiebroschuere.pdf)

[1] **Norm**: Regel, Regelmaß; allgemein übliche, durchschnittliche Beschaffenheit/Größe/Verhaltensweise

M 5b „Das nervt oft"

Laura und Susanna sind 13 Jahre alt und gehen zur Gesamtschule in Kassel. In eine integrative Klasse. Laura ist von Geburt an körperbehindert und auf den Rollstuhl angewiesen. Die beiden sind dicke Freundinnen. Das war aber nicht immer so. „Als Laura in unsere Klasse kam, war das komisch. Eine Behinderte in unserer Klasse. Ich hab gedacht: Na toll, jetzt sollen wir also ständig auf die Rücksicht nehmen", erzählt Susanna. Nun, nach eineinhalb Jahren, sind die beiden unzertrennlich. Laura ist wütend, wenn ihre Behinderung im Mittelpunkt steht. „Oft bemerke ich, wie ich angestarrt werde, und ich habe die Nase voll davon. Für mich ist es normal, nicht in die Stadt zu gehen, sondern zu rollen. Ich interessiere mich für all das, was meine Freunde auch interessiert. Das, was nervt, das sind die anderen. Manchmal ist es ihr Mitleid. Ich leide ja nicht. Ich kann halt nicht alles machen, aber fast alles. Manchmal sind es auch blöde Sprüche."
„Dabei sind eigentlich alle Menschen in manchen Situationen behindert oder werden behindert", sagt Susanna. „Als ich neulich im Konzert war, hab ich nichts sehen können, weil

vor mir nur Große standen.“ Laura denkt laut nach: „Ich bin schon froh, dass ich hier an der Schule nichts Besonderes mehr bin. Für meine Klasse bin ich Laura und fertig. Manche mögen mich, andere nicht. Ganz normal.“ „Eigentlich ist es auch gut, wenn man nicht so ist wie alle. Ich möchte manchmal auch etwas auffallen“, widerspricht Susanna. „Du findest es doch auch gut, wenn dich die anderen bemerken, weil du gut aussiehst oder etwas gut kannst.“ „Das stimmt“, gibt Laura zu. „So aufzufallen ist o. k., aber ich falle immer auf. Und das nervt oft.“

(in-script [Hrsg.], Ich, du und die anderen. In Zusammenarbeit mit der Aktion Mensch, Schülerheft, Bonn 2001, S. 7; www.respect.de/download/am_schuelerheft.pdf)

Tipps für mehr Miteinander M 5c

Es ist leider noch nicht normal, miteinander normal umzugehen. Dabei ist es ganz einfach:

- Begegnet behinderten Menschen genauso, wie ihr möchtet, dass man euch begegnet: mit Respekt und nicht mit Mitleid.
- Geht behinderten Menschen nicht aus dem Weg. Nur wer den anderen kennt, kann sich eine Meinung bilden.
- Nicht weggucken, sondern hinsehen. Das bedeutet nicht anstarren, aber es ist völlig o.k., einen behinderten Menschen aus Interesse anzusehen.
- Ansprechen. Einem Menschen mit einer Behinderung kann man genauso „Guten Tag“ sagen und die Hand geben wie einem Nichtbehinderten.
- Nicht die begleitende Person fragen, was ein behinderter Mensch möchte, sondern ihn selber. Meistens geht das ohne Probleme.
- Zuhören. Auch wenn es nicht mit Worten gesagt wird, sondern mit Händen und Augen. Wer richtig zuhört, kann vieles verstehen.
- Nicht wegrücken, wenn sich im Restaurant, im Bus, im Kino oder beim Konzert ein behinderter Mensch neben einen setzt.
- Fragen, wenn man etwas nicht versteht. So lernt man den anderen kennen.

(in-script [Hrsg.], Ich, du und die anderen. In Zusammenarbeit mit der Aktion Mensch, Schülerheft, Bonn 2001, S. 10f.; www.respect.de/download/am-schuelerheft.pdf)

1. Erklärt, inwiefern es nach M 5 a „in der Natur des Menschen zu liegen“ scheint, wenn man auf fremdartige oder auffällig anders aussehende Menschen zunächst mit einer gewissen Unsicherheit reagiert. Was sollte man tun, um diese Unsicherheit zu überwinden?
2. Beschreibt die Empfindungen und Einstellungen von Laura (M 5 b). Was findet sie „normal“, was nervt sie?
3. Erläutert im Einzelnen die „Tipps für mehr Miteinander“ in M 5 c. Wie lassen sich diese Empfehlungen begründen? Welche Erwartungen der Behinderten stehen dahinter?
4. Vielleicht könnt ihr von eigenen Begegnungen mit behinderten Menschen und von Beobachtungen anderer Menschen im Umgang mit Behinderten erzählen.

„Behindert *ist* man nicht, man *wird* behindert“ M 6

1994 wurde in das Grundgesetz* der Satz eingefügt: „Niemand darf wegen seiner Behinderung benachteiligt werden.“ Und seit 2002 gibt es ein besonderes Gesetz zur Gleichstellung behinderter Menschen, das Maßnahmen vorsieht, mit denen Benachteiligungen Behinderter im alltäglichen Leben abgebaut werden sollen und Behinderten ein möglichst selbstbestimmtes Leben ermöglicht wird. In der Praxis gibt es in dieser Richtung aber noch viel zu tun.

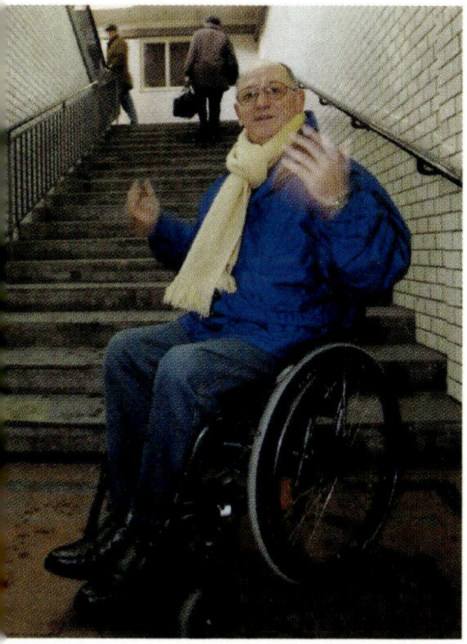

Ein Slogan (einprägsame Redewendung) der „Aktion Mensch", die sich auf vielfältige Weise für die Gleichstellung behinderter Menschen einsetzt (s. M 4), lautet: „Behindert *ist* man nicht, man *wird* behindert." Das soll bedeuten: Die Auswirkungen einer Behinderung werden wesentlich mitgeprägt von den Möglichkeiten, die die Gesellschaft anbietet oder behinderten Menschen vorenthält. Ein Beispiel: Menschen mit Behinderung können sehr wohl Busse und Bahn nutzen, wenn diese auf Stufen verzichten, wenn die Haltestellen angesagt werden und der Fahrplan leicht verständlich gestaltet ist. Erst durch das Fehlen dieser Hilfen entsteht der Ausschluss vieler Menschen mit einer Behinderung.
Schon seit 1997 haben sich über 100 Organisationen der Behindertenhilfe und Behindertenselbsthilfe in der von der „Aktion Mensch" eingeleiteten „Aktion Grundgesetz" zusammengeschlossen, um das Bewusstsein der Öffentlichkeit für die Bedürfnisse und Interessen behinderter Menschen zu wecken und die Forderung des Grundgesetzes im Alltag umzusetzen. 2002 hat die Aktion **„Barrierefreie Stadt"** begonnen. Überall dort, wo behinderte Menschen auf Barrieren und Hindernisse stoßen, setzt die Aktion an. Öffentliche Verkehrsmittel, Ausbildungs-, Arbeits- und Wohnangebote, Freizeiteinrichtungen, Ämter, Schulen, Universitäten, Arztpraxen, Geschäfte und Kaufhäuser haben die besondere Situation behinderter Menschen nicht im Blick. Eine Integration scheitert deshalb oft schon an „Äußerlichkeiten". Mit großem Erfolg hat die „Aktion Grundgesetz" in den letzten Jahren durch Aktionen, Anzeigen, Plakate und vieles mehr für Öffentlichkeit gesorgt und nachdenklich gemacht.

(Autorentext nach http://www.aktion-grundgesetz.de/gleichstellung/seite_29052.html und www.respect.de/download/am-schuelerheft.pdf)

1. Erläutert mit eigenen Worten, was der in der Überschrift zu M 6 zitierte Spruch bedeuten soll und was es in diesem Zusammenhang mit der „Aktion Grundgesetz" auf sich hat. Was soll das Stichwort „Barrierefreiheit*" bedeuten (s. Glossar)? Vergleicht dazu auch noch einmal M 2.

2. Um euch hautnah in die Situation eines Behinderten hineinzuversetzen, solltet ihr selbst erkunden, ob euer Wohnumfeld behindertengerecht gestaltet ist. Achtet darauf,
   - ob sich neben Treppen eine Rampe befindet,
   - ob Bordsteine an Fußgängerüberwegen abgesenkt sind,
   - ob Türen ausreichend breit (mindestens 85 cm) für einen Rollstuhl sind,
   - ob es in öffentlichen Gebäuden und Kaufhäusern ausreichend breite Fahrstühle gibt,
   - ob Behindertenparkplätze zur Verfügung stehen,
   - ob behindertengerechte Toiletten und Telefonzellen vorhanden sind,
   - ob Hinweisschilder auf behindertengerechte Einrichtungen aufmerksam machen,
   - wie man als Rollstuhlfahrer/Rollstuhlfahrerin von seinen Mitmenschen behandelt wird.

3. Schreibt ggf. einen Brief an eure Bürgermeisterin oder euren Bürgermeister oder an Inhaber von Geschäften und weist darauf hin, welche behindertengerechten Einrichtungen noch fehlen.

4. In M 6 heißt es, dass es bei den geschilderten Maßnahmen um „Äußerlichkeiten" gehe. Worin Behinderte sich darüber hinaus aus ihrer Sicht von der Gesellschaft benachteiligt und behindert fühlen, könnt ihr ggf. in der von der Vereinigung „Lebenshilfe" herausgegebenen Broschüre „Wir sind auch ganz normale Menschen" (Abschnitt „Wir melden uns zu Wort") nachlesen, die im Internet zur Verfügung steht: www.Lebenshilfe.de/wDeutsch/leben_mit_behinderung/sympathiebroschuere.pdf (vgl. Abb. S. 181).

2. Gemeinsam voneinander lernen – Beispiele und Projekte

„Miteinander leben, voneinander lernen", so lautete das Motto dieses Kapitels. In diesem zweiten Abschnitt wollen wir euch auf einige Möglichkeiten hinweisen, wie ihr selbst

- *im Rahmen eurer Schule und eures Unterrichts die Situation Behinderter „praxisnah" besser nachvollziehen könnt (M 7),*
- *behinderte Kinder in Einrichtungen, in denen sie gefördert werden, besuchen und mit ihnen gemeinsame Veranstaltungen durchführen könnt (M 8, M 9) und*
- *erkunden könnt, welche Möglichkeiten es für Behinderte gibt, einen Beruf zu erlernen und darin tätig zu werden (M 10).*

Vielleicht könnt ihr zusammen mit eurer Lehrerin/eurem Lehrer überlegen, ob ihr solche oder ähnliche Projekte vorbereiten und durchführen könnt. Auf jeden Fall solltet ihr erkunden, welche besonderen Einrichtungen und Maßnahmen es in eurer Gemeinde gibt, Behinderten bestimmte Hilfen zu bieten und daran mitzuarbeiten, dass Behinderte nicht von der Gesellschaft behindert werden (vgl. M 6). Auf besondere Arbeitshinweise zu den Materialien M 7–M 10 haben wir verzichtet.

M 7 Behindert ist nicht unnormal – eine besondere Unterrichtsstunde in der Klasse 6 b

SCHLEIDEN. „Aaahhhh..." schreit ein Mädchen noch kurz und fällt dann vom Schwebebalken. Statt wie gewohnt mit zwei ausgestreckten Armen über das Holz balancieren zu dürfen, hatte das Mädchen der 6 b des Städtischen Gymnasiums in Schleiden (SGS) die Aufgabe, mit auf dem Rücken verschränkten Armen zu balancieren. Der schnelle Abgang war vorprogrammiert. Unter der Überschrift „Behinderte Menschen – Menschen wie wir" beschäftigten sich rund 35 Schüler der 6 b im Politikunterricht am Städtischen Gymnasium mit der Frage, was es heißt, als „behindert" zu gelten und mit diesem „Zusatz" zu leben.

Sofia Plich (auf dem Schultisch sitzend) ist durch eine Contergan*-Schädigung selbst behindert

Die Idee zu solch einer Unterrichtsstunde stammt von der in Gemünd lebenden Sozialpädagogin Sofia Plich. In Kooperation mit SGS-Politiklehrerin Dr. Konstanze Jablonowski bot Sofia Plich erstmals ihr Angebot einer Schulklasse an.

In einer speziell ausgearbeiteten Unterrichtsstunde möchte Sofia Plich ihren Mitmenschen die Hemmnisse nehmen, mit anders aussehenden Menschen umzugehen. Zunächst finden sich die Teilnehmer in einer Gesprächsrunde zusammen und tauschen Erlebtes aus. Erstaunlich, mit welchen Erfahrungen die Schüler aufwarten

Mit etwas mulmigem Gefühl lässt sich ein Schüler über einen Schwebebalken führen.

konnten. Ein Junge holte beispielsweise seinen rechten Fuß auf seinen Schoß und begann, den Fuß zu drehen. Erstaunlich knackende Geräusche wurden hörbar. „Ich habe ein paar Knochen zu viel, das ist nicht normal", berichtete der Junge seinen staunenden Mitschülern. Ein Mädchen berichtete von einer Urlaubsbekanntschaft mit einem fast blinden Kind, wieder ein anderer Schüler war eine Zeit lang halbseitig gelähmt.
Nach dem direkten Erfahrungsaustausch baten Sofia Plich und Dr. Konstanze Jablonowski die Schüler, sechs verschiedene Aufgaben zu lösen. „Ich möchte nicht nur trocken über die Probleme reden, sondern möglichst lebensnah die Gegebenheiten vermitteln." An einem Tisch sollten die Kinder schreiben – allerdings ohne dabei ihren Daumen zu benutzen. An einem anderen Punkt des Parcours musste ein Schüler einem anderen eine Jacke anziehen, ohne dass sich der Anzuziehende bewegen oder mithelfen durfte. Mit verbundenen Augen oder hinter dem Rücken verschränkten Armen zu balancieren waren weitere Aufgaben. „Schon komisch, wenn man sich nicht bewegen darf und jemand anderes zieht einen an", sagte eine Schülerin grübelnd.

Fühltest: mit Hand und Fuß
Einer aus eurem Team nimmt einen Beutel und tut fünf unterschiedliche Gegenstände hinein, z. B. Schlüssel, Stofftiere, etc. Die anderen Teammitglieder dürfen nicht wissen, was darin ist. Sie sollen die Dinge ohne hineinzusehen mit den Fingern erfühlen. Dann ertastet alles noch einmal mit den Füßen. Schreibt auf, welche Gegenstände im Beutel waren, ob sie erraten wurden und welche Unterschiede es zwischen dem Tasten der Finger und der Füße gibt.

Experiment: gehörlos
Startet einen Versuch und findet heraus, wie es ist, sich als Gehörloser mit anderen zu verständigen. Nehmt Ohrstöpsel und verschließt damit eure Ohren. Versucht nun eine halbe Stunde lang, euch im Team trotzdem miteinander zu unterhalten – ohne zu schreien. Berichtet uns, wie das geklappt hat. Habt ihr Zeichensprache benutzt? Oder aufgeschrieben, was ihr sagen wollt?
X&Co.-Tipp: Ihr könnt euch ja zum Beispiel darüber unterhalten, was ihr in den Sommerferien plant oder erlebt habt.

(http://www.gymnasium-schleiden.de/seiten/Fachbereiche/Sozialwissenschaften/Sozialwissenschaften.php; Text und Fotos: Gudrun Klinkhammer; © Redaktionsarchiv MDS)

Zwei Schulen machen gemeinsame Sache **M 8**

Berührungsängste überwinden

Pelizaeus-Gymnasium und Blindenschule machen beim Sportfest gemeinsame Sache

Paderborn. Behutsam legt Ann (11) Kai (9) das Zugseil in die Hand. Die Schnur, an der der Gummiball baumelt, strafft sich. Die Schülerin dirigiert das Geschoss in die richtige Richtung. „Jetzt", ruft sie – und Kai zieht an der Strippe. Treffer! Unter lautem Scheppern bricht der Dosenstapel zusammen. Kai klatscht in die Hände, Ann grinst. Nur eine von elf Aufgaben, die der sehbehinderte Junge und die Pelizaeus-Schülerin beim Sportfest zusammen bewältigen.
Die gemeinsamen Aktionen des Pelizaeus-Gymnasiums und der Westfälischen Schule für Blinde und Sehbehinderte haben Tradition: Seit elf Jahren treffen sich die Schüler zu Musik-

Radeln mit Beifahrer: Pelizaeus-Gymnasiasten und schwerstbehinderte Kinder von der Schule für Blinde und Sehbehinderte erradeln sich eine Urkunde beim gemeinsamen Sportfest. Dabei sind Geschicklichkeit und Orientierungssinn gefragt.

und Spielfesten, kümmern sich die Gymnasiasten in der Mittagspause um die sehbehinderten Kinder und Jugendlichen. Doch ein Sportfest in dieser Größe – dabei sind fast 60 behinderte und nichtbehinderte Schüler – habe es bisher nicht gegeben, so Organisator Norbert Schrooten. „Kinder treffen Kinder“ heißt der Wettbewerb des Landschaftsverbandes Westfalen-Lippe (LWL), der den Rahmen für das Fest liefert.

Erleben, was es heißt, nicht sehen zu können

Immer paarweise machen sich die Fünftklässler von Gymnasium und Blindenschule an diesem Vormittag auf den Weg durch einen Parcours, der es in sich hat. „Denn wir haben darauf geachtet“, sagt Schrooten, „dass auch die Schüler vom Gymnasium gefordert sind und nicht nur die sehbehinderten Kinder begleiten.“ Mit dunklen Brillen auf der Nase fühlen sich die Gymnasiasten durch den Tastpfad, begreifen Taucherbrillen, Holzfiguren und Plastikschwämme mit den Fingern. Und sind sich einig: Die sehbehinderten Teilnehmer sind in dieser Disziplin klar überlegen.

Erleben, wie es ist, wenn man nichts oder nur wenig sehen kann. Ein Stoßseufzer, als die Sehenden die Brillen wieder abnehmen dürfen. Und noch mehr Verständnis für die Schüler der Blindenschule. Vorsichtig hilft Jannik Elena dabei, sich ihren Weg durch die einzelnen Stationen zu bahnen. Wie selbstverständlich nimmt der Elfjährige die Hand der Neunjährigen, passt auf, dass sie auf dem Gelände der Blindenschule nicht aneckt. Vorher geübt, wie man am besten hilft? Jannik überlegt. „Im Sportunterricht mal kurz“, sagt er. Aber ansonsten nicht. „Das klappt einfach so.“

Hemmschwellen im Umgang mit Behinderten früh abbauen

Am Anfang sei es „komisch“ gewesen, sich vorzustellen, wie das ist: nichts sehen zu können. Aber jetzt sei es nichts Besonderes mehr für ihn, dass Elena blind ist. „Es ist wichtig, dass die Hemmschwellen im Umgang mit Behinderten früh abgebaut werden“, betont Schrooten. Wie eben beim gemeinsamen Sportfest: bei der Kissenschlacht oder beim Radfahren – „echt cool“ finden die kleinen Sportler, dass auch die Rollstuhlfahrer mitradeln können. Und beim Dosenwerfen ist ohnehin das Scheppern das Wichtigste. Das könne man ja sowieso nicht sehen, sagt Ann bestimmt, und Kai lacht.

(Neue Westfälische v. 7.6.2001; Verf.: Inga Beutler)

Bei einem gemeinsamen Musikfest der beiden Schulen arbeiteten die Schülerinnen und Schüler beider Schulen in verschiedenen Workshops und sangen und tanzten zum Abschluss auf der Bühne.

Zwischen vielen Kindern der beiden Schulen, die seit fast einem Jahrzehnt eine aktive Partnerschaft verbindet, haben sich persönliche Beziehungen entwickelt. „Ich komme jeden Montag für anderthalb Stunden“, erzählt Jan-Hendrik Matisz. Der 13-Jährige spielt und malt mit den teilweise mehrfach behinderten Kindern und greift ihnen auch unter die Arme. Auch Tamaris Otterbach (12) kommt seit über einem Jahr regelmäßig und nimmt nachmittags an Unterricht und Freizeit einer ganzen Klasse teil: „Ich mache das sehr gern und die Kinder freuen sich immer so!"

(Westfälisches Volksblatt v. 30.1.2003; Foto: Peters)

M 9 Begegnung zwischen Hörenden und Gehörlosen

Der Zaun hat Symbolik, auch der Zaun zwischen den zwei Schulhöfen des Mauritius-Gymnasiums und der Gehörlosenschule. Er hält die Schüler beider Schulen voneinander fern, nichts verbindet sie. Nur die zweite große Pause findet etwa zeitgleich statt. Ab und zu fliegt ein Ball der Mauritianer beim Spielen über den Zaun, und die Gehörlosen eifern darum, wer den Ball zurückwerfen darf. Während bei den einen zum Pausenschluss ein Gong ertönt, signalisiert bei den anderen eine blinkende Lampe das Ende der Pause. Was denken wohl die einen von den anderen? Zugegeben, die Behinderung des Gehörlosseins erschwert die spontane Kontaktaufnahme. „Können wir uns den Gehörlosen überhaupt verständlich machen?", denken die einen. „Wollen die mit uns überhaupt etwas zu tun haben?", fragen die anderen. So waren noch nie die beiden Seiten in den vielen Jahren der getrennten Nachbarschaft zusammengekommen.

Vor den Osterferien fand die erste Begegnung statt. Sie ergab sich aus folgender Vorgeschichte: Die Klasse 6d des Mauritius-Gymnasiums hatte im Politikunterricht beim Thema „Miteinander leben" auch die Probleme des Zusammenlebens mit Behinderten behandelt. Irgendwann hatte ein Schüler die Idee: „Jeden Tag sehen wir doch Behinderte auf unserem Nachbarschulhof, wir sollten sie einmal kennenlernen!" Unser Politiklehrer, Herr von Rüden, organisierte bald ein Treffen zwischen den Hörenden und den Gehörlosen. Zuerst kamen nur die Mädchen der Gehörlosenschule in das Mauritius-Gymnasium, um die Mädchen der 6d kennenzulernen. Das war sinnvoll, weil auch die Gruppe der Gehörlosen nur aus Mädchen bestand und die Klassen der Gehörlosen sehr klein sind. Am Anfang waren die Schwierigkeiten für beide Seiten groß, sich zu verständigen, sich etwas zu sagen. Ein Steckbrief, den die Gehörlosenlehrerin Frau Schimmer erstellt hatte, war jedoch eine hilfreiche Brücke, etwas übereinander zu erfahren. Schon bald gingen beide Gruppen aufeinander ein, jeder bemühte sich, sich dem anderen so gut wie möglich mitzuteilen. Wenn es zu schwierig wurde, half Frau Schimmer über die Klippe hinweg. Schließlich erleichterte auch das Fingeralphabet, das jeder mit seinen Zeichen auf einem Blatt vor sich liegen hatte, die Verständigung. Für alle Kinder war es eine spannende, sehr persönliche und einzigartige Begegnung. Am Schluss des Treffens tauschten die Schülerinnen spontan ihre Adressen aus und gegenüber den Lehrern wurde der Wunsch geäußert, sich schon bald wieder zu treffen. Aber auch die Jungen kamen nicht zu kurz, denn eine Woche später trafen sie sich mit den gehörlosen Jungen zum Fußballspielen in der alten Sporthalle am ehemaligen Jesuitengarten.

Im Folgenden sind einige Eindrücke von Schülerinnen über ihre Begegnung mit den Gehörlosen abgedruckt:

„Am Anfang haben wir uns an einem großen Tisch zusammengesetzt. Da war ich erst einmal überrascht, denn ich dachte, die Gehörlosen würden überhaupt keine Töne von sich geben. Später haben wir uns in kleineren Gruppen zusammengesetzt. Birgit, Lena und ich waren in einer Gruppe mit Darin – sie war ein 15-jähriges Mädchen aus der Türkei. Zuerst haben wir Steckbriefe geschrieben und sie dann halb mit Worten, halb mit Gebärdensprache vorgetragen. Am Anfang war es recht schwierig, sich zu verständigen, doch dann klappte es immer besser. Sie konnte genauso gut lesen und schreiben wie wir, doch sie konnte nicht hören und sprechen." *(Susanne)*

„Ich habe mich vorher sehr darauf gefreut und diese Begegnung war auch richtig gut. Als die Schülerinnen hereinkamen, habe ich gar nicht mehr gedacht, dass sie gehörlos sind. Erst war es schon ziemlich schwierig, sich zu verständigen, trotzdem hat man es doch geschafft. Außerdem kam ein Mädchen herein, das im Rollstuhl saß. Das hatte ich eigentlich nicht gedacht, doch sie war nett und man sah ihr an, dass sie sich doch freute." *(Lena)*

(Gymnasium Mauritianum, Büren, Heft 1998)

M 10 Behinderte bei der Arbeit – Besuch in einer Werkstatt

In Deutschland bieten mehrere Trägerorganisationen flächendeckend Einrichtungen und Dienste für alle Lebensbereiche geistig behinderter Menschen an. Dazu zählen mit etwa 90% aller Angebote die Lebenshilfe für Menschen mit geistiger Behinderung, die Caritas Behindertenhilfe und der Bundesverband Evangelische Behindertenhilfe.

Eine gute Möglichkeit für eine Begegnung: Fast überall gibt es Werkstätten und andere Einrichtungen für behinderte Menschen. Sie laden häufig zu einem „Tag der Offenen Tür" ein. Auch gibt es in vielen Werkstätten Läden, die interessante Produkte oder Dienstleistungen anbieten. Die Fotos zeigen Ausbildungs- und Arbeitseinrichtungen für Behinderte in den „Schlosswerkstätten" in Paderborn-Schloss Neuhaus.

(Autorentext)

Die Kompetenzseite — Zur Sicherung der Lernergebnisse

1. Was trifft zu? – viermal richtig, viermal falsch

a) Das „Down-Syndrom" ist eine Form der geistigen Behinderung.

b) Es ist nicht erblich bedingt, sondern entsteht erst im Laufe des weiteren Lebens.

c) Es gibt mehr körperliche als geistige Behinderungen.

d) Eine Querschnittslähmung entsteht bei der Geburt.

e) Wenn jemand durch einen Unfall ein Bein verliert, gilt er nicht als behindert.

f) Spastische Lähmungen zeigen sich in einer auffälligen Störung der Körperbewegungen.

g) Die weitaus meisten Behinderungen beruhen auf Krankheiten.

h) Behinderte sind entweder körperlich oder geistig behindert, nicht zugleich beides.

2. Helfen – aber wie? Was behinderte Menschen sich wünschen

Ergänze die folgende Aufstellung um mindestens je zwei weitere Aussagen:

Die Leute denken, der Behinderte	*Der Behinderte*
– ist hilflos	– will, dass man ihm was zutraut
– braucht Mitleid	– will Respekt
– sollte unter Seinesgleichen bleiben	– will seinen Platz in der Gesellschaft einnehmen
– …	– …
– …	– …

3. Was ist gemeint?

„Behindert *ist* man nicht, man *wird* behindert." Was will man mit diesem Satz zum Ausdruck bringen?

4. Erläutere …

das Problem, auf das die Karikatur (nicht nur für den Bereich der Schule) hinweisen will, und nimm aus deiner Sicht dazu Stellung.

10 Aus Fremden werden Freunde – Zuwanderer-Familien in Deutschland

Zur Orientierung

Die Fotos zeigen es an Beispielen: In fast jeder Schulklasse sitzen Kinder aus deutschen Familien mit solchen zusammen, die selbst oder deren Eltern nicht in Deutschland geboren sind. Das ist für die meisten von euch eine Selbstverständlichkeit und kein Problem. Aber viele dieser Kinder und ihre Familien haben es nicht leicht gehabt, sich in einem für sie fremden Land einzugewöhnen, und viele haben auch heute noch nicht die gleichen Chancen, wenn es darum geht, in der Schule erfolgreich zu sein und später einen guten Beruf zu finden.

Nach einem kurzen Nachdenken über unser Verhalten gegenüber „Fremden" im ***ersten Abschnitt*** *dieses Kapitels wollen wir euch im* ***zweiten Abschnitt*** *darüber informieren, welche z. T. ganz verschiedenen Gruppen von Zuwanderern es in Deutschland gibt und welche besondere, oft schwierige Situation sich aus der jeweiligen Familiengeschichte gerade für die Kinder ergibt.*

Im ***dritten Abschnitt*** *wollen wir zunächst erklären, was man unter dem viel diskutierten Begriff „Integration" versteht. Dann soll es darum gehen, in welchen Bereichen die Eingliederung zugewanderter Familien bisher nicht ausreichend gelungen ist und was getan werden könnte, damit sich unsere zugewanderten Mitbürger, vor allem die ausländischen, in unserem Land akzeptiert und gleichberechtigt fühlen.*

1. Was ist ein „Fremder"?

Der marokkanische Schriftsteller Tahar Ben Jelloun führt mit seiner zehnjährigen Tochter ein Gespräch über Fremde und Fremdenfeindlichkeit.

▶ Was genau ist ein Fremder? M 1a

„Was genau ist ein Fremder?"
„Der Wortstamm ‚fremd' bedeutet sowohl ‚von weit her' als auch ‚nicht dazugehörig'. Ein Fremder kommt also aus der Ferne, aus einem anderen Land, manchmal auch nur aus einer anderen Stadt oder einem anderen Dorf. Und ein Fremder ist kein Angehöriger der Familie […] oder des Stammes. Wenn heute jemand sagt, dass ihm etwas ‚fremd' sei, dann meint er damit, dass es sehr anders ist als das, was man jeden Tag sieht, dass es demnach irgendwie ungewöhnlich ist, aus der Reihe fällt. Das Wort ‚seltsam' kann manchmal etwas Ähnliches ausdrücken."
„Bin ich eine Fremde, wenn ich zu meiner Freundin in die Normandie fahre?"
„Für die Leute aus der Gegend dort ganz bestimmt, denn du kommst von weiter weg, aus Paris, und du bist zudem eine Marokkanerin. […] Jeder von uns ist ein Fremder oder ein Ausländer für jemand anderen, denn Menschen aus einer anderen Kultur oder Gegend empfinden uns immer als fremd, als seltsam."

(Tahar Ben Jelloun: Papa, was ist ein Fremder?, Rowohlt Verlag, Berlin 1999, S. 17)

„Jeder von uns ist etwas Besonderes" – Die Geschichte von Jennifer und Marie M 1b

Ich bin 10 und komme nach den Ferien in die 5. Klasse. Am Anfang der 3. Klasse sind drei Neue in unsere Klasse gekommen. Eine kam aus Polen und hatte ein weißes Kleid mit Rüschen und sonst so'n Kram an. Eine andere kam aus Belgien und hatte ganz komische Haare und lachte nie. Dann war da noch ein Mädchen aus Indien, sie hatte dunkle Haut. Alle aus unserer Klasse fanden die drei schrecklich doof! Wie konnte man sich so ein Kleid anziehen, solche Haare und so dunkle Haut haben!? Und überhaupt, die Polin und die Dunkle redeten kein Wort mit uns. So ging das ganz schön lange. Ich gehe immer mit vier Freundinnen zur Schule und auch wieder nach Hause. Einmal bemerkten wir, dass die Polin dort wohnt, wo wir immer vorbeigehen. Sie war nach der letzten Stunde – wie immer – schnell nach Hause gelaufen und guckte jetzt aus ihrem Zimmer auf die Straße. Wir sahen sie alle kurz an, aber blieben nicht stehen. Ich drehte mich noch einmal um. Dabei merkte ich, dass sie die Fensterscheibe mit superschönen Window-Color-Bildern beklebt hat. Am nächsten Tag habe ich sie auf die Bildervorlagen angesprochen. Sie hat mich dann zu sich eingeladen. Nachmittags bin ich gleich mit meinen Malsachen zu Marie – so heißt sie übrigens – und wir haben zusammen Bilder für unseren Klassenraum gemalt. Ich schlug ihr vor, dass wir sie jetzt immer zur Schule abholen würden. Das fand sie gut und meine Freundinnen waren einverstanden. Sie freundeten sich auch mit Marie an. Ihre komischen Kleider mit Rüschen trägt sie nur noch selten und es stört uns auch nicht mehr so. Ich finde, es ist auch egal, ob man eine dunkle Haut hat oder sonst anders ist als andere – alle sind 'was Besonderes!

Jennifer

(Wolfgang Mattes u. a., Team, Band 1, Schöningh Verlag, Paderborn 2002, S. 83)

M 1c

Ausländer sind wir alle – fast überall

1. Erläutert, was der marokkanische Schriftsteller unter einem Fremden versteht (M 1 a). Wie kommt er zu der Auffassung, dass „jeder von uns ein Fremder" ist?
2. Fasst die Geschichte von Jennifer (M 1 b) zusammen und hebt dabei hervor, in welcher Weise sich Jennifers Verhalten gegenüber Marie geändert hat und was der Anlass dafür war.
3. In welchem Zusammenhang steht M 1 b mit M 1 a?
4. Beschreibt genau die beiden Karikaturen (M 1 c) und erläutert, was der jeweilige Zeichner damit zum Ausdruck bringen will. Wie lassen sich die beiden Darstellungen den Texten M 1 a und M 1 b zuordnen?

Was „Fremdenfeindlichkeit" (nicht) bedeutet — M 2

In der Zeitung und im Fernsehen lesen und hören wir manchmal von Überfällen bestimmter ausländerfeindlicher, gewalttätiger Jugendlicher auf ausländische Mitbürger. Solche, von Hass auf alles Nicht-Deutsche getriebenen kleinen Gruppen stellen ein besonderes Problem dar.
Für viele ausländische Mitbürger stellt es aber auch ein Problem dar, dass sie in ihrem alltäglichen Leben nicht selten auf Ablehnung und Vorurteile bei deutschen Mitbürgern stoßen. Diese Form von „Fremdenfeindlichkeit" zeigt sich beispielsweise, wenn Ausländer gemieden werden, wenn man sich abfällig über sie äußert und Meinungen verbreitet, die sich bei näherem Hinsehen als falsche Vorurteile erweisen, also nachweislich gar nicht stimmen, wie zum Beispiel, dass Ausländer den Deutschen Arbeitsplätze und Wohnungen wegnähmen (s. M 3 a).
Die beiden folgenden Texte sollen an Beispielen verdeutlichen, wie sich „Fremdenfeindlichkeit" im Alltag äußern kann und was man darunter (nicht) versteht.

▶ Fremdenfeindlichkeit im Alltag — M 2a

Fatih B., Türke:
Oft vergesse ich, dass ich ein Fremder in diesem Land bin, da ich mich völlig angepasst habe. Aber manchmal werde ich zwangsweise daran erinnert. Viele deutsche Mädchen gehen nicht mit einem Türken. Ich habe gerade wieder so etwas erlebt: Ein deutsches Mäd-

chen hielt mich für einen Italiener, weil mein Spitzname Marco ist. Sie fand mich ganz nett. Sicher wären wir auch zusammengekommen, aber das hat sich schnell geändert, als sie erfuhr, dass ich ein Türke bin. Denn gegen einen Italiener hätte sie nichts gehabt. Jetzt aber war sie wie verwandelt und sah in mir einen völlig anderen Menschen. Der nette Typ, der ich für sie war, hatte sich in einen Türken verwandelt. Ich habe mich so an mein Leben in Deutschland gewöhnt, dass ich vieles nicht mehr so ernst nehme. Aber es tut trotzdem weh, wenn man so abgestempelt wird.

Giovanna L., Italienerin:
Ich hatte noch nie richtige Probleme mit Deutschen. Meine beste Freundin ist eine Deutsche. Trotzdem bin ich für viele Deutsche „nur eine Ausländerin". Letztens war ich in einem Supermarkt. Ein Deutscher hat sich vorgedrängelt und dann auch noch so getan, als sei es sein Recht. Wen hatte er abgedrängt? Eine Ausländerin, von der ich weiß, dass sie sich in Deutschland sogar gut angepasst hat. Warum geben sich viele nicht ein bisschen mehr Mühe und versuchen uns besser kennenzulernen, als uns nur nach dem Äußeren und nach der Meinung anderer, die man auch Vorurteil nennen könnte, zu beurteilen oder uns sogar fertigzumachen? Was haben die meisten Ausländer den Deutschen wirklich getan? Sie helfen euch mehr oder weniger bei der „Dreckarbeit". Hat es ein Ausländer doch sehr weit geschafft, kommen Ausreden wie: „Die nehmen den Deutschen die Arbeit weg." Ich hoffe nur, dass wir Ausländer auf Dauer nicht als zweitklassig angesehen werden, denn es gibt keine zweitklassigen Menschen.

(Ulrike Holler/Anne Teuter [Hg.], Wir leben hier. Ausländische Jugendliche berichten, Alibaba Verlag, Frankfurt/Main 1992)

M 2b Lisa muss Ebru nicht mögen

Im Religionsunterricht spricht Pfarrer Kunze mit den Kindern über Ausländer. Und wie schon öfter in letzter Zeit hört sich das für Lisa so an: Wer die Ausländer nicht mag, ist ein schlechter Mensch. Das sagt Pfarrer Kunze zwar nicht direkt, aber Lisa versteht es so. Und genau das bereitet ihr Schwierigkeiten. Wenn sie die anderen Mädchen und Jungen im Religionsunterricht hört, hat Lisa das Gefühl, alle mögen die Ausländer und sind gute Menschen. Nur sie ist ein schlechter Mensch. Natürlich möchte Lisa kein schlechter Mensch sein, aber auch wenn sie sich noch so sehr anstrengt, sie mag einfach nicht alle Ausländer. Wie soll sie zum Beispiel die Ebru mögen, die doch so eine große Angeberin ist?
Heute nimmt Lisa ihren ganzen Mut zusammen, meldet sich und sagt, was sie beschäftigt. Zuerst wird es ganz still, dann fangen ein paar Kinder zu tuscheln an. Lisa schaut mit klopfendem Herzen zu Pfarrer Kunze.
Der lächelt. „Ich bin froh, dass du das gesagt hast, Lisa. Denn so, wie du meine Worte verstanden hast, habe ich sie nicht gemeint. Niemand von uns kann alle Ausländer mögen. Genauso wenig wie ein Ausländer alle Deutschen mögen kann."
Plötzlich geben auch die anderen Kinder zu, dass sie nicht alle Ausländer mögen.
„Ich mag nicht mal alle Deutschen", sagt Björn.
„Ich auch nicht", gesteht Pfarrer Kunze zur Überraschung der Kinder. „Wir können nicht alle Menschen mögen, weil wir nämlich keine Heiligen sind."
Lisa ist erleichtert. Jetzt weiß sie, dass sie kein schlechter Mensch ist.
Pfarrer Kunze versucht noch einmal, den Kindern zu erklären, was er gemeint hat: „Auch wenn ich jemanden nicht mag, habe ich nicht das Recht, ihn zu hänseln, zu verspotten, zu

beleidigen oder gar zu schlagen. Kein Mensch hat das Recht, einen anderen Menschen zu verletzen, weder mit Worten noch mit Taten. In letzter Zeit wird das in unserem Land leider nicht mehr von allen beachtet. Ausländer werden beleidigt und beschimpft. Junge Leute schlagen manchmal Menschen zusammen, die ihnen überhaupt nichts getan haben, nur weil sie Ausländer sind. Und im Gegenzug bilden sich ausländische Banden, die dann Menschen überfallen, nur weil sie Deutsche sind. Das alles würde nicht passieren, wenn jeder den anderen achten und respektieren würde, auch wenn er diesen nicht mag." […]

(Manfred Mai, Ausländer bei uns, Loewe Verlag, Bindlach 1993, S. 24f.)

1. Beschreibt, worüber sich Fatih und Giovanna beklagen (M 2a). Wie erklärt ihr euch die beschriebenen Verhaltensweisen und Einschätzungen gegenüber Ausländern? Habt ihr Ähnliches schon einmal selbst beobachtet?

2. Erläutert, worin Lisa ihr Problem im Umgang mit Ausländern sieht (M 2b). Erklärt, worin Pfarrer Kruse den Unterschied zwischen fremdenfeindlichem Verhalten und der Empfindung sieht, dass man jemanden „nicht mag", ihn unsympathisch findet. Worauf kommt es Pfarrer Kruse hauptsächlich an?

„Fremdenfeindlichkeit" im Alltag beruht häufig auch darauf, dass man über bestimmte Tatsachen im Zusammenhang mit der Situation unserer ausländischen Mitbürger zu wenig weiß. Man hat sich eigentlich kaum selbst einmal genauer informiert und einfach nur übernommen, was man hier und da einmal gehört hat.

Die folgenden Materialien sollen euch daher vor allem die Möglichkeit geben, euch über Fakten und Daten zur Entwicklung der Zuwanderung und zu den einzelnen Gruppen von Zuwanderern etwas näher zu informieren. Auf diese Weise könnt ihr z. B. auch ein besseres Verständnis für eure ausländischen Mitbürgerinnen und Mitbürger gewinnen und für die Probleme, die in der Öffentlichkeit im Zusammenhang mit der Situation ausländischer Familien und ihrer besseren Einbeziehung in die deutsche Gesellschaft („Integration") diskutiert werden.

2. Zuwanderer in Deutschland

M 3a Einwanderungsland Deutschland – Zahlen und Fakten

Für die aus dem Ausland Eingewanderten hat sich ein Begriff eingebürgert: Migranten. Der Begriff kommt aus dem Lateinischen und bedeutet so viel wie (Aus-)Wanderer. Man kann die Migranten in verschiedene Gruppen einteilen: Die drei größten sind die ehemaligen „Gastarbeiter" und ihre Familien, dann die Asylbewerber/Flüchtlinge und Asylberechtigten sowie drittens die Aussiedler. Im Folgenden geben wir euch kurze Informationen über diese drei Gruppen.

- Vor ca. 40 Jahren hatte man in Deutschland keine Probleme, eine Arbeit zu finden. Man sprach vom „deutschen Wirtschaftswunder", die Wirtschaft wuchs stetig und man brauchte immer mehr Arbeitskräfte. Die deutschen Unternehmen begannen deshalb, Millionen von Ausländern aus den Mittelmeerländern zum Arbeiten nach Deutschland zu holen (man nennt das „anwerben"). Zu Anfang kamen vor allem Italiener. Ihnen folgten bald Spanier,

1964: Der Portugiese Armando Rodriguez, der einmillionste „Gastarbeiter“, wird auf dem Bahnhof Köln-Deutz mit einem Moped als Geschenk willkommen geheißen.

Griechen und Türken. Diese früher „**Gastarbeiter**“ genannten Menschen tragen heute viel zu unserem Wohlstand bei. Sie zahlen Steuern und leisten Beiträge zur Renten*- und zur Krankenversicherung*. Zurzeit arbeiten rund 3,5 Millionen ausländische Menschen in Deutschland. In einigen Bereichen der Wirtschaft sind die ausländischen Arbeitnehmerinnen und Arbeitnehmer längst unentbehrlich geworden, z. B. in Gaststätten, Hotels, beim Bau oder auch in Eisengießereien; diese Bereiche hätten ohne die ausländischen Mitbürger ernsthafte Schwierigkeiten, genug Arbeitskräfte zu finden.

- Als damit begonnen wurde, Arbeitskräfte aus dem Ausland nach Deutschland zu holen, kamen nur junge, alleinstehende Menschen; später holten diese aber oft ihre **Familien** zu sich nach Deutschland. Im Jahr 1973 gab es einen Anwerbestopp*, das heißt, es wurden keine weiteren Arbeitskräfte aus dem Ausland geholt, weil es der Wirtschaft nicht mehr so gut ging. Das führte dazu, dass die Zahl der in Deutschland arbeitenden Ausländerinnen und Ausländer sank. Dadurch, dass die Familien ebenfalls nach Deutschland geholt wurden und dass in den ausländischen Familien viele Kinder geboren wurden, stieg die Zahl der in Deutschland lebenden Ausländer aber ständig an.
- Seit dem Ende der 1970er-Jahre sind unter den Ausländern, die nach Deutschland kommen, immer mehr **Flüchtlinge** aus vielen Ländern der Welt. Sie flohen vor Krieg oder Bürgerkrieg in ihren Heimatländern (so vor allem aus den Balkan-Ländern Serbien, Kroatien und Bosnien-Herzegowina). Unter den Zuwanderern waren auch viele *Asylbewerber*, d. h. Menschen, die in ihren Ländern politisch verfolgt werden und in Deutschland Asyl (Zuflucht) suchen. Für viele Zuwanderer waren aber auch Armut und die schlechte wirtschaftliche Lage in ihren Heimatländern der Grund für die Zuwanderung nach Deutschland. Seit 1993 wurden die Möglichkeiten der Zuwanderung von *Asylbewerbern* durch ein neues Gesetz beschränkt, sodass ihre Zahl deutlich zurückging und heute kaum noch Asylbewerber unter den Zuwanderern sind (vgl. Kasten S. 201).
- Zu den Menschen, die aus dem Ausland nach Deutschland eingewandert sind, gehört als dritte Gruppe auch die große Gruppe der **Aussiedler** (Spätaussiedler). Dabei handelt es sich um Menschen ursprünglich deutscher Herkunft (und deren Kinder und Enkel), die in den Ländern der ehemaligen Sowjetunion* und in anderen osteuropäischen Ländern lebten. Vor allem in den Jahren 1988 bis 1998 ka-

Entwicklung der Ausländerzahl (in Klammern Anteil an der Gesamtbevölkerung): **1968:** 1,92 Mio. (3,2 %); **1973:** 3,97 Mio. (6,4 %); **1983:** 4,53 Mio. (7,4 %); **1993:** 6,88 Mio. (8,5 %); **2003:** 7,33 Mio. (8,9 %). Die Angabe in der Grafik (6,74 Mio.) ist mit den vorangehenden nicht voll vergleichbar; sie beruht auf einer seit 2005 vorgenommenen Neuberechnung, die nur vorübergehend in Deutschland lebende Ausländer nicht erfasst.

men sie in großer Zahl in die Bundesrepublik. Sie werden in einem besonderen Verfahren aufgenommen und erhalten sofort die deutsche Staatsangehörigkeit. Heute leben etwa 3,5 Millionen Aussiedler in Deutschland.

(Autorentext)

1. Informiert euch über die im Text von M 3a beschriebenen drei verschiedenen Gruppen von Zuwanderern und die Zeiträume, in denen sie hauptsächlich nach Deutschland kamen. Legt dazu eine *Übersicht* an, in der ihr der jeweiligen Gruppe stichwortartig die wichtigsten Informationen (Zeitraum, Gründe für die Zuwanderung usw.) zuordnet.

2. Stellt anhand des Schaubildes fest, aus welchen Ländern die meisten Ausländer stammen. Kann man sagen, dass mehr als jeder Vierte aus der Türkei stammt?

3. Bei welchen der größten Gruppen handelt es sich vor allem um „Gastarbeiter" und ihre Familien, bei welchen vor allem um Flüchtlinge (vgl. die Informationen im Text)?

4. Aus welchen Ländern stammen die Ausländer, die im Durchschnitt am längsten in Deutschland leben?

„Personen mit Migrationshintergrund" – Ausländer und Deutsche

M 3b

Seit etwa zwei Jahren wird in Deutschland ein neuer Begriff gebraucht, der die Gesamtheit der Menschen erfassen will, die zugewandert, das heißt nicht in Deutschland geboren oder die Kinder solcher Zuwanderer sind: *Personen mit Migrationshintergrund*, eine sehr bürokratisch klingende Bezeichnung. Sie umfasst verschiedene Gruppen von Menschen (vgl. Grafik): Die Ausländer (also alle, die nicht die deutsche Staatsangehörigkeit haben) sind nur eine dieser Gruppen. Während ihr Anteil an der Gesamtbevölkerung bei 8,6 % liegt (etwa jeder Zwölfte), macht die Gesamtzahl der „Personen mit Migrationshintergrund" fast 19 % der Bevölkerung (fast jeder Fünfte) aus. Dabei gibt es große Unterschiede zwischen Ost- und Westdeutschland und zwischen verschiedenen Altersgruppen: In Westdeutschland haben 21,5 % der Bevölkerung einen „Migrationshintergrund", in Ostdeutschland nur 5,2 %. Bei Kindern, Jugendlichen und jungen Erwachsenen (bis 25 Jahre) liegt der Anteil mit 27,2 % höher als im Gesamtdurchschnitt (19 %), bei Kindern unter sechs Jahren beträgt er ein Drittel (33 %). Die Grafik zeigt im Einzelnen, welche verschiedenen Gruppen sich unterscheiden lassen (Näheres zu den Spätaussiedlern s. M 7).

(Autorentext)

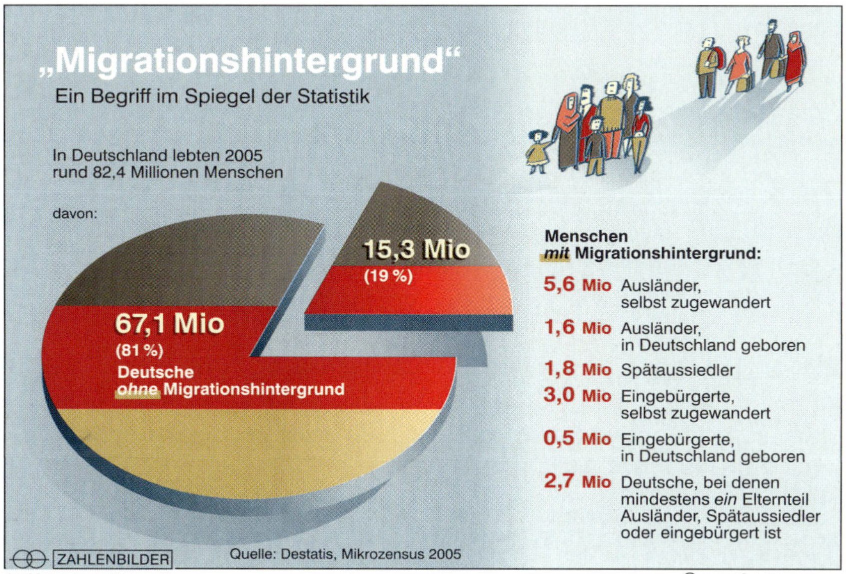

35 225

1. Macht euch klar, was mit dem neuerdings häufig gebrauchten Begriff „Personen mit Migrationshintergrund" genau gemeint ist. Wie verhält sich die Zahl der Ausländer unter ihnen zur Zahl derer mit deutscher Staatsangehörigkeit?

2. Von den Personen mit deutscher Staatsangehörigkeit stellt die Gruppe der „Eingebürgerten" und ihrer Kinder mehr als die Hälfte dar. Informiert euch ggf. aus M 5 (Kasten S. 200), was man unter „Einbürgerung" genau versteht.

Die bisherigen Informationen zu den Zuwanderern in Deutschland (M 2, M 3) bestanden überwiegend aus statistischen Daten. Damit ihr euch – vielleicht auch im Hinblick auf diejenigen eurer Mitschülerinnen und Mitschüler, die aus Zuwandererfamilien stammen – ein etwas besseres Bild von den zum Teil sehr unterschiedlichen Lebensgeschichten und Lebensverhältnissen zugewanderter Familien machen könnt, haben wir in den folgenden Materialien einige ***Beispiele*** *zusammengestellt. Bei der Auswahl dieser Beispiele haben wir auch darauf geachtet, dass die in M 3 a beschriebenen unterschiedlichen Gruppen in etwa vertreten sind. Wir schlagen euch vor, diese Materialien (M 4 bis M 7) in* ***Gruppenarbeit*** *zu erarbeiten: Die einzelnen Gruppen beschäftigen sich mit je einem der vier Beispiele und berichten anschließend in der Klasse mit eigenen Worten über die Lebensumstände der betreffenden Familie.*

Auf besondere Arbeitshinweise zu den einzelnen Materialien haben wir verzichtet. Gemeinsame ***Untersuchungsfragen*** *könnten in etwa sein,*

- *woher die jeweilige Familie stammt,*
- *warum und wie sie nach Deutschland gekommen ist,*
- *zu welcher Gruppe von Zuwanderern sie gehört (vgl. M 3 a),*
- *wie es um die Berufstätigkeit der Eltern bestellt ist,*
- *wodurch das Zusammenleben der Familie gekennzeichnet ist (Wohnung, Kontakte),*
- *wie die Situation der Kinder (Familie, Schule, Freunde) beschrieben wird,*
- *welche Zukunftsaussichten und welche Probleme angesprochen werden.*

Sicherlich wäre es auch für euch interessant zu erfahren, wie es um die Situation von Zuwanderer-Familien in eurer Nähe (Gemeinde, Stadtteil) bestellt ist. Dazu machen wir in M 8 einen Vorschlag für ein ***Erkundungs-Projekt*** *und geben euch praktische Hinweise zu seiner Durchführung.*

M 4 Canans Vater kam als „Gastarbeiter"

Canan Koraman ist acht Jahre alt. Sie wohnt zusammen mit ihren Brüdern Ferdi und Ihsan, ihrer Schwester Cansu und ihren Eltern in einem Altbau in Gelsenkirchen Bismarck. Erdogan, Canans *Vater*, kam vor achtzehn Jahren aus der Türkei nach Bismarck, um als Bergmann zu arbeiten. Vor ihm hatte schon sein Vater in Deutschland im Bergbau gearbeitet. Er war damals einer der Ersten aus der Bergbauregion Zonguldak am Schwarzen Meer, die kamen, um zusammen mit den deutschen Arbeitern unter Tage Steinkohle abzubauen. Habibe, Canans Mutter, folgte ihrem Mann vor elf Jahren zusammen mit ihren damals sechs und sieben Jahre alten Söhnen nach Bismarck.
Zu Hause sprechen die Koramans türkisch, so wie alle Familien in ihrem Haus. Canans Vater arbeitet unter Tage fast nur mit türkischen Männern zusammen, ihre Mutter trifft den ganzen Tag über beinahe nur türkische Frauen. Vor einiger Zeit wohnten noch zwei deutsche Frauen

bei ihnen im Haus, die manchmal zum Tee kamen. Die sind jedoch mittlerweile ausgezogen und so gibt es kaum Menschen, mit denen Habibe deutsch sprechen müsste.
Beim Arzt und im Supermarkt kommt sie zurecht, ansonsten bleibt sie in türkischer Gesellschaft, in der sie sich wohlfühlt und ohne Probleme verständigen kann.
Die meiste Zeit verbringt sie mit den *Frauen* im Haus. Dort wohnt auch Canans beste Freundin Elif Kalinci. So kommt es häufig vor, dass die Familien von Canan und Elif sich in einer Wohnung treffen. Ihre Mütter machen Handarbeiten oder bereiten gemeinsam ausgiebig das Essen vor. Manii zum Beispiel, so etwas wie türkische Ravioli, bereiten Canans und Elifs Mutter zusammen einen ganzen Nachmittag lang gemeinsam zu, damit die Familien abends davon essen können.
Die *Kinder* spielen währenddessen oder sehen gemeinsam fern. Die türkischen Sender ATV, TRT und OBB begleiten beinahe den ganzen Tag das bunte Treiben in der Wohnung, die mit Blumenschmuck und Deckchen immer gastlich hergerichtet ist.
Canan spielt auch gerne „Mensch ärgere dich nicht" oder legt ein Puzzle. So viel Spielzeug wie die meisten deutschen Kinder hat sie jedoch nicht. In dem türkischen Dorf in Zonguldak, aus dem ihre Eltern stammen, helfen die Kinder schon früh im Haushalt und in der Landwirtschaft mit. Nebenbei spielen sie mit dem, was sie in der Natur finden. Im asphaltierten Bismarck finden Canan und Elif nicht so viel Natur, in der sie selbst Spannendes entdecken können. Dass Kinder dafür einen Ersatz brauchen, lernt Canans Mutter erst langsam. Sie wünscht sich jedoch, dass ihre Kinder in Deutschland zu Hause sein, auch deutsche Freunde finden und einen guten Arbeitsplatz bekommen sollen.
Canan ist letztes Jahr in die *Schule* gekommen, genau wie ihre Freundin Elif. Am Anfang des Jahres mussten sie dafür zu einem Aufnahmegespräch. In diesem wurde festgestellt, dass beide nicht gut genug Deutsch sprechen konnten, um damit in der Schule zurechtzukommen.

(Stadt Gelsenkirchen [Hg.], Sprachförderung, interkulturelle Erziehung, Gelsenkirchen 2000, S. 8 f.)

M 5 Die Taskins wurden Deutsche

Ein Beispiel: Lebenslauf von Güler Taskin

Wir kommen aus der Türkei, Aksaray heißt die Stadt. Wir sind mit unserer Familie gekommen. Mein Vater hatte eine Arbeitsstelle beim Aluminiumwerk in Hamburg, er war schon drei Jahre vor uns da. Ich war fünf Jahre alt und mein Bruder, der älteste, war acht. Ich war noch klein, aber mein Bruder sagte, das sei ein bisschen traurig, der Abschied vom Vaterland. Ich wollte immer zurück und das hat sich erst geändert, da war ich 13 oder 14.
Wir haben den deutschen Pass, 1995 haben wir ihn gekriegt. Wir haben darüber geredet, mein Mann und ich, und gesagt: Wir bleiben hier. Heimat ist Heimat, aber ich kann mir nicht vorstellen, eines Tages wieder zurückzugehen in die Türkei.
Wir haben hier viele türkische Freunde, ich habe türkische Freundinnen, aber auch deutsche. Und zu meiner Nachbarin, die kommt aus Polen, haben wir guten Kontakt. Ich bin Hausfrau, mein Mann ist Stapelfahrer und seit Kurzem arbeitslos. Integration, heißt das: gut zusammenarbeiten? Das wollen wir.
Im vergangenen Jahr hat uns meine Tochter gefragt: Mama, warum haben

Güler Taskin, 30, ihr Ehemann Erhan, 31, und die Kinder Betül, Ebubekir, Muhammed und Bahadir wir keinen Tannenbaum zu Weihnachten? Sie hat ja den Baum im Kindergarten gesehen und bei den Weihnachtsfeiern mitgemacht. Ich wollte auch hingehen, aber ich hatte keine Zeit. Ich habe ihr gesagt, wir haben im März das Opferfest, kurban bajram, das wird gefeiert mit Geschenken.

(Güler Taskin, 30 Jahre, in: SPIEGEL reporter Nr. 2/2000 v. 25.1.2000, S. 33)

Wie man eingebürgert wird

Ausländer, die für immer in Deutschland bleiben wollen und dürfen, möchten meistens die deutsche *Staatsbürgerschaft* haben. Wenn sie dies möchten und die Bedingungen, die dafür notwendig sind, erfüllen (siehe weiter unten), bekommen sie einen *Personalausweis* der Bundesrepublik Deutschland und sind dann Bürger mit allen Rechten und Pflichten, die dazugehören. Man nennt diesen Vorgang „Einbürgerung“. Alle Bestimmungen und Bedingungen, die mit der Einbürgerung von Ausländern verbunden sind, sind in einem eigenen Gesetz, dem „Staatsangehörigkeitsgesetz“, geregelt. Seit dem 1. Februar 2000 gilt eine neue Fassung dieses Gesetzes, die besagt, dass in Deutschland geborene Kinder von Ausländern bis zu ihrem 23. Lebensjahr einen sogenannten „Doppelpass“ erhalten, mit dem sie sowohl die (ursprüngliche) Staatsangehörigkeit ihrer Eltern als auch die deutsche Staatsangehörigkeit haben. Wenn sie 23 Jahre alt sind, müssen sie sich für eine Staatsangehörigkeit entscheiden. Nur in ganz wenigen Ausnahmefällen ist noch die doppelte Staatsbürgerschaft möglich.

Ausländer, die die deutsche Staatsangehörigkeit erwerben möchten, müssen folgende *Voraussetzungen* erfüllen:

- Sie müssen seit mindestens acht Jahren in Deutschland leben.
- Sie müssen eine gültige Aufenthaltsberechtigung haben.
- Sie müssen das Recht und die Gesetze sowie die politische Grundlage (Demokratie) der Bundesrepublik Deutschland anerkennen und respektieren.
- Sie müssen ihren Lebensunterhalt bestreiten können, ohne Sozialhilfe* oder Arbeitslosengeld II zu benötigen.
- Sie müssen ausreichende Deutschkenntnisse haben.

(Nähere Einzelheiten: www.einbuergerung.de/26_120.htm)
(Autorentext)

Mira kommt aus dem Kosovo M 6

Mein Name ist Mira, ich bin 13 Jahre alt. Geboren wurde ich im Kosovo. Dort habe ich jedoch nur 9 Monate gelebt. Weil damals in ganz Jugoslawien und besonders schlimm auch im Kosovo* Krieg herrschte, entschieden sich meine Eltern, mit mir und meinen drei Geschwistern nach Deutschland zu fliehen. Ich habe noch zwei Schwestern und einen Bruder.

An die Zeit im Kosovo und an die Flucht kann ich mich nicht mehr gut erinnern. Ich weiß aber, dass viele Menschen getötet und verletzt wurden. Meine Eltern und meine Schwester, die damals fünf Jahre alt war, haben mit eigenen Augen sehen müssen, wie Menschen getötet wurden. Meine Schwester hat danach lange Angst gehabt und auch Albträume. Jetzt geht es ihr jedoch besser, nur wenn man sie an die schlimmen Dinge erinnert, hat sie noch Albträume. Wir haben dann alle unsere Sachen in einen Bulli gepackt und sind damit nach Deutschland gefahren.

Ich glaube, dass im Kosovo Krieg war, weil die Serben und die Albaner sich nicht gut verstanden haben. In Jugoslawien leben viele Serben, und Kosovo ist eine Provinz in Jugoslawien. Die meisten Menschen, die dort leben, sind aber Albaner. Sie hatten besondere Rechte im Kosovo, und das hat den Serben nicht mehr gefallen.

Vertreibung von Kosovo-Albanern durch Serben, 1999

Ich habe mit meiner Familie lange in einem Asylbewerberheim in Paderborn gelebt. Das Haus war sauber, aber sehr eng, wir hatten nur ein Zimmer und mussten uns mit den anderen Leuten im Haus die Küche und auch die Toiletten und Duschen teilen. Schön war, dass wir immer viele Kinder in dem Asylheim waren und ich dort schnell Freunde gefunden hatte, mit denen ich in einem Haus leben konnte. Jetzt haben wir eine richtige Wohnung in einem normalen Haus. Dort gefällt es mir besser, und ich fühle mich dort sicherer. Im Asylheim ist oft was los, die Leute machen Krach und streiten sich manchmal. Außerdem hat einmal nachts um 12 Uhr jemand einen Stein in ein Fenster geworfen, das hat mir Angst gemacht.
In Deutschland ist es schöner als im Kosovo. Wir haben hier immer genug zu essen und gute Kleidung. Nur das Wetter ist im Kosovo schöner als in Deutschland. Auch die Schulen sind in Deutschland besser als im Kosovo. Dort sind die Lehrer immer sehr streng, und die Kinder werden sogar geschlagen, wenn sie keine Hausaufgaben gemacht haben. Aber manchmal ist es auch hier in Deutschland in der Schule schwierig. Im Asylheim hat auch eine Familie aus Serbien gelebt. Mit der haben wir uns gut verstanden, die Mädchen waren sogar meine Freundinnen.
Ich habe noch Onkel und Tanten, die im Kosovo leben. Vielleicht besuchen die uns in diesem Jahr, aber ich glaube, dass das nicht klappen wird, weil sie wohl keine Erlaubnis von den deutschen Behörden bekommen werden. Deswegen können wir immer nur am Telefon miteinander reden. Es geht ihnen jetzt gut, doch sie sind sehr arm. Viele Menschen sind im Kosovo arm. Dort sind immer noch viele Häuser und Straßen zerstört, es sieht immer noch aus wie nach dem Krieg. Die Häuser sollen jetzt wieder aufgebaut werden, doch viele haben immer noch kein Wasser und keinen Strom.
Hier in Deutschland geht es uns gut. Nur mein Vater redet nicht viel. Er ist hier krank geworden und es geht ihm nicht gut, weil er nicht arbeiten kann. Er bekommt keine Arbeitsgenehmigung. Deshalb geht es ihm schlecht, im Kosovo hat mein Vater immer gearbeitet. Er war dort Gärtner. Meine Mutter hat immer noch Angst vor dem Krieg.

(Mira, Schülerin in Paderborn, im Juni 2004)

Das Wort **„Asyl“** kommt aus der griechischen Sprache und bedeutet „Zufluchtsstätte“. In vielen Ländern der Welt werden Menschen wegen ihrer Religion, wegen ihrer politischen Einstellung oder sogar wegen ihrer Hautfarbe verfolgt. Wenn diese Menschen dann in Deutschland „Asyl“ suchen, muss die Bundesrepublik Deutschland sie aufnehmen, denn im Artikel 16 ihres Grundgesetzes heißt es: „Politisch Verfolgte genießen Asyl“. Bei jedem Menschen, der in Deutschland Asyl sucht, wird genau geprüft, ob er wirklich in seinem Heimatland politisch verfolgt wird. Wer aus „sicheren“ Staaten kommt oder aus europäischen Nachbarländern einreist, erhält kein Asyl.
Die Menschen, die in Deutschland Asyl beantragen (man nennt sie „Asylbewerber“), erhalten zunächst nur so lange eine Aufenthaltsgenehmigung, bis sie Asyl bekommen oder abgelehnt werden. Während dieser „Wartezeit“ müssen sie in Gemeinschaftsunterkünften wohnen, dürfen sich nur in einem bestimmten Bezirk aufhalten, sie dürfen nicht arbeiten und bekommen auch keinen Deutschunterricht. Außerdem erhalten sie nur ein Taschengeld und Lebensmittelgutscheine.
Asylbewerber, die abgelehnt werden, also kein Asyl bekommen, können meist trotzdem für eine gewisse Zeit in Deutschland bleiben, bevor sie „abgeschoben“ werden; man nennt das „Duldung“. Diese Duldungen werden oft jahrelang immer wieder verlängert, aber sie bedeuten auch, dass das Leben der betreffenden Menschen in vielen Bereichen eingeschränkt ist.
(Autorentext)

Julia stammt aus Sajanogorsk M 7a

Julias Großeltern gehörten zu den „Wolga-Deutschen". Aus ihren Siedlungen an der Wolga (s. Karte S. 203) wurden sie nach Beginn des Zweiten Weltkriegs zwangsweise nach Sibirien umgesiedelt und durften auch nach dem Ende des Krieges nicht in ihre Heimat an der Wolga zurück. Während 1956 viele andere Wolga-Deutsche nach Kasachstan zogen, kam die Familie Müller nach Kirgisien.

In dem Dorf Ananjewo gingen meine Eltern zur Schule. Ab der 5. Klasse konnten sie wählen zwischen einer weiteren Fremdsprache: Englisch, Französisch oder Deutsch. Nachdem mein Vater sein Studium als Holzingenieur abgeschlossen hatte und in Kirgisien keinen Arbeitsplatz fand, zogen meine Eltern wieder nach Sibirien, und zwar in das Städtchen Sajanogorsk. 1985 wurde dort mein Bruder Alexander und 1986 schließlich ich geboren. Im Jahre 1990 siedelten meine Großeltern nach Deutschland über und besorgten uns einen Antrag bei der Deutschen Botschaft. Wir mussten lange warten, bis wir Bescheid bekamen. Schließlich bekamen wir Formulare von der Botschaft, auf denen wir einige Fragen zu unserer Herkunft beantworten mussten. Später kam dann endlich der ersehnte Aufnahmebescheid und wir wurden im Oktober 1992 mit einem Flugzeug nach Hamburg in ein Aussiedlerheim gebracht. Dort mussten wir noch einen Sprachtest machen und es wurde erneut alles geprüft. Später kamen wir nach Unna-Massen in ein weiteres Aussiedlerheim. Über Köln gelangten wir dann mithilfe von Verwandten nach Bad Driburg. In Paderborn machten meine Eltern einen sechsmonatigen Sprachkurs und später auch eine Umschulung, ich kam in den Kindergarten und mein Bruder ging in die Grundschule. Da wir beide noch klein waren, als wir nach Deutschland kamen, hatten wir nie Sprachprobleme in der Schule. Mittlerweile sprechen auch meine Eltern sehr gut deutsch. Wir beherrschen alle noch die russische Sprache.

(Julia Müller, 17, Schülerin des Gymnasiums St. Xaver Bad Driburg/NRW, Juni 2004)

Familie Müller bei der Abreise aus Sajanogorsk

▶ Was man über Aussiedler wissen muss M 7b

Aussiedlerinnen und Aussiedler sind keine Ausländer. Aussiedler sind deutsche Staatsangehörige im Sinne von Artikel 116 des Grundgesetzes* oder deutsche Volkszugehörige mit einem Anspruch auf Erteilung der deutschen Staatsangehörigkeit.

Ein kurzer Rückblick

Die Vorfahren der heutigen Aussiedler haben sich seit dem Mittelalter bis in das 19. Jahrhundert in den Staaten Osteuropas angesiedelt. Sie wurden als dringend benötigte Arbeitskräfte in die Länder gerufen. So gab es zu Beginn des 20. Jahrhunderts kein Land im Osten Europas, in dem nicht deutsche Siedlungen zu finden waren. Obwohl sich die Deutschen ihrem Einwanderungsland verbunden fühlten, pflegten sie ihre Muttersprache und Kultur und unterhielten eigene Schulen und Bildungseinrichtungen. Die Zahl der Deutschen, die vor 1939 außerhalb der Grenzen Deutschlands in Ländern wie z. B. Polen, Rumänien, Ungarn, dem ehemaligen Jugoslawien und der ehemaligen Sowjetunion* lebten, wird mit ungefähr 8,6 Millionen angegeben.

Eine Aussiedlerfamilie im Übergangslager Friedland (Niedersachsen)

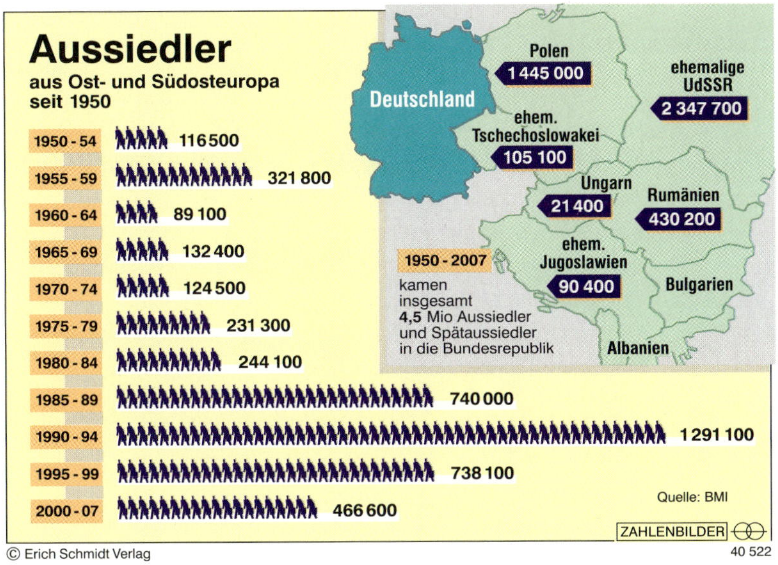

Auf dem Weg nach Deutschland

Seit ihrer Gründung im Jahre 1949 bis Mitte 2000 hat die Bundesrepublik Deutschland über vier Millionen Aussiedler aufgenommen. In den Jahren 1989 bis 1992 nahm die Zuwanderung deutschstämmiger Aussiedler einen solchen Umfang an, dass es zunehmend Schwierigkeiten bei der Aufnahme, der Wohnraumversorgung und der sprachlichen und beruflichen Eingliederung gab. Ihren Höhepunkt erreichte die Aussiedlerzuwanderung 1990 mit der Ankunft von mehr als 397 000 Menschen. Um die Situation zu beruhigen, wurde das Aufnahmeverfahren geändert, sodass Aussiedlungswillige seitdem in ihrem Herkunftsland abwarten müssen, bis ihr Aufnahmeantrag in Deutschland angenommen worden ist. Die Zahl der jährlich aufzunehmenden Spätaussiedler wurde auf rund 220 000 begrenzt. Durch strenge Sprachprüfungen – viele Deutschstämmige beherrschten ihre Muttersprache nur noch unzureichend – und die Verbesserung der Lebenssituation in den Herkunftsländern kamen immer weniger Aussiedler nach Deutschland (s. Grafik). Zahlreiche Deutschstämmige blieben in den Herkunftsländern, weil sich dort ihre wirtschaftlichen Verhältnisse durch Hilfen aus der Bundesrepublik erheblich verbesserten.

(Autorentext)

Daher kommen die deutschen Spätaussiedler:

Methode M8 Erkundungs-Projekt: Zuwanderer, Flüchtlinge und Asylbewerber in unserer Nähe

Da überall in Deutschland Zuwanderer leben und alle Städte und Gemeinden in Deutschland verpflichtet sind, Flüchtlinge und Asylbewerber aufzunehmen, könnt ihr mit ihnen Kontakt aufnehmen und dann eure eigenen Erfahrungen in den Unterricht einbringen.

Wer kann **Verbindungen** herstellen?

Da ist zunächst das *Sozialamt der Stadt* oder die *Ausländerbehörde der Kreisverwaltung*. In größeren Städten gibt es auch *Ausländerbeiräte* und *Ausländerbeauftragte*, die sich das Ziel gesetzt haben, eine Gleichstellung von Einheimischen und Zuwanderern sowie ein friedvolles, tolerantes Zusammenleben zu erreichen. Auf der Homepage eurer Stadt oder eures Kreises könnt ihr erste Informationen erhalten.

In vielen Städten gibt es sogenannte *Asylkreise* der Kirchengemeinden, zu denen ihr ebenfalls Kontakt aufnehmen könnt. Auch die *Wohlfahrtsverbände* (Telefonbuch) werden euch für eure Kontaktaufnahme zur Verfügung stehen: Arbeiterwohlfahrt (AWO), Caritas, Deutsches Rotes Kreuz, Diakonisches Werk, Malteser Hilfsdienst, Paritätischer Wohlfahrtsverband.

Eine Begegnung mit Ausländerbeauftragten, Vertretern der Stadt- bzw. Kreisverwaltung, Mitarbeitern in Asylkreisen, vielleicht auch mit Zuwanderern, Asylbewerbern und Flüchtlingen selbst muss allerdings sehr gut vorbereitet sein. Genaue Absprachen sind unbedingt erforderlich.

Im **Unterricht** solltet ihr zunächst überlegen, welche Fragen ihr stellen wollt. Ihr könnt euch in Gruppen aufteilen und einen *Fragenkatalog* erarbeiten. Für die Erkundung bei den Behörden könnten zum Beispiel folgende Fragen gestellt werden:

- Wie viele Flüchtlinge/Asylbewerber gibt es in der Stadt?
- In welchen Häusern sind sie untergebracht?
- Was tut die Stadt für die Asylbewerber?
- Hat sich der Stadtrat schon einmal mit den Asylbewerbern befasst? Kann er Materialien zur Verfügung stellen?
- Gibt es Aktionen zur Verbesserung des Zusammenlebens von Einheimischen und Ausländern?

Für den Besuch bei Asylbewerbern könnten zum Beispiel folgende Fragen formuliert werden:

- Aus welchen Ländern kommen die Asylbewerber?
- Welche Sprachen sprechen sie, welche Religion haben sie?
- Warum sind sie geflohen?
- Was erwarten sie in Deutschland?
- In welcher rechtlichen Situation befinden sie sich?

Eine Erkundung zur Situation von Ausländern in Deutschland könnt ihr auch durch eine *Internetrecherche* ergänzen. Folgende Internetadressen können euch Informationen zur Lebenssituation von Flüchtlingen liefern:

www.proasyl.de, www.heimat-in-deutschland.de, www.unhcr.de

Sucht euch Materialien, die sich auf eure Fragen beziehen. Diese Materialien solltet ihr gut durcharbeiten und in Kleingruppen diskutieren, bevor ihr sie euren Mitschülern präsentiert. Über die Art und Weise der Präsentation solltet ihr euch vorher Gedanken machen.

(Autorentext)

3. Miteinander leben – Probleme der „Integration“

▶ Was heißt „Integration“? Wo gibt es Probleme? M9

In einem Politik-Lexikon für Kinder heißt es: „Übersetzt aus dem Lateinischen heißt dieses Wort ‚Wiederherstellung eines Ganzen‘. Im deutschen Sprachgebrauch kann es auch als ‚Eingliederung‘ verstanden werden. Wenn zum Beispiel ein neuer Schüler in eure Klasse kommt und sich mit eurer Hilfe in die Klassengemeinschaft gut einfügt, dann wird er integriert. Ausländer oder Menschen mit anderer Religion, die in Deutschland bleiben möchten und bei uns vielleicht Asyl erhalten haben, werden ebenfalls in die deutsche Gesellschaft eingegliedert. Auch das nennt man Integration.“

Was bedeutet „Integration" aber konkret?

- Zunächst einmal: Zur Integration eurer ausländischen Mitschüler(innen) könnt auch ihr beitragen. In einer neuen Untersuchung wird festgestellt, dass es darum in Deutschland eigentlich gar nicht so schlecht bestellt ist. „Kinder mit Migrationshintergrund sind nicht wesentlich schlechter integriert als einheimische deutsche Kinder. Migrantenkinder und einheimische deutsche Kinder sind immer dann miteinander befreundet oder verbunden, wenn sie sich im Alltag treffen und umgekehrt, dann eher getrennt, wo sich ihr Alltag unterscheidet." (World Vision Kinderstudie 2007).

Insgesamt aber zeigt sich, dass es bei der Integration unserer ausländischen Mitbürger noch erhebliche **Probleme** gibt.

- Ausländische Familien sind im Durchschnitt in vielen Bereichen schlechter gestellt als deutsche. Sie verfügen über ein geringeres *Einkommen* und wohnen oft in kleineren *Wohnungen*. Die *Kinderarmut*, über die wir in diesem Buch in Kapitel 7 berichten, ist in ausländischen Familien deutlich weiter verbreitet als in deutschen.

Wenn es um *Arbeitsplätze* geht, sind ausländische Männer und Frauen oft benachteiligt. Ihre Arbeitslosenquote* liegt deutlich höher als die von Deutschen. Das hängt auch damit zusammen, dass sie häufiger einen niedrigeren *Schulabschluss* haben und nicht über eine geschlossene *Berufsausbildung* verfügen. Und das hängt wiederum häufig mit zu geringen deutschen Sprachkenntnissen zusammen.

- *Staatliche Maßnahmen*, die darauf abzielen, die Chancen der ausländischen Mitbürger in den verschiedenen Bereichen zu verbessern und sie stärker in unsere Gesellschaft einzubeziehen, werden mit dem Begriff **„Integrationspolitik"** zusammengefasst. Solche Maßnahmen – darüber sind sich die Politiker mehr oder weniger einig – müssen vor allem dafür sorgen, dass junge Ausländer eine *bessere schulische und berufliche Bildung* erhalten. In Kindergärten, in Schulen aller Art und in der Berufsausbildung müssen sie besser gefördert werden als bisher. Die Einrichtung von mehr Ganztagsschulen kann z. B. dazu führen, dass Ausländerkinder ihre Deutschkenntnisse verbessern können. Denn ein wichtiger Teil der Verantwortung für eine bessere Integration liegt auch bei den *Eltern* in den ausländischen Familien. Zu viele von ihnen – man schätzt ein Viertel – kümmern sich zu wenig darum, dass ihre Kinder Deutsch lernen oder ihre *Deutschkenntnisse* verbessern. Auf dieses Problem weist der folgende Text hin.

- „Gute **Sprachkenntnisse** sind nötig, um dem Unterricht folgen zu können. Viele Schüler sind benachteiligt, weil Deutsch nicht ihre Muttersprache ist. Mehr als jeder fünfte 15-Jährige an deutschen Schulen hat einen Migrationshintergrund – das heißt, er ist selbst zugewandert oder die Eltern stammen aus dem Ausland. Wie gut die Deutschkenntnisse sind, hängt weniger davon ab, wie lange jemand schon in Deutschland lebt, sondern vielmehr davon, wie sehr er die deutsche Sprache im Alltag verwendet. Besonders hier geborene, türkische Jugendliche sprechen untereinander und zu Hause oftmals kaum Deutsch. Diese Gruppe schnitt im PISA-Test so schlecht ab, dass ein erfolgreiches Weiterlernen in Ausbildung und Beruf für viele von ihnen fraglich ist. Hier sind große Integrationsbemühungen von beiden Seiten gefragt – von den Schulen und der Gesellschaft auf der einen Seite, von den ausländischen Mitbürgern auf der anderen." (Globus)

(Autorentext)

Im Schuljahr 2005/2006 gab es 929 500 **ausländische Schülerinnen und Schüler**. 354 500 besuchten Grundschulen, 193 600 Hauptschulen, 99 100 Realschulen, 101 700 Gymnasien, 70 400 Gesamtschulen und 65 600 Sonderschulen.
Ihr Anteil in den einzelnen Schularten betrug:

Grundschule:	11,2 %
Hauptschule:	18,9 %
Realschule:	7,5 %
Gymnasium:	4,2 %
Gesamtschule:	13,5 %
Sonderschule:	15,7 %
Abendhauptschule:	35,0 %
Abendrealschule:	24,1 %

(Quelle: Statistisches Bundesamt Wiesbaden, www.destatis.de/basis/d/biwiku/schultab9.php)

Erläutert mit eigenen Worten, was man unter „Integration" versteht und was dieses Ziel im Hinblick auf die Zuwanderer in Deutschland bedeutet:

- Was könnt ihr selbst tun?
- In welchen Bereichen ist die Integration ausländischer Mitbürger noch nicht ausreichend gelungen?
- Worin liegen die Ursachen für die beschriebenen Benachteiligungen?
- Welche Rolle spielen Sprachkenntnisse für den schulischen und beruflichen Erfolg?

M 10 Was tut unsere Stadt für die Integration unserer ausländischen Mitbürger?

Ziele

Politische Beteiligung von Migrantinnen und Migranten

Verbesserung der Schul- und Berufserfolge von Migrantenkindern

Begegnung und Dialog der Religionen und Kulturen

Mehr Beschäftigte mit Migrationshintergrund in den Verwaltungen

Verbesserung der Gesundheits- und Wohnsituation der Migrantinnen und Migranten

Förderung der Arbeit von Migrantenselbstorganisationen

Integrationsfreundliche Umsetzung von Bundes- und Landesgesetzen in den Kommunen

Förderung der deutschen Sprachkenntnisse von Migrantinnen und Migranten

Wenn von staatlichen Maßnahmen und von „Integrationspolitik" die Rede ist (s. M 9), dann sind natürlich nicht nur der Bundestag und die Bundesregierung in Berlin oder die Landesregierung gefragt, sondern auch die einzelnen Städte und Gemeinden, in denen ausländische Mitbürger wohnen. Viele Städte haben ausgearbeitete Programme mit verschiedenen Maßnahmen entwickelt, die der Integration dienen sollen. In vielen Städten gibt es auch einen ***„Migrationsbeirat"*** *(früher: „Ausländerbeirat"), der aus gewählten Vertretern der ausländischen Mitbürger und aus einigen Vertretern der im Rat vertretenen Parteien als „beratenden Mitgliedern" besteht.*

Wir schlagen euch vor zu erkunden, wie es damit in eurer Stadt/Gemeinde bestellt ist (einen ersten Hinweis gibt sicherlich die Internetseite eurer Stadt). Vielleicht könnt ihr auch ein Interview mit dem Vorsitzenden des Migrationsbeirats führen. Die konkreten Fragen dazu (z. B. zur Zusammensetzung des Migrationsbeirats, zu seinen Aufgaben und zur Einschätzung des Erfolgs seiner Arbeit) solltet ihr euch vorher genau überlegen.

Die Kompetenzseite — Zur Sicherung der Lernergebnisse

1. Wer kennt sich aus? – Fünfmal richtig, fünfmal falsch

1. „Ausländer" und „Migranten" – die beiden Begriffe bedeuten dasselbe.
2. „Personen mit Migrationshintergrund" – dazu gehören etwas mehr Deutsche als Ausländer.
3. Katrin gehört zu den Personen mit Migrationshintergrund, obwohl ihre Mutter Deutsche ist und ihr türkischer Vater schon lange die deutsche Staatsbürgerschaft besitzt.
4. In Deutschland wohnen 15 Millionen Ausländer.
5. „Fremdenangst" ist dasselbe wie Fremdenfeindlichkeit
6. „Integration" bedeutet, dass Ausländer sich „einbürgern" lassen (die deutsche Staatsangehörigkeit annehmen).
7. Wer sich einbürgern lassen will, muss ausreichend Deutsch sprechen können.
8. Asylbewerber kommen nur noch in geringer Zahl nach Deutschland.
9. Auch in Deutschland geborene türkische Kinder lernen in ihrer Familie oft zu wenig oder gar kein Deutsch.
10. „Migrationsbeirat" – das ist die Behörde einer Stadt, in der sich Migranten beraten lassen können.

2. Was soll das bedeuten?

Beschreibe die beiden Karikaturen (jede für sich) und erkläre sie. Worauf will der Zeichner mit seiner Darstellung jeweils hinweisen? Hat er Recht damit?

„Ausländer raus!!"

„Ausländer raus!"

11 Kinder wirken mit – Politik in der Gemeinde

Zur Orientierung

Im Einführungskapitel zu diesem Buch (M 6) habt ihr erfahren, dass der Begriff „Politik" von dem altgriechischen Wort „Polis" stammt, das „Stadt" bedeutet. Mit „Stadtpolitik" (man sagt auch „Kommunalpolitik") hat also die gesamte Politik einmal angefangen, und diese Politik ist auch heute noch für die Bürger einer Stadt von größter und ganz unmittelbarer Bedeutung. Alle Bürger, Erwachsene und Kinder, wollen sich in ihrem Wohnort wohlfühlen; sie wollen, dass die von ihnen gewählten „Kommunalpolitiker" etwas für sie tun, zum Beispiel gute Busverbindungen schaffen, ein neues Schwimmbad bauen, Kindergärten und Sportplätze zur Verfügung stellen usw. Vergleicht dazu die Fotos auf diesen beiden Auftaktseiten und die auf S. 222.

Ausgehend vom Beispiel einer Freizeitanlage für Kinder und Jugendliche zeigen wir euch im ***ersten Abschnitt*** *dieses Kapitels, dass es gar nicht so einfach ist, die Wünsche der Bürger zu verwirklichen. Vieles muss bedacht werden und viele Stellen müssen beteiligt werden, bis es zu einer endgültigen Entscheidung kommen kann. Ihr erfahrt dabei auch etwas darüber, wie eine Stadt „regiert" wird, über die Stellung und die Aufgaben des Bürgermeisters, des Stadtrates und der städtischen Verwaltung.*

Im ***zweiten Abschnitt*** *wird gezeigt, dass fast alles auch eine Frage des Geldes ist, das der Stadt ja nur in begrenztem Rahmen zur Verfügung steht.*

Viele Städte haben begriffen, wie wichtig es ist, auch Kinder und Jugendliche an der Stadtpolitik mitwirken zu lassen. Der ***dritte Abschnitt*** *zeigt euch an Beispielen, wie ihr selbst aktiv werden, wie ihr euch also – im Ursinne des Wortes – „politisch" betätigen könnt.*

1. Eine Freizeitanlage für Kinder – wer entscheidet in einer Stadt?

Einladung zum Mitmachen M1

Eine Bürgerstiftung ist eine Vereinigung von Bürgern, die Geld gespendet haben, mit dem bestimmte nützliche Einrichtungen für die Menschen in einer Stadt bereitgestellt oder gefördert werden können. Im Folgenden wird ein Originalbrief der Bürgerstiftung Büren wiedergegeben.

Bürgerstiftung Büren – Bürger für ihre Stadt Büren, 7.3.2008

Sehr geehrte Damen und Herren,
liebe Schülervertreter(innen),

„Büren kann man spüren!"

Hinter diesem Slogan verbirgt sich ein Aktionsprogramm der Bürgerstiftung Büren, das alle Bürgerinnen und Bürger, besonders aber Jugendliche und Kinder zum Mitmachen motivieren möchte.
In diesem Jahr geht es konkret um die Gestaltung der Almeauen (Bereich zwischen Mittelmühle und Gut Holthausen). Hier sind verschiedene Einrichtungen zur Freizeitgestaltung geplant und vorgesehen (Mountainbike-Strecke, Barfußpfad etc.). Der Rat der Stadt Büren wird in einer seiner nächsten Sitzungen dazu beraten und abschließend entscheiden. Im Vorfeld möchten wir Sie/euch gern dazu informieren und in die Planungs-, Gestaltungs- und Umsetzungsmöglichkeiten mit einbeziehen. Diese wirklich gute Möglichkeit, schulübergreifend miteinander zu arbeiten, sollte jeder für sich und sein Umfeld nutzen. Wichtig ist, dass jeder mitmachen kann, egal ob stark oder schwach, groß oder klein, alt oder jung.
Eingeladen sind die Schülersprecher(innen), die Klassensprecher(innen) sowie deren Vertreter und ggf. Verbindungslehrer oder interessierte Lehrer.
Das gemeinsame Treffen findet statt am
Mittwoch, 26. März 2008, um 12.00 Uhr in der Niedermühle Büren, Bahnhofstraße.
Anwesend sein wird auch ein Vertreter des Bauhofs Büren, der detailliert zu den geplanten Vorhaben Auskunft geben kann. Es wird wirklich sehr interessant.

Wir würden uns über Ihr/euer Kommen sehr freuen!

Mit freundlichen Grüßen

Bärbel Olfermann

Das Treffen mit den Schülern M2

Der Einladung der Bürgerstiftung folgten 39 Schülerinnen und Schüler als Vertreter für ihre Mitschüler. Auch einige Lehrerinnen und Lehrer waren mitgekommen. Bei dem Treffen stellte Herr Piel, der die Arbeit des Bauhofes leitet, den Plan für die Gestaltung der Almeaue vor. Zunächst aber begrüßte Frau Olfermann, die Vorsitzende der Bürgerstiftung,

Frau Olfermann präsentiert den Schülern das Projekt

die Runde. Einen Ausschnitt aus der Veranstaltung zeigen folgende Äußerungen, die die Wortbeiträge sinngemäß wiedergeben:

Frau Olfermann: Ich freue mich, dass ihr so zahlreich erschienen seid. Damit hatte ich gar nicht gerechnet. Aber das zeigt ja, dass ihr an einer Verbesserung der Freizeitmöglichkeiten hier in Büren sehr interessiert seid. Diesen Wunsch hatten uns ja auch schon häufiger Jugendliche vorgetragen. Wir möchten mit euch die Almeaue für Kinder und Jugendliche attraktiver machen. Auf dem Spielplatz nebenan habt ihr vielleicht schon als kleine Kinder gespielt. Jetzt geht es darum, auch für ältere Kinder und Jugendliche mehr Freizeitbeschäftigungen anzubieten. Herr Piel wird euch das Projekt nun näher vorstellen.

Herr Piel: Ich glaube, dass euch das Projekt gefallen wird. Das Wichtigste soll ein Mountainbike-Parcours sein. Von meinen Kindern weiß ich, dass der sicher gut ankommen wird. Dann müssen die Kinder bzw. wir Eltern nicht erst immer 30 Kilometer bis zum nächsten Parcours fahren. Das soll aber noch nicht alles sein. Für die, die gerne Ballspiele machen, soll es ein Beachvolleyball-Feld geben. Und die Basketballfans können sich auf einem Streetballfeld mit Basketballkörben austoben. Abwechslung und Spaß könnt ihr auch beim Barfußpfad finden. Reizvoll wird für euch sicher auch die geplante Tibetbrücke sein, die aus schwankenden Holzbohlen gebaut wird und über die Alme führt. So ist für jeden etwas dabei.

Matthias M.: Das sind ja gute Ideen! Aber ich kann mir die Mountainbike-Strecke noch nicht richtig vorstellen.

Herr Piel: Sie soll ungefähr 300 Meter lang sein. Verschieden hohe Hügel ermöglichen abwechslungsreiche Auf- und Abfahrten. Der Parcours ist für Anfänger geeignet, aber auch solche Jugendliche, die schon länger mountainbiken und etwas anspruchsvoller sind.

Die geplante Freizeitanlage

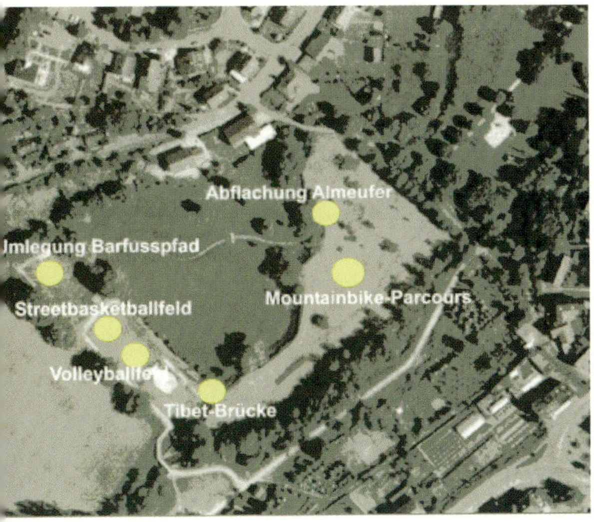

Dennis G.: Wie wollen Sie das wissen? Dann müssten wir Kinder ja selbst dabei mitsprechen können, wie hoch die Hügel werden und wo sie sich auf der Strecke befinden sollen!

Herr Piel: Ja, gut, das könnt ihr dann ja auch mitbestimmen. Wenn wir den Parcours bauen, könnt ihr selbst dabei sein und eure Ideen äußern. Ihr könnt sagen, wie und wo ihr die Hügel haben wollt.

Frau Olfermann: Es ist uns ganz wichtig, dass ihr Schüler selbst mit anpackt. Die ganze Aktion soll an einem Freitagnachmittag und am folgenden Samstag laufen. Möglichst viele Kinder und Jugendliche sollen dabei sein und mitmachen. Nicht nur ihr, sondern auch viele eurer Mitschüler. Ihr sollt die Freizeitanlage nicht wie ein Geschenk auf den Tisch gestellt bekommen, sondern selbst daran mitbauen. Ihr könnt stolz sein, wenn ihr das geschafft habt. Das wird dann eine starke Sache, ein großes Gemeinschaftserlebnis für euch!

Lisa R.: Dann gibt es aber sicher viel Durcheinander, wenn alle zusammenkommen und keiner weiß, wie etwas aufgebaut wird, und keiner weiß, was er machen soll.

Herr Piel: Sicher, aber die Mitarbeiter vom städtischen Bauhof werden alles gut vorbereiten. Sie sorgen für das ganze Material, die Erde, das Holz, das Werkzeug, für Karren, Schippen und Rechen. Wir werden vorher auch mit euch Gruppen für die einzelnen Arbeiten bilden und jede Gruppe wird von einem Fachmann betreut. Jeder kann sich einbringen. Es gibt viel zu tun! Es sollen auch Sträucher und Bäume gepflanzt werden. Einige Stellen müssen gepflastert werden.
Maria H.: Dann werden wir am Ende aber ganz schön geschafft sein!
Frau Olfermann: Das kann ich mir auch gut vorstellen. Dafür habt ihr dann auch eine tüchtige Stärkung verdient. In der Mittagszeit könnt ihr euch mit Bratwurst und Getränken stärken und abends nach der getanen Arbeit wird gegrillt. Es gibt eine schöne Party mit Musik. Die Schülerband der Hauptschule wird für fetzige Musik sorgen.
Daniel T.: Eine super Sache!
Frau Olfermann: Es ist ja schön, dass ihr von der Aktion genauso begeistert seid wie wir bei der Bürgerstiftung. Aber unser Projekt können wir nicht einfach so durchführen. Das ist keine Privatsache wie Blumenpflanzen im Garten zu Hause, sondern geht die ganze Öffentlichkeit an. Deshalb muss zuerst der Stadtrat entscheiden, ob die Anlage so gebaut werden kann, wie ihr sie jetzt kennengelernt habt.
(Autorentext)

1. Stellt fest, wer das Schreiben (M 1) verfasst hat und an wen es sich richtet.
2. Beschreibt, worin das Projekt der Bürgerstiftung besteht (M 1 und M 2).
3. Stellt euch vor, ihr hättet als Klassensprecher an der Informationsveranstaltung teilgenommen. Beschriftet und gestaltet ein DIN-A 3-Blatt als Plakat, auf dem ihr eure Mitschüler über das Projekt informiert und für das Mitmachen zu gewinnen versucht.
4. Was haltet ihr davon, dass die Bürgerstiftung
   a) den Schülerinnen und Schülern die geplante Anlage vorstellt und
   b) diese auch an dem Aufbau der Freizeitanlage beteiligen will (M 2)? Begründet eure Meinung.
5. Stellt fest, wer über die Verwirklichung der Freizeiteinrichtung entscheiden muss, bevor die Schülerinnen und Schüler aktiv werden können (M 2).
6. a) Berichtet, ob in eurer Stadt auch schon Kinder und Jugendliche bei Projekten mit einbezogen worden sind.
   b) Erörtert, wo bzw. in welchem Bereich eurer Stadt etwas für Kinder und Jugendliche getan werden könnte.

▶ Der Rat entscheidet M 3

Gestern Abend in der letzten Sitzung vor den Sommerferien standen zehn verschiedene Punkte auf der Tagesordnung, die der Stadtrat in Büren zu diskutieren und zu verabschieden hatte. Als vierten Punkt rief der Bürgermeister die Umgestaltung der Almeaue zu einer Freizeitanlage für Kinder und Jugendliche auf. Zunächst trugen Herr Helle (CDU), Frau Ziebarth (SPD) und Herr Voß (FDP), die schon im Bauausschuss über das Projekt beraten hatten, ihre Zustimmung für das Vorhaben vor. Sie äußerten, dass die Stadt damit etwas Sinnvolles für die Jugend schaffe. Mehr Freizeiteinrichtungen seien gut für Kinder, auch

Ratsmitglieder stimmen ab

damit sie nicht so viel am Computer sitzen und sich mehr bewegen. Andere Stadträte machten jedoch auch kritische Bemerkungen. Frau Koch, die die Bürgerinnen und Bürger aus dem Wahlbezirk vertritt, in dem die Freizeitanlage errichtet werden soll, befürchtete, dass die Bewohner in der näheren Umgebung sich von Lärm gestört fühlen könnten und sich dann bei ihr beklagten. Schon jetzt hätten einzelne Bürger diesbezüglich ihre Sorgen geäußert. Andere Ratsmitglieder gaben zu bedenken, dass die Freizeiteinrichtungen am Rande der Stadt liegen. Wenn sie vor allem von den Abendstunden an nicht mehr genutzt würden und nicht mehr unter der Aufsicht der Nachbarschaft seien, könnten sie als „Ort wilder Treffen“ missbraucht und zerstört werden.

Dem standen aber auch einige befürwortende Aussagen gegenüber. Herr Caspari meinte, dass die Nachbarschaft ja nicht unmittelbar an die Freizeitanlage angrenze. „Es müsste schon äußerst laut zugehen, um sich gestört zu fühlen. Man darf die Jugend auch nicht schlechter reden, als sie ist.“ Herr Kuschel sah vor allem positiv, dass die Kinder und Jugendlichen selbst an dem Aufbau der Freizeiteinrichtungen mitwirken. „Das wird dazu führen, dass sie das, was sie aufgebaut haben, auch nicht zerstören werden.“ Bürgermeister Runge, der sich auch in die Diskussion einschaltete, gab zu bedenken, dass die Schüler in die Planungen und Vorüberlegungen zu dem Projekt ja schon mit einbezogen worden seien. Sie freuten sich auf die neuen Freizeitmöglichkeiten, wie er von seinen eigenen Kindern wisse, man könne sie jetzt nicht plötzlich enttäuschen. „Wir haben ihr Interesse für die Kommunalpolitik geweckt, sie setzen sich mit Eifer für ihre Interessen ein, gestalten ihre Freizeitwelt mit und werden in einer einmaligen Aktion die Gemeinschaft mit vielen anderen Schülerinnen und Schülern erleben, das darf nicht scheitern!“ Herr Lüke lobte, dass das Projekt die Stadt nicht viel koste, weil die Bürgerstiftung immerhin 5000 Euro dazugebe. Dieses Geschenk solle man nicht ablehnen. Die kritischen Stimmen wurden leiser. Schließlich ließ der Bürgermeister abstimmen: 25 Ratsmitglieder stimmten für das Projekt, 11 stimmten dagegen und zwei enthielten sich der Stimme.

(Autorentext)

1. Im Stadtrat wird über die Errichtung der Freizeitanlage entschieden. Macht die Entscheidungsfrage, vor welcher der Stadtrat steht, sichtbar: Schreibt in die Mitte einer Heftseite „Soll die Freizeitanlage ‚Almeaue‘ gebaut werden?“ und kreist sie ein. Schreibt um die Frage stichwortartig die Pro-Argumente in grüner und die Kontra-Argumente in roter Farbe (M 3). Diskutiert, welche Argumente für euch die besseren sind und den Ausschlag geben sollten.

2. Schreibt einen Brief an die Nachbarn der Freizeitanlage, in dem ihr diese über die Entscheidung des Stadtrates informiert und ihnen ihre Befürchtungen zu nehmen versucht.

3. Überlegt, welche weiteren Probleme, außer denen mit den Nachbarn, auftreten könnten. Was könnte man tun, um alle genannten Probleme nach Möglichkeit zu vermeiden oder zu verringern?

Im Folgenden werdet ihr in einzelnen Unterrichtsstunden immer wieder Anregungen dafür bekommen, etwas zur Kommunalpolitik in eurer Stadt zu erkunden. Zum Schluss könnt ihr auch ein Projekt durchführen, in dem ihr an einem oder mehreren Tagen alle Arbeitsergebnisse zu den bearbeiteten Aufgaben aufbereitet oder noch ergänzt. Damit ihr im Verlaufe der Unterrichtsreihe entsprechend die Ergebnisse sichert, weisen wir euch jetzt schon auf die Möglichkeit und Vorgehensweise bei einem solchen Projekt hin.

Methode Projekt

Mit dem Begriff Projekt bezeichnet man ein Vorhaben, das man planen und durchführen will.

- Lehrerinnen/Lehrer und Schülerinnen/Schüler entwerfen ein solches Vorhaben gemeinsam, die Schüler sind also an einem Projekt schon bei der Planung in höherem Maße beteiligt, sie sollen ihre Interessen und Vorschläge weitgehender einbringen können, als das bei der „normalen" Unterrichtsplanung möglich ist. Wichtig für die Projekt-Methode ist auch, dass am Ende in der Regel ein bestimmtes vorzeigbares „Produkt" steht, das man ggf. der Öffentlichkeit präsentieren kann.
- Das Projekt bietet euch die Möglichkeit, euch ausführlicher mit einigen Aufgaben und Fragen zu beschäftigen, wozu ihr im normalen Unterricht nicht die Zeit hättet. Ihr könnt dort auch mit Methoden arbeiten, die eine Unterrichtsstunde oft nicht zulässt (z. B. ein Interview machen, Experten befragen, eine Umfrage durchführen, Fotos machen, eine Internetrecherche durchführen, eine Einrichtung besuchen).
- Wichtig ist, dass ihr euch zum gewählten Thema auf konkrete Aufgaben und Fragen einigt, die ihr bearbeiten wollt und könnt. Eure Lehrerin oder euer Lehrer kann euch dazu Hilfestellungen geben. Für die „Präsentation" der Ergebnisse eurer Projektarbeit könnt ihr z. B. Wandzeitungen anfertigen, eine Präsentation mit dem Computer vorbereiten und durchführen, eine Broschüre zusammenstellen oder Plakate entwerfen.

Zum Thema *„Kommunalpolitik"* möchten wir euch verschiedene Möglichkeiten vorschlagen, die ihr auch in unterschiedlichen Gruppen bearbeiten könnt:

- Darstellung der *Arbeit des Stadtrates* aus den letzten zwei Monaten (besorgt euch u. a. Tagesordnungen und Protokolle von Ratssitzungen sowie Presseartikel). Erarbeitet ein vom Stadtrat behandeltes Thema genauer. Besucht eine Ratssitzung, ladet ein Ratsmitglied ein.
- Erstellt eine *Broschüre*, in der ihr anderen Kindern und Jugendlichen eure Stadt vorstellt (ggf. reicht auch ein Flyer). Denkt dabei vor allem daran, was Kinder und Jugendliche interessieren könnte und was sie unbedingt wissen müssten. Wenn ihr technisch schon dazu in der Lage sein solltet, könnt ihr das auch auf einer Seite im Internet darstellen oder auf die Homepage der Stadt stellen lassen.
- Macht eine *Erkundung* beim Bürgermeister und deren Auswertung (wie auf S. 219 näher dargestellt).
- Ihr könntet mit einer *„Detektivarbeit"* aktiv werden, wie sie in M 16 beschrieben wird.
- Testet eure Stadt oder euren Stadtteil hinsichtlich der in M 18 genannten Merkmale von *Kinderfreundlichkeit*. Stellt die positiven und negativen Seiten dar. Dokumentiert diese und macht evtl. Verbesserungsvorschläge (siehe dazu auch Aufgabe 2 im Kasten am Schluss des Kapitels).
- Recherchiert, ob auch andere Städte so wie Lippstadt (M 19) auf ihrer *Internetseite* Kinder und Jugendliche berücksichtigen. Entwerft eine *Homepage*, die euch für eure Stadt gefallen könnte.

(Autorentext)

In M 3 wird berichtet, dass der Stadtrat über die Errichtung der Freizeitanlage entscheidet. Im Folgenden werdet ihr über das Fallbeispiel hinausgehend etwas genauere Informationen über die Arbeit im ***Stadtrat*** *(M 4), über* ***die Bürgermeisterin/den Bürgermeister*** *(M 5/M 6) und über die* ***Stadtverwaltung*** *(M 7) erhalten.*

▶ Der Stadtrat – ein Interview M4

Daniel hat Herrn Helle schon häufiger in der Nachbarschaft gesehen, aber erst jetzt erfahren, dass er dem Stadtrat angehört. Das interessiert ihn, weil auch er an dem Vorbereitungstreffen für die Umgestaltung der Almeaue teilgenommen und dort erfahren hat, dass der Stadtrat über die neuen Freizeiteinrichtungen entscheiden sollte. Um zu wissen, was ein Stadtrat eigentlich ist, stellt er ihm folgende Fragen:

Daniel: Seit wann gehören Sie dem Stadtrat an?

Herr Helle: Vor drei Jahren haben mich die Bürger in meinem Wahlkreis in den Stadtrat gewählt. In zwei Jahren wird dann wieder neu gewählt. Wenn die Bürger mit mir zufrieden sind, werden sie mich vielleicht wieder wählen.

Daniel: Sie müssen also etwas für die Bürger tun?

Herr Helle: Oh ja, ich muss ihre Interessen vertreten. Sie kommen zum Beispiel zu mir, wenn sie sich durch zu viel Verkehrslärm gestört fühlen oder wenn Eltern einen neuen Spielplatz für ihre Kinder haben wollen. Gestern waren Bürger bei mir, die unbedingt eine zusätzliche Straßenbeleuchtung haben wollten. Auch Kinder und Jugendliche äußern ihre Wünsche. So habe ich erfahren, dass sie gern mehr Freizeitmöglichkeiten hätten. Oft besuche ich Feste oder Vereinsveranstaltungen, bei denen ich von den Sorgen der Bürger höre. Manchmal lese ich auch Leserbriefe in der Zeitung, in denen Bürger sich beschweren. Es ist aber nicht immer einfach, es allen recht zu machen. Ich kann nicht immer alle Wünsche erfüllen. Ich allein kann das ohnehin meistens nicht, das geht nur zusammen mit allen anderen Vertretern im Stadtrat.

Daniel: Wie viele Kollegen haben Sie im Stadtrat?

Herr Helle: Noch 37 weitere Ratsfrauen und Ratsherren sind mit mir im Stadtrat vertreten. Dazu kommt dann noch der Bürgermeister, der auch zum Stadtrat gehört. Er hat den Vorsitz. Das ist ein ziemlich kleiner Stadtrat. In größeren Städten gibt es natürlich auch größere Stadträte. In einer Stadt mit 50000 bis 100000 Einwohnern beispielsweise hat er 50 Mitglieder.

Daniel: Verdienen Sie als Stadtrat viel Geld?

Herr Helle: Nein, nein, gar nicht viel. Den Lebensunterhalt für mich und meine Familie muss ich ganz normal mit meinem Beruf als Lehrer verdienen. Von der Stadt bekomme ich kein Gehalt. Ich erhalte nur eine kleine Aufwandsentschädigung, vor allem für die Zeit, die ich investiere, und die Kosten, die damit verbunden sind, zum Beispiel für Telefongespräche, allgemeine Büroarbeit oder die Benzinkosten. Allein davon leben könnte man nicht. Ich bin nur – wie man sagt – ehrenamtlich politisch tätig. Ich muss schon Spaß an der Kommunalpolitik haben.

Daniel: Wie viel Zeit verbringen Sie mit der Politik?

Herr Helle: Die Politik betreibe ich in meiner Freizeit. Da kommen schon viele Stunden zusammen. Wir Stadtratsmitglieder treffen uns zwar nur einmal im Monat zu einer Ratssitzung, aber das ist noch längst nicht alles. Wir teilen uns die viele Arbeit, die wir in der Kommunalpolitik haben, auf, wir machen sozusagen Gruppenarbeit. Die Gruppen heißen bei uns Ausschüsse. Darin arbeiten wir intensiv an einem Thema oder Problem. Ich bin im Bau- und im Verkehrsausschuss. An Bauten und dem Verkehr in der Stadt hatte ich schon immer ein besonderes Interesse. Die jeweiligen Ausschussmitglieder sind dann sozusagen die Experten, die sich besonders gut bei ihrem Thema auskennen und eine Entscheidung vorbereiten. Über einfachere und nicht so kostspielige Angelegenheiten entscheiden wir

Herr Helle (Bildmitte) bei einer Ausschusssitzung

im Ausschuss selbst, zum Beispiel über den Bau eines Fußgängerüberweges. Über größere, wichtige Vorhaben und Ausgaben wie einen Schulneubau oder die Freizeitanlage diskutieren wir natürlich auch, aber über die Verwirklichung muss später der gesamte Stadtrat endgültig entscheiden. Der Ausschuss gibt ihm nur eine Empfehlung.
Daniel: Aber wenn Sie nur in Ihrer Freizeit Politik machen, dann können Sie doch nicht alle Informationen und Kenntnisse allein zusammentragen.
Herr Helle: Das stimmt. Die Stadtverwaltung hilft uns dabei. Sie erstellt für uns die nötigen Informationen und Vorlagen, die wir gründlich durcharbeiten müssen, um richtige Entscheidungen zu fällen.
Daniel: Streiten die Ratsmitglieder sich auch schon einmal?
Herr Helle: Es kommt darauf an. Einer Meinung sind wir nicht immer. Die Vorhaben, über die wir entscheiden, sind manchmal sehr teuer, da müssen wir genau überlegen, wofür das Geld in der Stadt ausgegeben werden soll. Die einen wollen das Geld für einen neuen Kunstrasenplatz, die anderen für ein neues Feuerwehrfahrzeug verwenden. Da gibt es einfach verschiedene Meinungen, jeder will sich durchsetzen. Das liegt auch daran, dass wir verschiedenen Parteien angehören. Einige gehören der CDU an, andere der SPD, manche den Grünen oder der FDP. Dadurch gibt es schon verschiedene Interessen. Aber wir bleiben immer fair und akzeptieren am Ende auch die mit Mehrheit getroffene Entscheidung. Das nennt man demokratisch.

(Autorentext)

Herr Helle informiert in dem Interview (M 4) über Aufgaben, Verdienst und Arbeitsorte eines Stadtratsmitgliedes. Erarbeitet diese Inhalte im Einzelnen anhand der folgenden Aufgaben:

1. Beschreibt die Hauptaufgaben eines Stadtratsmitgliedes. Erläutert sie an weiteren möglichen Beispielen. Welche Schwierigkeiten können sich ergeben?
2. Stellt fest, wo das Mitglied des Stadtrates sich an Diskussionen und Entscheidungen beteiligt.
3. Erklärt, was Herr Helle über die Ausschüsse innerhalb des Stadtrates sagt.
4. Wer hilft dem Stadtrat, sachkundig zu diskutieren und zu entscheiden?
5. Worauf ist zurückzuführen, dass die Stadträte nicht immer einer Meinung sind?
6. Erklärt anhand der Aussage von Herrn Helle in seiner letzten Antwort, was „demokratisch" bedeutet.
7. Darüber hinaus gibt Herr Helle in seinen Aussagen noch weitere Informationen über den Stadtrat bzw. Mitglieder des Stadtrates. Stellt diese zusammen.
8. Versucht, z. B. durch Anfrage bei der Stadtverwaltung oder auch mithilfe eurer Eltern oder eures Lehrers, festzustellen, wer die Bürgerinnen und Bürger in eurem Wohnbezirk im Stadtrat vertritt. Versucht mit der Person Kontakt aufzunehmen und einen Besuch zur Information zu vereinbaren. Erstellt ein Porträt von ihm oder ihr.

▶ Der Bürgermeister/die Bürgermeisterin – das „Oberhaupt" der Stadt M 5

Der Bürgermeister oder die Bürgermeisterin ist das „Oberhaupt" einer Stadt. In großen Städten ist dieses der Oberbürgermeister oder die Oberbürgermeisterin. Sein bzw. ihr Arbeitsplatz befindet sich im Rathaus.
Er (oder sie) wird (ab 2009) alle sechs Jahre von der Mehrheit der Bürgerinnen und Bürger

Rathaus in Lemgo

gewählt in der Erwartung, dass er in ihrem Interesse handelt und sich für ihr Wohl einsetzt. Damit das geschieht, lenkt er die politischen Entscheidungen für die Stadt. Er kann sie aber nicht allein treffen, denn diese werden ja, wie ihr schon erfahren habt, vom **Stadtrat** gefällt.

- Der Bürgermeister informiert und berät den Stadtrat bei seiner Arbeit. Er lädt zu dessen Sitzungen ein und bestimmt auch die Tagesordnung, d. h., er legt fest, wann der Stadtrat bzw. worüber er entscheidet. Bei den Ratssitzungen führt er den Vorsitz, er führt also durch die Tagesordnung und erteilt den Stadträten das Wort. Er beteiligt sich auch selbst an den Diskussionen. Damit für die Menschen, die in der Stadt leben, gute Entscheidungen gefällt werden, muss er sich bei den für die Bürger wichtigen Themen sehr gut auskennen. Er muss auch genau wissen, was in den Gesetzen und Vorschriften steht, damit keine Entscheidung des Rates gegen diese verstößt. Der Rat kontrolliert deshalb auch sein Handeln.
- Der Bürgermeister bzw. die Bürgermeisterin trägt also eine große Verantwortung und hat somit auch sehr viel Arbeit zu erledigen. Er oder sie kann aber nicht alles allein leisten. Stellt euch nur einmal den Neubau einer Schule vor. Da müssen zahlreiche Entscheidungen getroffen und Arbeiten ausgeführt werden, damit die Schüler und Lehrer mit ihrer neuen Schule wirklich zufrieden sein können. Deshalb stehen ihm viele Mitarbeiter im Rathaus zur Seite. Diese bilden die sogenannte **Stadtverwaltung**. Der Bürgermeister ist ihr Leiter und Vorgesetzter. So weist er die Mitarbeiter an, Vorschläge und Lösungen für den Standort, die Größe und die Ausstattung der neuen Schule zu erarbeiten. Er lässt Kosten berechnen, Pläne zeichnen, Vorschriften prüfen und von Bauunternehmen Angebote einholen. Ebenso hat im Auftrag des Bürgermeisters die Stadtverwaltung darüber zu wachen, dass die Entscheidungen, die der Stadtrat getroffen hat, dann auch richtig in die Tat umgesetzt werden.
- Der Bürgermeister unterschreibt auch stellvertretend für die Stadt Verträge, er empfängt Gäste aus Partnerstädten und versucht Unternehmer davon zu überzeugen, Arbeitsplätze in seiner Stadt zu schaffen. Er diskutiert mit Schulleitern über die Einrichtung von Ganztagsschulen. Er hält Reden bei Festen und gratuliert hochbetagten Senioren zu „runden" Geburtstagen. Als oberster Vertreter der Stadt hat er damit einen „full-time-job".

(Autorentext)

Schüler zu Besuch beim Bürgermeister

1. Stellt in einer Übersicht dar, was der Bürgermeister oder die Bürgermeisterin mit dem Stadtrat zu tun hat. Schreibt auf die eine Seite das Wort Bürgermeister, auf die andere das Wort Stadtrat. Schreibt in den Zwischenraum stichwortartig an einen Pfeil, der vom Bürgermeister zum Stadtrat zeigt, welche Rolle dieser ihm gegenüber hat (M 5).
2. Begründet, warum dem Bürgermeister die Stadtverwaltung zur Seite steht und warum sie ihm untergeordnet ist.
3. Für wie viele Jahre wird der Bürgermeister in sein Amt gewählt (M 5)? Wie lange dauert die Amtszeit des Stadtrates (M 4)?
4. Man sagt, dass der Bürgermeister der Repräsentant (Stellvertreter) der Stadt ist. Worin kommt das zum Ausdruck (M 5)?

Die Wahlen entscheiden M 6

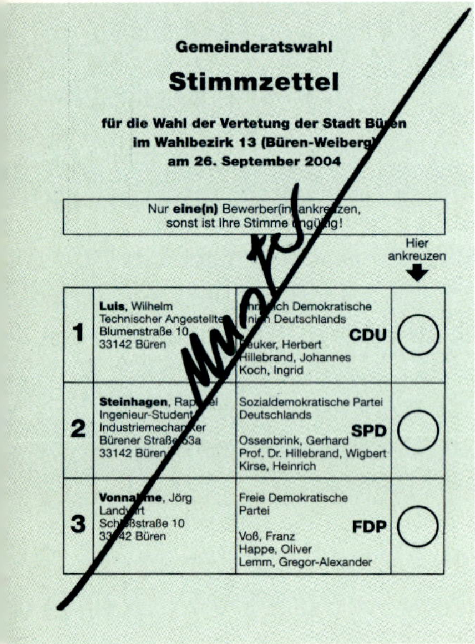

Die Bürgerinnen und Bürger wählen alle fünf Jahre sowohl den Stadtrat als auch den Bürgermeister. Ab 2009 wird der Bürgermeister alle sechs Jahre gewählt. Alle Deutschen und auch die Ausländer aus Staaten der Europäischen Union* ab dem 16. Lebensjahr sind bei den *Kommunalwahlen* dazu berechtigt, wenn sie in ihrer Gemeinde einen festen Wohnsitz haben. Vor der Wahl erhält jeder Wahlberechtigte eine entsprechende Benachrichtigung. Die Parteien stellen ihre Kandidaten für die Wahl auf, aber auch unabhängig von den Parteien kann man sich unter bestimmten Voraussetzungen zur Wahl stellen. Die Kandidaten machen sich bekannt, sprechen von ihren Erfolgen in den letzten fünf Jahren und kündigen an, was sie in den nächsten fünf Jahren für die Wähler tun wollen. Sie halten Reden, verteilen Werbebroschüren und machen manchmal Hausbesuche, um möglichst viele Stimmen zu bekommen. Gewählt ist die Kandidatin/der Kandidat für das Amt des *Bürgermeisters*, die/der die meisten der abgegebenen Stimmen erhalten hat.
Bei der Wahl zum *Stadtrat* ist das etwas komplizierter: Das Stadtgebiet wird in verschiedene *Wahlbezirke* eingeteilt, in z. B. 30. Hier kandidieren jeweils verschiedene Kandidaten der unterschiedlichen *Parteien*, z. B. von Partei A, B, C und D. Am Wahlabend werden zunächst die für jede einzelne Partei abgegebenen Stimmen addiert, die für diese jeweils in allen Wahlbezirken der Stadt zusammengekommen sind. So könnten z. B. Partei A 20 000, Partei B 10 000, Partei C 8 000 und Partei D 2 000 Stimmen bekommen haben, von insgesamt also 40 000 abgegebenen Stimmen.
Nun erhält eine Partei eine ihrem Verhältnis an allen Stimmen entsprechende Anzahl von Sitzen im Stadtrat. Das heißt: Wenn Partei A die Hälfte aller Stimmen gewonnen hat, bekommt sie auch die Hälfte der Sitze im Stadtrat. Partei C hat nur ein Fünftel der Stimmen gewonnen und erhält somit auch nur ein Fünftel aller Sitze im Stadtrat. Hat der Stadtrat z. B. 60 Sitze, bekommt Partei C 12 davon.
Wer aber sind nun die 12 glücklichen Stadträte? Zunächst können die sich freuen, die einen der 30 Wahlbezirke direkt gewonnen (also die meisten Stimmen in ihrem Bezirk erhalten) haben. Das könnten beispielsweise fünf Kandidaten von Partei C geschafft haben. Dann bleiben in diesem Beispiel noch sieben Plätze von den 12 übrig, die der C-Partei aufgrund ihres Stimmenanteils zustehen. Diese werden von den Politikern besetzt, die auf der sogenannten *Reserveliste* ihrer Partei stehen. Jede Partei stellt vor der Wahl eine solche Reserveliste auf.

(Autorentext)

1 Der Text in M 6 beschreibt, wie in einer Stadt die Kommunalwahlen ablaufen und welche Bedeutung sie haben. Stellt im Einzelnen fest:
a) Wer darf bei der Kommunalwahl wählen?
b) Wer bekleidet nach der Wahl das Amt des Bürgermeisters?
c) Welche Politiker können nach der Wahl in den Stadtrat einziehen?
d) Wonach richtet sich, wie viele Sitze bzw. Kommunalpolitiker eine Partei im Stadtrat erhält?

2 Versucht in Erfahrung zu bringen, wie der Rat eurer Stadt seit der letzten Wahl zusammengesetzt ist (Größe/vertretene Parteien). Erstellt dazu eine Übersicht (Schaubild).

Auf die Möglichkeit, im Rahmen einer Erkundung den Bürgermeister oder die Bürgermeisterin eurer Stadt und seine/ihre Arbeit näher kennenzulernen, hatten wir euch schon hingewiesen. Am einfachsten könnte das in der Form eines Besuchs eurer Klasse im Rathaus und eines Gesprächs mit dem Bürgermeister persönlich geschehen. Das muss organisatorisch (Terminabsprache usw.) und vor allem auch inhaltlich gut vorbereitet werden. Deshalb geben wir euch hier wichtige Hinweise dazu.

Methode — Erkundung

1. Sammelt in Gruppenarbeit die Themen, die ihr im Rahmen der Erkundung ansprechen und wovon ihr etwas erfahren wollt.
2. Tragt eure Ergebnisse zusammen und haltet fest, was bei dem Besuch zur Sprache kommen soll. Formuliert dabei auch schon einmal genau Fragen, die ihr vorbringen wollt.
3. Damit das Gespräch abwechslungsreich verläuft und alles zur Sprache kommt, legt fest, wer aus der Klasse welche Fragen stellen oder Themen ansprechen könnte.
4. Die Ergebnisse der Erkundung müssen festgehalten werden. Legt fest, wer Aussagen des Bürgermeisters mitschreibt, evtl. einen Rekorder bedient, um alles festzuhalten, und wer später das Gesagte auswertet und ggf. Fotos macht.
5. Vor der Erkundung müssen organisatorische Fragen geklärt werden: Legt einen Termin und einen Zeitraum für die Dauer des Besuches fest. Welcher Termin passt gut in euren Stundenplan? Wann hat der Bürgermeister Zeit? Dazu müsst ihr Kontakt mit dem Büro des Bürgermeisters aufnehmen. Wie ist das Rathaus am besten zu erreichen?
6. Wertet nach der Erkundung die Ergebnisse in der Klasse aus. Besprecht noch einmal den Besuch und präsentiert das, was festgehalten werden soll, z. B. auf DIN-A 3-Blättern oder Tapetenstücken im Klassenraum oder an einer anderen geeigneten Stelle in der Schule. Gestaltet die Ergebnisse so, dass sie informativ sind und das Interesse des Betrachters gewinnen. Eine weitere Möglichkeit wäre, über die Erkundung einen Bericht für die Schülerzeitung oder die Lokalzeitung zu schreiben.

▶ Die Stadtverwaltung — M 7a

Die Stadtverwaltung bearbeitet – wie ihr schon erfahren habt (M 5) – kommunalpolitische Themen und Aufgaben für den Stadtrat und vor allem für den Bürgermeister. Die Stadtverwaltung, die sich im Rathaus befindet, ist aber auch eine wichtige Einrichtung für alle Bürgerinnen und Bürger. Sie erfasst diese schon von Geburt an, wenn für sie eine Geburtsurkunde ausgestellt wird, und ist auch danach noch für sie bei bestimmten Anlässen zuständig. Sie kümmert sich um die Unterbringung der Kinder im Kindergarten und deren Einschulung.

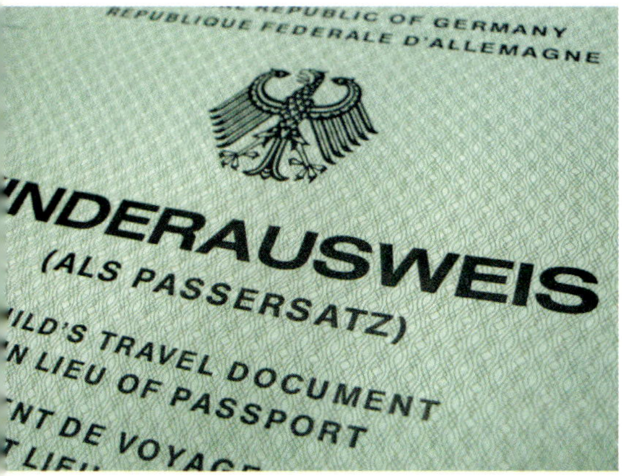

Die erwachsenen Bürger müssen sie auch immer wieder mal in Anspruch nehmen, z. B. wenn sie heiraten, einen Personalausweis benötigen oder ein Haus bauen wollen. Sie sorgt auch dafür, dass das öffentliche Leben in einer Stadt reibungslos abläuft, dass zum Beispiel die Haushalte zuverlässig mit Wasser versorgt werden, der Müll regelmäßig abgefahren wird, die Schüler mit Bussen zur Schule transportiert, die Grünanlagen gepflegt werden und bei Bränden die Feuerwehr schnell am Einsatzort ist. Sie kümmert sich auch darum, dass das nötige Geld für die Bezahlung aller städtischen Dienste zur Verfügung steht.

Die Stadtverwaltung ist in verschiedenen **Ämtern** organisiert. Darin arbeiten Beamte* und Angestellte*, die für ihren Aufgabenbereich spezialisiert

Wegweiser in einem Rathaus

sind. Im Erdgeschoss des Rathauses hängt ein Wegweiser an der Wand, der den Besucher informiert, wo im Haus welches Amt für sein Anliegen zuständig und wo dieses zu finden ist. Das erspart ihm langes Suchen in den Fluren und Gängen des Gebäudes. Die meisten Städte haben ihren Bürgern den Kontakt mit der Stadtverwaltung sehr erleichtert, indem sie im Eingangsbereich des Rathauses ein *Bürgerbüro* oder Bürgeramt eingerichtet haben, in dem die Menschen kleinere Angelegenheiten schnell erledigen können oder gleich die nötige Hilfe und Auskunft von den Bediensteten bekommen. Einen unkomplizierten Kontakt mit der Stadtverwaltung können die Bürger auch über die *Homepage* ihrer Stadt im Internet finden. Diese informiert z. B. darüber, bei welchen Angelegenheiten welches Amt zuständig ist und unter welcher Telefonnummer der entsprechende Sachbearbeiter zu erreichen ist. Manche Dinge lassen sich auch schnell online erledigen.

(Autorentext)

M 7b Welches Amt ist für die folgenden Angelegenheiten zuständig?

Ich brauche einen neuen Personalausweis.

Mein Freund hat seine Geldbörse verloren.

Alexander möchte seinen alten PC entsorgen.

Wir wollen Spielgeräte auf dem Pausenhof unserer Schule aufstellen.

Familie Huber hat einen Hund angeschafft. Die Hundesteuer ist fällig.

Die Biotonne ist zu klein für die Grünabfälle, es wird eine größere Tonne benötigt.

Der Nachbar mäht um 13.30 Uhr den Rasen, das Kleinkind kann deswegen nicht schlafen.

Frau Temme ist arbeitslos und weiß nicht, wie sie ihre Miete bezahlen soll.

Herr Toni will eine Pizzeria eröffnen.

Frau Müller möchte eine Garage für ihr Auto bauen lassen.

(Autorentext)

1. Schon in M 4 und M 5 habt ihr etwas über die Aufgaben der Stadtverwaltung erfahren. Welche Bedeutung steht in M 7a im Vordergrund?

2. Wo bzw. wie findet der Bürger einen Kontakt mit der Stadtverwaltung?

3. Seid ihr schon einmal in der Stadtverwaltung gewesen? Wenn ja, berichtet davon.

4. In M 7b seht ihr verschiedene Anliegen von Bürgern, die diese in der Stadtverwaltung zu erledigen haben. Ordnet sie den in dem Wegweiser von M 7a aufgeführten Ämtern richtig zu.

5. Geht auf die Internetseite eurer Stadt. Verschafft euch einen genauen Überblick auf dieser Seite, um zu sehen, wie ihr mit der Stadtverwaltung Kontakt aufnehmen könnt. Bei einigen Städten geht das z. B. über den Button „Rathaus online", es ist aber von Stadt zu Stadt unterschiedlich.
   a) Versucht herauszufinden, welches Amt jeweils für die in M 7b genannten Anliegen zuständig wäre.
   b) Ermittelt den Namen des Amtsleiters und dessen Telefonnummer.
   c) Jeweils zwei von euch können ein Amt in der Stadtverwaltung aufsuchen mit dem Ziel, dieses Amt näher vorzustellen. Orientiert euch dabei an der Methode der Erkundung (s. S. 219). Stellt dabei dem Leiter des Amtes u. a. Fragen nach
      – der Zahl der Mitarbeiter,
      – seinen Tätigkeiten an diesem Tag und ob der Tagesablauf typisch oder untypisch ist,
      – seiner Hauptaufgabe,
      – mit wem er häufig Kontakt hat und ob auch mit Kindern und Jugendlichen.

   Bringt ein Schriftstück oder Formular mit, das typisch für die Arbeit in dem Amt ist. Stellt dann das Amt in Form eines Steckbriefes vor.

M 8 Zusammenfassende Übersicht: So funktioniert die Kommunalpolitik

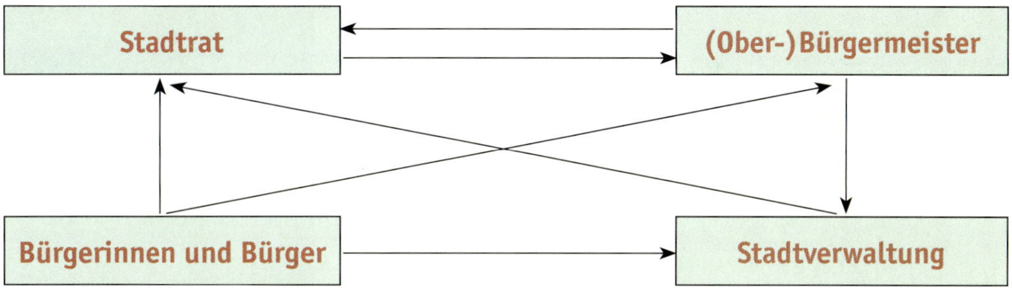

(Autorentext)

1. Die Bausteine der Kommunalpolitik in M 8 sind durch Pfeile miteinander verbunden. Aufgrund eurer Beschäftigung mit den Materialien M 5–M 7 müsstet ihr entscheiden können, welche der folgenden Beschriftungen zu welchem Pfeil gehören: „wählen", „leitet", „kontrolliert", „sitzt vor", „unterstützt", „wenden sich an". Zeichnet das Schaubild in euer Heft und nehmt dort die richtige Beschriftung vor.

2. Welcher Baustein in dem dargestellten Zusammenhang ist eurer Meinung nach der wichtigste? Begründet eure Entscheidung.

3. Überlegt und prüft, ob man einen der vier Bausteine herauslösen könnte. Was wären jeweils mögliche Folgen, wenn man auf einen Baustein verzichten wollte?

2. Aufgaben von Gemeinden – ein Finanzierungsproblem

In den bisherigen Materialien habt ihr schon am Rande erfahren, welche Aufgaben in einer Stadt zu bearbeiten sind. Im Folgenden sollen diese noch etwas genauer betrachtet werden. Dabei werdet ihr auch feststellen, dass die Finanzierung dieser Aufgaben nicht immer einfach und in der Regel umstritten ist.

M9

Aufgabenbereiche einer Stadt M 10

(Autorentext)

▶ Eine Gemeinde hat viele Aufgaben – warum? M 11

Die Stadt errichtet Schulen und Kindergärten, lässt Straßen und Spielplätze bauen. Stadthallen werden errichtet, damit dort Konzerte und Theateraufführungen stattfinden können. Für Bürger, die bauen möchten, werden Bauplätze erschlossen.
Diese und viele weitere Aufgaben erledigt eine Stadt für ihre Einwohner. Dafür gibt es verschiedene Gründe. Ein Grund ist der, dass ein Bürger allein oder auch eine kleine Gruppe von Leuten gar nicht in der Lage wäre, die vielen Einrichtungen mit eigenem Geld zu bezahlen. Wer kann sich schon ein *Hallenbad* in seinem Haus leisten? Es wäre auch viel zu teuer, wenn jede Familie eine eigene Erzieherin für ihre Kinder einstellen würde. Also müssen *Kindergärten* gebaut werden.
Nicht nur zu teuer wäre es, wenn jeder seinen eigenen Müll zu einer *Deponie* oder Müllverbrennungsanlage bringen müsste, es wäre auch viel zu unbequem, unpraktisch und zeitraubend. Wahrscheinlich würden deshalb viele den Abfall einfach wegwerfen und die Landschaft verschandeln. Das sähe nicht nur unschön aus, sondern es könnten auch Bö-

den verseucht und Tiere und Menschen in ihrer Gesundheit gefährdet werden. Wenn die Stadt solche Aufgaben nicht übernähme, würde vieles in Unordnung geraten.
Aus einem anderen Grund muss eine Gemeinde beispielsweise für die *Straßenbeleuchtung* sorgen. Denn wenn ein Bürger diese auf seinem Grundstück errichten würde, hätte ja nicht nur er den Nutzen vom Schein der Straßenlaterne, sondern auch seine Nachbarn, ohne dass diese aber etwas dafür bezahlen würden. Also hielte er es für unsinnig, eine Straßenbeleuchtung anzulegen, wenn nur er die Kosten tragen müsste, aber auch andere einen Nutzen davon hätten. Wenn jeder so dächte, würde es keine Straßenbeleuchtung geben und es bliebe nachts stockdunkel. Damit sich aber die Bürger auch bei Dunkelheit einigermaßen sicher bewegen können (man denke an einen Sturz oder auch an einen Überfall!), muss schließlich die Stadt für eine ausreichende Beleuchtung sorgen.
Grundsätzlich unterscheidet man *zwei Arten von Aufgaben* für eine Gemeinde. Die einen bekommt eine Stadt von ihrem Bundesland oder der Bundesregierung als *Pflichtaufgaben* auferlegt. So müssen Schulen gebaut werden, die Strom- und Wasserversorgung ist sicherzustellen, ebenso die Entsorgung von Müll und die Instandhaltung von Straßen. Daneben gibt es die *freiwilligen Aufgaben*, zu denen z. B. der Bau eines Hallenbades, der Betrieb eines Krankenhauses oder einer Bibliothek gehören.

(Autorentext)

1. a) Beschreibt die in den Bildern von M 9 dargestellten Aufgaben, die eine Stadt für ihre Bürger wahrnimmt. Ordnet sie den in M 10 zusammengefassten Aufgabenfeldern zu.
   b) Nennt weitere Einrichtungen, Anlagen oder Tätigkeiten einer Stadt, die ihr möglicherweise kennt, und ordnet sie ebenfalls der Übersicht in M 10 zu.
2. In M 11 werden an Beispielen Begründungen dafür gegeben, warum eine Stadt viele Aufgaben für ihre Bürger wahrnimmt. Erklärt diese mit euren Worten und fasst die Gründe allgemein formuliert knapp zusammen.
3. Erklärt, nach welchen Gesichtspunkten zwischen zwei Aufgabenarten einer Stadt unterschieden wird.

M 12 Viele Wünsche an die Stadt – wenig Geld in der Stadtkasse!

Ein junger Familienvater:
„Ich wohne schon seit zwei Jahren mit meiner Familie in einem Neubauviertel. Auch andere Familien mit kleinen Kindern wohnen hier. Aber wo können diese spielen? Auf der Straße ist es zu gefährlich. Deshalb muss jetzt ein Kinderspielplatz gebaut werden."

Ein Rentner:
„Für uns Senioren muss mehr getan werden. Die Zahl der Älteren nimmt immer weiter zu. Wir wollen genau wie die Jugendlichen zu unserem Recht kommen. Wenn diese schon ein ‚Haus der offenen Tür' haben, dann fordern wir eine Altentagesstätte."

Eine ältere Dame:
„Wenn ich spät abends von einem Besuch bei meiner Freundin nach Hause gehe, muss ich einen Gehweg benutzen, der nicht beleuchtet ist. Ich fühle mich unsicher und habe Angst, bedroht und überfallen werden zu können. Für die vielleicht nötigen zehn Laternen wird ja wohl noch genügend Geld da sein."

Eine Jugendliche:
„Für uns Jugendliche müsste die Freizeit interessanter werden. Viele interessieren sich für Musik. Aber die Stars und tollen Gruppen spielen nur in großen Städten. Deshalb sollte die Stadt mindestens viermal im Jahr einen Bus bestellen und bezahlen, mit dem die jungen Leute zu einem großen Konzert fahren können."

Der Leiter der städtischen Musikschule:
„Ich möchte gern die Bigband vergrößern. Deshalb stelle ich den Antrag, zwölf verschiedene Musikinstrumente und Notenblätter neu anzuschaffen."

Die Vertreter eines Leichtathletikclubs:
„Die Leistungen unserer Sportler müssen besser werden. Deshalb brauchen wir mehr Übungsleiter. Die Stadt soll das Geld zur Verfügung stellen, um sie bezahlen zu können."

Ein Schulsprecher:
„Unser Schulhof ist öde und der Asphalt ist löchrig. Wir brauchen eine völlig neue Schulhofgestaltung."

Ein Sozialarbeiter:
„Aufgrund meiner Arbeit kenne ich in meinem Stadtteil viele Jugendliche aus sozial schwachen Familien, die noch nie im Ausland Urlaub machen konnten. Ich würde gern einmal mit ihnen nach Spanien fahren und dort auf einem Zeltplatz campen. Die Stadt müsste dazu einen Zuschuss geben, damit die Jugendlichen die Fahrt bezahlen können."

Der Vorsitzende eines Sportvereins:
„Unser Sportheim ist zu alt, der Putz in den Umkleidekabinen fällt schon von den Wänden. Außerdem ist es zu klein, wir haben in den letzten Jahren immer mehr Jugendmannschaften bekommen. Für Feiern brauchen wir einen neuen großen Gastronomiebereich. Also: Wir beantragen, ein komplett neues Sportheim zu bauen."

Eine Mutter:
„Ich wohne mit meinen Kindern an einer viel befahrenen Straße. Es ist ein Wunder, dass noch kein Kind überfahren worden ist. Auch die Geschwindigkeitsbeschränkung von 50 km/Std. nützt nichts. Deshalb muss die Stadt die Fahrbahn durch aufgestellte Blumenkübel und andere Vorkehrungen verengen."

(Autorentext)

▶ Der Haushaltsplan – reicht das Geld? M 13

Die Aufgaben einer Stadt sind zahlreich, und die Wunschliste der Bürger ist endlos lang. Die Finanzmittel aber reichen in aller Regel nicht aus, um sie alle und vor allem nicht gleichzeitig erfüllen zu können. Deshalb stellt der sogenannte Kämmerer in der Stadtverwaltung für jedes Jahr einen Haushaltsplan auf. In ihm wird einerseits bis auf den Euro genau aufgeführt, wie viel Geld die Stadt in dem bevorstehenden Jahr für verschiedene Vorhaben und Anschaffungen ausgeben will. Andererseits wird dem gegenübergestellt, mit welchen Einnahmen sie rechnen kann. Wenn der Plan fertiggestellt ist, sieht er wie ein dickes Buch aus. Der Stadtrat diskutiert ihn, veranlasst ggf. Änderungen und beschließt ihn dann endgültig. Das ist einer seiner wichtigsten Beschlüsse überhaupt. Die Stadt muss sich strikt an diesen Ausgabenplan halten und darf nicht mehr Geld ausgeben, als beschlossen worden ist. Nur in ganz besonderen Ausnahmefällen ist das mal möglich.

(Autorentext)

1. Lest die in M 12 geäußerten Wünsche der Bürger. Die Finanzmittel der Stadt reichen nicht aus, um alle zu erfüllen. Führt eine Diskussion (siehe Methodenkasten „Fishbowl-Diskussion“) darüber, welche Forderungen eurer Meinung nach verwirklicht werden sollten und welche nicht oder nur teilweise. Notiert die Gesichtspunkte, die in der Diskussion vorgebracht worden sind. Welche haltet ihr für die wichtigsten? Begründet eure Meinung.
2. Erklärt, warum ein Haushaltsplan erforderlich ist. Worüber informiert er? (M 13)
3. Versucht beim Kämmerer in der Stadtverwaltung in Erfahrung zu bringen, inwieweit auch eure Schule im Haushaltsplan berücksichtigt wird.

Methode Fishbowl-Diskussion

1. Eine Gruppe von Schülern diskutiert vor oder in der Mitte der Klasse über ein Problem. Ein jeweiliger Interessenstandpunkt kann von einem bestimmten Schüler vertreten werden.
2. Die übrigen Schüler der Klasse beobachten die Diskussionsgruppe (sie wird wie Fische in einem Aquarium beobachtet – daher kommt der Begriff „Fishbowl“-Methode).
3. Ein zusätzlicher Platz in der Diskussionsrunde kann unbesetzt bleiben. Hier kann jemand aus der Beobachtergruppe Platz nehmen, wenn er einen Beitrag leisten oder die möglicherweise stockende Diskussion voranbringen möchte.
4. Ein Schüler oder der Lehrer/die Lehrerin (L) leitet die Diskussion. Aufgaben und Regeln für die Moderation sind: das Wort erteilen; alle Meinungen zulassen; sich mit keinem der Diskutierenden verbünden; niemanden bevorzugen oder benachteiligen; für Ruhe sorgen, wenn es zu laut wird; die Diskussion abschließen und Ergebnisse zusammenfassen.
5. Die Beobachter geben nach der Diskussion eine Rückmeldung über das Verhalten der Diskutanten: Schauen die Gesprächspartner sich an? Reden sie verständlich? Lassen sie andere ausreden? Bringen sie überzeugende Argumente vor? Gehen sie auf Argumente des Vorredners ein? Bleiben sie beim Thema? Respektieren sie andere Meinungen?
6. Die an der Diskussion nicht beteiligten Schüler notieren vorgebrachte Argumente bzw. Gesichtspunkte.

(Autorentext nach: Wolfgang Mattes, Methoden für den Unterricht, Schöningh Verlag, Paderborn 2002, S. 54)

3. Wie Schüler „Politik“ machen können

In den beiden ersten Abschnitten habt ihr in Grundzügen gelernt, wie die Kommunalpolitik funktioniert. Das Fallbeispiel in M 1 – M 3 hat euch gezeigt, wie Erwachsene die Interessen von Kindern und Jugendlichen in kommunalpolitischen Entscheidungen vertreten haben. Das geschah aber eher zufällig auf Anregung von außen, die „Politiker“ hatten das ursprünglich nicht so geplant. Die folgenden Materialien zeigen euch, welche Möglichkeiten einige Städte speziell für ihre Kinder und Jugendlichen geschaffen haben, um deren Interessen systematisch zu erfassen und zu berücksichtigen.

Kinderparlamente – das Beispiel der Stadt Hilden M 14

Das Kinderparlament setzt sich aus gewählten Vertreterinnen und Vertretern aller Hildener Schulen zusammen und vertritt die Interessen der Kinder in Hilden.

Die Vertreterinnen und Vertreter werden am Anfang jedes Schuljahres in den

– 3. und 4. Klassen der Grundschulen
– 5. bis 7. Klassen der weiterführenden Schulen

für ein Jahr gewählt. Danach kann die Amtszeit mit dem Einverständnis in der jeweiligen Klassenstufe um ein Jahr verlängert werden.

Die gewählten Mitglieder treffen sich ca. einmal im Monat in den jeweiligen Arbeitskreisen. Zweimal im Jahr findet unter dem Vorsitz des Bürgermeisters eine große Sitzung im Bürgerhaus statt. Hieran können alle Hildener Kinder teilnehmen, um ihre Fragen zu stellen und Wünsche zu äußern. Am Ende des Jahres fährt das gesamte Kinderparlament auf Abschlussfahrt. Die Mitglieder haben für diesen Tag schulfrei.

Beim ersten Treffen suchen sich die neuen Mitglieder einen der folgenden Arbeitskreise aus:

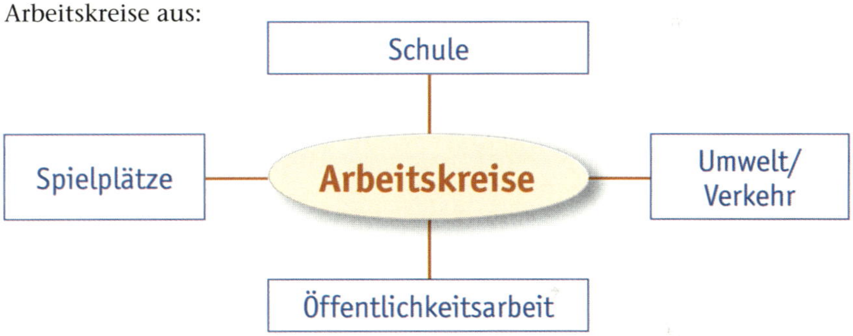

Das Logo des Kinderparlaments wird an einem städtischen Bus befestigt.

Beiträge von Schülervertretern in einer Sitzung des Kinderparlamentes: M 15

„Wir wollen neue Toiletten an der GGS Kalstert."

„An der Unterführung zur Wilhelm-Fabry-Realschule ist jeden Morgen ein Gedränge, denn wenn es geregnet hat, sind die Steine auf einem Stück ganz glatt. Da rutscht man dann runter. Am besten wäre es, wenn man alles aus festem Stein machen würde."

„Ich möchte, dass die Busfahrer der Linie 741 nicht einfach weiterfahren, wenn sie Kinder kommen sehen, sondern auf sie warten."

„Wir wünschen uns einen Zebrastreifen an der Kreuzung Köbener Straße/ Steinhauer Straße, um zur Elbseeschule zu kommen."

„Einige Schüler aus unserer Klasse wünschen sich richtige Tore für den Fußballkäfig. Es gibt oft Streit, ob das nun ein Tor war oder nicht, weil man das nicht sehen kann."

(Auszugsweise entnommen: http://www.kinderparlament-hilden.de)

1. a) Welche Kinder können Mitglied im Kinderparlament von Hilden werden (M 14)?
   b) Wie viele Kinder in dem Parlament vertreten sind, könnt ihr – neben vielen anderen Informationen und Bildern – auf der Internetseite www.kinderparlament-hilden.de finden.
2. Überlegt, warum auch die Lehrer bei der Besetzung des Kinderparlamentes eine Aufgabe haben könnten.
3. Entnehmt den Informationen auf der Internetseite, wie die Wünsche der Kinder zu den Kommunalpolitikern gelangen, die letztlich nur allein über deren Verwirklichung entscheiden (M 14).
4. Erklärt, warum es sinnvoll ist, dass die Mitglieder des Kinderparlaments sich auf verschiedene Arbeitskreise aufteilen (M 14).
5. Stellt die Betätigungsfelder zusammen, um die die Mitglieder des Kinderparlaments sich kümmern (M 15). Ermittelt weitere Aktionen auf der Internetseite des Kinderparlaments. Ordnet sie den betreffenden Arbeitskreisen zu (M 14).
6. Nähere Informationen zur Einrichtung von Kinder- und Jugendparlamenten und ihren Rechten findet ihr ggf. auf der Internetseite http://www.kinderpolitik.de/beteiligungsbausteine/strategien.php?page_id=b5_1

„Detektivarbeit" – Kinder werden aktiv M 16

Interessierte Kinder des Ortes sind zur Kinderversammlung beim Bürgermeister eingeladen. Dort geht es um die Ergebnisse der jungen Detektive in den Wohngebieten. Kürzlich durften Kindergruppen aus den Grundschulen mit Lehrern und Leuten vom Kinderbüro durch die Straßen und über Plätze, Höfe und Spielflächen ziehen, um nachzuschauen, was dort im Argen liegt, und auch um festzustellen, was Kinder in ihrem Wohnumfeld mögen. Insgesamt waren sechs Kindergruppen unterwegs. Da kam eine Menge Kritik zusammen, aber auch positive Dinge, wie die freundlichen Aufforderungen für Hundebesitzer, ihre Vierbeiner doch jenseits der Spielflächen auszuführen, oder dass der neue Sportplatz der Oberschule nachmittags allen Sportbegeisterten offensteht.

(Deutsches Kinderhilfswerk [Hrsg.], Kinderreport Deutschland 2004, München 2004, S. 154f.)

Kinderbüro M 17

Hallo und herzlich willkommen beim Kinderbüro, wir sind auf eurer Seite und vertreten eure Interessen!

Liebe Kinder,
Paderborn setzt sich ein für die Interessen der Kinder in dieser Stadt. 2001 wurde das Kinderbüro Paderborn eingerichtet, um eure Wünsche und Vorstellungen zu sammeln und möglichst viel davon wahr werden zu lassen.
Auf dieser Internet-Seite könnt ihr euch über die wichtigsten Fragen und Veranstaltungen informieren und gleichzeitig Anregungen geben, wie diese Stadt noch kinderfreundlicher werden kann. Jede Anfrage wird garantiert beantwortet, und vielleicht ergibt sich daraus ja sogar eine feste Zusammenarbeit.

(http://www.paderborn.de/microsite/jugendamt/kinderbuero.php)

Merkmale von Kinderfreundlichkeit M 18

Folgende Merkmale wollen Städte verwirklichen, die für Kinderfreundlichkeit sorgen und ihre Kinder und Jugendlichen dabei mitwirken lassen:

genügend Platz für Kinder

Verkehrssicherheit

ungestörte, „heimliche“ Treffpunkte

die Chance auf spannende, nicht-alltägliche Erlebnisse

Erreichbarkeit von anderen Kindern

Möglichkeit zur Naturerfahrung

gefahrlos erreichbare Orte

Möglichkeiten zum Rückzug und Ungestörtsein

(Nach: Gerhard Lehwald: Partizipation und Lernen von Demokratie in der Großstadt, in: http://www.kinderpolitik.de/beteiligungsbausteine/aktionsfelder.php?page_id=c4_1)

Internetseite einer Stadt für ihre jungen Bürger M 19

www.stadt-lippstadt.de/flippstadt.htm

Die Seiten weiterer 138 Städte in NRW findet ihr unter: www.kindersache.de/politik/kpl-resultat.php?Land=NRW&Suche=&Pos=11

Kinderpolitische Landkarte NRW M 20

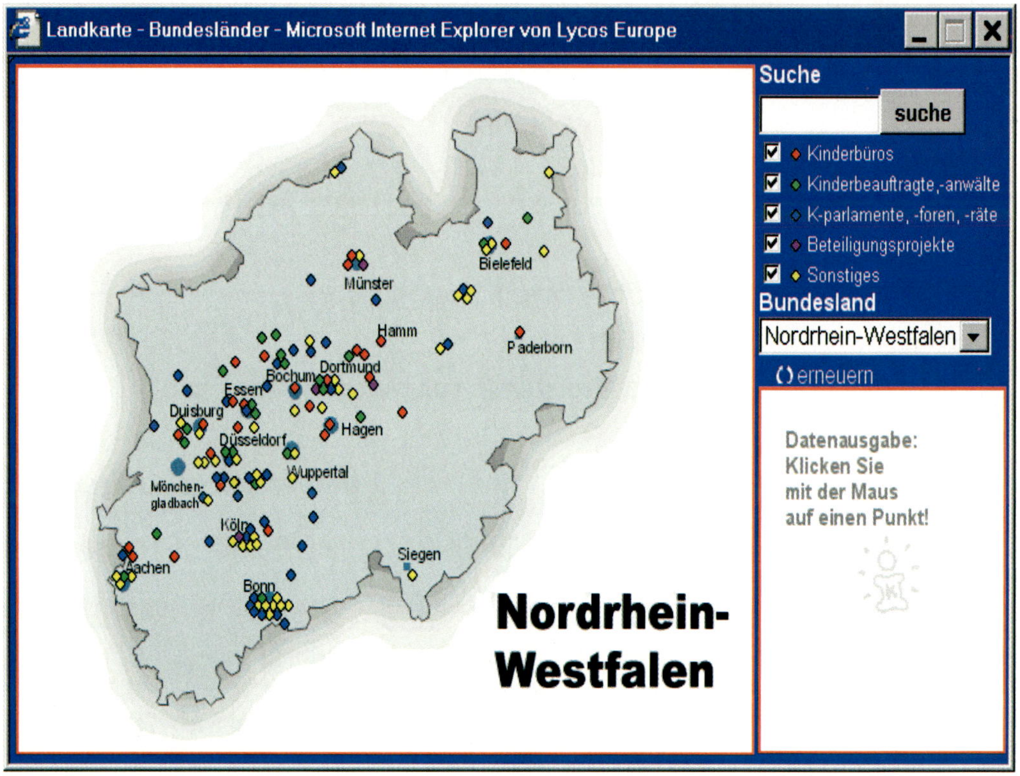

www.kinderpolitik.de/kinder-politische_landkarte/inhalte/laenderboxen/karten/nrw.gif oder www.kinderpolitik.de/kinder-politische_landkarte/suche_bundesweit.php

1. Überprüft, ob die in M 16 und M 17 dargestellten Möglichkeiten der Mitwirkung von Kindern in eurer Stadt vorhanden sind.

2. In M 18 werden in einem Überblick Merkmale einer kinderfreundlichen Stadt genannt. Prüft, inwieweit diese Merkmale in eurer Stadt bzw. eurem Lebensumfeld erfüllt sind. Erörtert, welche Verbesserungen ihr euch vorstellen könnt. Sammelt eure Ideen, formuliert Wünsche und Verbesserungsvorschläge. Damit diese Wirklichkeit werden, könnt ihr verschiedene Wege gehen: mit einem Mitglied des Stadtrates aus eurem Wohnbezirk Kontakt aufnehmen – dem Bürgermeister einen Brief schreiben oder ihn in den Unterricht einladen – falls vorhanden, euch an das Kinderparlament oder das Kinderbüro wenden – Unterschriften für eine Idee sammeln (siehe Methode: Projekt).

3. Die Stadt Lippstadt hat beispielhaft eine Internetseite für ihre Kinder und Jugendlichen erstellt (M 19). Klickt diese an (siehe die Quellenangabe) und stellt fest, was den Kindern auf dieser Seite angeboten wird. Bewertet und erörtert, was an dieser Seite für Kinder sinnvoll ist. Regt bei eurer Stadt (Stadtrat/Bürgermeister) an, eine ähnliche Seite für Kinder im Internet anzubieten.

4. Stellt fest, worüber die kinderpolitische Landkarte NRW (M 20) informiert. Geht dazu auf die in der Quelle angegebene Internetseite. Wird auch in eurer Stadt Kindern eine der angeführten Möglichkeiten gegeben, sich in die Kommunalpolitik einzubringen? Regt in eurer Stadt an, eine solche Möglichkeit einzurichten, falls diese noch nicht vorhanden ist.

Die Kompetenzseite — Zur Sicherung der Lernergebnisse

1. Fülle die Lücken in dem folgenden Text richtig aus:

Der __________ entscheidet in allen politischen Angelegenheiten der Stadt. Seine Sitzungen leitet der __________ . Dieser wird alle _____ Jahre von den ______________ gewählt.

Den Wunsch der Kinder nach einem Spielplatz vertritt in ihrem Wohnbezirk das entsprechende __________. Die Aufgabe der Planung des Spielplatzes übernimmt die __________. Diese ist in verschiedenen ______________ organisiert. Für eine Stadt gibt es _____ verschiedene Arten von Aufgaben. Die einen werden ihr als ______________ auferlegt, die anderen sind ______________ Aufgaben. Für die Erledigung der Aufgaben wird viel ________ benötigt. Im ____________ sind die Ausgaben und Einnahmen einander gegenübergestellt.

2. Löse das folgende Worträtsel.

Das Ausfüllen der Zeilen musst du in der Reihenfolge der Aufgaben von oben nach unten vornehmen.

1. In diesem Gebäude befindet sich die Stadtverwaltung.
2. Bezeichnung dafür, dass ein Ratsmitglied für seine Tätigkeit kein Gehalt bekommt.
3. Gruppe von Mitgliedern im Stadtrat, die sich um eine spezielle kommunalpolitische Thematik kümmert.
4. Daran können Kinder sich mit ihren Wünschen wenden.
5. Methode, bei der die Schülerinnen und Schüler ihre Stadt näher kennenlernen und die Ergebnisse präsentieren.
6. Wenn der Stadtrat mehrheitlich abstimmt und alle das Ergebnis akzeptieren, dann nennt man dieses Verhalten wie?
7. Begriff für die Politik, die sich um die Gestaltung des Lebensumfeldes der Bürger kümmert.
8. Darauf kreuzen die Bürgerinnen und Bürger ihren Wunschkandidaten für den Stadtrat an.

Das **Lösungswort** steht senkrecht in den farbigen Feldern. Wie heißt es?

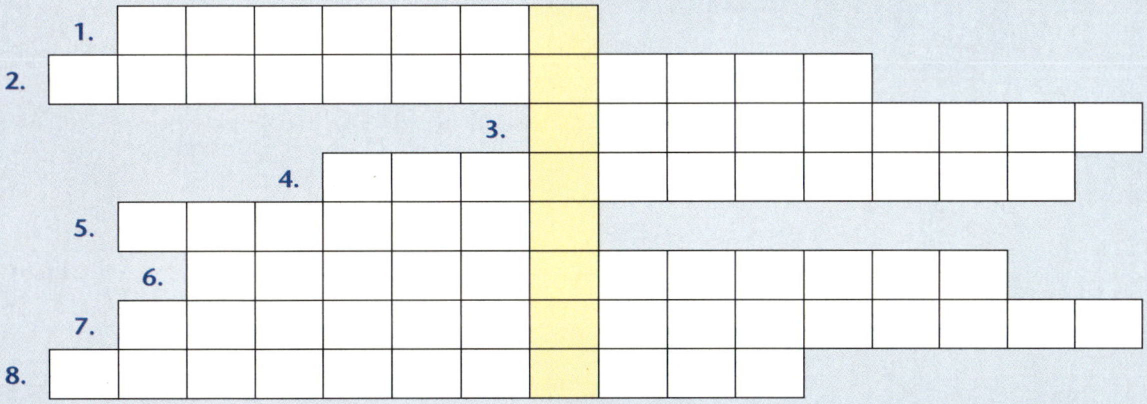

12 „Die Erde ist unsere Mutter" – Umweltschutz geht uns alle an

Zur Orientierung

Der Satz, den wir als Überschrift zu diesem Kapitel gewählt haben, stammt von einem bedeutenden Indianerhäuptling, der damit zum Ausdruck bringen wollte, dass alle Menschen, die heutigen und die zukünftigen, ohne eine saubere Natur nicht leben können (s. M 1). Deshalb geht es uns alle an, für eine saubere Umwelt zu sorgen. Vielleicht könnt ihr aus den Fotos auf diesen beiden Auftaktseiten entnehmen, um welche Bereiche der Natur es dabei vor allem geht.

Umweltschutz beginnt mit der Vermeidung von überflüssigem Müll. Der kurze ***erste Abschnitt*** *zeigt euch praktische Wege auf, wie ihr mit einem „Müllprojekt“ in eurer Schule zur Erreichung dieses Ziels beitragen könnt.*

Im ***zweiten Abschnitt*** *geht es um das Wasser, das man zu Recht als „Quelle allen Lebens auf der Erde“ bezeichnet hat. Inwiefern die Versorgung mit sauberem Trinkwasser in vielen Ländern der Erde zu einem dramatischen Problem geworden ist und was wir bei uns tun können, um unsere Lebensquelle zu erhalten, wird in diesem zweiten Abschnitt dargestellt.*

Das Problem des „Klimawandels“ war im Jahr 2007 das vielleicht am heftigsten diskutierte Thema in der Politik. Warum gerät die Erde „ins Schwitzen“? Welche schlimmen Folgen für uns alle können sich aus der zunehmenden Erderwärmung ergeben? Was können, was müssen wir tun, um diese Entwicklung aufzuhalten? Zu diesen Fragen erhaltet ihr im ***dritten Abschnitt*** *einige wichtige Hinweise.*

„Wir sind ein Teil der Erde" M1

Wir sind ein Teil der Erde

Auszüge aus einer Rede, die Häuptling Seattle 1855 an den Präsidenten der Vereinigten Staaten von Amerika gerichtet haben soll:

Jeder Teil dieser Erde ist meinem Volk heilig. [...] Glänzendes Wasser, das sich in Bächen und Flüssen bewegt, ist nicht nur unser Wasser. [...] Die Flüsse sind unsere Brüder – sie stillen unseren Durst. Die Flüsse tragen unsere Kanus und nähren unsere Kinder. [...]
[...] Der Indianer mag das sanfte Geräusch des Windes, der über eine Teichfläche streicht – und den Geruch des Windes, gereinigt vom Mittagsregen oder schwer vom Duft der Kiefern. Die Luft ist kostbar für den roten Mann – denn alle Dinge teilen denselben Atem – das Tier, der Baum, der Mensch – sie alle teilen denselben Atem. [...] Lehrt eure Kinder, was wir unseren Kindern lehren: Die Erde ist unsere Mutter. Was die Erde befällt, befällt auch die Söhne der Erde. Wenn Menschen auf die Erde spucken, bespeien sie sich selbst. Denn das wissen wir, die Erde gehört nicht den Menschen, der Mensch gehört zur Erde.

(Quelle: Seattle – Wir sind ein Teil der Erde, Walter-Verlag, Düsseldorf, 25. Aufl. 1994; © Dedo Weigert Film GmbH, München)

▶ Was Umweltschutz bedeutet M 2

Der Begriff **Nachhaltigkeit** stammt ursprünglich aus der Forstwirtschaft: Man soll nicht mehr Bäume fällen, als nachwachsen können, weil der Wald lebenswichtig für eine gesunde Natur ist (s. später M 7 c).
Heute versteht man unter Nachhaltigkeit, dass wir in unserem gesamten Verhalten nicht auf Kosten nachfolgender Generationen leben sollen und dafür sorgen müssen, dass die natürlichen Lebensbedingungen für sie erhalten bleiben.

Alles, was um euch herum ist, was ihr seht, hört, riecht oder schmeckt – das alles gehört zu eurer Umwelt. Dazu zählen auch eure Familien und Freunde, Häuser, Autos und Straßen. Wenn wir aber heute von Umwelt sprechen, denken wir zuerst an Pflanzen und Tiere, an Erde, Wasser und Luft. Das alles ist die *natürliche Umwelt*, die wir, – manchmal auch vor uns selbst – schützen müssen, damit auch in einigen Jahren noch Menschen auf der Erde leben können. (In der Politik spricht man hier oft von *„Nachhaltigkeit"* und meint damit, dass wir nicht mehr Natur verbrauchen und zerstören dürfen, als wieder neu entstehen kann.)
Die meisten Dinge in der Natur hängen miteinander zusammen. Man spricht deshalb auch vom *Kreislauf der Natur*. Wenn zum Beispiel das Gift, mit dem ein Bauer Schädlinge bekämpft, auf die Felder kommt, werden vielleicht Hasen davon krank. Wenn so ein kranker Hase dann von einem Jäger geschossen und später gegessen wird, können auch Menschen davon krank werden. Wenn das Gift im Erdreich versickert und ins Wasser kommt, können Fische und Tiere, die das Wasser trinken, Krankheiten bekommen. Und auch wenn in der Stadt zu viele Abgase aus Schornsteinen und Autos in die Luft gepustet werden, kann das viel Unheil anrichten: Menschen bekommen Atemprobleme und die Bäume sterben, wenn sie zu stark mit den Schadstoffen belastet werden.
Umweltschutz umfasst alle Maßnahmen, die dazu beitragen, dass die natürliche Umwelt der Menschen erhalten bleibt, dass Boden, Luft, Wasser, Pflanzen und Tiere geschützt werden. Seit 1994 ist der Umweltschutz als Staatsziel im deutschen Grundgesetz* festgelegt.

(Gerd Schneider/Christiane Toyka-Seid, Politik-Lexikon für Kinder, Bundeszentrale für politische Bildung, Bonn 2006, S. 278 f.)

1. Erzählt mit eigenen Worten, wie Häuptling Seattle das Verhältnis seines Indianervolkes zur Natur beschreibt (M 1). Welche Bereiche unserer natürlichen Umwelt spricht er an? Was meint er mit dem letzten Satz des Textes?
2. Vergleicht M 2 mit M 1. Wo gibt es Übereinstimmungen zwischen dem Text aus dem Politik-Lexikon von 2006 mit dem, was der Indianerhäuptling vor über 150 Jahren gesagt hat?
3. Erklärt mit eigenen Worten, was man unter Umweltschutz versteht und wie seine Notwendigkeit begründet wird (M 2). Was ist mit dem heute oft gebrauchten Begriff „Nachhaltigkeit" gemeint?

1. „Einfälle statt Abfälle" – Wohin mit dem Müll?

„Tat-Ort" Schule M 3

Obwohl der Müll allen stinkt, gibt es von Jahr zu Jahr mehr davon. Auch wenn der Müll getrennt gesammelt und vieles weiter verwertet wird – das allerbeste Müllkonzept ist und bleibt: Müll vermeiden. Auch in der Schule. Und damit sind wir beim Thema. [...]
Denn obwohl Umweltunterricht in der Schule mittlerweile selbstverständlich ist und es viele gute Ratschläge hagelt, wie sich einzelne Leute am besten verhalten sollen: Kaum klingelt die Pausenglocke, ist es bei den meisten (inklusive vieler Lehrer und Lehrerinnen) mit den guten Vorsätzen schon wieder vorbei: Am Kiosk warten aufwendig verpackte Sü-

ßigkeiten, Tetrapaks, Puddingbecher usw. – und am Ende der Pause sieht es dann meistens so aus, als würde die Müllabfuhr streiken. Am Nachmittag kommt der Hausmeister und macht alles wieder sauber, damit am nächsten Tag das Spiel von vorne beginnen kann. Der Pausenkiosk ist aber bei weitem nicht der einzige „Tat-Ort“ an der Schule. In vielen Sekretariaten wird weder Papier gespart noch Umweltschutzpapier verwendet, die Kopierer spucken massenhaft einseitig bedruckte Blätter aus, zahlreiche Schüler und Schülerinnen schleppen in ihren Schultaschen kleine Sondermülldeponien mit sich herum: Tintenkiller, lösungsmittelhaltige Filzstifte und Marker, Radiergummis aus PVC u. v. m. Und wenn jede Schülerin und jeder Schüler in Deutschland nur 50 Tintenpatronen im Jahr verbraucht, ergibt das eine Müllmasse von ca. 200 Tonnen – so viel bringt eine stattliche Elefantenhorde mit ungefähr 50 Dickhäutern auf die Waage …

Wenn auch an eurer Schule immer wieder der Müllnotstand herrscht, und wenn euch das ganz gewaltig auf die Nerven geht: Erteilt dem Abfall eine Abfuhr. An vielen Schulen hat das schon geklappt. Warum also nicht auch an eurer?

(http://www.greenpeace4kids.de/fileadmin/4_kids/user_upload/aktionen/mell/TOS-Muell.pdf)

1. Führt auf dem Hintergrund von M 3 ein erstes Klassengespräch über die „Müll-Situation“ an eurer Schule: Was ist euch aufgefallen? Sieht es bei euch besser aus, als in M 3 beschrieben wird? Gibt es Anlass, etwas zu verbessern?

2. Wenn ihr euch dazu entschließt, ein „Müll-Projekt“ zu starten – ggf. mithilfe der Anregungen der Umweltschutz-Organisation Greenpeace (Näheres dazu in M 5) –, solltet ihr euch auf jeden Fall zunächst einmal kurz darüber informieren, was derzeit mit dem Müll geschieht, der an eurer Schule anfällt. Allgemeines dazu enthält M 4, Näheres könnt ihr selbst erkunden.

▶ Welche Arten von Abfall gibt es? M 4

Alle Abfälle, die im Bereich von Siedlungen (Dörfern, Städten) anfallen, werden mit dem Sammelbegriff *„Siedlungsabfälle“* bezeichnet. Neben Garten- und Parkabfällen, Straßenkehricht, Baustellenabfällen usw. werden vor allem *drei Arten* unterschieden, die zusammen rd. drei Viertel der gesamten Siedlungsabfälle ausmachen: Hausmüll, Sperrmüll und Gewerbeabfälle („Gewerbe“ bezeichnet die Gesamtheit aller Wirtschaftsbetriebe, also Industrie, Handwerk usw.).

Hausmüll ist Abfall aus privaten Haushalten, der je nach Verschmutzung der Beseitigung (Verbrennungsanlage) oder der Verwertung (Sortieranlage) zugeführt wird. Er kann aus verschiedenen Abfällen bestehen wie z. B. Pappe/Papier/Kartonagen, Glas, Textilien, sonstigen Wertstoffen. *Sperrmüll* ist ein sperriger Abfall, der in Haushalten anfällt, z. B. zerlegte Großmöbel, Kleinmöbel, Matratzen, Teppiche. *Hausmüllähnliche Gewerbeabfälle* fallen in Gewerbebetrieben, Dienstleistungsunternehmen und Industrieunternehmen an und enthalten keine schädlichen festen oder flüssigen Bestandteile. Diese Abfälle werden der Beseitigung oder Verwertung zugeführt und bestehen ebenfalls aus verschiedenen Abfällen wie Kunststoffen, Metallen, Holz, Pappe/Papier/Kartonagen, Textilien, Glas, Leichtverpackungen (Weißblech, Kunststoff, Alu) und sonstigen Rohstoffen.

(http://www.klees-container.de/modules.php?name=News&file=article&sid=2)

Wir starten ein „Müll-Projekt" an der Schule M 5

Selbst wenn eure Gruppe jeden Tag den Müll sammeln und brav in verschiedene Container sortieren würde: Ändern würde sich gar nichts. Nur der Hausmeister wäre vielleicht angenehm überrascht davon, dass Schüler heutzutage doch ganz nett sind. Irgendwann würde eure Gruppe wegen Freudlosigkeit zusammenschrumpeln wie ein alter Luftballon. Bevor ihr also anfangt, euch auf das Problem zu stürzen: Setzt euch in Ruhe zusammen, sammelt Ideen und überlegt, was ihr tun wollt und was ihr tun könnt. […]

- Sicher entstehen schon beim ersten Treffen viele Ideen, was man alles anstellen könnte: Schule zur dosenfreien Zone erklären, Umweltschutzpapier und umweltfreundliche Materialien an der Schule einführen, Pausenkiosk entmüllen und Pfandsysteme einführen usw.
- Um andere zu überzeugen, muss man sich zunächst selbst schlau machen. Selbst wenn ihr euch vorgenommen habt, die gesamte Schule umzukrempeln, bedenkt bitte: Jedes der aufgeführten Beispiele ist mit einem Batzen Arbeit und Überzeugungsarbeit verbunden. Auch wenn ihr es euch zutraut, mehrere größere Ziele in Angriff zu nehmen, ist es besser, sich zunächst einen Bereich herauszufischen. […]
- Mit einer *Umfrage* unter Schülern/Schülerinnen und Lehrern/Lehrerinnen könnt ihr herauskriegen, wie die Leute an eurer Schule mit Müll umgehen, wo sie Probleme sehen und ob sie bereit sind, mit euch gemeinsam etwas zu verändern. Auch die Ernährungsgewohnheiten lassen sich dabei aufs Korn nehmen. Denn nur im Werbefernsehen ernähren sich Hochleistungssportler von Milchschnitten. Ansonsten sorgen all die dreifach umwickelten Pausensnacks und Schokoriegel nur für wachsende Müllberge.

Natürlich kann die Umfrage auch anonym erfolgen.

Umfrage

Name: ______________________ **Klasse:** ________

1. Findest du/Finden Sie, dass an unserer Schule zu viel Müll produziert wird?

☐ ja ☐ nein
☐ das ist mir wurscht ☐ geht ja nicht anders

2. Hättest du/Hätten Sie Lust, bei einer Schul-Müll-Diät mitzumachen?

☐ ja ☐ nein, finde ich uncool
☐ ja, wenn's nicht zu anstrengend ist

3. Kaufst du/Kaufen Sie Hefte, Umschläge, Ordner usw. aus Altpapier/Karton?

☐ ja, immer ☐ nein
☐ manchmal ☐ gibt's in meinem Schreibwarenladen nicht

4. Was für einen Füller verwendest du/verwenden Sie?

☐ Patronenfüller ☐ Kolbenfüller
☐ Füller mit Tintenkonverter (nachfüllbare Patrone) ☐ gar keinen

5. Verwendest du/Verwenden Sie Kugelschreiber?

☐ ja, Kugelschreiber mit Wechselminen ☐ ja, Einweg-Kugelschreiber
☐ ich schreibe mit allem, was mir so zwischen die Finger kommt ☐ nein

6. Würdest du/Würden Sie umweltfreundliches Schulmaterial (Hefte etc. aus Altpapier, Textmarker und Faserschreiber ohne Lösemittel usw.) kaufen, wenn sie in der Nähe oder direkt an der Schule angeboten würden?

☐ ich kaufe nur solche ☐ auf jeden Fall
☐ nein ☐ vielleicht
☐ ja, wenn sie nicht teurer sind

7. Was hältst du/Was halten Sie von Tintenkillern?

☐ nützlich ☐ verzichtbar
☐ würde ich nie benutzen
☐ ich streiche alles durch
☐ benutze ich manchmal

8. Werden in der Klasse oft Kopien verteilt oder wird eher mit Tageslichtprojektoren gearbeitet?

☐ immer Kopien
☐ selten Kopien, meist werden TP eingesetzt
☐ gleich verteilt: mal TP, mal Kopien

9. Hat dein/Ihr Taschenrechner Batterien?

☐ ja ☐ ich rechne alles im Kopf aus
☐ ich rechne grundsätzlich nicht
☐ nein, ich habe einen Solarrechner
☐ nein, ich habe einen Rechner mit Akku

10. Nimmst du/Nehmen Sie sich von zu Hause ein Pausenfrühstück mit?

☐ nein, ich kaufe mir, was ich brauche, am Kiosk oder ____________________
☐ nein, ich frühstücke nicht in der Schule ☐ ja

11. Wenn ja, wie ist dein/Ihr Pausenfrühstück verpackt?

☐ Alufolie ☐ Butterbrotpapier
☐ Frischhaltebox ☐ anderes Behältnis ________

12. Ich trinke in der Pause aus

☐ Dose ☐ Getränketüte
☐ Einwegflasche ☐ Mehrwegflasche
☐ Plastikbecher ☐ Thermosflasche
☐ anderes Behältnis ____________________

13. Was machst du/machen Sie mit dem Abfall vom Pausenfrühstück?

☐ ich frühstücke müllfrei
☐ den schmeiße ich in die gelbe Tonne
☐ irgendwo wird er schon landen
☐ ich sortiere ihn auf die verschiedenen Tonnen
☐ wenn es Sortiertonnen gäbe, würde ich sie benutzen
☐ sonstige ____________________

14. Würdest du/Würden Sie Dosen und Einwegflaschen stehen lassen, wenn es Getränke in Pfandflaschen gäbe?

☐ ja ☐ nur, wenn sie nicht teurer wären
☐ nein, ist mir zu umständlich ☐ weiß ich noch nicht

15. Wie findest du/Wie finden Sie das Angebot am Pausenkiosk?

☐ gut ☐ geht so
☐ weniger gut ☐ schlecht
☐ müllintensiv

16. Was fehlt dir/Ihnen bei der Pausenversorgung?

____
____
____

17. Könnte man bei der Pausenversorgung auf bestimmte Verpackungen verzichten?

☐ ja, auf ____________________
☐ nein ☐ lose verkauftes Obst wäre gut
☐ belegte Brötchen auf die Hand ☐ Getränkedosen und Einwegflaschen durch Mehrweg ersetzen
☐ jeder sollte seinen eigenen Becher für den Getränkeautomaten mitbringen

18. Wie findest du/finden Sie es, dass wir die Schule müllfrei machen wollen?

☐ gut ☐ blöd
☐ hat ja eh keinen Zweck ☐ mir gehen alle Ökonasen auf den Sender

19. Würdest du/Würden Sie uns bei Aktionen unterstützen?

☐ ja ☐ manchmal
☐ nein ☐ wenn ich nicht im Müll herumwühlen muss
☐ es kommt drauf an, bei was für einer Aktion

(http://www.greenpeace4kids.de/fileadmin/4_kids/user_upload/aktionen/mell/TOS_Muell.pdf)

1. Wenn ihr euch dazu entschlossen habt, an eurer Schule in Sachen Müll aktiv zu werden, wird euch die in M 5 vorgeschlagene Umfrage eine Menge an Informationen zum „Müllzustand“ eurer Schule liefern (bei der Durchführung der Befragung und der Auswertung der Bögen kann euch euer Lehrer oder eure Lehrerin behilflich sein).

2. Für die Entscheidung für ein bestimmtes Projekt kann euch die Greenpeace-Information (s. die Quellenangabe zu M 5) wertvolle Hinweise und Anregungen liefern. Konkrete Anleitungen zu zwei möglichen Aktionen findet ihr z. B. auf den Seiten 8 (Müll-Analyse) und 10 (Aktionstag) dieser Greenpeace-Information.

2. Ohne Wasser läuft nichts!

M6 ▶ Wasser erfüllt wichtige Aufgaben

„Alles ist aus dem Wasser entsprungen und alles wird durch das Wasser erhalten.“
(J. W. Goethe)

Wasser ist einfach immer dabei: Beim Anblick eines leckeren Essens läuft es einem im Mund zusammen. Beim Heulen und auch beim Lachen schießt es aus den Augen. Bei Hitze tropft es aus den Poren. Es regelt die Körpertemperatur, löst und transportiert die Nährstoffe und schwemmt, was nicht mehr verwertet werden kann, aus dem Körper. Alle Lebewesen – Tiere, Menschen, Pflanzen – brauchen regelmäßig Wasser, um leben und wachsen zu können. Wasser ist Lebens- und Überlebensmittel. […]
Auch der menschliche Körper besteht zum größten Teil aus Wasser – zu über 60 Prozent. Dieses Wasser befindet sich in den Zellen. In jeder Körperzelle laufen lebenswichtige Stoffwechselreaktionen ab, die ohne Wasser nicht möglich wären. Deshalb kann ein Mensch zwar wochenlang auf feste Nahrung verzichten, aber nur wenige Tage ohne Wasser auskommen.

(http://specials.greenpeace.de/wassergeist/ohnenichts.html)

Zum Leben braucht der Mensch täglich 2,5 bis 3,5 Liter Wasser, wobei Wasser nicht nur in Form von Getränken, sondern auch über feste Nahrung aufgenommen wird. Obst und Gemüse zum Beispiel bestehen bis zu 90 Prozent aus Wasser, sind also auch wichtige Flüssigkeitslieferanten für den menschlichen Körper.
Wasser hat in allen Lebensbereichen eine entscheidende Funktion. Wasser ist **Lebensmittel** und **Nahrungsquelle**. Es ist **Lebensraum** für Pflanzen und Tiere. Es dient als **Transportmedium** für Güter aller Art. Wasser ist **Abfallträger** und **Abfallreiniger** zugleich. Es wird in der Industrie als **Rohstoff** genutzt, ist in Kraftwerken ebenso Mittel zur **Energieerzeugung** wie **Kühlmittel**. Landwirte und Gärtner brauchen es zur **Bewässerung** und viele Menschen nutzen es in vielfältiger Form zur **Erholung** und **Freizeitgestaltung**.
(Autorentext)

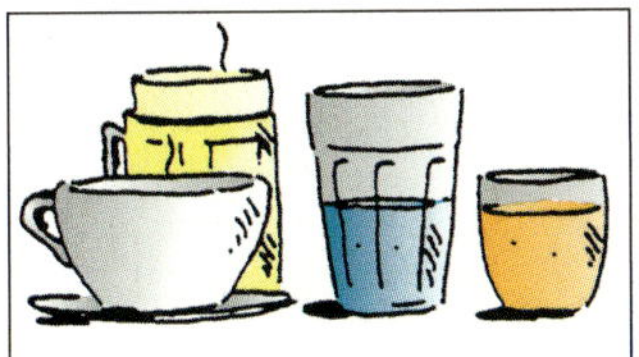
Wasser als: Trinkwasser/ Lebensmittel

Wasser als: ______ ?

Wasser als: ______ ?

Wasser als: ______ ?

Wasser als: ______ ?

Wasser als: ______ ?

Wasser als: ______ ?

Wasser als: ______ ?

Wasser als: ______ ?

(Westdeutsches Schulfernsehen [Hg.], Arbeitsmaterial für Schüler; Praxis Schulfernsehen 212/1994)

1. Beschreibt mit eigenen Worten, warum nach M 6 (erster Teil) „Wasser eigentlich immer dabei" ist.
2. Erläutert – ggf. auch mithilfe eures Lehrers oder eurer Lehrerin – die im zweiten Teil von M 6 hervorgehobenen Begriffe, mit denen die Bedeutung des Wassers in allen Lebensbereichen bezeichnet wird. Nennt jeweils konkrete Beispiele.
3. Ergänzt in den Grafiken die fehlenden Begriffe und nehmt dabei ggf. auf den Text Bezug.

M 7 Die Erde – der „blaue Planet"

M 7a Die Erde aus der Sicht der Astronauten

Die Ozeane bedecken über zwei Drittel unserer Erdoberfläche (rund 72 Prozent). Festes Land macht weniger als ein Drittel der Erde aus (rund 29 Prozent). Das wird deutlich, wenn wir die Satellitenfotos betrachten, die unseren Planeten aus großer Entfernung wiedergeben. Die Erde sieht dort aus wie eine schöne, blaufarbige Wasserkugel.

(http://www.wasserverband.de/html/forum_1.html)

▶ Unser Trinkwasser: nur ein Fingerhut voll M 7b

Ein Blick aus dem Fenster einer Raumstation beweist, dass die Erde ein Planet des Wassers ist. Das feste Land nimmt nur 29 Prozent der Gesamtoberfläche ein, die Ozeane dagegen mehr als zwei Drittel. Wer jetzt jedoch meint, wir besäßen Wasser im Überfluss, sollte über die Nutzbarkeit nachdenken.

Von den rund 1,36 Milliarden Kubikkilometern Wasser der Erde sind 97,5 Prozent *Meerwasser*, für den Menschen also ungenießbares *Salzwasser*. Nur 2,5 Prozent der Gesamtmenge sind *Süßwasser*. Der weitaus größte Teil davon – immerhin 68,75 Prozent – ist jedoch in den Eiskappen der Pole und den Gletschern in den Hochgebirgen gebunden. Auch das in der Atmosphäre* befindliche Wasser ist für den Menschen nicht nutzbar. Nur knapp 0,3 Prozent des Süßwassers, entsprechend 94 500 Kubikkilometern, kommen in Seen und Flüssen vor. Das *Grundwasser* ist nur teilweise nutzbar. Etwa die Hälfte davon befindet sich tiefer als 800 Meter unter der Erdoberfläche. Die den Menschen insbesondere für die *Trinkwasserversorgung* zur Verfügung stehende Wassermenge ist also sehr gering im Vergleich zu der auf der Erde insgesamt vorhandenen.

Wasser kommt auf der Erde flüssig, als Eis oder (dann als Wolke) als Gas vor. Das Foto zeigt einen Eisberg im Lago Argentino, einem riesigen See im Süden Argentiniens

Eine Badewanne fasst ungefähr 150 Liter Wasser. Wenn dies der Gesamtmenge des Wassers auf der Erde entspricht, dann ist davon knapp ein halber Eimer (4 Liter) Süßwasser. Von diesem sind wiederum rund 70 Prozent (2,8 Liter) Eis, gut ein Liter ist Grundwasser und nur ein Fingerhut voll (0,01 Liter) ist freies und gebundenes Oberflächenwasser.

(Naturstoff Wasser, Schriftenreihe der Vereinigung Deutscher Gewässerschutz e. V., Band 37, Bonn, 3. Aufl. 2004, S. 12f.)

▶ Der Wasserkreislauf M 7c

Der Wasserkreislauf der Erde lässt Süßwasser aus den riesigen Salzwasservorräten der Ozeane entstehen und sorgt so dafür, dass die Süßwasservorräte ständig erneuert werden. Angetrieben wird der Wasserkreislauf von der Sonne: Sonnenstrahlung lässt Wasser aus den Ozeanen, Seen und Flüssen, dem Boden und den Lebewesen *verdunsten*. So gelangt es in die Atmosphäre. Durch die Winde wird der Wasserdampf über die Erde verteilt, bis er irgendwo abkühlt, dadurch wieder flüssig wird und schließlich als *Niederschlag* (Regen, Schnee oder Hagel) wieder in Ozeane, Seen, Flüsse und in den Boden gelangt und von hier in die Lebewesen (Pflanzen usw.). Ein Teil des Wassers versickert und führt zur Neubildung von *Grundwasser* (siehe Abbildung).
Eine wichtige Rolle im Wasserkreislauf spielen auch die Lebewesen, vor allem die *Wälder*: Wälder spielen die Rolle eines Schwammes, der das Wasser nach Regenfällen zurückhält und anschließend nach und nach wieder abgibt. Baumwurzeln halten den Boden fest, der Wasser speichert; Baumkronen geben Moosen und anderen Pflanzen Schatten, die Wasser speichern, und die Bäume verdunsten Wasser, das dann wieder als Niederschlag fällt – große Wälder machen einen Teil ihrer Niederschläge selbst und beeinflussen weiträumig den Wasserhaushalt.

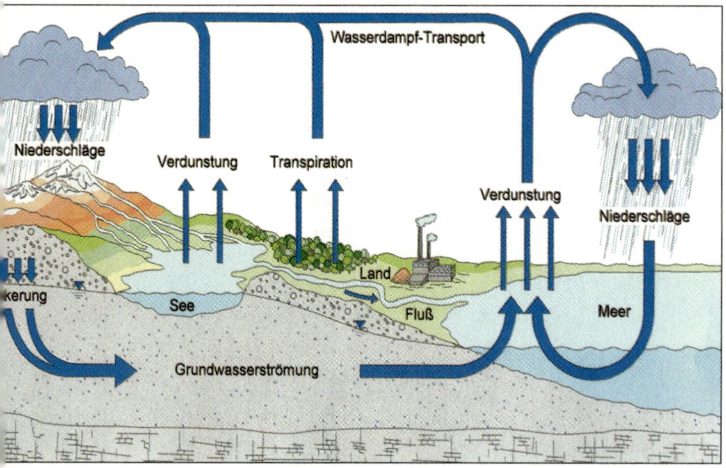

(http://www.oekosystem-erde.de/html/wasser.html)

1. Erklärt, inwiefern die Erde ein „blauer Planet" ist und warum trotz der gewaltigen Wassermassen auf der Erde nur ein sehr geringer Teil als Trinkwasser zur Verfügung steht (M 7a/b). Legt zu den verschiedenen Arten von Wasser und ihren jeweiligen Anteilen an der Gesamtmenge des Wassers eine kleine schematische Übersicht an.

2. Erläutert mithilfe des Textes, aber möglichst mit eigenen Worten den im Schaubild dargestellten „Kreislauf des Wassers" (M 7c). Erklärt insbesondere auch, welche Bedeutung die Wälder für den „Wasserhaushalt" haben. Nähere Erläuterungen findet ihr unter der angegebenen Internetadresse (www.oekosystem-erde.de/html/wasser.html).

▶ Eine Milliarde Menschen ohne Zugang zu sauberem Trinkwasser M 8

Jeden Tag sterben weltweit 4000 Kinder, weil ihnen sauberes Trinkwasser fehlt. Darauf weist UNICEF anlässlich des Weltwassertages am 22. März hin. 400 Millionen Kinder haben nicht einmal 20 Liter Wasser am Tag zur Verfügung. Fast jedes fünfte Kind der Erde muss damit ohne das absolute Minimum auskommen, das jeder Mensch zum Trinken, Kochen und die notwendigste Hygiene braucht.
„Trinkwassermangel und fehlende Hygiene sind Hauptursachen der hohen Kindersterblichkeit in vielen Ländern der Erde. Insbesondere in ländlichen Gebieten der Entwicklungs-

Slum-Siedlung an einer verschmutzten Hafenbucht in Manila (Philippinen)

Kadaver verdursteter Rinder in ausgetrockneten Weidegebieten in Somalia

Hunderte von Frauen an einem primitiven Brunnen in Indien

länder und in Slums muss die Versorgung verbessert werden“, erklärte der Vorsitzende von UNICEF-Deutschland, Reinhard Schlagintweit.

Am schlechtesten ist die Lage in *Afrika* südlich der Sahara: 43 Prozent der Bevölkerung müssen dort ohne sauberes Trinkwasser auskommen. Jedes fünfte Kind in der Region stirbt, bevor es fünf Jahre alt wird.

Weltweit ist der Anteil der Menschen, die ausreichend mit Trinkwasser versorgt sind, zwar von 77 Prozent (1990) auf heute 83 Prozent gestiegen. Auch der Zugang zu Toiletten oder Latrinen und einer Abwasserentsorgung verbesserte sich von 49 Prozent auf 58 Prozent. Doch mehr als eine Milliarde Menschen beziehen ihr Trinkwasser immer noch aus verschmutzten Quellen, Brunnen, Teichen oder Flüssen. 2,6 Milliarden Menschen – nahezu die Hälfte der Weltbevölkerung – haben bis heute keine sanitären Einrichtungen wie Latrinen oder eine Abwasserentsorgung.

Zwar wurde der größte Fortschritt bei der Wasserversorgung in *Asien* verzeichnet (seit 1990 von 71 Prozent auf 84 Prozent). Trotzdem leben dort nach wie vor die meisten Menschen, die ohne genügend sauberes Wasser auskommen müssen. Allein in China sind dies 288 Millionen Menschen – ebenso viele wie auf dem gesamten afrikanischen Kontinent.

Der Wassernotstand hindert auch viele Kinder am Schulbesuch. Insbesondere Mädchen müssen jeden Tag stundenlange Fußmärsche auf sich nehmen, um in Kanistern, Eimern oder Krügen Wasser zu beschaffen. Und weil viele Schulen keine getrennten sanitären Einrichtungen haben, dürfen die älteren Mädchen oftmals nicht mehr zum Unterricht kommen. Auch die wirtschaftlichen Folgen sind gravierend: Allein auf dem afrikanischen Kontinent gehen jedes Jahr schätzungsweise 40 Milliarden Arbeitsstunden durch Wasserholen verloren.

Weltweit ist die *Landbevölkerung* meist schlechtergestellt als die Einwohner von Städten. Nahezu zwei Drittel aller Menschen, die auf dem Land leben, müssen ohne Abwasserentsorgung auskommen. Das Gesundheitsrisiko, das durch den Mangel an Latrinen entsteht, ist in den wachsenden Slums der Großstädte jedoch wesentlich höher. Bereits heute lebt die Hälfte aller Stadtbewohner in den Entwicklungsländern in solchen Armutsvierteln.

(http://www.unicef.de/weltwassertag.html)

1. Mit M 8 wollen wir eure Aufmerksamkeit auf die Situation in vielen Entwicklungsländern lenken, in denen eine enorme Wasserknappheit und ein gefährlicher Mangel an sauberem Trinkwasser herrschen. Erläutert anhand des Textes, inwiefern dafür unterschiedliche Ursachen verantwortlich sind und welche schlimmen Folgen diese Situation hat. Zieht dazu auch die Fotos und die Weltkarte in Kapitel 13 heran.

2. Inwiefern besteht zwischen dem Problem zunehmender Wasserknappheit und dem Klimawandel auf der Erde ein Zusammenhang?

3. Vielfältige weitere Informationen zum Problem der weltweiten Wasserknappheit und zu möglichen Hilfsmaßnahmen findet ihr auf der Internetseite der Deutschen Welthungerhilfe: www.welthungerhilfe.de/wasserknappheit-entwicklung.html

▶ Der tägliche Wasserverbrauch im Haushalt in Deutschland M 9

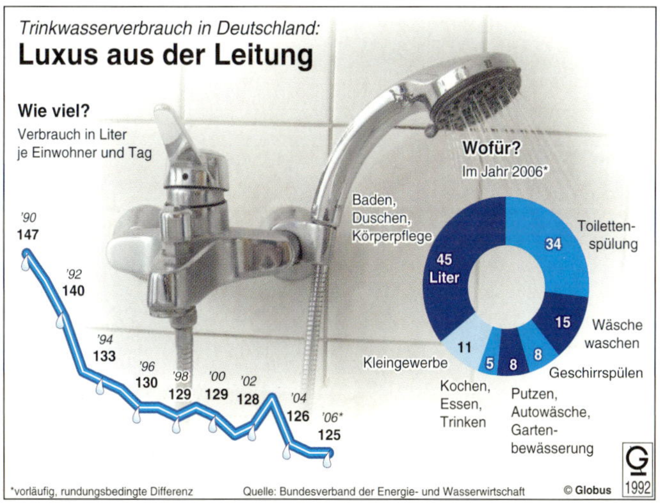

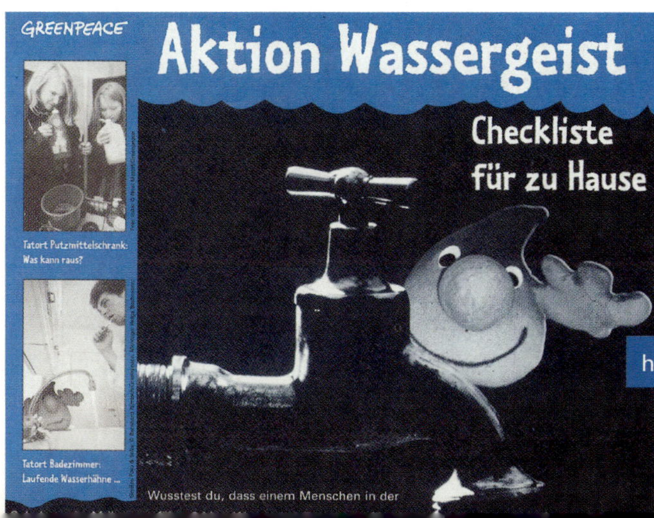

Ein sorgsamer Umgang mit Trinkwasser ist ebenso wichtig wie wirksamer Gewässer- und Grundwasserschutz. Wer Trinkwasser einspart, spart Energie, erzeugt weniger Abwasser und schont bei den immer noch steigenden Preisen für Wasser und Abwasser sein Portmonee, indirekt verschwindet nämlich so mancher Euro buchstäblich durch den Abfluss. Gutes, sauberes Trinkwasser wird oft gedankenlos verschwendet und verschmutzt. Es lohnt sich also, auf den Wasserverbrauch zu achten. Eine Änderung unserer Gewohnheiten sowie kleine technische Hilfen bringen beachtliche Einsparungen. Tatsächlich ist es bereits gelungen, den Verbrauch von Trinkwasser pro Kopf der Bevölkerung von täglich 147 Liter im Jahr 1990 auf 127 Liter im Jahr 2004 zu senken. Experten meinen aber, dass sich der Pro-Kopf-Verbrauch auf etwa 80 Liter pro Tag reduzieren ließe, ohne dass damit ein besonderer Verzicht auf Komfort verbunden sein müsste. Wenn nur 1000 Haushalte pro Tag 50 Liter Wasser einsparten, dann würde die Entlastung der Umwelt und der Kläranlagen immerhin 50000 Liter pro Tag betragen. Welch eine Ersparnis, wenn alle Haushalte in der Bundesrepublik mitmachen würden. Fast zwei Drittel des jetzigen Pro-Kopf-Verbrauchs von 127 Litern am Tag verschlingen täglich Baden, Duschen, Körperpflege und Toilettenspülung. Fast ein weiteres Drittel des Wassers wird zum Wäschewaschen, Geschirrspülen, Autowaschen, zur Raumreinigung und für den Garten benutzt. Mit sparsameren Geräten und einem bewussteren Umgang mit Trinkwasser könnte der Verbrauch sicher noch weiter verringert werden. Lediglich 5 Liter pro Tag werden zum Trinken und Kochen verwendet.

(Autorentext: Wilfried Fastlabend)

http://specials.greenpeace.de/wassergeist/pdf/CHECKLISTE_neu.pdf

M 10 Wasserverschmutzung vermeiden!

Bei uns kommt das Wasser heute wie selbstverständlich aus dem Wasserhahn. Kaum jemand denkt noch darüber nach, welchen Weg das Wasser durch Luft und Boden hinter sich hat und wohin es fließt, nachdem es im Ausguss verschwunden ist. Fäkalien, Abfälle und scharfe Reiniger werden gedankenlos mit Wasser fortgespült, aber das Prinzip ist immer noch das gleiche: Wenn wir trinken, waschen, Rasen sprengen oder ein Schaumbad nehmen, entnehmen wir das Wasser nur eine Zeit lang dem Wasserkreislauf, benutzen es und geben es in den Wasserkreis zurück. Wasser wird nicht *ver*braucht, es wird *ge*braucht. Und unser Gebrauch hinterlässt viele Spuren.

(htm://kids.greenpeace.de/GP_DOK_3P/PUB_KIND/C07KI01B.htm)

M 11 Achtung, Fehlverhalten!

1. Beschreibt, für welche Zwecke Trinkwasser in deutschen Haushalten verbraucht wird, und vergleicht dazu die Angaben in M 9. Überraschen euch die Angaben über die Anteile der einzelnen Verwendungen (Grafik)?

2. Stellt fest, wie sich der durchschnittliche Wasserverbrauch seit 1990 entwickelt hat. Die Entwicklung ist auf einen Anstieg der Kosten für den Wasserverbrauch (Trinkwasserpreis) und die Abwasserentsorgung (Abwassergebühren), aber insbesondere auch auf Maßnahmen zum Wassersparen zurückzuführen. Auf den Internetseiten www.wassersparer.de/index.php und „Aktion Wassergeist“ (s. Abb. mit Adresse) findet ihr Hinweise, was eure Familie und jeder von euch persönlich tun kann, um den Wasserverbrauch weiter zu verringern, ohne dass Sauberkeit und Gesundheit dadurch beeinträchtigt werden. Besprecht vor allem die Möglichkeiten, die ihr selbst wahrnehmen könnt.

3. Erläutert, inwiefern unser Wasser „nicht *ver*braucht, sondern *ge*braucht“ wird und welche „Spuren“ unser Wassergebrauch hinterlässt. Untersucht dazu die dargestellten Beispiele und die sich daraus ergebenden Empfehlungen für richtiges Verhalten (M 10/M 11).

3. Gerät die Erde ins Schwitzen? – Die Folgen der Luftverschmutzung für das Leben auf der Erde

Die Erde als Ganzes ist heute vielleicht am meisten durch die Luftverschmutzung und ihre Folgen bedroht. Wir wollen daher im letzten Abschnitt auf dieses Problem eingehen, das auch im Mittelpunkt der Diskussion unter den politischen Parteien und bei verschiedenen internationalen Konferenzen steht. Vielleicht könnt ihr an dieser Stelle schon einmal zur Sprache bringen, was ihr z. B. über die Folgen von Autoabgasen und über die Gefahr einer zukünftigen ***Klimaveränderung*** *auf der Erde schon gehört habt.*

▶ Luft zum Leben M 12

Ein paar Wochen kann ein Mensch ohne feste Nahrung leben, vier bis fünf Tage ohne Wasser auskommen. Und ohne Luft? Testen wir es, halten wir mal die Luft an!
Luft – das lebensnotwendigste „Nichts“, das wir haben. Unsichtbar, scheinbar gar nicht da, umgibt sie uns. Völlig automatisch, ohne dass wir bewusst etwas dafür tun müssen, holt sich unser Körper ganz regelmäßig das, was er zum Leben unbedingt braucht: Luft.
Ein erwachsener Mensch macht 12 bis 20 Atemzüge pro Minute. Bei jedem Atemzug nimmt er etwa einen halben Liter Luft auf.
Reine, saubere Luft ist für Mensch und Natur genauso lebenswichtig wie Wasser und Boden. Genau wie Wasser und Boden belastet aber der Mensch auch die Luft mit vielen *Schadstoffen*. Durch den Autoverkehr, die Industrie, Kraftwerke, Heizungen und die vielen kleinen Familienhaushalte werden sie in die Luft abgegeben.
Eine besondere Problematik liegt aber darin, dass Abgase, einmal an die Umwelt abgegeben, praktisch nicht wieder zurückgeholt werden können. Abfälle kann man sammeln und an entsprechenden Orten deponieren, kompostieren oder verbrennen. Abwässer fließen durch Kanalsysteme zu Kläranlagen und können dort im Prinzip nahezu vollständig gereinigt werden, wenn oft auch nur mit großem Aufwand.
Abgase aber vermischen sich wegen ihrer Gasform sofort mit der Atmosphäre*, in die sie abgegeben werden. Diese besondere Eigenschaft der Abgase bedingt, dass wirksame Luftreinhaltung nur dann möglich ist, wenn gefährliche Abgase erst gar nicht in die Luft gelangen.
Hier wird deutlich, dass neben das *Verursacherprinzip* das *Vorsorgeprinzip* treten muss: Verantwortungsbewusster Umweltschutz erschöpft sich nicht in der Beseitigung bereits eingetretener Mängel und der Bestrafung der Verantwortlichen (*Verursacherprinzip*), sondern verlangt, dass Gefahren für die Umwelt vorausschauend erkannt und vermieden werden (*Vorsorgeprinzip*).
Hinzu kommt noch, dass Luft *keine Grenzen* kennt. Sie ist ständig in Bewegung und gelangt überall hin. Die Reinhaltung der Luft ist deshalb ein Thema für alle – landesweit, europaweit, weltweit.

(Autorentext: Wilfried Fastlabend)

1 „Halten wir mal die Luft an!“, heißt es zu Anfang von M 12. Stellt selbst (möglichst mit einer Stoppuhr) fest, wie lange ihr es aushaltet, nicht zu atmen. Wie hoch liegt die Rekordzeit in eurer Klasse?

2 Besprecht ggf. auch im Biologie-Unterricht, wie der „ständige Kreislauf“ zwischen dem menschlichen Organismus, der unsichtbaren Luft und der sonstigen Umwelt sich vollzieht.

3 Erläutert – dies ist für das Thema dieses Abschnitts wichtig –, was es mit der Lufthülle auf sich hat, die die Erde umgibt. Welche Bedeutung hat sie für das Leben auf der Erde?

4 Erklärt, was (unter anderem) die Verschmutzung der Luft von der Umweltverschmutzung durch Abfälle und Abwässer grundsätzlich unterscheidet.

5 Erläutert den Unterschied zwischen den zwei Prinzipien der Umweltpolitik in Deutschland. Warum muss für die Reinhaltung der Luft das „Vorsorgeprinzip“ gelten?

6 In den letzten drei Zeilen von M 12 wird noch auf eine weitere Besonderheit des Problems der Luftverschmutzung hingewiesen. Erläutert sie mit eigenen Worten.

Die Erde gerät ins Schwitzen M 13

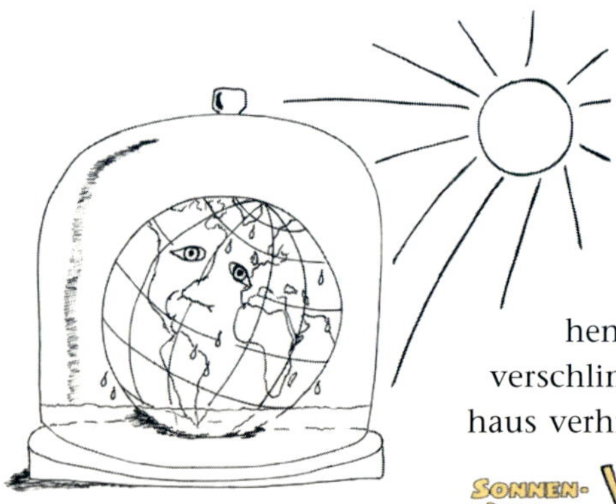

Misst man auf unserer Erde mit ganz vielen Thermometern an vielen Orten pausenlos die Temperatur, kommt man im Durchschnitt ungefähr auf 15 Grad. Diese Messungen finden seit vielen Jahren statt. Dabei haben die Wissenschaftlerinnen und Wissenschaftler festgestellt, dass die Oberfläche der Erde sich langsam aber sicher erwärmt. Bis zum Jahre 2100 sagt man eine weitere durchschnittliche Erwärmung von mindestens 1,4 bis maximal 5,8 Grad voraus. Diese unnatürliche Erwärmung wird nach Meinung der meisten Fachleute von Menschen verursacht: Von Autos, Heizungen und Kraftwerken werden immer mehr Schadstoffe in die Luft gepustet. Diese Schadstoffe (vor allem Kohlendioxid) entstehen durch die Verbrennung von Benzin, Öl, Gas und anderen Stoffen. So verschlimmert sich der sogenannte **Treibhauseffekt**. Denn wie das Glas in einem Treibhaus verhindern Gase in hohen Luftschichten, dass zu viel Wärme von der Erde in den

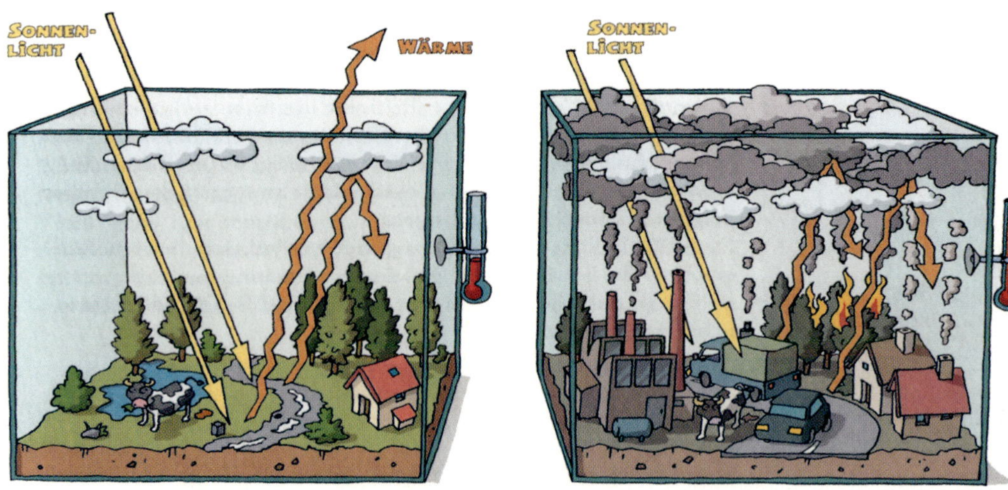

links: natürlicher Energiekreislauf

rechts: „Treibhauseffekt“

eiskalten Weltraum abgestrahlt wird. Eigentlich ist es für uns auf der Erde wichtig, dass nicht alle Wärme in den Weltraum entweicht, denn sonst wäre die Temperatur auf der Erde ständig minus 33 Grad. Aber etwas Wärme muss abstrahlen können, damit hier die Temperatur für die Menschen erträglich ist. Weil aber die Treibhausgase durch die Schadstoffe immer *undurchlässiger* geworden sind, kann nicht genug Wärme abstrahlen und deshalb wird es auf der Erde immer wärmer.

Computer haben die katastrophalen Folgen dieser Veränderung ausgerechnet. Die *Gletscher* werden schmelzen, auch die eisigen Polkappen der Erde. Das wird zu einem *Anstieg des Meeresspiegels* um einen Meter führen und weite Küstengebiete in der Welt werden überschwemmt. Es wird zu starken *Klimaveränderungen* kommen, die schwere Auswirkungen auf die Gesundheit der Menschen und die Landwirtschaft haben (s. M 14).

Wissenschaftler und Politiker in vielen Ländern wollen, dass man ganz schnell etwas dagegen tut. Deshalb hat sich eine Reihe von Staaten dazu verpflichtet – und dies in Verträgen zum Klimaschutz niedergeschrieben –, durch Gesetze dafür zu sorgen, dass weniger Schadstoffe in die Luft gelangen.

(Gerd Schneider/Christiane Toyka-Seid, Politik-Lexikon für Kinder, Bundeszentrale für politische Bildung, Bonn 2006, S. 120f.)

▶ Folgen des Klimawandels M 14

Abb. 1

Niemand kann die Zukunft eindeutig und sicher voraussagen, schon gar nicht, wenn es um die Umwelt und um lange Zeiträume geht. Trotzdem: Es spricht vieles dafür, dass wir mit vielen Veränderungen rechnen müssen, in unserem Alltag, in der Wirtschaft und bei der Art und Weise, wie wir Güter produzieren, sie konsumieren, wie wir unsere Freizeit verbringen und wie wir mit der Natur umgehen. Was den Klimawandel und seine Folgen angeht, so sind sich fast alle Forscher weitgehend einig. Sie befürchten auf längere Sicht

- in einigen Regionen der Erde die *Ausbreitung von Dürregebieten*,
- in anderen Regionen einen starken *Anstieg von Regenfällen*;
- außerdem mehr Hitzeperioden und die *Zunahme von Orkanen und Wirbelstürmen* sowie

Abb. 2: Der Gepatschferner-Gletscher in den Ötztaler Alpen 1904 (links) und 2005 (rechts)

- den *Anstieg der Meeresspiegel*, weil die eisbedeckten Erdpole im Süden und im Norden sowie die Gletscher in den Bergregionen abschmelzen (s. Abb. 2); dadurch könnten niedrig gelegene Küstenregionen, wie z. B. in den Niederlanden und in Norddeutschland, überschwemmt werden.

Dass es in der afrikanischen Sahelzone (südlich der Sahara) und in großen Teilen Ost- und Südafrikas in den letzten 10 Jahren sehr viel weniger regnet als zuvor und dass es in anderen Teilen der Welt Flutkatastrophen (wie auch bei uns; s. Abb. 1) und Überschwemmungskatastrophen (z. B. in Indien, China, Bangladesh) gegeben hat, werten viele Forscher als erste Anzeichen der Folgen des Klimawandels, der zunehmenden Erwärmung der Erde.

(Autorentext)

Eigentlich ist der „Treibhauseffekt", der im Allgemeinen als das wohl größte weltweite Umweltproblem angesehen wird, gar nicht so schwer zu erklären

1. Macht euch zunächst noch einmal klar, was man unter „Atmosphäre" versteht und warum sie für das Leben auf der Erde so wichtig ist (M 12, Rand).
2. Erklärt den Unterschied zwischen dem ganz natürlichen, lebensnotwendigen Treibhauseffekt und dem durch menschliches Handeln entstehenden zusätzlichen, gefährlichen Treibhauseffekt (M 13). Welche Rolle spielt das Kohlendioxid (CO_2)? Wodurch entsteht es?
3. Erläutert möglichst mit eigenen Worten, worin die Gefahren des Klimawandels in den einzelnen Bereichen gesehen werden (M 14). Zieht dazu auch die Abbildungen heran.

Aus M 13 konntet ihr entnehmen, dass der „Treibhauseffekt", der die zunehmende Erderwärmung verursacht, im Wesentlichen dadurch zustande kommt, dass zu große Mengen von schädlichen „Treibhausgasen", insbesondere von ***Kohlendioxid****, in die Atmosphäre gelangen. Kohlendioxid wird vor allem bei der Erzeugung von Strom (durch Verbrennung von Kohle und Erdöl) freigesetzt. Wenn wir den Treibhauseffekt daher bekämpfen und das Klima schützen wollen, müssen wir dafür sorgen, dass weniger Kohlendioxid in die Atmosphäre gelangt, und das heißt: Wir alle müssen* ***Energie sparen****! „Wir alle", das sind die Kraftwerke, die Wirtschaftsunternehmen, die privaten Haushalte (die Familien), die Verkehrsteilnehmer (Autofahrer, Busfahrer), also jeder von uns! Klimaschutz ist das wichtigste Ziel der Umweltpolitik geworden.*

Viele Staaten der Erde haben die Gefahren des Klimawandels erkannt und beschlossen, große Anstrengungen zu unternehmen, um den Energieverbrauch zu verringern und so die schlimmsten Folgen des Klimawandels zu vermeiden. Schon auf einer Konferenz in der japanischen Stadt ***Kyoto*** *im Jahre 1997 haben sich zahlreiche Staaten auf ein bestimmtes „Klimaziel" geeinigt (nämlich die Verringerung des Kohlendioxid-Ausstoßes um rund 5 % bis etwa zum Jahr 2012). Aber es sieht bis heute nicht so aus, als könnte dieses Ziel erreicht werden. Die Anstrengungen müssen daher deutlich verstärkt werden. Auf die damit verbundenen Probleme und auf die technischen Möglichkeiten, Energie zu erzeugen, ohne die Umwelt zu belasten, können wir hier nicht näher eingehen (unser Band für die Jahrgangsstufen 7/8 enthält dazu Näheres). Wir möchten euch aber noch aufzeigen, wie jeder Einzelne durch sein eigenes Verhalten einen* ***Beitrag zum Klimaschutz*** *leisten kann (M 15) und wie ihr vielleicht in eurer* ***Schule*** *ein Projekt zur Energieeinsparung und damit zum Klimaschutz in die Wege leiten könnt (M 16).*

Wichtige Tipps, die helfen, das Klima zu schützen M 15

Wichtige Tipps, die helfen, das Klima zu schützen

Kann denn ein Einzelner überhaupt etwas tun, um den Klimawandel zu stoppen? Ja klar! ... wenn viele andere Einzelne auch etwas tun. Denn je mehr Menschen CO_2 einsparen (z. B. durch Energiesparen), desto weniger schädliche Klimagase gelangen in die Atmosphäre. Also: Tipps aufgreifen – umsetzen – weitergeben!

1. Stubenfliegen brauchen kein Licht ... deshalb müssen auch nicht alle Scheinwerfer brennen, wenn du nicht in deinem Zimmer bist. Also: **Licht aus beim Rausgehen!** [...]

2. Ist der Weg zum Sportverein, zur Musikstunde, zur Nachhilfe usw. ... tatsächlich so weit, dass eure Eltern dafür unbedingt das Auto starten müssen? Besser: **Öfter mal das Fahrrad nehmen, in den Bus steigen, zu Fuß gehen oder die Bahn benutzen**, das spart sehr viel CO_2.

3. **Glühbirne raus – Sparlampe rein:** Eine 11-Watt-Sparlampe leuchtet genau so hell wie eine 60-Watt-Glühbirne, verbraucht aber viel weniger Strom. Dadurch sparst du im Jahr 4,5 kg CO_2 und deine Eltern freuen sich über die niedrigere Stromrechnung.

4. Müssen Klassenarbeiten auf blütenweißem Papier geschrieben werden? Müssen sie nicht! Denn die Herstellung von „Frischfaserpapier“ ist ungeheuer energieaufwendig: Dabei wird mehr als doppelt so viel Energie verbraucht wie bei der Herstellung von Recyclingpapier. **Wer also auf Recyclingpapier umsteigt, sorgt nicht nur fürs Klima, sondern schützt auch die Urwälder.** Denn oft genug werden die für die Papierherstellung abgeholzt.

5. **Standby-Schaltungen an Fernsehern, Video- und Stereoanlagen: praktisch, überflüssig, (un-)heimliche Stromfresser!** Würden alle Standby-Geräte richtig ausgeschaltet werden, könnte so viel Strom und damit CO_2 eingespart werden, wie das größte Braunkohlekraftwerk in Deutschland jährlich produziert. Ein normaler Haushalt könnte leicht zwischen 120 und 450 kg CO_2 einsparen, wenn alle den kleinen Umweg über den Ausschaltknopf am Gerät machen würden. An manchen modernen Geräten findet man den aber gar nicht mehr: Da hilft eine Steckerleiste, die man ausschalten kann.

(http://www.greenpeace4kids.de/fileadmin/4_kids/user_upload/themen/klima_energie/Klimaflugblatt_fuer_Kinder.pdf)

Im ersten Abschnitt dieses Kapitels hatten wir euch auf die Möglichkeit eines „Müll-Projekts“ an eurer Schule hingewiesen. In ähnlicher Weise kann es ein wichtiger Beitrag zum Schutz der Umwelt sein, wenn ihr – vielleicht auch im Zusammenhang mit dem „Müll-Projekt“ – eine Aktion in die Wege leitet, die dazu führen kann, dass an eurer Schule keine Energie (Strom, Heizenergie) verschwendet wird. Auch dazu geben wir euch hier nur einige kurze Anregungen und verweisen euch im Übrigen auf die nützlichen Informationen und praktischen Hilfen, die die Umweltschutzorganisation Greenpeace für ein solches Projekt im Internet bereithält (siehe die Abbildung mit Internetadresse). Darin sind viele praktische Materialien (Beobachtungs- und Umfragebögen, Anleitungen zum Vorgehen im Einzelnen, zur Zusammenarbeit mit dem Hausmeister usw.) enthalten.

In M 16 stellen wir euch zusätzlich eine „Checkliste“ (zur Energieeinsparung in der Schule) zur Verfügung, die von der Projektgruppe eines Gymnasiums erarbeitet wurde. Sie enthält nicht nur die einzelnen Untersuchungsbereiche, sondern bietet zugleich auch „Lösungen“ für festgestellte Mängel an.

Wo kann man was verbessern?

M 16 Energie-Check „Allgemeiner Rundgang"

Checkpunkt	Lösung
Heizung allgemein	
Ist die Raumtemperatur angemessen? (Klassenräume 20 °C, Flure etc. 12–15 °C, Sporthalle 17 °C)	prüfen, ggf. anpassen
Ist die Beheizung nicht erforderlich? (Windfang, Fahrradkeller etc.)	auf Frostschutz stellen, Ventil (wenn möglich) arretieren
Sind elektrische Zusatzheizgeräte vorhanden?	Bedarf prüfen, i. d. R. entfernen
Werden einzelne Räume in sonst ungenutzten Gebäudetrakten genutzt?	Raumverlegung bzw. Terminänderung prüfen (z. B. Elternabende parallel, Volkshochschul-Kurse im selben Flügel)
Geht die Temperatur nachts bzw. am Wochenende deutlich zurück? (bei Außentemperatur um 0 °C um mindestens 8 °C, mit Min-Max-Thermometer prüfen)	Nachtabsenkung/-abschaltung der Heizung prüfen
Heizkörper	
Befinden sich Heizkörper in direkter Nähe von Außentüren?	auf Frostschutz stellen, Ventil (wenn möglich) arretieren
Sind Heizkörper durch Mobiliar verstellt bzw. hinter einer Verkleidung?	Möblierung ändern, Verkleidung sofern möglich entfernen
Sind noch normale Heizkörperventile vorhanden bzw. Thermostatventile zerstört?	Ersatz beantragen (fein voreinstellbar, „Behördenmodell", arretierbar)
Stehen alle Thermostatventile maximal auf Stufe „3" bzw. „1–2" in den Fluren?	ggf. niedrigere Einstellung prüfen und möglichst arretieren; falls nicht ausreichend, Ursachen ermitteln
Sind Thermostatventile verdeckt oder Fremdwärme ausgesetzt?	freie Anordnung ermöglichen, ggf. Ventilkopf mit Fernfühler einbauen
Gluckern die Heizkörper?	entlüften

Checkpunkt	Lösung
Elektrogeräte/Beleuchtung	
Sind Elektrogeräte in Betrieb, obwohl sie nicht benutzt werden (Standby)?	abschalten, Netzstecker ziehen
Sind Glühlampen vorhanden?	durch Energiesparlampen ersetzen (außer in Abstellräumen etc.)
Ist die Beleuchtung in nicht genutzten Räumen eingeschaltet?	ausschalten und für Abhilfe sorgen (Information), Bewegungsmelder installieren (WC)
Sind Lichtbänder in Klassen getrennt schaltbar (Fenster-/Wandseite)?	Lichtschalter markieren
Ist die Beleuchtung bei ausreichendem Tageslicht eingeschaltet?	[teilweise] abschalten
Sind Reflektoren bzw. Abdeckungen verschmutzt?	säubern
Gibt es Vorhänge, Jalousien o. Ä.?	im Winter nach Unterricht schließen (Wärmeschutz)
Sind Vorhänge, Rollos, Jalousien geschlossen und das Licht brennt?	wenn ohne Blendung möglich, öffnen, ggf. defekte Jalousien erneuern bzw. Betätigung erleichtern
Ist die Außenbeleuchtung unnötig in Betrieb?	Schaltzeiten in Absprache mit Schulträger ändern, ggf. Bewegungsmelder installieren
Lüftung	
dauergekippte Fenster?	stattdessen gezielte Stoßlüftung, ggf. Einbau eines bedarfsgesteuerten Lüfters (z. B. im WC)
geöffnete Fenster in unbenutzten Räumen?	schließen und für Verhaltensänderung sorgen
Fenster oder Türen undicht?	Scharniere/Beschläge justieren, abdichten

(Aus: Birgit Brockhoff, Umwelterziehung konkret. Umweltprojekte am Gymnasium Theodorianum Paderborn. In: Unterricht Wirtschaft, Heft 16,4. Quartal 2003, Friedrich Verlag, Seelze 2003, S. 61 f.; Quelle: GERTEC)

Die Kompetenzseite
Zur Sicherung der Lernergebnisse

1. Was ist richtig, was ist falsch?

1. Zu den Siedlungsabfällen gehört auch der Bauschutt, der beim Bau einer neuen Fabrik anfällt.
2. Ein Mensch kann wochenlang auf feste Nahrung, aber nur wenige Tage auf Wasser verzichten.
3. Wasser kann nicht in die Atmosphäre gelangen.
4. Wälder belasten den Wasserkreislauf, weil sie eine Unmenge Wasser verbrauchen.
5. Wassermangel in ländlichen Gegenden von Entwicklungsländern wirkt sich negativ auf den Schulbesuch der Kinder aus.
6. Im Durchschnitt verbraucht jeder Einwohner in Deutschland täglich
   a) 12 Liter Wasser,
   b) 5 Liter Wasser,
   c) 127 Liter Wasser.
7. Im naturwissenschaftlichen Sinn bedeutet Atmosphäre
   a) der Luftdruck, der in einem Autoreifen enthalten ist;
   b) die allgemeine Stimmung, die beim Zusammensein einer Gruppe von Menschen herrscht;
   c) die Lufthülle, die die Erde umgibt.
8. Das „Verursacherprinzip" im Umweltschutz besagt,
   a) dass alle Menschen Umweltschäden verursachen,
   b) dass derjenige für Umweltschäden haftbar gemacht wird, der sie verursacht,
   c) dass sich um Umweltschutz nicht zu kümmern braucht, wer keine Umweltschäden verursacht.
9. Kohlendioxid ist geruchslos, farblos und ungiftig.
10. Wenn man heute vom „Klimawandel" spricht, meint man,
    a) dass sich das Klima im Laufe der Jahreszeiten verändert,
    b) dass es im Norden immer wärmer und im Süden immer kühler wird,
    c) dass sich – langfristig gesehen – die gesamte Erdtemperatur erhöht.

2. Wer kann das erklären?

1. Was bedeutet der Satz, dass Wasser eigentlich nicht *ver*braucht, sondern *ge*braucht wird?
2. Worin liegt der Unterschied zwischen der „natürlichen" und der „von Menschen gemachten" Erderwärmung?
3. Erläutere auf dem Hintergrund dessen, was du über den Sinn des Umweltschutzes weißt, was der Zeichner mit dieser Darstellung zum Ausdruck bringen will.

„Ich jedenfalls verborge nie wieder etwas!"

13 Weit weg und doch ganz nah – Kinder in der „Dritten Welt“

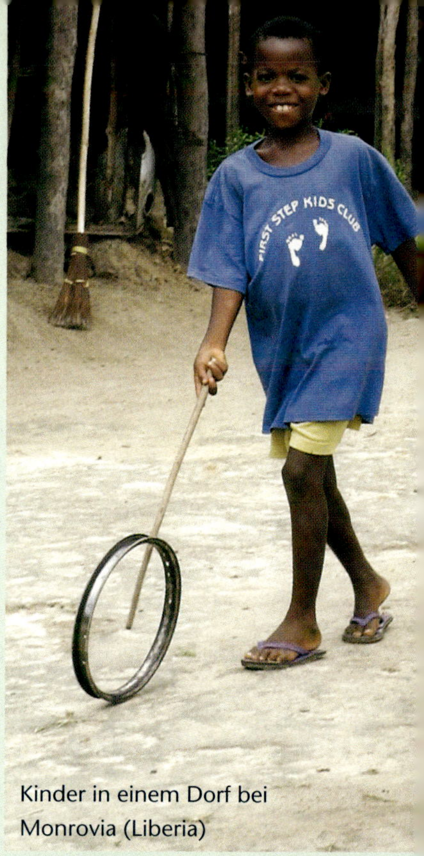

Kinder in einem Dorf bei Monrovia (Liberia)

Afrikanische Schülerinnen freuen sich über Schulmaterial von Unicef.

Kinderarbeit: Teppichknüpfen in Nepal

Zur Orientierung

Die Fotos zeigen euch den Alltag von Kindern aus Ländern, die – wie man häufig sagt – zur „Dritten Welt" gehören. Was dieser Begriff bedeuten soll, darüber werden wir zu Anfang dieses Kapitels näher informieren. An dieser Stelle solltet ihr euch zunächst die einzelnen Bilder genauer ansehen und euch mit eurem Banknachbarn darüber unterhalten, was euch an den Fotos besonders auffällt, auch im Vergleich zu eurem eigenen Alltagsleben. Vielleicht könnt ihr auch – jede/jeder für sich oder zu zweit – zu einem der Fotos eine kleine Geschichte schreiben: Aus welchem Land stammen die Kinder? Woran (außer ggf. aus der Bildunterschrift) kann man das erkennen? Wo liegt das Land (siehe Weltkarte in M 2)? Wie alt sind die Kinder ungefähr? Wie könnte ihr Alltag aussehen (Familie, Wohnung/Stadt/Land, Freunde usw.)?
Unser Kapitel wird nach der Information über die Bedeutung des Begriffs „Dritte Welt" im ***zweiten Abschnitt*** *näher erläutern, inwiefern in diesen Ländern verbreitet Armut herrscht und was das insbesondere für die dort lebenden Kinder bedeutet.*
Der ***dritte Abschnitt*** *geht dann näher auf das Problem der Kinderarbeit ein und macht u. a. deutlich, inwiefern euer eigenes Leben unmittelbar mit dem Leben der Kinder in den Entwicklungsländern verknüpft sein kann. Der* ***letzte Abschnitt*** *weist euch auf Möglichkeiten hin, wie ihr selbst diesen Kindern praktische Hilfe zukommen lassen könnt.*

Zehnjähriger Schuhputzer in Santo Domingo (Dominikanische Republik)

Diese afrikanischen Schüler bringen ihre Hocker zum Sitzen mit in die Schule.

http://www.unicef.de/kids/index.html

„Hallo! Ich heiße Kumari." – Kinderalltag in Ländern der „Dritten Welt"

Vielleicht habt ihr beim Betrachten der Fotos auf den vorangehenden Seiten das Interesse verspürt, etwas Näheres über den Alltag von Kindern in der „Dritten Welt" zu erfahren. Deshalb geben wir euch hier ein Beispiel. Die abgebildete Internetseite des Kinderhilfswerks der Vereinten Nationen, der wir die Geschichte von Hum Kumari aus Nepal entnommen haben, enthält eine Reihe solcher Alltagsbeschreibungen von Kindern aus verschiedenen Ländern, die ihr lesen oder auch ausdrucken könnt (jeweils über das Drucker-Symbol auf der letzten Seite des jeweiligen Berichts).

Die Geschichte von Hum Kumari aus Nepal

Hallo! Ich heiße Hum Kumari und bin 12 Jahre alt. Ich wohne in Lekh Nath. Das ist ein Ort am Fluss im Westen Nepals. Nepal ist eines der ärmsten Länder der Welt. Deshalb müssen hier auch Kinder arbeiten, damit ihre Familien überleben können.

Obwohl ich erst 12 bin, muss ich jeden Tag im Steinbruch arbeiten und Sand graben. Das ist ganz schön anstrengend! Der Sand wird dann von meinen Eltern für wenig Geld verkauft. Möchtest du mal sehen, wie ein Tag in meinem Leben aussieht?

Jeden Morgen stehe ich um 5 Uhr auf, mache Frühstück für meine Familie und putze das Haus. Ich wohne mit meiner Familie in einer kleinen Hütte am Rande eines Flusses. Wir haben keine Toiletten oder Elektrizität.

Von 6.30 bis 8.30 Uhr gehe ich zwei Stunden in die Himalaya Grundschule. Dank UNICEF können auch wir Kinder aus dem Steinbruch zur Schule gehen, damit wir lesen und schreiben lernen. Mir macht die Schule sehr viel Spaß!

Nach der Schule muss ich dann mit den anderen Kindern bis nachmittags im Steinbruch Sand graben und Steine aussortieren. Meine Eltern sind auch da. Sie füllen den Sand in Säcke, damit er von einem LKW abtransportiert werden kann.

Wenn ich abends nach der Arbeit zu Hause bin, muss ich noch meine Hausaufgaben machen, das Abendessen vorbereiten und auf meinen Bruder aufpassen. Nachts gehe ich gegen Mitternacht ins Bett und schlafe zusammen mit meiner Familie in einer kleinen Pritsche.

Ich bin sehr froh, dass ich trotz der ganzen Arbeit zur Schule gehen kann. Bildung ist in unserem Land die einzige Möglichkeit, um Armut zu bekämpfen. Mein Traum ist es, später einmal Ärztin zu werden.

(http://unicef.cobrayouth.de/kinderderwelt/nepal.pdf)

1. Wo liegt die „Dritte Welt“?

M 1

▶ Eine Welt, Dritte Welt, Entwicklungsländer – was bedeutet das?

Der Begriff „Dritte Welt“ ist eigentlich überholt, wird aber häufig noch gebraucht. Was soll(te) er bedeuten?

Noch vor rd. 20 Jahren (etwa bis 1990) war die Welt wirklich in gewisser Weise dreigeteilt. Zur „Ersten Welt“ gehörten die Industrieländer der westlichen Welt (USA, Kanada, Deutschland, Frankreich usw.), zur „Zweiten Welt“ die Länder des früheren „Ostblocks“ (Russland, die osteuropäischen Länder wie z. B. Ungarn und Bulgarien, aber auch die frühere Deutsche Demokratische Republik/DDR). Sie standen dem „Westen“ in einem feindlichen Gegensatz gegenüber; die Grenze zwischen den beiden „Blöcken“ verlief mitten durch Deutschland (Berlin war durch eine Mauer geteilt). Die meisten Länder, die weder zum „Westen“ noch zum „Osten“ gehörten, bezeichnete man als „Dritte Welt“.

Heute, nachdem der Ost-West-Gegensatz verschwunden ist, gibt es die „Zweite Welt“ nicht mehr. Wir leben eigentlich alle in „Einer Welt“, aber viele Länder der früheren „Dritten Welt“ (in Afrika, Asien, Südamerika) haben sich im Vergleich zu den übrigen Ländern, die man als Industrieländer bezeichnet, weniger günstig entwickelt, sind weniger wohlhabend. Sie werden deshalb auch als „Entwicklungsländer“ oder „weniger entwickelte“ Länder bezeichnet (s. M 2).

(Autorentext)

M 2

603 655

▶ Welche Länder zählt man zu den Entwicklungsländern?

M 3

Die Vereinten Nationen* haben einen Maßstab festgelegt, nach dem man ein Land zu den „Entwicklungsländern" zählt oder nicht. Dieser Maßstab beruht auf der durchschnittlichen Höhe des Einkommens, über das die Menschen in einem Land verfügen können, also darauf, wie viel ein Einwohner des Landes durchschnittlich an Geld zur Verfügung hat, um davon leben zu können. Man zählt dazu alles Geld zusammen, das die Einwohner eines Landes (im Wesentlichen aus ihrer Erwerbstätigkeit, d.h. Arbeit) verdienen, rechnet es in Dollar um (damit man es miteinander vergleichen kann) und teilt diese Summe dann durch die Zahl der Einwohner (der „Köpfe"). Die Höhe dieses durchschnittlichen Einkommens („Pro-Kopf-Einkommens") beträgt in Deutschland zurzeit (2007) 30 700 Dollar (das sind rd. 22 000 Euro).

Wenn nun für ein Land im Vergleich zu den wohlhabenden *Industrieländern* ein weitaus niedrigeres Pro-Kopf-Einkommen errechnet wird (die Grenze liegt etwa bei 7 000 Dollar, das ist also weniger als ein Drittel des Wertes für Deutschland), dann wird dieses Land in der Regel zu den *Entwicklungsländern* gezählt. Mit anderen Worten und einfach ausgedrückt: Entwicklungsländer sind im Vergleich zu Industrieländern „arm". Worin sich diese Armut im Einzelnen zeigt, das werden wir im nächsten Abschnitt (M 5 ff.) näher zeigen. Hier sei nur noch darauf hingewiesen, dass es auch unter den Entwicklungsländern große Unterschiede gibt: Ein Pro-Kopf-Einkommen von rd. 7 000 Dollar haben nur die wenigsten, viele erreichen kaum 2 000 Dollar, und die „Ärmsten der Armen" haben kaum mehr als 200 Dollar. Andererseits gibt es einige große Länder (wie z.B. China, Indien, Brasilien, Argentinien), deren Wirtschaft seit Jahren stark gewachsen ist. Sie werden auch als „Schwellenländer" bezeichnet; das bedeutet, dass sie sich in ihrer Entwicklung auf der „Schwelle" hin zum Stand der Industrieländer befinden.

(Autorentext)

M 4

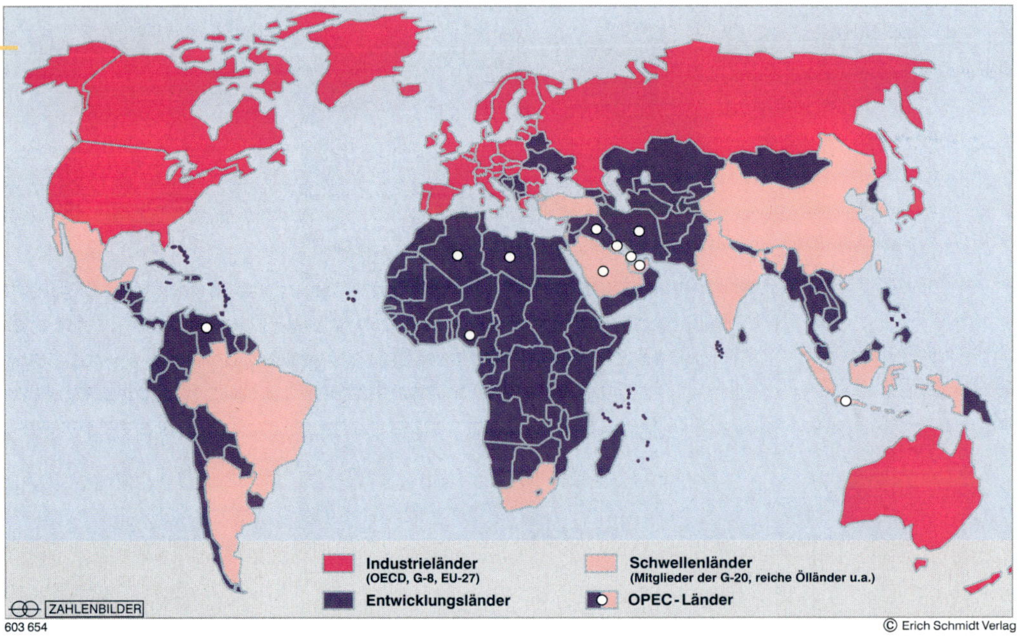

Auf der Karte werden einige Länder als OPEC-Länder markiert. Das ist eine Gruppe von Entwicklungsländern, die sich in der „Organisation Öl exportierender Länder" zusammengeschlossen haben (OPEC ist die Abkürzung für „Organization of the Petroleum Exporting Countries").

1. Der Begriff „Dritte Welt" ist gar nicht so leicht zu erklären. Erläutert anhand von M 1 – ggf. im Gespräch mit eurer Lehrerin/eurem Lehrer –, wie er zustande gekommen und warum er heute eigentlich überholt ist. Was will der Begriff „Entwicklungsländer" zum Ausdruck bringen?

2. Lest den Text M 3 genau durch und versucht, mit eigenen Worten zu erklären, was man unter dem „Pro-Kopf-Einkommen" versteht. Wonach entscheidet sich, ob ein Land zu den Entwicklungsländern gerechnet wird?

3. Macht euch in der Karte M 4 die Einteilung nach „Ländergruppen" klar und erstellt – ggf. in Partnerarbeit – mithilfe der Weltkarte (M 2) eine Namensliste von
   - 10 Entwicklungsländern in Afrika,
   - je 5 Entwicklungsländern in Asien und Süd-/Mittelamerika,
   - 3 Entwicklungsländern in Europa und
   - 5 „Schwellenländern".

   Vielleicht stellt euch eure Lehrerin/euer Lehrer auch eine (vergrößerte) Kopie der Karte M 2 zur Verfügung; dann könnt ihr die Namen der von euch ausgewählten Länder darin mit einem Marker kennzeichnen.

4. Gelegentlich spricht man im Hinblick auf den Unterschied zwischen Industrie- und Entwicklungsländern auch von einem „Nord-Süd-Gegensatz". Stellt fest, ob sich das in der Lage der Länder zeigt (M 4). Welches deutlich südlich gelegene Land (ein ganzer Kontinent) gehört nicht zu den Entwicklungsländern (und nach dieser Kennzeichnung also zum „Norden")?

2. Armut in der „Dritten Welt" – was heißt das?

M 5 Was Kinder brauchen – eine Selbsterkundung

In diesem Abschnitt wollen wir die Lebensverhältnisse der Menschen, insbesondere der Kinder, in den Entwicklungsländern näher untersuchen. In Entwicklungsländern herrscht verbreitet *Armut*. Doch was heißt das konkret? Wenn Menschen arm sind, dann fehlt ihnen etwas, was sie zum Leben brauchen. Was brauchen Kinder, welche *Bedürfnisse* haben sie? Wir schlagen euch vor, darüber zunächst einmal selbst nachzudenken.

- Jede/jeder von euch sollte auf einem Zettel notieren, was ihm/ihr im Leben am wichtigsten ist. In kleinen Gruppen könnt ihr dann eure Notizen miteinander besprechen.
- Danach entscheidet jede/jeder für sich, welchen *Gedanken* sie/er der ganzen Klasse mitteilen möchte, und schreibt diesen einen Gedanken groß und deutlich auf ein DIN-A 4-Blatt o. Ä. und heftet es, ohne dabei zu reden, an die Tafel/Wand (notfalls könnt ihr die Blätter auch auf den Boden nebeneinander legen).
- Jetzt betrachtet ihr die Blättersammlung (wenn eure Klasse sehr groß ist, kann dies auch in zwei Großgruppen erfolgen) und stellt fest, inwieweit es Übereinstimmungen zwischen den mitgeteilten Gedanken gibt. Die am häufigsten vorkommenden (vielleicht vier oder fünf) haltet ihr als Ergebnis eurer Untersuchung an der Tafel fest.

(Autorentext)

Bedürfnisse M 6

a)

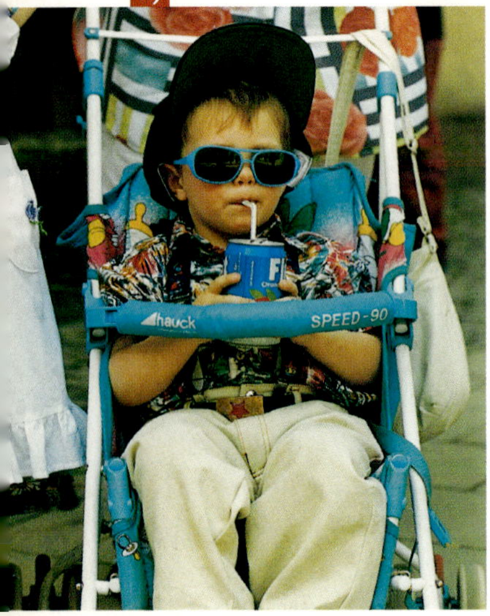

b)

A	B	C	D	K	L	E	I	D	U	N	G
N	L	L	N	A	H	R	U	N	G	Q	A
E	S	Z	F	R	E	U	N	D	E	W	O
R	I	U	R	O	P	H	R	E	W	I	E
K	E	K	I	F	R	E	I	H	E	I	T
E	L	U	E	F	W	A	H	R	C	B	W
N	U	N	D	W	O	H	N	U	N	G	Ä
N	F	F	E	L	I	E	B	E	Ö	N	R
U	T	T	N	B	I	L	D	U	N	G	M
N	F	A	M	I	L	I	E	O	P	T	E
G	V	E	R	S	T	Ä	N	D	N	I	S

(„Eine Welt“ im Unterricht NRW-Lehrerfortbildung, hg. vom Landesinstitut für Schule und Weiterbildung, Soest, S. 58)

1. Betrachtet die beiden Fotos (M 6 a). Was fällt euch auf und was fällt euch dazu ein?
2. In M 6 b sind insgesamt (waagerecht und senkrecht) 15 Begriffe versteckt, die sich alle auf Dinge beziehen, die Kinder brauchen. Findet sie heraus und listet sie auf.
3. Versucht sie im Klassengespräch nach ihrer Wichtigkeit zu ordnen und vergleicht das Ergebnis mit dem eurer Blättersammlung (M 5).

▶ Wann Menschen arm sind – die Bedeutung der „Grundbedürfnisse“ M 7

Entwicklungsländer sind arm – doch was heißt das genau? Der Maßstab des Pro-Kopf-Einkommens allein reicht nicht aus, um genau zu bestimmen, wann Familien arm sind. Im Allgemeinen gilt: Menschen leben in *absoluter Armut*, wenn sie das Allernotwendigste, was sie zum Leben brauchen, nicht haben: genügend *Nahrung*, eine *Wohnung* sowie *Kleidung*. Die Menschen können also ihre lebenswichtigen **Grundbedürfnisse** nicht befriedigen. Außerdem gehören zu diesen Grundbedürfnissen auch, dass Menschen ein Recht auf *ärztliche Versorgung* haben, wenn sie krank werden, und ein Recht auf *schulische Bildung* haben. Deshalb zählen auch Gesundheit und Bildung zu den Grundbedürfnissen.
Diese Art von Armut ist in den Entwicklungsländern weit verbreitet; in den Industrieländern gibt es sie kaum noch. Dort spricht man von relativer Armut, das heißt, dass die Menschen in diesen Ländern zwar ihre Grundbedürfnisse befriedigen können, aber sie haben im Verhältnis (in „Relation“) zum Durchschnitt der Bevölkerung ein deutlich geringeres Einkommen (z. B. weniger als 60 % des durchschnittlichen Einkommens; vgl. M 16 in Kap. 7).
(Autorentext)

M 8a Die Untersuchung des Kinderhilfswerkes der Vereinten Nationen (Unicef), auf deren Ergebnissen die Angaben in der Grafik beruhen, weist darauf hin, dass nahezu jedem zweiten Kind grundlegende Dinge zum Leben und zu seiner Entwicklung fehlen und dass in vielen Ländern Bürgerkriege und AIDS die Armut noch verschärfen. 16 der 20 ärmsten Länder waren in den vergangenen Jahren Schauplatz kriegerischer Auseinandersetzungen, an denen manchmal Kinder als „Kindersoldaten“ beteiligt sind.

(Autorentext)

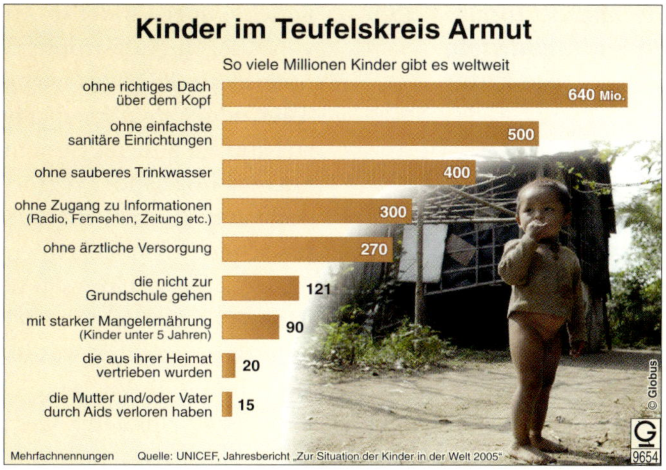

1. Auch in den Industrieländern gibt es Armut. In den Zeitungen könnt ihr seit einiger Zeit oft Berichte über Kinderarmut in Deutschland lesen (vgl. dazu M 15/16 in Kap. 7). Erläutert mit eigenen Worten, inwiefern es sich hier um „relative“ Armut handelt und was sie von der „absoluten“ Armut unterscheidet, die in den Entwicklungsländern verbreitet ist (M 7).

2. Die Grafik (M 8a) gibt einen statistischen Überblick über die von Armut gekennzeichneten Lebensverhältnisse von Kindern in der Dritten Welt. Betrachtet die ersten sieben der darin genannten Merkmale („ohne richtiges Dach über dem Kopf“ usw.) und vergleicht sie mit den Grundbedürfnissen, von denen in M 7 die Rede war. Welche Merkmale gehören zu welchen Grundbedürfnissen? (auf nähere Einzelheiten werden wir im Folgenden eingehen).

3. Erklärt im Gespräch mit eurer Lehrerin/eurem Lehrer, inwiefern ein Zusammenhang zwischen den in der Grafik angegebenen Lebensverhältnissen und der Tatsache bestehen kann, dass in vielen Ländern Bürgerkriege herrschen und die Seuche AIDS (Näheres darüber in M 12a) verbreitet ist (M 8a).

M 8b Wenn man Armut *statistisch** erfassen will, braucht man einen nachprüfbaren *Maßstab* (zu einem solchen Maßstab für die „relative“ Armut in den Industrieländern s. M 7, letzte Zeile). Für die „absolute“ Armut in den Entwicklungsländern wird zumeist der Maßstab „1 Dollar pro Tag“, verwendet. Das klingt schrecklich und ist es auch. Dass Menschen überhaupt so existieren können, liegt daran, dass 1 Dollar in Entwicklungsländern eine deutlich höhere „Kaufkraft“ hat, d.h., dass man sich für 1 Dollar in Entwicklungsländern deutlich mehr kaufen kann als bei uns, weil vieles sehr viel billiger ist.

(Autorentext)

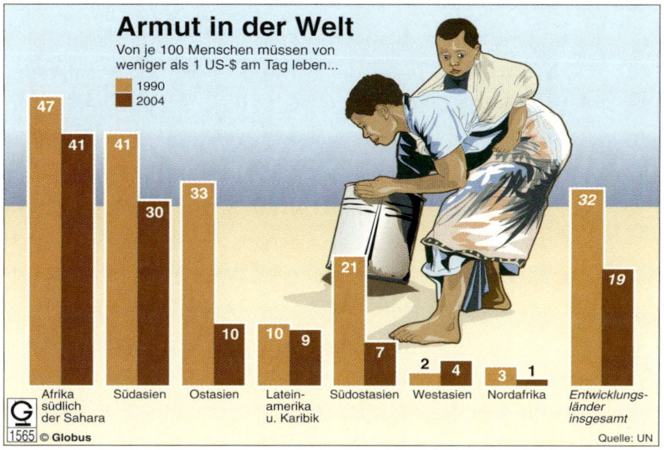

▶ Entwicklungsländer haben viele Gesichter M 9

Berichte über Länder in Afrika oder Asien, die uns in Europa erreichen, handeln fast nur von Kriegen, Katastrophen, Korruption, Elend, Vertreibung oder Zerstörung der Umwelt. Aber dieses Bild, das wir uns vom „Süden" machen, ist verzerrt. Entwicklung in Afrika, Asien oder Lateinamerika hat viele Gesichter, hässliche und schöne. Und sie hat von Land zu Land ein anderes Gesicht. Was wissen wir in Europa eigentlich von den Ländern, die wir Entwicklungsländer nennen? Wie erfahren wir etwas vom *Leben und Alltag der Menschen* dort? Zum Beispiel aus Zeitungs- und Fernsehberichten. Aber Nachrichten von dort müssen schon besonders „interessant" sein, um zu uns zu gelangen. Mit anderen Worten: Was wir von Entwicklungsländern erfahren, ist nicht das Alltägliche, sondern das Außergewöhnliche, ist nicht die Regel, sondern die Ausnahme. [...]

Erfahren wir auch etwas über den Stundenplan einer Schule in Kamerun, über die Spiele von Kindern in Vietnam, über den Speiseplan einer Familie in Mexiko, über Sportvereine in Gambia? Nur dann, wenn es einen Hauch von Exotik oder Sensation hat: Wunderläufer aus Kenia gewinnen Gold bei Olympischen Spielen, kolumbische Kinder basteln sich Spielzeug aus Abfällen, Schulunterricht in Kamerun wird unterm Affenbrotbaum gehalten.

Seien wir also ehrlich: Wir wissen fast nichts vom Leben der Menschen in Afrika oder Asien. Aber wie es bei uns nicht nur Wohlstand und Zufriedenheit gibt, so gibt es in den Ländern Asiens oder Afrikas nicht nur Elend und Not, Hunger und Armut, Kriege und Katastrophen. Das Leben der meisten Menschen in Entwicklungsländern ist anders, als wir es uns vorstellen. Die Mehrzahl der Menschen dort kann sich täglich satt essen, hat Schulen besucht, hat ein ordentliches Dach über dem Kopf und Arbeit, die das Auskommen sichert. Es sind Menschen, die lachen und tanzen und Feste feiern, die stolz sind auf ihren Staat, auf ihr Land, das wir unterentwickelt nennen.

(Welt im Wandel. Armut im Süden – Verschwendung im Norden, Omnia Verlag, Köln, 5. Aufl. 1996, S. 4f.; Verf.: Claus D. Grupp)

1. Die Grafik M 8b zeigt, wie unterschiedlich Armut in den Teilen der „Dritten Welt" verbreitet ist. Macht euch dazu zunächst klar, an welchem Maßstab Armut hier gemessen wird und wie die Zahlenangaben zu verstehen sind.

2. Beantwortet zur Auswertung der Grafik folgende Fragen:
   - Welche Regionen der „Dritten Welt" sind 2004 besonders stark/überdurchschnittlich/relativ wenig von Armut betroffen? Zur Lage der Regionen könnt ihr ggf. die Weltkarte M 2 (S. 255) heranziehen.
   - Wie entwickelte sich die Armut in den Jahren von 1990 bis 2004? In welchen Regionen verringerte sie sich stärker, in welchen geringer? Welche Region hat sich am schlechtesten, welche am besten entwickelt?
   - Um wie viel Prozent hat die Armut sich insgesamt (alle Entwicklungsländer) verringert? (Zur Prozentrechnung s. M 2b in Kap. 2).

3. Aufgefallen ist euch sicherlich die Entwicklung in der Region Ostasien, in der u.a. das Riesenland China liegt. Fragt eure Lehrerin/euren Lehrer, welche Entwicklung sich in diesem Land vollzogen hat.

4. Dass Entwicklungsländer „viele Gesichter" haben, habt ihr auf den Auftaktseiten dieses Kapitels schon feststellen können. Fasst mit eigenen Worten zusammen, was zu bedenken ist, wenn man Berichte über Entwicklungsländer liest oder hört (M 9). Vielleicht könnt ihr auch selbst Beispiele dafür anführen.

5. Was in M 9 gesagt wird, ist auch im Hinblick auf die Beschäftigung mit den folgenden Materialien unseres Kapitels zu bedenken. Woran ändert es allerdings nichts?

Im Folgenden haben wir zu den vier „Grundbedürfnissen“, von denen in M 7 die Rede war, jeweils einige Informationen zusammengestellt. Wir schlagen euch dazu vor, sie in selbstständiger ***Gruppenarbeit*** *zu erarbeiten und das Arbeitsergebnis anschließend der Klasse vorzustellen. Gruppenarbeit werdet ihr kennen und deshalb wissen, dass man dabei einige Gesichtspunkte beachten muss, wenn sie erfolgreich sein und ein Ergebnis hervorbringen soll, auf das ihr stolz sein könnt. Wir haben daher an dieser Stelle die Methode der Gruppenarbeit in ihren wichtigsten Punkten etwas näher beschrieben (mit Hinweisen auf die hier vorgeschlagene Arbeit).*

Methode M 10 Methode: Gruppenarbeit

Zu unterscheiden ist grundsätzlich zwischen Gruppenarbeit, bei der alle Gruppen dieselbe Aufgabe zu bearbeiten haben („arbeitsgleiche“ Gruppenarbeit), und einer Form, bei der die Gruppen unterschiedliche Aufgaben bearbeiten („arbeitsteilige“ Gruppenarbeit). So wird z. B. für den folgenden Abschnitt (M 11 – M 14) dieses Kapitels vorgeschlagen, dass die Materialien, die sich jeweils auf eins der vier Grundbedürfnisse (Nahrung, Gesundheit, Wohnung, Bildung) beziehen, jeweils von einer bestimmten Gruppe bearbeitet werden, d. h.: es müssen sich vier Gruppen bilden, von denen jede sich einem der vier Themen widmet. Welche Gruppe welches Thema bearbeitet, muss also zuvor entschieden werden. Wenn das geschehen ist und ihr also eure Materialien und die zugehörigen Arbeitsaufträge kennt (im Folgenden stehen sie jeweils nach den Materialien M 11, M 12 b, M 13 b und M 14 b), könnt ihr eure Arbeit beginnen. Beachtet dazu folgende Regeln:

1. Richtet euch leise und schnell Gruppentische ein.
2. Bereitet eure Arbeit vor, indem ihr zuerst eure Arbeitsmaterialien überblickt, eure Arbeitsaufträge gründlich lest und klärt, ob ihr alles verstanden habt.
3. Einigt euch auf wichtige Gruppenregeln, z. B.: Jeder übernimmt eine Aufgabe. Jeder hört jedem zu. Jeder notiert Arbeitsergebnisse.
4. Lest und untersucht nun gründlich die Materialien. Besprecht, wie ihr die einzelnen Arbeitsfragen beantworten wollt, und notiert dazu kurze Formulierungen, die sich auf Wichtiges konzentrieren, die jeder verstanden hat und jeder ggf. mündlich noch etwas näher erläutern kann. Für den Fall, dass euch etwas unklar oder unverständlich erscheint (aber auch nur dann), zieht eure Lehrerin oder euren Lehrer zu Rate.
5. Überlegt, wie ihr eure Arbeitsergebnisse nach Ende der Gruppenarbeit der Klasse präsentieren wollt. Ihr könnt z. B. die Antworten zu den Fragen in Kurzfassung auf eine Overhead-Folie schreiben (nach den einzelnen Aufgaben gegliedert) und eine oder einer von euch, auf die/den ihr euch einigen müsst, übernimmt die Aufgabe, diese Formulierung anhand der Folie vor der Klasse näher zu erläutern. Dabei sollte sie/er möglichst frei sprechen (kann aber auch einen Notizzettel zu Hilfe nehmen, um nicht Wichtiges zu vergessen). Sie/er sollte auch nicht vergessen, nach Schluss des Vortrags zu fragen, ob alle die Ausführungen verstanden haben. Wenn sich Fragen ergeben, können ihr/ihm auch die übrigen Gruppenmitglieder bei der Beantwortung helfen.

(Autorentext)

„Gruppengift“: Hier sind (als feindliche U-Boote) einige Merkmale angegeben, die man bei Gruppenarbeit (Passagierschiff) unbedingt vermeiden sollte, weil sie sich sehr negativ auf die Arbeit und das Ergebnis auswirken.

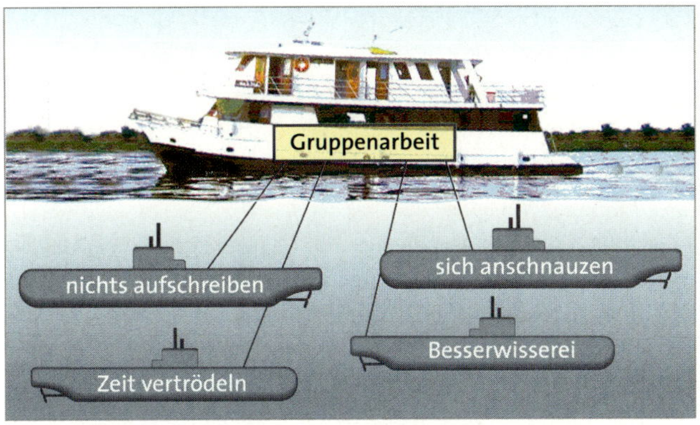

Grundbedürfnis Nahrung

Hunger und Unterernährung in der Welt M 11

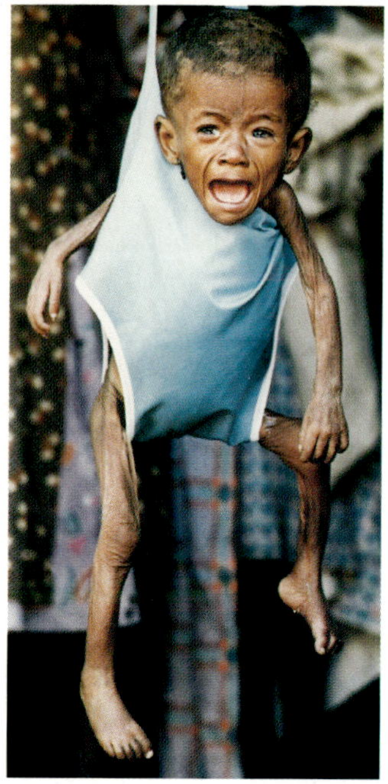

Weltweit sind rund 800 Millionen Menschen von Hunger betroffen, davon 500 Millionen in Ostasien, 200 Millionen in Afrika und 100 Millionen im Nahen Osten, in Südamerika und in der Karibik. Über 160 Millionen davon sind Kinder, der Rest zum Großteil Frauen und ältere Menschen. Jeden Tag sterben ca. 24 000 Menschen an Hunger oder an Ursachen, die durch Hunger bedingt sind. Jährlich sind das etwa 40 Millionen Menschen, was etwa 300 Flugzeugabstürzen täglich entspricht, bei denen keiner der Passagiere überlebt.

Doch was ist Hunger eigentlich?
Hunger ist das Bedürfnis bzw. Verlangen nach Aufnahme von Nahrung. Dieses Gefühl ist intensiver und schmerzhafter als das, was wir Appetit nennen. Durch entsprechende Nahrungsaufnahme geht der Hunger in ein Sättigungsgefühl über. Länger andauernder Hunger infolge minderwertiger oder zu geringer Nahrungszufuhr führt zu *Mangel- bzw. Unterernährung*, Unterversorgung oder sogar zum Tod. […] Als Unterversorgung bezeichnet man jenen Zustand, in dem die tägliche Zufuhr an *Energie*, die für einen gesunden Körper und ein aktives Leben benötigt wird, für einen längeren Zeitraum unter durchschnittlich 2 400 Kilokalorien* pro Tag liegt.
Wofür brauchen wir nun diese Kalorien? Der Mensch verbraucht, auch ohne jegliche Belastung, ständig Kalorien, und zwar 1 Kilokalorie pro Kilogramm Körpergewicht und Stunde. Dieser sogenannte Grundumsatz beträgt also z. B. bei einem 70 kg schweren Mann etwa 1 600 Kilokalorien pro Tag, bei einer gleich schweren Frau etwas weniger (1 500 Kcal).
Der Arbeitsumsatz, also das, was wir bei Belastung verbrauchen, beträgt zwischen 2 200 Kcal pro Tag z. B. bei einer Sekretärin und 5 000 Kcal bei Schwerstarbeit, kann aber bei sportlichen Höchstleistungen auch bis zu 1 200 Kcal pro Stunde betragen.
Wenn die Zahl der Kalorien, die der Körper an Energie verbraucht, höher ist als die Kalorienzufuhr durch Nahrungsmittel, führt dies zu einem Energiedefizit. Dauert dieser Zustand an, so kommt es zu Gewichtsabnahme (Auszehrung) und fortschreitender Schwächung des Körpers, verbunden mit Apathie [Teilnahmslosigkeit] und dem Verlust an Initiative und Kreativität. Auch die Abwehrkräfte gegenüber Krankheiten nehmen ab. Längerfristig bleibt auch das Körperwachstum zurück.
(http://home.t-online.de/home/Frank.Pensel/Marie/Info/referat_hunger.html)

Eine Familie in Wajid, Somalia

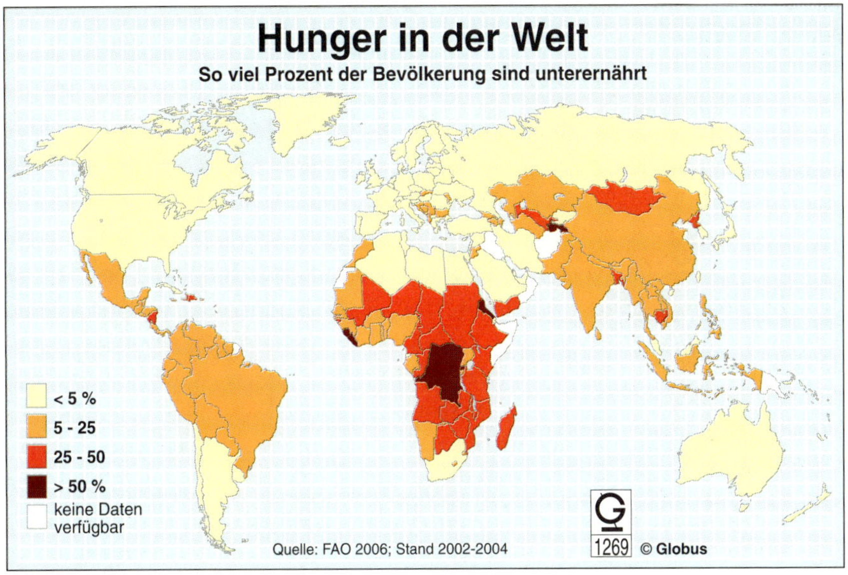

Der chronische Hunger fällt nicht immer gleich auf. Unterernährte sind oft dünn, aber nicht abgemagert. Der Körper gleicht unzureichende Ernährung dadurch aus, dass Aktivitäten eingeschränkt oder das Wachstum verlangsamt wird. Die Betroffenen sind dann anfällig für Krankheiten, dauernd müde oder unkonzentriert. Kinder werden teilnahmslos. Mütter gebären untergewichtige Kinder. Chronisch Hungernden fehlt deshalb oft die Energie, sich selbst aus Armut und Unterernährung zu befreien.

(www.welthungerhilfe.de/WHHDE/aktuelles/infografik/texte/hunger.doc)

Arbeitsfragen für die Gruppenarbeit:

- Was versteht man unter Hunger?
- Was versteht man unter „Kilokalorien"? Wozu braucht man sie?
- Wie viele Kilokalorien mindestens braucht ein Mensch durchschnittlich pro Tag, um normal leben zu können? Was versteht man unter „Unterversorgung" (Unterernährung)? Welche Folgen hat sie bei längerer Dauer?
- In welchen Ländern ist der Anteil der unterernährten Menschen sehr hoch bzw. am höchsten (s. Grafik; vgl. die Weltkarte M 2)?

Weitere gut verständliche Informationen (Texte und Grafiken) zur Unterernährung in der Welt findet ihr auf der Internetseite der „Deutschen Welthungerhilfe" (www.welthungerhilfe.de/1030.html)

Grundbedürfnis Gesundheit

Fehlender Schutz vor tödlichen Krankheiten M 12a

Wer arm ist, muss früher sterben. In Ländern mit einem hohen Anteil an Armen ist auch die medizinische Betreuung in der Regel unzureichend, die Gefahr, sich z. B. durch unsauberes Wasser mit Krankheiten anzustecken, ist groß.

Die **wichtigsten Infektionskrankheiten*** in den Entwicklungsländern sind Lungenentzündungen und Tuberkulose, Durchfallerkrankungen, AIDS* und Malaria. Die Weltgesundheitsorganisation (WHO) spricht von „armutsbedingten Krankheiten". Oft fehlen den Menschen geeignete Unterkünfte, Medikamente oder nur sauberes Wasser.

Vor allem in den am wenigsten entwickelten Ländern, den *Least Developed Countries* (LDC), haben vermeidbare Krankheiten besonders schlimme Folgen. Dort sterben rund drei Viertel aller Menschen, bevor sie 50 Jahre alt sind. Weltweit ist die Lebenserwartung in den

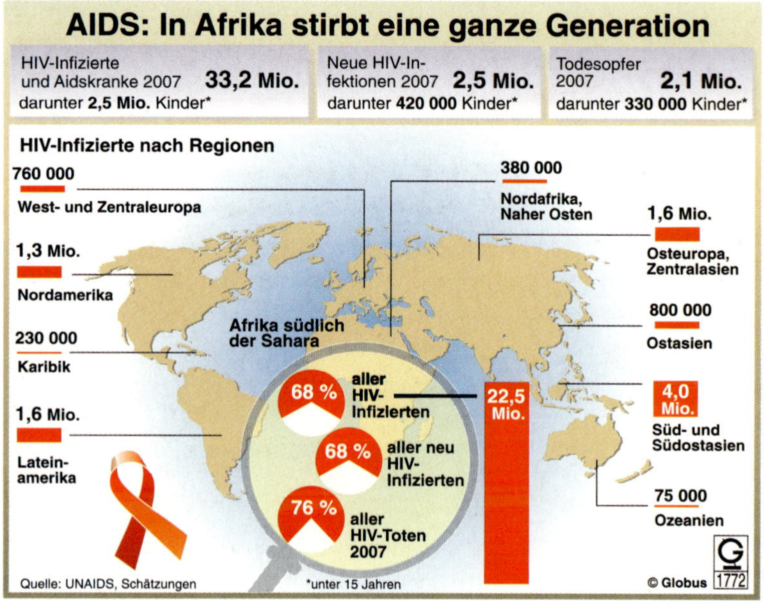

vergangenen Jahrzehnten immer weiter gestiegen. Sie liegt im globalen Durchschnitt heute bei rund 66 Jahren. In den afrikanischen Ländern südlich der Sahara ist die Lebenserwartung dagegen mittlerweile auf nur noch 46 Jahre gesunken. Ein wichtiger Grund dafür ist die Verbreitung von AIDS.
(http://www.welthungerhilfe.de/aids-bericht.hlml)

AIDS* tötet immer mehr Kinder: Rund vier Millionen Kinder unter 15 Jahren sind bereits an den Folgen von AIDS gestorben. 25 Jahre nach dem Ausbruch der Epidemie haben sich weltweit mehr als zwölf Millionen junge Menschen unter 24 Jahren mit dem HI-Virus angesteckt, darunter 2,2 Millionen Kinder unter 15 Jahren. Zwischen 2001 und 2004 wuchs die Zahl der Kinder, die einen oder beide Elternteile durch die Krankheit verloren haben, von 11,5 auf 15 Millionen. Die meisten Waisen – 12 Millionen – leben in Afrika.

Wenn die Eltern an AIDS erkranken, beginnt auch für die Kinder ein langer Leidensweg. Durch den qualvollen Tod der Eltern sind viele Kinder traumatisiert. Sie trauern, brauchen Trost und Menschen, die sich liebevoll um sie kümmern. Schon während die Eltern noch leben, verarmen viele Familien, weil sie nicht mehr regelmäßig arbeiten und die Felder bestellen können.

Allein lebende Waisen haben häufig nicht einmal genug Geld für das Essen. Sie leben sehr isoliert und erhalten kaum Unterstützung. Aber auch wenn Verwandte sie versorgen, sind AIDS-Waisen benachteiligt: Sie erhalten oft weniger zu essen und werden schlechter medizinisch betreut als Kinder, deren Eltern noch leben. (http://www.unicef.de/100.html)

Ein Schicksal unter vielen: In einer Hütte in Durban (Südafrika) betreut ein Mädchen seine aidskranke Mutter. 40 Prozent aller Einwohner sind in dieser Region Südafrikas infiziert.

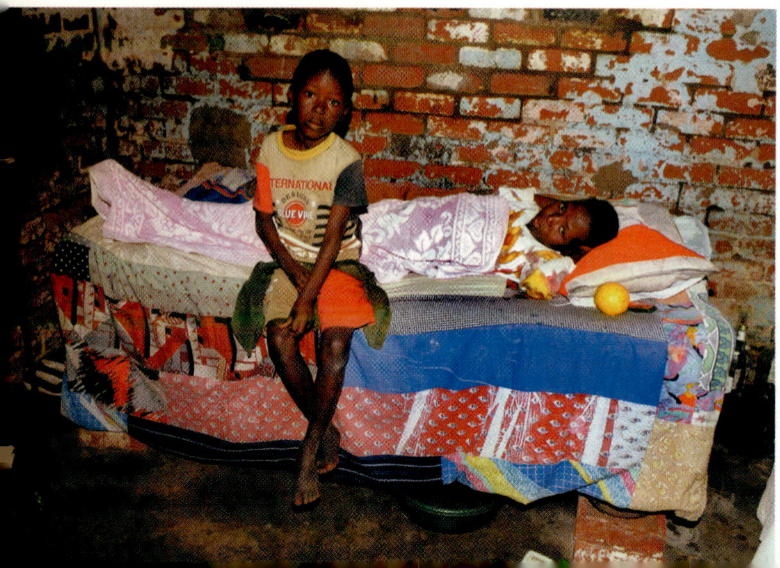

„Children free of HIV/AIDS“ fordern diese Kinder in Mabote (Mosambik).

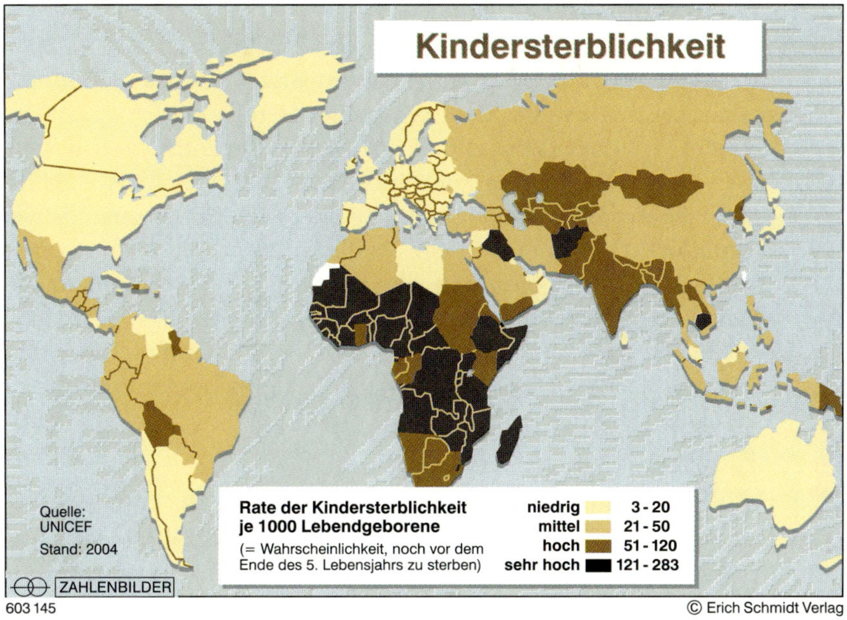

M 12b Trotz Erfolgen: Fast 10 Millionen Kinder sterben jährlich in den ersten fünf Jahren

Neueste Zahlen von UNICEF* belegen wichtige Fortschritte im Kampf gegen die hohe Kindersterblichkeit in den Entwicklungsländern. So sank die Zahl der Kinder, die vor ihrem fünften Geburtstag zumeist an vermeidbaren oder behandelbaren Krankheiten starben, von rund 13 Millionen im Jahr 1990 auf 9,7 Millionen im Jahr 2006. Dies entspricht einem Rückgang von 24 Prozent. Diese Fortschritte sind nach Angaben von UNICEF vor allem darauf zurückzuführen, dass auch in vielen armen Ländern mehr Kinder Zugang zu einem Bündel einfacher Gesundheitsmaßnahmen bekommen haben. Dazu gehören eine Verbesserung der Hygiene, Impfschutz gegen gefährliche Infektionskrankheiten wie Masern, Vitamin-A-Gaben zur Stärkung der Widerstandskraft, imprägnierte Moskitonetze zum Schutz vor Malaria sowie die Förderung des Stillens und gemeindenahe Gesundheitsdienste. Angesichts der jüngsten Fortschritte warnte UNICEF jedoch vor Selbstzufriedenheit: „Das Sterben von 9,7 Millionen Kindern ist nicht hinnehmhar. Ein Großteil dieser Todesfälle ist vermeidbar. Die neuen Zahlen zeigen, dass Fortschritt möglich ist, wenn wir entschlossen handeln.“

(http://www.unicef.de/kindersterblichkeit.html)

Arbeitsfragen für die Gruppenarbeit:

- Inwiefern spricht die Weltgesundheitsorganisation von „armutsbedingten“ Krankheiten in den ärmsten Entwicklungsländern?
- Was versteht man unter „Lebenserwartung“? Was besagt die Angabe „66 Jahre“ (in Deutschland 79 Jahre)?
- Welcher Zusammenhang besteht zwischen der Verbreitung der Krankheit AIDS* und der Höhe der Lebenserwartung in den afrikanischen Ländern südlich der Sahara?
- Wie hoch ist der Anteil der Aidskranken in Afrika südlich der Sahara an der Gesamtzahl aller Aidskranken in der Welt?
- Von welchen schweren Problemen sind Aidswaisen (Kinder, deren Eltern an AIDS gestorben sind) betroffen?
- Was versteht man genau unter der Aussage, dass die „Rate“ der Kindersterblichkeit (Grafik) z. B. bei 100 liegt?
- Was lässt sich anhand der Grafik zur Höhe der Kindersterblichkeit in den Regionen der Welt feststellen?
- Inwiefern spricht das Kinderhilfswerk der Vereinten Nationen (Unicef) von einem Erfolg im Kampf gegen die Kindersterblichkeit? Worauf führt es diesen Erfolg zurück?

Nähere Informationen könnt ihr über die als Quellen zu den Texten (M 12 a/b) angegebenen Internetadressen einholen.

Grundbedürfnis Wohnung

Wohnen im Slum M 13

Sao Paulo (Brasilien)

Das Foto oben zeigt beispielhaft (Sao Paulo, Brasilien) einen wichtigen Teil des Wohnungsproblems in vielen Entwicklungsländern: das Bestehen großer Elendsviertel („Slums“) in den Riesenstädten („Megacities“) der größeren Länder. Sie sind seit vielen Jahren vor allem dadurch entstanden, dass (vor allem jüngere) Menschen in großer Zahl vom Land in die großen Städte umsiedelten („Landflucht“). Sie sahen in den ländlichen Gebieten keine Lebenschancen mehr und erhofften sich vom Leben in den Städten die Möglichkeit, Arbeit zu finden und wenigstens ein gewisses Einkommen zu erreichen, um ihre Familien ernähren zu können. Die Städte waren nicht in der Lage, im entsprechenden Maße Wohnungen zur Verfügung zu stellen.

(Autorentext)

Im Zentrum *Kalkuttas* schlafen sie schichtweise in Lehmhöhlen, nicht viel größer als ein Sarg. Meist kaum mehr als fünf, sechs Stunden, dann muss der Platz geräumt werden für den nächsten in der Familie, der sein Ohr niederbetten will. In *Kairo* sind sie in der „Stadt der Toten“ zu Hause, wie ein Friedhof dort genannt wird, auf dem sich die Ärmsten der Armen in Ermangelung jeglicher anderer Bleibe angesiedelt haben. So wie ihre Schicksalsgenossen auf den „intra-murios“ von *Rabat*.

Sie wohnen in den „villas miserias“ von *Buenos Aires* oder den „colonias populares“ von *Mexiko-Stadt*. Oftmals in Hütten, gefertigt aus Abfallmaterial, deren mit Steinen befestigte Dächer aus Wellblech und Plastikplanen immer wieder vom nächsten Regensturm weggerissen werden. Von fließend Wasser und Strom, gar sanitären Anlagen oder geregelter Müllabfuhr können die meisten nur träumen, genauso wie von einem festen Einkommen. Ihre Zukunft besteht aus dem nächsten Tag, über den sie mit dem Minimum kommen müssen. Und oftmals ist es weniger als das.

Doch ihre Zahl wächst. Knapp ein Drittel der städtischen Weltbevölkerung lebt heute laut einem Bericht von UN-Habitat, dem Siedlungsprogramm der Vereinten Nationen, in Slums. Da sind gut eine Milliarde Menschen, die ein Leben unter entwürdigenden Bedingungen fristen, nahe Abfallhalden, giftigen Industrieanlagen und anderen Gefahrenzonen.

(Inge Günther, „Der Slum-Planet“, in: Frankfurter Rundschau v. 5.1.2005)

Blick in den Slum Kibera in Nairobi

Was würden wir machen, wenn es keine Müllentsorgung und keine Kanalisation gäbe? Wo würden wir unsere Lebensmittel einkaufen, wenn es keine Supermärkte gäbe? Und wie könnten wir schlafen, wenn neben uns noch zehn andere Menschen Platz finden müssten? All diese Probleme sind für die Kinder, die in Kibera, dem größten Slum Ostafrikas in Nairobi, Kenia, leben, Alltag (s. Foto). Hier leben über 1 Million Menschen auf einem Gebiet, das nur so groß ist wie die Trierer Innenstadt. Sie wohnen in Blechhütten, in denen es sehr heiß ist. Die Gänge zwischen den Hütten sind so eng, dass die Feuerwehr nicht

Slum in Lagos (Nigeria)

durchkommt, wenn es mal brennt. In den Gängen liegt überall Müll, in dem auch die Kinder spielen. Die Frauen gehen jeden Tag viele Kilometer, um frisches Wasser zu besorgen. In einer Schulklasse lernen hier über 80 Kinder. Die Kinder gehen gerne zur Schule. Sie wollen lernen, damit sie es später einmal besser haben. Deshalb freuen sie sich auch, wenn sie von Hilfsorganisationen Schulbücher und Stifte geschenkt bekommen. In der Schule gibt es Schlafpausen, in denen die Kinder, die daheim in der engen Hütte oft nicht schlafen können, den Schlaf nachholen. Außerdem erhalten sie hier eine warme Mahlzeit. Ihre Not macht die Menschen in Kibera erfinderisch. Sie bauen Spielzeug aus Müll, turnen und singen. Mit ihrer Kreativität versuchen sie in den Hotels ein wenig Geld zu verdienen.

(http://www.uni-trier.de/index.php?id=14457&L=0, Verf.: Julia Stephani; Abruf: 10.11.2007)

Arbeitsfragen für die Gruppenarbeit:

- Was versteht man unter „Slums“ (dieses englische Wort bedeutet so viel wie „kleine schmutzige Gasse“)?
- Wie ist es zur Entstehung solcher Viertel in den großen Städten vieler Entwicklungsländer gekommen?
- In welchen Ländern liegen die genannten „Riesenstädte“?
- Wie müsste eurer Vorstellung nach eine einfache, aber menschenwürdige Wohnung aussehen? Über welche Einrichtungen müsste sie verfügen?
- Welche dieser Voraussetzungen sind in den Slums nicht erfüllt (Text, Fotos; vgl. M 8 in Kap. 12)?
- Welche Folgen ergeben sich aus der Situation in den Slums für die Kinder?

Grundbedürfnis Bildung

Analphabetismus in der Welt M 14a

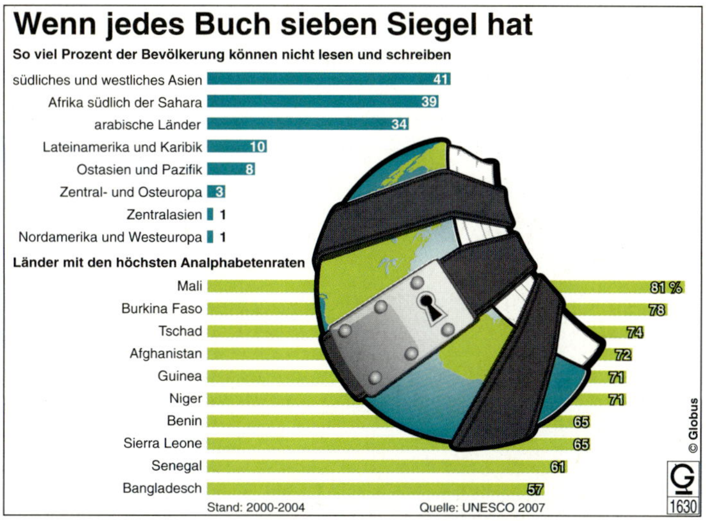

Weltweit lag die Analphabetenrate 2004 bei 18 %; 1979 lag sie bei 37 %.

Weltweit können nach Angaben des Kinderhilfswerks der Vereinten Nationen (2004) rd. 780 Millionen Menschen weder lesen noch schreiben. Mehr als zwei Drittel von ihnen sind Frauen. Während in den Industrieländern Computer, Internet und E-Mail den Alltag erobern, bleibt Millionen von Kindern in den Entwicklungsländern bis heute ein elementares Recht vorenthalten: das Recht auf Bildung. […] In den Entwicklungsländern gehen heute rd. 100 Millionen Kinder im Grundschulalter nicht zur Schule. Fast drei Fünftel davon sind Mädchen. Weitere 150 Millionen Kinder brechen die Schule vor der fünften Klasse ab.

– In den vergangenen Jahrzehnten sind die Einschulungsraten in fast allen Regionen deutlich gestiegen: in Südasien von 45 Prozent 1960 auf 68 Prozent, in Afrika von 25 Prozent (1960) auf 57 Prozent. Im Nahen Osten und in Nordafrika werden heute 80 (40) Prozent der Kinder eingeschult, in Lateinamerika 90 (60) Prozent und in Ostasien 93 (55) Prozent.

– Viele Kinder sind schon deshalb vom Unterricht ausgeschlossen, weil es in ihrem Dorf oder Stadtviertel keine Schule gibt. Und wenn eine vorhanden ist, dann sind die Klassenzimmer oft so überfüllt, dass nur ein Teil der Kinder einen Sitzplatz hat. In Bangladesch muss ein Lehrer meist 60 bis 70 Schüler unterrichten, in Äquatorial-Guinea sogar 90.

– Bildung ist der Schlüssel zur Zukunft. Sie ist Voraussetzung dafür, dass Kinder das Leben meistern und Probleme bewältigen lernen. Bildung schafft auch eine Basis für einen qualifizierten Arbeitsplatz. Besondere Bedeutung kommt der Grundbildung zu. Sie ist für Menschen in Entwicklungsländern meist die einzige Chance, den Teufelskreis aus Armut und Ausbeutung zu überwinden. […]

(unicef information, Das Recht auf Bildung; www.unicef.de)

Ein Schulheft und Unterricht blieben lange Zeit ein Kindertraum in Liberia.

M 14b Mädchen im Nachteil

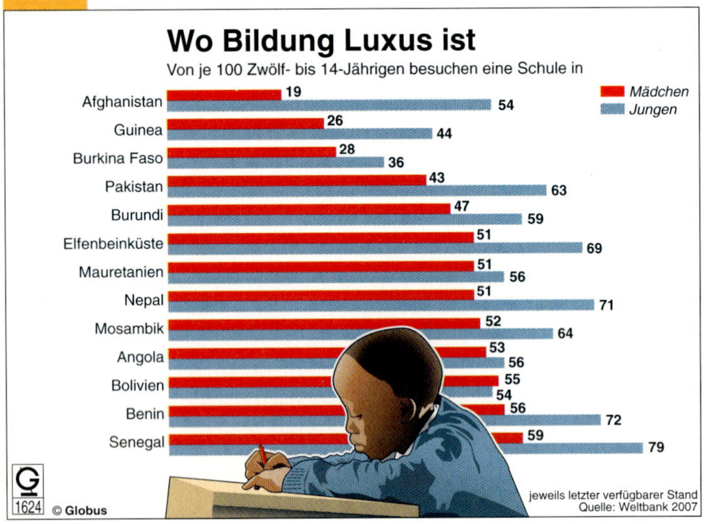

Arbeitsfragen für die Gruppenarbeit:

- Was ist unter Analphabetismus* (s. Glossar) zu verstehen?
- Was kann man aus der Grafik in M 14a zur Verbreitung von Analphabetismus in der Welt ablesen?
- Ob man lesen und schreiben kann, hängt vom Schulbesuch ab. Wie haben sich die Anteile der Kinder, die eine Grundschule besuchen, in den letzten Jahrzehnten entwickelt (M 14a, Text)?
- In welchen Ländern und Regionen ist die Situation am schlechtesten (M 14b)?
- Was wird über die Ursachen des fehlenden Schulbesuchs gesagt?
- Was lässt sich über den Schulbesuch von Jungen im Vergleich zu Mädchen sagen?
- Warum ist es so entscheidend wichtig, dass man schulische Bildung erwirbt? Was wird im Einzelnen darüber im letzten Abschnitt des Textes gesagt?

M 15 Ein Vergleich: Lebensbedingungen in Ghana und Deutschland

	Ghana	Deutschland
Fläche	238 537 km^2	357 021 km^2
Einwohner	22,1 Mio.	82,5 Mio.
Pro-Kopf-Einkommen	450$	22740$
Lebenserwartung	56 Jahre (Männer 57, Frauen 61)	78 Jahre (Männer 73, Frauen 80)
Einwohner pro Arzt	22970	296
Kindersterblichkeit*	10%	0,6%
Analphabetenrate*	Männer: 19% Frauen: 35%	5%
Städtische Bevölkerung	36%	88%
Erwerbstätige in der Landwirtschaft	57%	3%
Arbeitslosigkeit	ca. 30%	9,8%

(Autorentext; Angaben nach: Fischer Weltalmanach 2008, Fischer Taschenbuch Verlag, Frankfurt a. M. 2007, S. 119, 196)

In eurer Gruppenarbeit zu M 11 – M 14 habt ihr eine Menge über die Lebensbedingungen vieler Menschen in den Entwicklungsländern erfahren. In M 15 haben wir ein bestimmtes, ganz „normales“ Entwicklungsland in einigen wichtigen Lebensbereichen (darunter auch Einkommen, Bildung, Gesundheit) unserem Heimatland Deutschland gegenübergestellt. Vergleicht die einzelnen Angaben miteinander und erläutert jeweils, was sich daraus für die Lebensverhältnisse in den beiden Ländern ergibt. Zur geografischen Lage Ghanas könnt ihr die Weltkarte in M 2 heranziehen.

M 16 Wo liegen die Ursachen für die Lage der „Dritten Welt“?

Sicherlich habt ihr euch schon selbst gefragt, wo eigentlich die Ursachen für die Situation der Entwicklungsländer und damit auch für das Leben der Kinder dort liegen. Diese Frage ist so schwierig zu beantworten, dass sich selbst Wissenschaftler, die sich gründlich mit der Erforschung der Ursachen beschäftigt haben, darüber streiten. Die Schwierigkeit liegt unter anderem darin begründet, dass es ***viele verschiedene Ursachen*** *gibt (man also keine „einfache“ Erklärung geben kann) und dass diese Ursachen in den vielen verschiedenen Ländern* ***unterschiedlich verteilt*** *sind (dass man also keine „allgemeingültige“ Erklärung geben kann). In dem einen Land können ganz andere Ursachen überwiegen als in einem anderen. Wir können daher im Folgenden nur einige allgemeine Hinweise geben.*

Insgesamt kann man vielleicht **drei Arten von Ursachen** unterscheiden:

- Zu den *natürlichen* Ursachen gehört die Tatsache, dass die Bodenbeschaffenheit, der Wassermangel und das Klima in vielen Ländern (vor allem in Afrika) eine günstige Entwicklung behindern.

- Zu den *inneren* Ursachen gehört das hohe *Bevölkerungswachstum* in vielen Entwicklungsländern. Während in den meisten Industrieländern immer weniger Kinder geboren werden, nimmt die Bevölkerungszahl in vielen Entwicklungsländern immer noch stark zu. Die Produktion von Lebensmitteln usw. kann da oft nicht mithalten.
- Seit vielen Jahren wird auch beklagt, dass in vielen Entwicklungsländern (vor allem in Afrika) die Regierungen sich nicht in der Lage zeigen, die vorhandenen Mittel den armen Bevölkerungsschichten zugute kommen zu lassen, und dass manchmal auch Reichtum in der Hand weniger Mächtiger angesammelt wird. Diese *„schlechte Regierungsführung“* wird ebenfalls zu den inneren Ursachen der Unterentwicklung gerechnet. Sie ist auch einer der Gründe dafür, dass die von den westlichen Ländern geleistete Entwicklungshilfe nicht immer sinnvoll verwendet wird.
- Wichtig sind vor allem aber auch *äußere* Ursachen. Viele der heutigen Entwicklungsländer wurden vor mehr als hundert Jahren von europäischen Ländern zu „Kolonien“ gemacht, d. h., sie wurden von ihnen beherrscht und gezwungen, ihre Rohstoffe (Baumwolle, Tee, Kaffee, Zucker usw.) an die europäischen Länder abzuführen, anstatt damit im eigenen Land Güter herzustellen. Deshalb sind diese Länder in ihrer Entwicklung zurückgeblieben. Auch heute noch ist es oft so, dass die Entwicklungsländer teure Waren aus den Industrieländern einführen müssen, ihre eigenen Güter aber zu billig verkaufen müssen, um aus den Einnahmen ihre Wirtschaft weiterentwickeln zu können.

(Autorentext)

1. Macht deutlich, warum es so schwierig ist, die Frage nach den Ursachen für die „Unterentwicklung“ der „Dritten Welt“ auf einfache Weise zu beantworten (M 16, Einleitungstext).

2. Erläutert im Gespräch mit eurer Lehrerin/eurem Lehrer, inwiefern man „natürliche“, „innere“ und „äußere“ Ursachen unterscheiden kann und worin sie jeweils bestehen können (M 16).

3. Erst wenn man die Ursachen für ein Problem kennt, kann man überlegen, was getan werden müsste, um das Problem zu bekämpfen. Auf einige Möglichkeiten, die wir alle haben, um den Menschen in der Dritten Welt zu helfen, gehen wir im letzten Abschnitt ein.
   Überlegt an dieser Stelle,
   - welche der genannten Ursachen man grundsätzlich beseitigen kann und welche nicht,
   - wer (Länder, Regierungen, Politiker, Bevölkerung) Maßnahmen ergreifen müsste, um zu ändern, was veränderbar ist, und
   - welche konkreten wirksamen Maßnahmen ihr selbst euch vorstellen könnt.

4. Maßnahmen, die seit Jahrzehnten von vielen Ländern und Organisationen der Industrieländer durchgeführt werden, fasst man mit dem Begriff *„Entwicklungspolitik“* zusammen. Darüber werdet ihr im späteren Unterricht in den Fächern Erdkunde, Geschichte und Politik/Sozialwissenschaften Näheres erfahren. Vielleicht kann euch eure Lehrerin oder euer Lehrer an dieser Stelle ganz kurz erklären, worin Entwicklungspolitik im Allgemeinen besteht.

3. Kinderarbeit ist kein Kinderspiel

M 17 Beispiele aus fünf Ländern

Indische Zigarettendreherinnen

Steine schleppen für den Straßenbau in Südindien

Kinderarbeiter in einer Ziegelei in Peru

Arbeit in der Landwirtschaft in Brasilien

Kinderbauarbeiter in Rangoon, Burma

14-jähriger Bauarbeiter in Peru

Wo Kinder weltweit arbeiten M 18

Zu allen Aspekten der Kinderarbeit gibt es umfangreiche Informationen auf den Internetseiten verschiedener Organisationen. Besonders hingewiesen sei auf die Seiten:
www.tdh.de/content/themen/schwerpunkte/kinderarbeit/index.htm
www.welthungerhilfe.de/stopp_kinderarbeit.html
www.aktiv-gegen-kinderarbeit.de/menu.htm

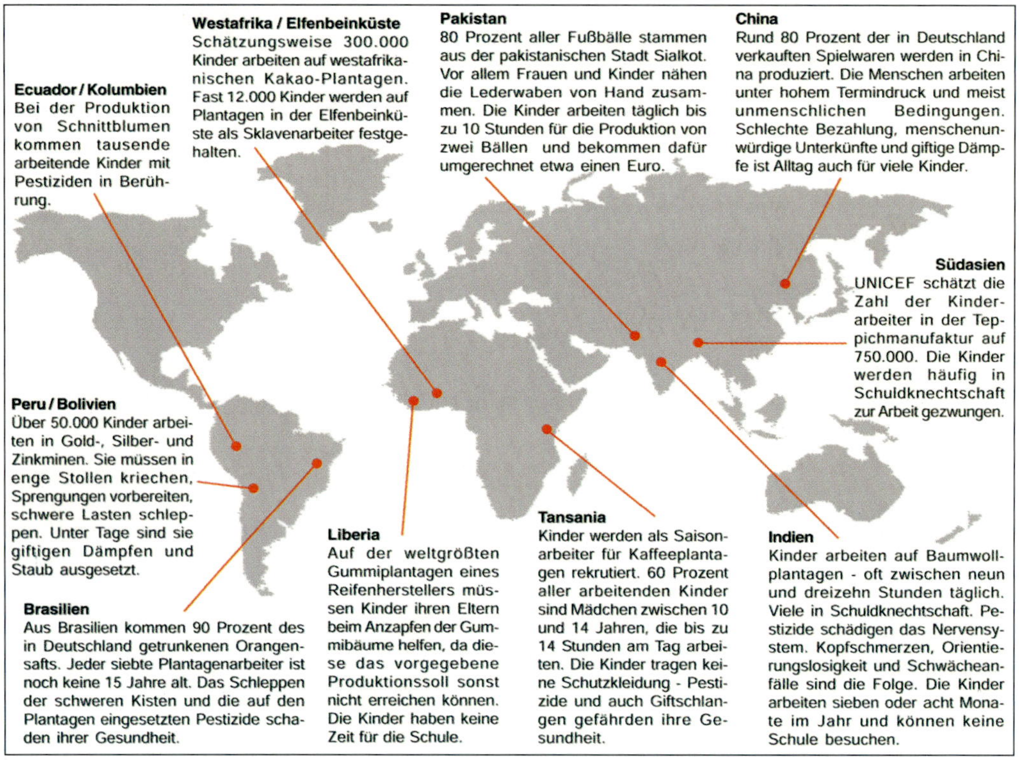

(www.welt-und-arbeit.de/welt-und-arbeit_WebVersion.pdf, S. 2)

Kinderarbeit ist nicht gleich Kinderarbeit M 19

Nach ILO-Definition (s. M 20) umfasst der Begriff Kinderarbeit nicht alle wirtschaftlichen Aktivitäten, die von Kindern unter 18 Jahren verrichtet werden. Eine gewisse wirtschaftliche Betätigung (Erwerbstätigkeit), bezahlt oder unbezahlt, die dem Alter und den Möglichkeiten der Kinder entspricht, kann durchaus dazu beitragen, sich Fähigkeiten anzueignen, die dem eigenen Wohlbefinden dienen oder den persönlichen Reifeprozess fördern. Auch kann dadurch die Einkommenssituation der Familie verbessert werden. Voraussetzung hierbei ist, dass die Arbeit nach dem Unterricht und nach Erledigung der Hausaufgaben verrichtet wird. Die zur Abschaffung bestimmte Kinderarbeit im eigentlichen Sinn lässt sich in *drei Kategorien* einteilen.

1. Arbeit, die von einem Kind verrichtet wird, welches das für diese Tätigkeit vorgeschriebene *Mindestalter* nicht erreicht hat (wie es die innerstaatliche Gesetzgebung in Übereinstimmung mit anerkannten internationalen Normen vorsieht), und die deswegen die *Bildung, Ausbildung und die körperliche und geistige Entwicklung* des Kindes zu beeinträchtigen droht.
2. Arbeit, die die körperliche, geistige oder seelische *Gesundheit von Kindern gefährdet*, und zwar wegen ihrer Natur oder aufgrund der Umstände, unter denen sie verrichtet wird (gefährliche Arbeit).
3. Die unbestreitbar schlimmsten Formen der Kinderarbeit, und zwar Sklaverei, Menschenhandel, Schuldknechtschaft[1] und andere Formen der Zwangsarbeit.

[1] *Schuldknechtschaft.* Form der Kinderarbeit in Entwicklungsländern, die darauf beruht, dass arme Eltern von bestimmten Firmen ein Darlehen erhalten und zur Abzahlung dieses Geldes ihre Kinder an diese Firmen verkaufen. Die Kinder müssen dann so lange (z. B. an Webstühlen) arbeiten, bis die Schulden beglichen sind. Näheres dazu: www.aktiv-gegen-kinderarbeit.de/schuldknechtschaft.htm

(© unicef)

Erfolge im Kampf gegen die Kinderarbeit M 20

Bei Kinderarbeit lässt sich weltweit erstmals ein Rückgang beobachten. Dies ist das Ergebnis eines vorsichtig optimistischen Berichts der *International Labour Organisation* (ILO[1]). Sollte der derzeitige Trend aufrechterhalten werden können, ist dem Bericht zufolge die weitgehende Beseitigung der schlimmsten Formen der Kinderarbeit – beispielsweise unter Tage, mit giftigen Chemikalien oder im Sexgewerbe – innerhalb der nächsten zehn Jahre möglich.

- Die Zahl arbeitender Kinder weltweit ist den Erhebungen der ILO zufolge zwischen 2000 und 2004 um elf Prozent von 246 Millionen auf 218 Millionen gesunken. Die Anzahl von Kindern und Jugendlichen im Alter zwischen fünf und 17 Jahren, die besonders gefährlichen Tätigkeiten nachgehen, ist in dem Zeitraum sogar um 26 Prozent zurückgegangen – von 171 Millionen auf 126 Millionen. Besonders deutlich war der Rückgang mit 33 Prozent bei den jüngeren Kindern unter 14 Jahren.
- Die größten Erfolge werden aus **Lateinamerika und der Karibik** gemeldet, wo in den vergangenen vier Jahren die Zahl der arbeitenden Kinder um zwei Drittel abnahm und wo nur noch fünf Prozent aller Kinder arbeiten müssen. Auch **Asien und die Pazifikregion** verzeichnen rückläufige Zahlen, doch mit rund 122 Millionen Kindern zwischen fünf und 14 Jahren sind nach wie vor die meisten jüngeren Kinderarbeiter in dieser Region anzutreffen.
- Den höchsten prozentualen Anteil arbeitender Kinder gibt es in **Afrika südlich der Sahara**, wo 50 Millionen oder 26 Prozent aller Kinder arbeiten müssen. Hohes Bevölkerungswachstum, Armut und HIV/AIDS* haben Fortschritte in dieser Region behindert.
- Der Bericht zeigt anhand von Beispielen aus Ostasien und Brasilien, dass *Armutsbekämpfung* und breit angelegte *Bildungsangebote* die wichtigsten Voraussetzungen für die Bekämpfung der Kinderarbeit sind. […] Auch wenn es beträchtliche Fortschritte im Kampf gegen die Kinderarbeit gibt, so verweist der Bericht auch auf große Herausforderungen, vor denen die Staatengemeinschaft noch steht. Dies betrifft insbesondere den *Landwirtschaftssektor*, in dem sieben von zehn arbeitenden Kindern beschäftigt sind. Darüber hinaus müssen Maßnahmen in Zusammenhang mit HIV/AIDS (s. M 12 a) erarbeitet werden, damit Kinder nicht gezwungen sind, an Stelle ihrer erkrankten oder verstorbenen Eltern zu arbeiten.

(www.kinderkulturkarawane.de/2006/Kinderarbeit/ILO%20Vertretung%20Deutschland-Aktuelles.htm)

[1] **ILO**. Abkürzung für *International Labour Organization*, Internationale Arbeitsorganisation. Organisation der Vereinten Nationen* mit Sitz in Genf mit der Aufgabe, die Arbeitsbedingungen, den Arbeitsschutz und das Arbeitsrecht (insbesondere auch die Gleichberechtigung von Frauen und die Rechte der Kinder) in den Ländern der Welt zu untersuchen und zu verbessern.

1. Macht euch anhand von M 17 und M 18 ein Bild von den verschiedenen Arten der Kinderarbeit und ihrer Verbreitung in der ganzen Welt. Überlegt, welche besonderen Belastungen und Folgen für Kinder aus den jeweiligen Arbeiten entstehen.
2. Erläutert, warum „Kinderarbeit nicht gleich Kinderarbeit" ist (M 19). Welche Bedingungen müssen aus der Sicht der internationalen Arbeitsorganisation (ILO) erfüllt sein, wenn Kinderarbeit akzeptabel sein soll? Welche Merkmale sind kennzeichnend für Kinderarbeit, die bekämpft und abgeschafft werden muss?
3. Kinderarbeit in den Entwicklungsländern ist zumeist Folge der Armut (Kinder sollen zum Einkommen ihrer Familien beitragen). Überlegt, welche Gründe es für Arbeitgeber geben könnte, gerne Kinder zu beschäftigen.
4. Erstellt aus M 20 eine *tabellarische Übersicht*, aus der ersichtlich wird, wie sich die Zahl der Kinderarbeiter zwischen 2000 und 2004 zum einen weltweit und zum anderen in den einzelnen Regionen entwickelt hat. Auf welche Art von Kinderarbeit bezieht sich vor allem die positive Entwicklung der Zahlen?

5 Erläutert etwas näher, welche Maßnahmen vor allem geeignet sind, den Kampf gegen die Kinderarbeit weiterhin erfolgreich zu gestalten (M 20, Z. 21 ff.).

6 In Deutschland ist Kinderarbeit (unter 15 Jahren) grundsätzlich verboten. Ausnahmen gelten für Kinder über 13 Jahren, wenn die Arbeit leicht und für Kinder geeignet ist, d. h. wenn sie Sicherheit und Gesundheit nicht gefährdet, den Schulunterricht nicht beeinträchtigt und nicht länger als zwei Stunden täglich (in der Landwirtschaft drei Stunden) dauert. Welche Beispiele kennt ihr? Wie beurteilt ihr das „Jobben“ von Schülerinnen und Schüler?

7 Kinderarbeiter in der Dritten Welt sind mit uns allen und besonders auch mit euch Kindern enger verbunden, als man zunächst denkt, und zwar unmittelbar über die Produkte, die sie herstellen und die es bei uns zu kaufen gibt. Auf einer Internetseite der Kinderhilfsorganisation „terre des hommes“ könnt ihr feststellen, welche Arten von Kinderarbeit in zahlreichen Produkten stecken können (www.tdh.de/content/themen/schwerpunkte/kinderarbeit/produkte_aus_kinderhand.htm).

4. Hilfe für die Dritte Welt – Was können wir tun?

In den Arbeitshinweisen zu M 16 hatten wir euch auf die schwierige Frage nach den Ursachen für die Lage der Menschen in Entwicklungsländern und nach den Möglichkeiten der Veränderung hingewiesen. An dieser Stelle wollen wir uns nun fragen: Was können wir alle, was könnt auch ihr tun, um die Verhältnisse in den Entwicklungsländern verbessern zu helfen?
Auf drei Möglichkeiten wollen wir euch an dieser Stelle besonders hinweisen: die Aktion „Fairer Handel“ (M 21 a/b), die Unterstützung von Hilfsorganisationen (M 22) und Hilfsprojekte, die ihr selbst organisieren könnt (M 23).

Produkte aus „Fairem Handel“ M 21a

In rund 27 000 Supermärkten in Deutschland, im Lebensmittelgeschäft um die Ecke sowie im engagierten Versandhandel werden Produkte mit dem TransFair-Siegel für kontrolliert Fairen Handel angeboten – und natürlich auch in den 800 Weltläden. Im letzten Jahr erzielten Produkte mit dem Fairtrade-Siegel einen Gesamtumsatz von 72 Millionen Euro. Einen Einkaufsführer für fair gehandelte Produkte findet man unter: www.transfair.org/news-sevice/fair-kaufen-bei.html
Rund drei Millionen Verbraucherinnen und Verbraucher in Deutschland greifen bei ihrem Einkauf nach Produkten mit dem Fairtrade-Siegel. Hier zeigt sich, dass die Qualität der Produkte und die Transparenz der Produktion ankommt. Bei Produkten aus Fairem Handel können Verbraucherinnen und Verbraucher nicht nur genau zurückverfolgen, woher diese kommen, sondern erfahren auch, was genau darin enthalten ist.

(http://www.transfair.org/ueber-transfair/so-funktionierts.html)

Wie „Fair Trade" funktioniert M 21b

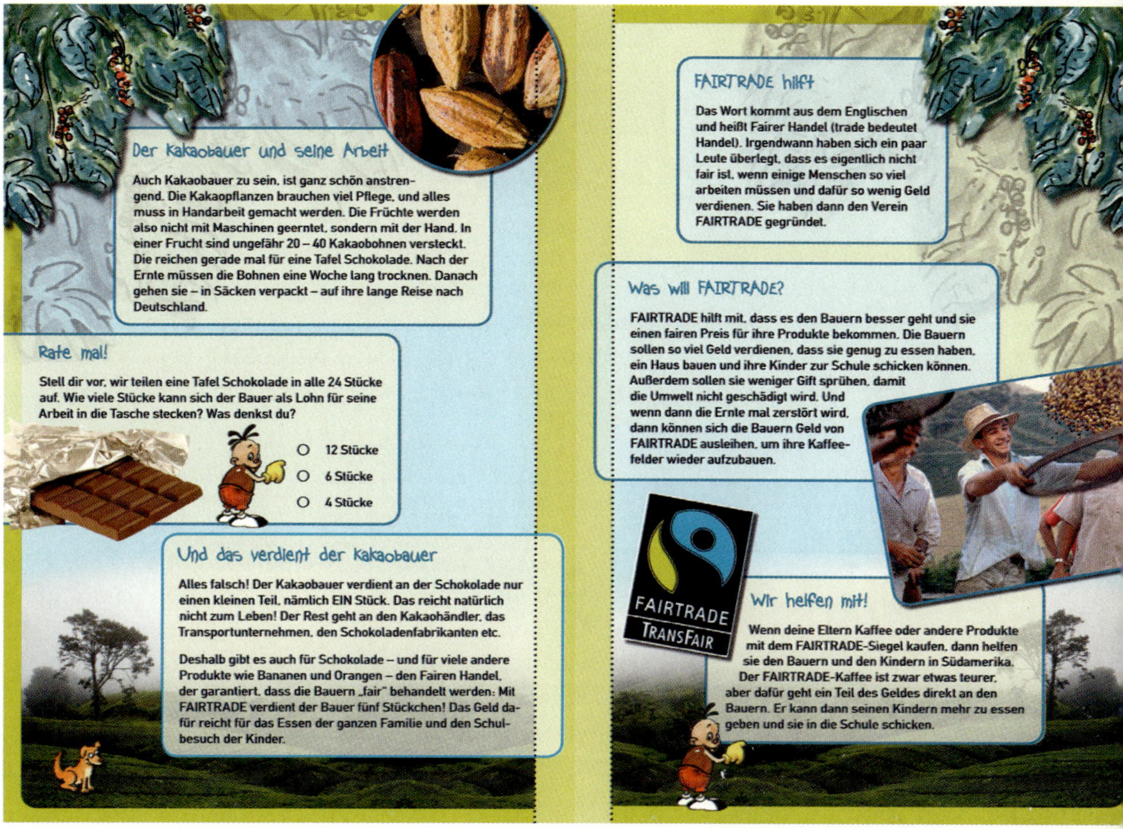

Der Kakaobauer und seine Arbeit

Auch Kakaobauer zu sein, ist ganz schön anstrengend. Die Kakaopflanzen brauchen viel Pflege, und alles muss in Handarbeit gemacht werden. Die Früchte werden also nicht mit Maschinen geerntet, sondern mit der Hand. In einer Frucht sind ungefähr 20 – 40 Kakaobohnen versteckt. Die reichen gerade mal für eine Tafel Schokolade. Nach der Ernte müssen die Bohnen eine Woche lang trocknen. Danach gehen sie – in Säcken verpackt – auf ihre lange Reise nach Deutschland.

Rate mal!

Stell dir vor, wir teilen eine Tafel Schokolade in alle 24 Stücke auf. Wie viele Stücke kann sich der Bauer als Lohn für seine Arbeit in die Tasche stecken? Was denkst du?

- O 12 Stücke
- O 6 Stücke
- O 4 Stücke

Und das verdient der Kakaobauer

Alles falsch! Der Kakaobauer verdient an der Schokolade nur einen kleinen Teil, nämlich EIN Stück. Das reicht natürlich nicht zum Leben! Der Rest geht an den Kakaohändler, das Transportunternehmen, den Schokoladenfabrikanten etc.

Deshalb gibt es auch für Schokolade – und für viele andere Produkte wie Bananen und Orangen – den Fairen Handel, der garantiert, dass die Bauern „fair" behandelt werden: Mit FAIRTRADE verdient der Bauer fünf Stückchen! Das Geld dafür reicht für das Essen der ganzen Familie und den Schulbesuch der Kinder.

FAIRTRADE hilft

Das Wort kommt aus dem Englischen und heißt Fairer Handel (trade bedeutet Handel). Irgendwann haben sich ein paar Leute überlegt, dass es eigentlich nicht fair ist, wenn einige Menschen so viel arbeiten müssen und dafür so wenig Geld verdienen. Sie haben dann den Verein FAIRTRADE gegründet.

Was will FAIRTRADE?

FAIRTRADE hilft mit, dass es den Bauern besser geht und sie einen fairen Preis für ihre Produkte bekommen. Die Bauern sollen so viel Geld verdienen, dass sie genug zu essen haben, ein Haus bauen und ihre Kinder zur Schule schicken können. Außerdem sollen sie weniger Gift sprühen, damit die Umwelt nicht geschädigt wird. Und wenn dann die Ernte mal zerstört wird, dann können sich die Bauern Geld von FAIRTRADE ausleihen, um ihre Kaffeefelder wieder aufzubauen.

FAIRTRADE TRANSFAIR

Wir helfen mit!

Wenn deine Eltern Kaffee oder andere Produkte mit dem FAIRTRADE-Siegel kaufen, dann helfen sie den Bauern und den Kindern in Südamerika. Der FAIRTRADE-Kaffee ist zwar etwas teurer, aber dafür geht ein Teil des Geldes direkt an den Bauern. Er kann dann seinen Kindern mehr zu essen geben und sie in die Schule schicken.

(Quelle: http://www.juniorbotschafter.de/2281.html; Aufruf vom 9.10.2007)

„Weltladen" M 21c

Besucht einen „Weltladen". Dort werden faire Produkte aus aller Welt verkauft. Welche Produkte findet ihr? Adressen für einen Weltladen in eurer Nähe findet ihr im Internet unter www.misereor.de. Bittet eure Eltern oder Verwandten, Produkte aus fairem Handel zu kaufen. Verwendet auch bei Klassen- oder Schulveranstaltungen Produkte aus fairem Handel, z. B. Orangensaft, Tee, Zucker u. a.
Fragt in Geschäften nach, wie z. B. Jeans, Teppiche, usw. hergestellt werden. Was tun die Hersteller, damit die Produkte nicht in Kinderarbeit hergestellt werden?

1. In M 16 hatten wir schon darauf hingewiesen, dass viele Entwicklungsländer stark vom Verkauf ihrer eigenen Produkte abhängen und die Hersteller dabei oft zu wenig verdienen. Vielleicht habt ihr schon einmal Produkte aus „fairem Handel" gekauft. Um welche Produkte handelt es sich? Wie kann man sie erkennen (M 21 a)?
2. Erklärt anhand von M 21 b (Beispiel eines Kakaobauern), auf welche Weise die Organisation „Fair Trade" erreichen will, dass Hersteller mit ihren Produkten ein höheres Einkommen erzielen.
3. Überlegt, ob ihr einige der Anregungen aus M 21 c verwirklichen könnt.

Hilfsorganisationen für die „Dritte Welt“ M 22

www.kindernothilfe.de
www.brotfürdiewelt.de
www.misereor.de
www.aktionsprogramm2015.de
www.forum-kinderarbeit.de
www.aktiv-gegen-kinderarbeit.de
www.juniorbotschafter.de
www.bmz.de

Neben dem Kinderhilfswerk der Vereinten Nationen* (unicef) und der Kinderhilfsorganisation „terre des hommes“ bieten weitere Organisationen und Institutionen vielfältige Möglichkeiten an (auch für Schulklassen), sich in der Hilfe für die Kinder in der „Dritten Welt“ zu engagieren. Über ihre Internetseiten (s. Rand) könnt ihr dazu vielfältige Informationen einholen.

Schüler „erlaufen“ eine Schule in Afrika M 23

(Quelle: http://www.meier-magazin.de/news/Familie_und_Beruf/st, 05080241542ef80136d9ad.html; Aufruf vom 11.11.07)

Ungefähr 10 000 € kostet es, eine Schule in den ärmsten Ländern zu bauen – und ziemlich genau diese Summe haben die Wendelsteiner Schüler beim UNICEF-Lauf „Schulen für Afrika“ erlaufen.*

350 Hauptschüler, Gäste der Waldorf-Schule und einige prominente Gäste legten zusammen über 2 200 Kilometer zurück und hätten damit Städte wie Barcelona, Neapel, Stockholm oder London erreicht.

Jeder gelaufene Kilometer wurde dabei von einem selbst gesuchten Sponsor mit einem gewissen Betrag vergütet. Angeführt von Bürgermeister Wolfgang Kelsch – er ist selbst ein passionierter Läufer und lief 20 Runden –, seiner Gattin und Landrat Herbert Eckstein machten sich die Schüler auf die 1 Kilometer lange Runde, die sie beliebig oft durchlaufen konnten. Zwei Stunden lang bestand die Möglichkeit, je nach körperlicher Verfassung möglichst viele Runden zu absolvieren und Geld für eine gute Sache zu sammeln. Entsprechend motiviert gingen alle zu Werke, darunter auch viele, die im Sportunterricht nur schwer zu körperlicher Betätigung zu motivieren sind.

Am Ende konnte das Veranstalterteam sich freuen, den UNICEF-Mitarbeitern einen ansehnlichen Geldbetrag zu übergeben. Alleine die Hauptschüler erliefen an diesem Vormittag 7 307 €.

Mit diesem Geld wird UNICEF nun irgendwo auf dem Schwarzen Kontinent für die Ärmsten der Armen eine Schule bauen können.

1. M 22 zeigt die Internetseiten von zwei Organisationen, die in vielfältiger Weise für die Verbesserung der Lage der Kinder in der Dritten Welt tätig sind und auch für Kinder Möglichkeiten aufzeigen, sich unmittelbar für dieses Ziel einzusetzen. Wir schlagen euch vor, dass ihr – vielleicht in kleinen Gruppen oder in Partnerarbeit – jeweils eine dieser Seiten erkundet und die entsprechende Organisation anschließend der Klasse vorstellt: Welcher Art ist die Organisation? Welche Hilfsprojekte verwirklicht sie? Welche Informationen bietet sie an? Welche Möglichkeiten bietet sie Kindern, sich zu engagieren?
2. Vielleicht gibt es in eurer Stadt einen „Weltladen“, den ihr besuchen könnt (M 21 c), und vielleicht könnt ihr auch selbst ein ähnliches Projekt planen und durchführen wie das der Wendelsteiner Schüler (M 23).

Die Kompetenzseite

1. Wer löst das Rätsel?

Die graue Spalte ergibt von oben nach unten gelesen das Lösungswort. Schreibt die Lösung in euer Heft!

1. Die Erde hat fünf …
2. … ist ein großes Entwicklungsland in Asien.
3. … ist eines der Grundbedürfnisse.
4. Unser Land heißt …
5. Der Kontinent, auf dem wir leben, heißt …
6. Kinder haben … und Pflichten.
7. Das Gegenteil von Reichtum ist …
8. Menschen, die viel Geld haben, bezeichnet man als …
9. Nahrung, Kleidung und eine Wohnung sind …, die befriedigt werden müssen.
10. … bezeichnet ein Land, in dem ein Großteil der Menschen in Armut lebt.
11. … ist die Bezeichnung für wohlhabende Länder.

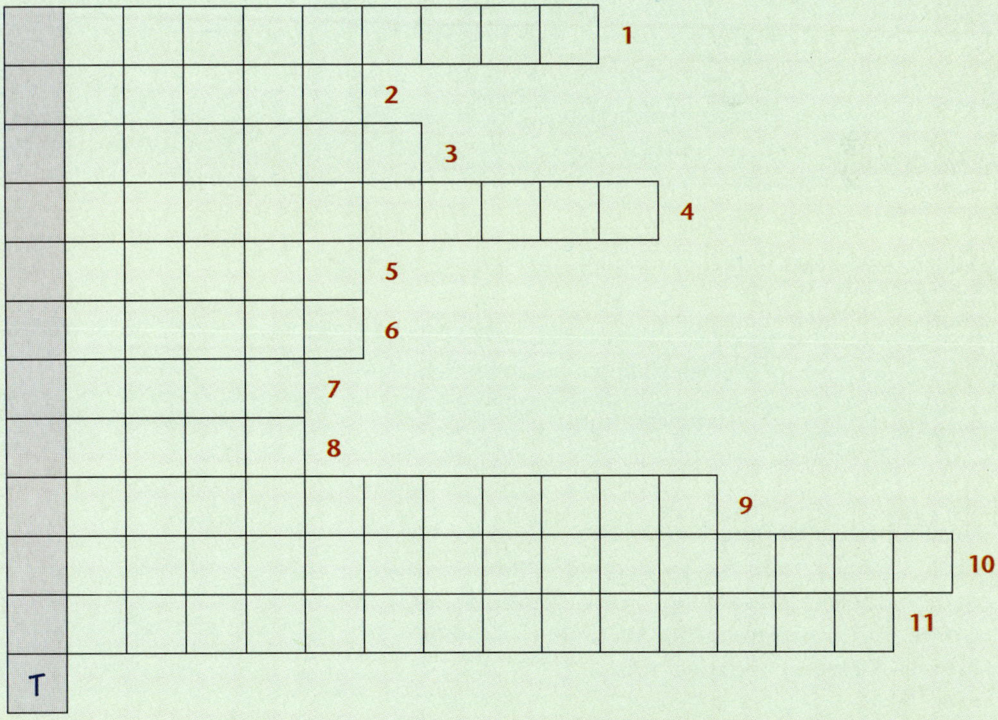

Zur Sicherung der Lernergebnisse

2. Ergänze den Lückentext. Die einzutragenden Begriffe findest du unter dem Text.

__________ sind arm – doch was heißt das genau? Der Maßstab des Pro-Kopf-Einkommens allein reicht nicht aus, um genau zu bestimmen, wann Familien arm sind. Im Allgemeinen gilt: Menschen leben in __________, wenn sie das Allernotwendigste, was sie zum Leben brauchen, nicht haben: genügend __________, eine __________ sowie __________. Die Menschen können also ihre lebenswichtigen __________ nicht befriedigen. Außerdem gehört dazu auch, dass Menschen ein Recht auf __________ haben, wenn sie krank werden, und ein Recht auf __________. Deshalb zählen auch __________ und __________ zu den Grundbedürfnissen.

Diese Art von Armut ist in den Entwicklungsländern weit verbreitet; in den __________ gibt es sie kaum noch. Dort spricht man von __________ d. h., dass davon betroffene Menschen in diesen Ländern zwar ihre Grundbedürfnisse befriedigen können, aber sie sind im Verhältnis zum Wohlstand der jeweiligen Gesellschaft mit bestimmten Mitteln (z. B. __________) unterversorgt.

Gesundheit – Nahrung – Wohnung – Grundbedürfnisse – schulische Bildung – Bildung – Industrieländern – ärztliche Versorgung – Entwicklungsländer – Größe und Ausstattung der Wohnung – absoluter Armut – Kleidung – relativer Armut

3. Noch eine wichtige Frage:

In der Überschrift zu diesem Kapitel heißt es, die Kinder in der „Dritten Welt" seien von uns „weit weg und doch ganz nah". Was soll das wohl bedeuten? Welche Rolle spielt in diesem Zusammenhang der „faire Handel"?

4. Was fällt dir zu dieser Karikatur ein?

Anhang

1. Was beim Umgang mit Zahlenangaben und Statistiken zu beachten ist

1. Prozentzahlen

Bei Zahlenangaben müsst ihr immer darauf achten, ob es sich um *absolute Zahlen* oder um *Prozentzahlen* handelt. Was Prozentzahlen bedeuten, wie sie zustande kommen und wie man sie selbst berechnen kann, das haben wir in Kap. 2, M 2b genauer erläutert. Lest dort nach und fragt, wenn noch etwas unklar ist, auch euren Lehrer oder eure Lehrerin. Um Prozente selber zu berechnen, müsst ihr dividieren können.

2. Durchschnittszahlen

Bei vielen Befragungsergebnissen handelt es sich um Durchschnittswerte. Was sie bedeuten, könnt ihr euch vielleicht klarmachen, wenn ihr für eure Klasse die Durchschnittszensur für eine Klassenarbeit berechnen wollt, die ihr zurückerhalten habt.
Nehmen wir als Beispiel einmal an: Eure Klasse hat 27 Schülerinnen und Schüler. Von ihnen haben drei Schülerinnen und Schüler eine „1", sieben haben eine „2", acht haben eine „3", sechs haben eine „4", zwei haben eine „5" und einer hat eine „6". Das Durchschnittsergebnis für eure Klasse könnt ihr leicht in zwei Schritten errechnen:
Zuerst zählt ihr alle Zensurenwerte zusammen: $3\ (3 \cdot 1) + 14\ (7 \cdot 2) + 24\ (8 \cdot 3) + 24\ (6 \cdot 4) + 10\ (2 \cdot 5) + 6\ (1 \cdot 6) = 81$. Sodann teilt ihr diese Summe (auch hier muss man dividieren können) durch die Anzahl aller Schülerinnen und Schüler: $81 : 27 = 3$.
Die Klassenarbeit ist mit dieser Durchschnittszensur „befriedigend" sicherlich nicht schlecht ausgefallen. Das sagt aber, wie ihr ja aus der Verteilung der Zensuren (s. o.) wisst, nichts darüber aus, welche Zensur *jeder Einzelne von euch* erhalten hat. Es könnte ja theoretisch sogar so gewesen sein, dass keiner von euch wirklich die Zensur „befriedigend" erhalten hat; so z. B., wenn 20 Schüler/Schülerinnen eine „2" geschrieben hätten, einer eine „4", fünf eine „5" und zwei eine „6". Rechnet nach! Die Summe der Zensurenwerte ergäbe in diesem Fall auch 81 und das Durchschnittsergebnis wäre auch 3.

3. Fragestellung und Antwortmöglichkeiten

Bei den Ergebnissen von Befragungen, die meistens in Form von Tabellen wiedergegeben werden, solltet ihr immer zunächst darauf achten, auf *welche Frage* die Befragten zu antworten hatten und *in welcher Weise sie* darauf *antworten* konnten. Diese Angaben könnt ihr fast immer aus der Überschrift der Tabelle oder aus weiteren Hinweisen entnehmen. Manchmal kann man sie auch leicht erschließen.

4. „Repräsentative" Ergebnisse: ein Teil für die Gesamtheit

Wenn eine Tabelle z. B. die Ergebnisse der Befragung von „12- bis 15-jährigen Jugendlichen" enthält, so sind natürlich nicht alle 12- bis 15-jährigen Jugendlichen in der ganzen Bundesrepublik befragt worden; das wäre nicht nur viel zu aufwendig (es gibt immerhin ca. zweieinhalb Millionen 12- bis 15-jährige Jugendliche in der Bundesrepublik), es hat sich auch seit Langem herausgestellt, dass es völlig ausreicht, nur einen kleinen Teil dieser Altersgruppe (z. B. 2000) zu befragen, wenn man z. B. wissen will, was 12- bis 15-jährige Jugendliche in ihrer Freizeit tun. Dieser Teil steht dann stellvertretend („repräsentativ") für die Gesamtheit.

5. Mehrfachantworten

Wenn die Befragten nur eine Möglichkeit der Antwort haben (so z. B. bei der Frage, ob ihr mit dem Bus, mit der Bahn, mit dem Fahrrad, zu Fuß oder auf andere Weise zur Schule kommt; oder bei allen Fragen, auf die man nur mit „ja" oder „nein" antworten kann), dann müssen die festgestellten Prozentzahlen für die einzelnen Antworten natürlich zusammen 100 % ergeben. Es gibt aber auch Befragungen, bei denen die Befragten mehrere Antworten geben können, so z. B. bei der Frage, wofür man sein Taschengeld ausgibt: Gibt der/die Befragte das Taschengeld für Bücher und für Spielsachen und für Süßigkeiten aus, dann wird die jeweilige Angabe natürlich auch jedes Mal gezählt und es kommt zwangsläufig beim Zusammenzählen der Prozentzahlen zu mehr als 100 % („Mehrfachantworten").

2. Was zu beachten ist, wenn ihr selbst eine Befragung durchführen wollt

Unser Buch empfiehlt euch an mehreren Stellen, auch selbst einmal eine Befragung durchzuführen. Ihr werdet sehen, dass es sehr interessant sein und viel Spaß machen kann, zu einem bestimmten Thema selbst Befragungsergebnisse zu sammeln und sie z. B. mit denen zu vergleichen, die das Buch enthält. Dabei solltet ihr vor allem bei der Vorbereitung eines solchen „Projektes" (also z. B. bei der Abfassung des Fragebogens) auf die Hilfe eures Lehrers/eurer Lehrerin nicht verzichten. Das meiste könnt ihr aber selbstständig leisten, wenn ihr ein bisschen systematisch vorgeht und euch dabei an den folgenden Fragen und Hinweisen orientiert.

1. Das Thema

Zunächst sollt ihr euch darüber klar werden, zu *welchem Thema* die Befragung stattfinden soll und zu *welchen einzelnen Gesichtspunkten* des Themas ihr etwas erfahren wollt. Falls ihr eure Ergebnisse mit solchen vergleichen wollt, die im Buch dargestellt sind, wäre es natürlich zweckmäßig, wenn die gleichen Gesichtspunkte auch in eurer Befragung berücksichtigt würden.

2. Art der Befragung

Sodann gilt es zu überlegen, ob ihr die Befragung *schriftlich* (anhand eines Fragebogens) durchführen wollt oder ob ihr eure Fragen *mündlich* stellen und die Antwort z. B. mit einem Kassettenrekorder aufnehmen wollt („Interview). Bei der Entscheidung über diese Frage ist u. a. Folgendes zu bedenken: Eine *Fragebogenaktion* ist immer dann sinnvoll, wenn ihr eine größere Zahl von Personen befragen und die Ergebnisse in einer Statistik darstellen wollt. Die Befragten können dann die Fragebogen auch ausfüllen, wenn ihr nicht dabei seid. Ihr braucht sie dann nur wieder einzusammeln und könnt sie im Unterricht auswerten. Ein *„Interview"* (s. o.) ist immer dann sinnvoll, wenn ihr etwas ausführlichere Stellungnahmen von (nicht allzu vielen) Personen zu bestimmten Problemen und Fragen erfahren wollt. Die Befragten haben dabei ja die Möglichkeit, sich auf eure Fragen frei (also z. B. auch mit „zwar ... aber ...") zu äußern. Das bedeutet allerdings auch, dass sich die Ergebnisse solcher Interviews nicht so leicht auswerten und übersichtlich darstellen lassen.

3. Die Formulierung der Fragen

Nun könnt ihr darangehen, die *Zahl der Fragen* und ihre *genaue Formulierung* festzulegen. Das ist nicht dasselbe wie die Überlegung zu 1. Es kommt jetzt darauf an, das, was man wissen will, in einzelnen, möglichst einfach zu beantwortenden Fragen *genau zu erfassen* (unsere Hinweise beziehen sich von jetzt an hauptsächlich auf die Fragebogen-Methode). Achtet auf folgende Punkte:

- Die Fragen müssen *klar und leicht verständlich* (nicht zu lang und nicht zu kompliziert) formuliert sein.
- Sie müssen so gestellt werden, dass eine *eindeutige, aussagekräftige* und nach Möglichkeit leicht auszuwertende Antwort erfolgen kann. Beispiel: Die Frage „Gehst du oft ins Kino?" mit der Antwortmöglichkeit „ja" oder „nein" führt zu keinem aussagekräftigen Ergebnis, weil man nicht weiß, was der einzelne Befragte unter „oft" versteht. Besser wäre z. B. die Frage „Wie oft gehst du durchschnittlich ins Kino?" mit den Antwortmöglichkeiten „weniger als einmal im Monat", „ein- bis zweimal im Monat", „mehr als zweimal im Monat".
- Der leichteren Auswertung und Ergebnisdarstellung wegen sollte der Fragebogen überwiegend *geschlossene* Fragen enthalten, d. h. solche, zu denen die anzukreuzenden Antwortmöglichkeiten vorgegeben werden (im Gegensatz zu *offenen* Fragen, zu denen die Befragten ihre Antwort frei formulieren können; vgl. Interview).
- Besonders solche Fragen, die nicht auf Tatsachen, sondern auf *Meinungen* und *Urteile* zielen, müssen so „neutral" formuliert werden, dass sie nicht von vornherein eine bestimmte Antwort schon nahelegen. Statt „Findest du nicht auch, dass unsere Schülervertretung nichts Vernünftiges leistet?" müsste es etwa heißen: „Bist du mit der Arbeit unserer SV zufrieden?". – Bei solchen und ähnlichen Fragen sollte man sich dann nicht auf die Antwortmöglichkeiten „ja" und „nein" beschränken, sondern auch die Antwort „teils-teils" anbieten und ggf. die Möglichkeit geben, konkrete Punkte zu nennen.
- Die *Zahl* der Fragen sollte nicht zu groß sein und auch ihre *Reihenfolge* sollte überlegt sein. Allgemeinere Fragen sollten vor Fragen stehen, die sich auf bestimmte Einzelheiten beziehen; Fragen, die wahrscheinlich auf starkes Interesse der Befragten stoßen, sollten schon deshalb am Anfang stehen, weil die Befragten dann eher bereit sein dürften, auch die übrigen, sie vielleicht nicht so interessierenden Fragen zu beantworten.

4. Die Durchführung der Befragung

Bei der *Durchführung* der Befragung müsst ihr unbedingt auch einige rechtliche Gesichtspunkte beachten. Die wichtigsten sind:

- Die Teilnahme an der Befragung muss für die Befragten *freiwillig* sein.
- Es muss gewährleistet sein (besonders bei der Auswertung und der Ergebnisdarstellung), dass die Befragten *anonym* bleiben, d. h. es darf auf keinen Fall erkennbar sein, welche Personen welche Antworten gegeben haben.
- Wenn ihr eure Befragung nur in eurer Klasse durchführt und/oder euch nur an eure persönlichen Bekannten wendet (als freiwillige Hausaufgabe), trägt euer *Fachlehrer oder eure Fachlehrerin* die Verantwortung. Wollt ihr euch darüber hinaus an Schülerinnen und Schüler anderer Klassen und/oder an Passanten wenden, müsst ihr vorher die Zustimmung *eures Schulleiters/eurer Schulleiterin* einholen. Sollen Schülerinnen und Schüler mehrerer Schulen befragt werden, bedarf es der Zustimmung der Schulleiter/Schulleiterinnen aller betroffenen Schulen.
- Ihr dürft die Ergebnisse eurer Befragung nur in eurem Unterricht und innerhalb der Schule verwenden. Wenn ihr Ergebnisse über den Rahmen der Schule hinaus veröffentlichen wollt, braucht ihr dazu die Genehmigung der Schulaufsichtsbehörde, die ihr ggf. über euren Schulleiter/eure Schulleiterin einholen könnt.

Glossar

AIDS. (Abkürzung für Acquired Immune Deficiency Syndrome) Seit Anfang der 1980er-Jahre bekannte ansteckende Krankheit, die sich weltweit ausgebreitet hat. Sie wird durch ein Virus (Krankheitserreger, → HIV) über das Blut oder Blutbestandteile übertragen (z. B. beim Geschlechtsverkehr, bei Schleimhautverletzungen und Blutübertragungen) und führt zu einer schweren Störung oder zum Zusammenbruch der körpereigenen Abwehrkräfte (Immunschwäche) und damit zu schweren, oft tödlichen Erkrankungen. Der Kampf gegen AIDS besteht vor allem in Schutzmaßnahmen gegen die Ansteckung; Medikamente können das Fortschreiten der Krankheit verzögern.

Aktie. Viele große Unternehmen gehören nicht einem einzigen Besitzer, sondern vielen verschiedenen, die dem Unternehmen eine bestimmte Summe Geld zur Verfügung gestellt haben. Sie sind also am Besitz des Unternehmens beteiligt und erhalten dafür eine Urkunde, auf der die Höhe ihres Anteils vermerkt ist (ein „Wertpapier"). Diese Urkunde heißt Aktie. Unternehmen solcher Art heißen Aktiengesellschaften.

Analphabeten. Unter Analphabeten im *engeren* Sinne versteht man Menschen, die weder schreiben noch lesen können. Im *weiteren* Sinne bezeichnet man auch Personen als Analphabeten, die etwas schwierigere Texte nicht lesen oder keinen Beruf ausüben können, für den Lesen- und Schreibenkönnen Voraussetzung ist. Solche Personen gibt es auch in den Industrieländern (in Europa etwa 8 % der Bevölkerung).

Analphabetenrate. Prozentualer Anteil der → Analphabeten an der Gesamtbevölkerung eines Landes.

Angestellte sind Arbeitnehmer, die vor allem kaufmännische und verwaltende Tätigkeiten (z. B. im Büro) ausüben. Gegenüber Arbeitern können sie in einem Betrieb eine leitende oder höhere Stellung einnehmen. Von Arbeitern unterscheiden sie sich u. a. auch durch ein festes Monatsgehalt.

Anwerbestopp. Im November 1973 beschloss die Bundesregierung ein Verbot, weitere ausländische Arbeitnehmer aus Ländern anzuwerben, die damals nicht zur → Europäischen Union gehörten (also vor allem aus der Türkei, Jugoslawien, Spanien und Griechenland).

Arbeiter. → Angestellte

Arbeitslosengeld. Wenn Beschäftigte arbeitslos werden, erhalten sie aus der Arbeitslosenversicherung, in die sie vorher Beiträge gezahlt haben, für eine bestimmte Zeit (je nach Alter 1 bis 2 Jahre) Arbeitslosengeld. Es beträgt 60 % ihres früheren Verdienstes (für Arbeitslose mit Kindern 67 %).

Arbeitslosengeld II. → „Hartz IV"

Arbeitslosenquote. Anteil (in Prozent) der Zahl der Arbeitslosen an der Gesamtzahl der „Erwerbspersonen" (Beschäftigte + Arbeitslose)

Atmosphäre (von griech. atmos – Dunst und sphaira – Kugel). Lufthülle um die Erde (1000 bis 3000 km in verschiedenen Schichten), die aus einem Gemisch von Gasen besteht (in Bodennähe hauptsächlich Stickstoff und Sauerstoff). Sie ist für das Leben auf der Erde entscheidend. In ihr bilden sich das Wetter und das Klima heraus.

Bafög. Bundesausbildungsförderungsgesetz, nach dem je nach Einkommen der Eltern Schüler und Studenten Zuschüsse zu den Kosten der Ausbildung erhalten können (Höchstförderungssatz seit 2002: 585 Euro pro Monat).

Barrierefreiheit. Was darunter zu verstehen ist, regelt das Gesetz zur Gleichstellung behinderter Menschen in Paragraph 4. Barrierefrei sind danach Gebäude, Verkehrsmittel, technische Geräte oder Computer, wenn sie für behinderte Menschen in der üblichen Weise und grundsätzlich ohne fremde Hilfe zugänglich und nutzbar sind. Beispiele sind Rollstuhl-Rampen, Film-Untertitel oder Nachrichtensendungen mit eingeblendetem Gebärden-Dolmetscher. Ziel ist es, Behinderten die Teilnahme am Alltag möglichst uneingeschränkt zu ermöglichen.

Beamte. Personen, die im öffentlichen (staatlichen) Dienst (einer Gemeinde, eines Bundeslandes, des Bundes) beschäftigt sind und in einem besonderen Dienstverhältnis stehen (besondere Treuepflicht, Dienstverschwiegenheit, Gehorsam gegenüber Vorgesetzten, Streikverbot). Der Staat hat ihnen gegenüber eine besondere Fürsorgepflicht (Anstellung auf Lebenszeit, angemessene Besoldung und Altersversorgung [Pension], Beihilfe im Krankheitsfall).

Bezugsgruppen. Personengruppen, zu denen man in einer engen und länger andauernden Beziehung steht und deren Handlungen und Urteile für das eigene Leben wichtig und maßgeblich sind.

Clique. Kleingruppe mit engem inneren Zusammenhalt (persönlichen Beziehungen), gemeinsamen Interessen und Zielen und starker Abgrenzung nach außen. Oft wird der Ausdruck auch abwertend gebraucht.

Contergan. Name eines Schlaf- und Beruhigungsmittels, das in Deutschland bis 1961 verwendet und verboten wurde, als sich herausstellte, dass schwangere Frauen, die das Mittel einnahmen, Kinder mit schweren Fehlbildungen (z. B. fehlenden Gliedmaßen) zur Welt brachten.

CO_2. → Kohlendioxid

Dienstleistungen. Tätigkeiten, die nicht in der Erzeugung von Sachgütern bestehen, sondern in persönlichen Leistungen, z. B. Handel, Banken, Versicherungen, Bundesbahn, Bundespost, Friseure usw.

EU. s. → Europäische Union

Europäische Union. Zusammenschluss europäischer Länder mit dem Ziel der wirtschaftlichen und politischen Zusammenarbeit (Verträge von 1951 und 1957). Mitglieder waren bis 1972 neben der Bundesrepublik Deutschland: Belgien, Frankreich, Italien, Luxemburg, Niederlande. 1973 kamen Dänemark, Großbritannien und Irland hinzu; seit 1981 ist auch Griechenland Mitglied; der Beitritt von Portugal und Spanien erfolgte 1986, der von Finnland, Schweden und Österreich 1995 („Europa der 15") und der von weiteren 12 (vor allem osteuropäischen) Ländern (Ungarn, Polen, Tschechien, Slowakei, Lettland, Litauen, Estland, Slowenien, Zypern, Malta, Rumänien, Bulgarien) 2004 und 2007.

GfK. Gesellschaft für Konsumforschung. ARD und ZDF sowie die überregionalen Privatsender RTL, SAT 1, PRO 7 und DSF (Deutsches Sportfernsehen) haben sich in der „Arbeitsgemeinschaft Fernsehforschung" (AFG) zusammengeschlossen. Im Auftrag dieser Arbeitsgemeinschaft untersucht seit 1985 die private Gesellschaft für Konsumforschung (GfK) das Fernsehverhalten der Deutschen und errechnet daraus eine Vielzahl von auswertbaren Daten. Diese Daten werden den Sendern zur Verfügung gestellt, aber auch an andere Interessierte (andere Sender, Werbeagenturen, Verlage, Landesmedienanstalten etc.) gegeben. Rund 32 Millionen Fernsehhaushalte bilden die Grundlage für die Arbeit der Fernsehforschung. Aus diesen 32 Millionen Haushalten wurden 4400 ausgewählt, ca. 3/4 in den alten, ca. 1/4 in den neuen Bundesländern.

Girokonto. Konto bei einer Bank oder Sparkasse, auf das laufende Einzahlungen erfolgen und von dem jederzeit Beträge abgehoben werden können. Im Unterschied dazu werden auf einem *Sparkonto* Geldbeträge für eine bestimmte oder unbegrenzte Zeit „festgelegt" (dafür erhält man Zinsen) und können nur nach bestimmten Regeln abgehoben werden.

Grundgesetz. In seinen 146 Artikeln ist die politische und rechtliche Ordnung der Bundesrepublik Deutschland festgelegt (Verfassung). Ausgehend von der Anerkennung allgemeiner Menschenrechte wird die Bundesrepublik als ein System beschrieben, das auf den Prinzipien der Demokratie, der Herrschaft von Recht und Gesetz, der Verpflichtung zum sozialen Ausgleich zwischen ärmeren und reicheren Bevölkerungsschichten und der Gliederung in Bundesländer (Bundesstaat) beruht. Das Grundgesetz wurde 1949 beschlossen.

„Hartz IV". Bezeichnung für eine → Sozialleistung für „Langzeitarbeitslose", die keinen Anspruch mehr auf → Arbeitslosengeld haben. Die Bezeichnung bezieht sich auf den Namen des Vorsitzenden der Kommission (Peter Hartz), die die Regeln für diese Sozialleistung (neben drei anderen Reformen) geschaffen hat. Der offizielle Name dafür lautet „Arbeitslosengeld II" oder „Grundsicherung für Arbeitslose". Ein alleinstehender Arbeitsloser erhält danach monatlich 347 Euro sowie die Kostenerstattung für Wohnung und Heizung.

HIV. Name des Virus (Krankheitserregers) der → AIDS-Krankheit (Abkürzung für „Humaner Immunschwäche-Virus").

Hygiene. Lehre von gesundheitlich richtigem Verhalten; etwas ist hygienisch, wenn es so sauber ist, dass es in dieser Hinsicht die Gesundheit nicht gefährdet.

hygienisch. s. → Hygiene.

Infektion. Ansteckung mit einem Krankheitserreger.

Infektionskrankheit. Krankheit, die hervorgerufen wird durch die Übertragung von Krankheitserregern (Bakterien, Viren).

Jugendamt. Behörde einer Stadtverwaltung (oder einer Kreisverwaltung), die für alle Angelegenheiten der staatlichen Kinder- und Jugendhilfe zuständig ist (Kinder- und Jugendschutz, Erlaubnis für Familien, die ein Kind in Pflege nehmen wollen; Aufsicht und Eingreifen, wenn Eltern ihre Pflichten grob vernachlässigen. Beratung bei Jugendgerichtsprozessen u. a.m.).

Kilokalorie. Maßeinheit für die in Nahrungsmitteln enthaltene Energie, die Menschen zum Leben brauchen (z. B.: Ein Hühnerei hat 87 kcal, 100 g Mettwurst haben ca. 500 kcal).

Kohlendioxid. Farb- und geruchloses Gas (Verbindung aus Kohlenstoff und Sauerstoff), das bei Verbrennungsvorgängen und bei der menschlichen und tierischen Atmung entsteht. Steigende Kohlendioxidmengen (durch Verbrennung von Brennstoffen wie Kohle, Erdöl und Erdgas) verstärken den Treibhauseffekt.

Kosovo. Provinz im südlichen Teil Serbiens, in der albanische Muslime, die den überwiegenden Teil der Bevölkerung ausmachen, von der serbischen Regierung unterdrückt wurden. Es kam Ende der 1990er-Jahre zum Bürgerkrieg zwischen einer Widerstandsbewegung und serbischen Regierungstruppen, die schwere Verbrechen an der muslimischen Bevölkerung begingen. Das führte zur Massenflucht von ca. 1,1 Mio. Bewohnern und zum militärischen Eingreifen von Nato-Truppen (Bombardierungen) im März 1999. Nach dem Ende des Krieges wurde dem serbischen Staatschef Milosevic vor dem Internationalen Gerichtshof in Den Haag der Prozess gemacht.

Kredit. Eine Geldsumme, die z. B. eine Sparkasse einem Kunden leiht, wenn er selbst nicht genügend Geld besitzt, um sich etwas anzuschaffen. Der Kunde muss nach einer vereinbarten Zeit nicht nur das überlassene Geld in der vollen Höhe zurückzahlen, z. B. 10 000 Euro, sondern der Sparkasse für die geleistete Überlassung noch zusätzlich einen Betrag (eine Art Leihgebühr) bezahlen. Diese zusätzlich zu zahlende Summe nennt man → Zinsen. Bei einem Zinssatz von 10 % müsste der Kunde in diesem Beispiel im vereinbarten Zeitraum 10 000 Euro und im ersten Jahr 1 000 Euro Zinsen zurückzahlen.

Kreditmittel. Wenn Geld als → Kredit vergeben wird, dient es als Kreditmittel.

Logo. Kurzbezeichnung für das englische Wort logotype: Markenzeichen (für bestimmte Waren) oder Firmenzeichen (für Unternehmen und Institutionen); es besteht meistens aus bestimmten grafischen (farbigen) Elementen oder auch aus Abkürzungen (Anfangsbuchstaben) des Namens. Auch fast jede Schule hat heute ein Logo.

Mobbing. Bezeichnung für gezielt gegen eine Person gerichtete andauernde oder wiederholte feindselige Verhaltensweisen (üble Nachrede, Beleidigungen, Schikanen usw.).

Öffentlich-rechtliches Fernsehen. In manchen Staaten gehören die Fernsehanstalten privaten Firmen (z. B. in den USA), in anderen dem Staat (z. B. in Frankreich). In der Bundesrepublik sind die Anstalten der ARD und des ZDF Einrichtungen der Gesellschaft, d.h. aller Gruppen von Menschen, die in unserem Land leben. Die wichtigsten Gruppen (Arbeitnehmer, Arbeitgeber, Parteien, Kirchen, Sportorganisationen, Schulen, Berufsgruppen usw.) entsenden ihre Vertreter in den „Fernsehrat" (ZDF) bzw. in die „Rundfunkräte" (ARD); dort werden dann die Leute gewählt, die über die Besetzung des Intendantenpostens entscheiden und die über die Arbeit der Fernsehanstalten, die sich im Übrigen selbst verwalten, eine gewisse Kontrolle ausüben. Dieser Einfluss der Gesellschaft, der „Öffentlichkeit", ist rechtlich, d. h. durch Gesetze festgelegt. Deswegen nennt man die Form, in der diese Rundfunk- und Fernsehanstalten organisiert sind, *„öffentlich-rechtlich"*. Daneben gibt es aber seit 1985 auch private Fernsehanstalten. Die Kosten des öffentlich-rechtlichen Fernsehens werden überwiegend durch Gebühren (zurzeit 17,03 Euro monatlich inkl. Radio) und im Übrigen durch *Werbung* gedeckt. Diese Anstalten dürfen allerdings pro Tag nur 20 Min. auf Werbesendungen verwenden, nach 20 Uhr und an Sonn- und Feiertagen ist Werbung verboten.

Prepaid-Karte. Der aus dem Englischen übernommene Begriff bezeichnet eine bestimmte Regelung der Handy-Benutzung: Die anfallenden Kosten werden nicht wie bei Laufzeitverträgen nachträglich in Rechnung gestellt, sondern bereits beim Kauf *vorab bezahlt*. Zudem wird keine monatliche Grundgebühr berechnet, woraus sich der größte Vorteil der Prepaid-Telefonie ergibt: die Kostenkontrolle. Man kann nicht unangenehm von einer hohen Mobilfunk-Rechnung überrascht werden, da man lediglich für den Geldbetrag telefonieren oder sonstige Dienste nutzen kann, den man zuvor eingezahlt hat. Damit eignet sich ein Prepaid-Handy besonders dann, wenn man seine Telefonkosten auf einen bestimmten Betrag beschränken möchte bzw. muss oder wenn man nur selten mobil telefonieren bzw. hauptsächlich nur erreichbar sein will.

Privatfernsehen. Seit der Einführung des Kabelfernsehens 1984 (Kabelnetz) gibt es in der Bundesrepublik neben den öffentlich-rechtlichen Fernsehsendern (ARD und ZDF) private Fernsehsender, die sich im Besitz verschiedener Firmen befinden. Die wichtigsten von ihnen sind RTL, SAT 1, PRO 7, VOX, ntv und DSF. Das *Privatfernsehen* versucht seine Kosten *ausschließlich durch Werbung* zu decken. Hier darf die Werbezeit ca. 20 % des Gesamtprogramms umfassen (auch abends und an Sonn- und Feiertagen). Da die Werbepreise von der Zahl der Zuschauer abhängen und die Programme des Privatfernsehens von immer mehr Haushalten empfangen werden können, ist es den beiden größten Privatsendern, SAT 1 und RTL, seit 1990 gelungen, Gewinn bringend zu arbeiten.

Prognose. Voraussage einer bestimmten Entwicklung auf der Grundlage bisheriger Erkenntnisse.

Psychologe. Wissenschaftler, der das Denken und Fühlen von Menschen erforscht und untersucht, wie Menschen in bestimmten Situationen reagieren. Die Anwendung psychologischer Erkenntnisse kann Menschen u.a. dabei helfen, bestimmte seelische Krisen- und Krankheitszustände zu bewältigen und zu überwinden.

Quote. Von lat. quot (wie viele?); Bezeichnung für den (prozentualen) Anteil einer Teilgröße an einer Gesamtheit (z. B.: Wie viel Prozent der gesamten Fernsehzuschauer haben zu einer bestimmten Zeit welches Programm gesehen?)

Rente. Einkommen, das jemand aufgrund einer gesetzlichen Versicherung bei Erreichen des entsprechenden Alters oder bei Arbeitsunfähigkeit bezieht.

Rentenversicherung. Eine staatliche Pflichtversicherung, die unter bestimmten Voraussetzungen (z. B. Alter, Krankheit, Unfall) die Zahlung eines monatlichen Einkommens in bestimmter Höhe gewährt (s. auch → Sozialversicherung).

Repräsentant. Ein Repräsentant ist ein gewählter Vertreter für eine Gruppe von Menschen. Der Bürgermeister vertritt seine Stadt bei Gesprächen, Besuchen oder Entscheidungen.

repräsentativ. Stellvertretend; zur Erläuterung s. S. 279

Rolle. Dieser Begriff beschreibt die *Erwartungen*, die an das Verhalten eines Menschen in einer bestimmten Stellung, z. B. als Schüler oder Mitglied einer Mannschaft, gerichtet werden.

Rollenkonflikt. Jeder Mensch übt in seinem Leben verschiedene → Rollen aus, z. B. als Lehrer, Vater, Schüler, Tochter u. a.m. Andere Menschen erwarten, dass er sich den Rollen entsprechend, z. B. als Vater oder Schüler, in einer ganz bestimmten Art und Weise verhält. Weil nun aber jeder Mensch mehrere Rollen gleichzeitig innehat, kann es dazu kommen, dass man nicht allen Erwartungen in gleicher Weise nachkommen kann. Von einem Vater verlangt man u. a., dass er Zeit für seine Kinder hat, aber sein Chef erwartet auch, dass er Zeit für die Firma aufbringt und evtl. sogar Überstunden macht. Dann befindet sich der Vater in einem Rollenkonflikt (Vater/Arbeitnehmer): Welche Erwartungen soll er erfüllen?

Slums. Bezeichnung für – oft nur aus Holz- und Blechhütten bestehende – Wohnviertel, in denen die arme Bevölkerung großer Städte lebt (vor allem in den Entwicklungsländern); „Elendsviertel".

Software. Sammelbegriff für Programme für den Betrieb von Computern (z. B. ein Programm zur Erstellung von Texten und Grafiken). Im Unterschied dazu bezeichnet Hardware die maschinentechnische Ausrüstung eines Computersystems.

Sowjetunion. Kurzbezeichnung für die „Union der Sozialistischen Sowjetrepubliken (UdSSR), die bis 1991 als einheitlicher Staat bestand und in 43 Teilrepubliken gegliedert war (zusammen rd. 285 Mio. Einwohner, Hauptstadt Moskau). Nach dem Zerfall der Sowjetunion bildeten sich 12 unabhängige Staaten, die zusammen die Gemeinschaft unabhängiger Staaten (GUS) bilden, sowie Litauen, Estland und Lettland. Der größte dieser Nachfolgestaaten ist Russland mit 142 Mio. Einwohnern (s. Weltkarte S. 255).

Sozialhilfe. Bezeichnung für eine → Sozialleistung, die alle erhalten, die nicht arbeitsfähig sind und ein zu geringes Einkommen haben, um davon menschenwürdig leben zu können. Die Höhe der Leistungen entspricht ungefähr der von → „Hartz IV".

Sozialleistungen. Sammelbezeichnung für alle Leistungen (Zahlungen) des Staates, die sozialen Zwecken dienen (→ Sozialversicherung, Kindergeld, → Arbeitslosengeld, → Sozialhilfe usw.; vgl. → Transfereinkommen).

Sozialversicherung. Alle Angestellten und Arbeiter sind verpflichtet, monatliche Beiträge an vier Versicherungen zu leisten, die zusammenfassend als Sozialversicherung bezeichnet werden: Die *Krankenversicherung* übernimmt die Kosten für die medizinische Betreuung im Krankheitsfall; die *Arbeitslosenversicherung* zahlt Arbeitslosengeld, wenn man arbeitslos wird; die → *Rentenversicherung* zahlt die monatliche Rente, wenn man aus Altersgründen aus dem Erwerbsleben ausgeschieden ist; die *Pflegeversicherung* leistet Zahlungen, wenn Menschen, vor allem ältere Menschen, zu Pflegefällen werden.

Sozialwissenschaften. Wissenschaften, die sich mit den Fragen des Zusammenlebens der Menschen beschäftigen. Dabei lassen sich drei Bereiche unterscheiden: die Wirtschaft (z. B.: Wie vollzieht sich die Herstellung von Gütern? Wie kommen die Preise zustande? Vgl. dazu Kap. 4 und 5); die Politik (z. B.: Wie wählt man Abgeordnete? Wie kommen Entscheidungen in der Gemeinde zustande? Warum sollten wir Umweltschutz leisten? Vgl. dazu Kap. 11 und 12); die Gesellschaft (z. B.: Wie sind Computerspiele zu beurteilen? Wie sollten wir mit Ausländern umgehen? Vgl. dazu Kap. 6 und 10).

sponsern. Geld oder Sachmittel zur Verfügung stellen z. B. für Sport- und Kulturveranstaltungen; Sponsoren (Geldgeber, Gönner) sind oft Firmen, Banken, Sparkassen usw., die sich davon auch eine gewisse Werbewirksamkeit versprechen.

Statistiken. In einer Statistik werden Zahlen und Zahlenverhältnisse (Prozentzahlen) übersichtlich geordnet zusammengestellt; sie ermöglicht einen schnellen Überblick über ausgewählte Sachverhalte in Politik, Wirtschaft und Gesellschaft (z. B. Wahlergebnisse der Parteien, Altersgruppen in der Bevölkerung, Schulabschlüsse u.v.a.); Statistiken haben entweder die Form von Tabellen oder von unterschiedlichen grafischen Darstellungen (Säulen, Balken, Kreise, Kurven) und Schaubildern.

Steuern. Geldbeträge, die Bürger und Betriebe an die Stadt oder an den Staat zahlen müssen. Steuern sind die Haupteinnahmequelle des Staates, um seine Ausgaben zu finanzieren.

Transfereinkommen. Einkommen von Haushalten, die aus Zahlungen des Staates (ohne Gegenleistungen) an bestimmte Gruppen von Bedürftigen bestehen (z. B. Kindergeld, Wohngeld, Sozialhilfe). Sie sind Teil der staatlichen → Sozialleistungen.

Umsatz. Geldwert der verkauften Güter- oder Leistungsmenge bzw. Einnahmen eines Unternehmens.

Umsatzsteigerung. Der → Umsatz wird gesteigert, wenn mehr Waren verkauft werden.

Umsatzsteuer. Steuer (auch als Mehrwertsteuer bezeichnet), die der Verbraucher beim Kauf einer Ware zusätzlich zum eigentlichen Verkaufspreis bezahlen muss (in Deutschland in der Regel 19 Prozent des Verkaufspreises, bei bestimmten Waren wie Lebensmitteln und Büchern 7%). Der Verkäufer muss diese Steuerbeträge an den Staat abführen.

UN. United Nations. s. → Vereinte Nationen

UNICEF. United Nations International Childrens Emergency Fund. Internationales Kinderhilfswerk der Vereinten Nationen mit Sitz in New York. Aufgaben: weltweite Versorgung von Kindern und Müttern mit Nahrungsmitteln, Kleidern, Medikamenten und medizinischer Hilfe.

Vereinte Nationen. Englisch: *United Nations Organization* (UNO); 1945 gegründete Organisation, in der fast alle Länder der Welt (2008: 192) vertreten sind; ihr Zweck ist die Erhaltung des Weltfriedens und die Verbesserung der internationalen Zusammenarbeit. Der Sitz der UN ist New York.

Vermögen. Im Unterschied zum Einkommen, das man monatlich oder jährlich *bezieht*, bezeichnet Vermögen alles, was man an Gütern dauerhaft oder über längere Zeit hin *besitzt*, wie z. B. ein Grundstück, ein Haus, wertvolle Einrichtungsgegenstände oder auch Sparguthaben oder → Aktien.

Verursacherprinzip. Grundsatz in der Umweltpolitik, nach dem die Kosten der Umweltbelastung von dem zu tragen sind, der den Umweltschaden und die Kosten (zur Beseitigung des Schadens) verursacht hat. Die Anwendung dieses Prinzips stößt auf Probleme, wenn der Verursacher nicht eindeutig ermittelt werden kann.

Verwaltung. Die Entscheidungen über Angelegenheiten in einer Gemeinde, z. B. den Bau eines Spielplatzes oder die Errichtung eines Altenheimes, werden vom Rat der Stadt getroffen. Die Verwaltung der Stadt wird mit der Erarbeitung und Durchführung der Pläne beauftragt. Zur Verwaltung gehören Beamte und Angestellte, die speziell für solche Aufgaben ausgebildet sind. An der Spitze der Stadtverwaltung steht der Bürgermeister.

Werbeagenturen. Sie bieten den Unternehmen, die Sachgüter herstellen oder sie verkaufen (Geschäften), u. a. folgende → Dienstleistungen an: Beratung bei der Gestaltung von Werbemaßnahmen aller Art, bei der Überprüfung des Erfolgs usw.

Wohngeld. Staatlicher Zuschuss zu den Mietkosten (Mietzuschuss, Mietbeihilfe) für Haushalte, deren Einkommen unter einer bestimmten Grenze liegen und deren Mietkosten (z. B. wegen vieler Kinder) das Einkommen stark belasten.

Zinsen. Der Preis, den man für geliehenes Geld zahlen muss (vgl. → Kredit) oder den man für sein Sparguthaben erhält.

Zweiter Weltkrieg. 1939–1945. Von Deutschland unter seinem Diktator Adolf Hitler begonnener Krieg gegen Frankreich, England, Russland und die USA mit dem Ziel der Eroberung ganz Osteuropas und Russlands. Nach der totalen Niederlage wurde Deutschland, dessen große Städte schwer zerstört wurden, von den Siegermächten besetzt und in vier Besatzungszonen aufgeteilt. Daraus bildeten sich Ende der 1940er-Jahre die beiden Staaten Deutsche Demokratische Republik (DDR) und Bundesrepublik Deutschland (BRD), die bis 1990 bestanden und durch den „Eisernen Vorhang" getrennt waren.

Register

Armut
- Familie/Kinder 152–155
- Entwicklungsländer 257–260
Asyl 195, 201
Ausländer (s. auch → Zuwanderung)
- Zahl/Länder 195 ff.
- Fremdenfeindlichkeit 192–194
- „Gastarbeiter" 198 f.
- Einbürgerung 199 f.
- Flüchtlinge/Asylbewerber 200 f.
- Integration (Probleme, Maßnahmen) 204–206
Außenseiter 24, 34 f.
Aussiedler 202 f.

Bedürfnisse 64–83
- Arten 66–68
- Bedürfnisweckung (Werbung) 69 ff., 74 ff.
- Markenbewusstsein 77–81
Befragung (Methode) 51 f., 280 f.
Behinderte 174–189
- Begriff, Arten 178 f.
- Down-Syndrom 176 f.
- Rollstuhlfahrer 177 f., 183
- Umgang mit Behinderten 180 ff.
- Integration (Begegnungen, Projekte) 182 f., 184 ff.
- Werkstätten 188
Bezugsgruppen 24 f., 69 f.
Bürgermeister 216 ff., 218 f.

Clique 22 f.
Computer (s. auch → Internet) 113–123
- Bedeutung/Tätigkeiten 116 ff.
- Computerspiele 116–123
- Computersucht 119 f.

Dritte Welt 252–278
- Begriff, Länder 255 f.
- Merkmale → Entwicklungsländer

Einkommen 100–113
- Quellen, Arten 102–104
- Taschengeld 104–107
- planvoller Umgang 108–110
Energiesparen 248 ff.
Entwicklungsländer 252–278
- Begriff, Ländergruppen 255 f.
- Grundbedürfnisse/Armut 257–260
- Hunger 262 f.
- Krankheiten/AIDS 263–265
- Wohnverhältnisse 266 f.
- Analphabetismus 267 f.
- Beispiel Ghana 269
- Ursachen der Unterentwicklung 269
- Kinderarbeit 271–274
- Fairer Handel 274 f.
- Hilfe/Projekte 275 f.
Erkundung (Methode) 219
Euro 96–99
Expertenbefragung (Methode) 31

Fairer Handel
Familie 138 ff.
- Bedeutung/Aufgaben 140f.
- Begriff 141
- Formen 141–144
- Eltern/Kinder (Rechte, Pflichten) 145–147
- Erziehung 148–151
- Armut 152–154
- staatliche Unterstützung 155 f.
- Geschlechterrollen/Aufgabenverteilung 170 ff.
Fernsehen 44–63
- Sehdauer 49
- Bedeutung/Lieblingssendungen 46, 49 f., 51 ff., 55 ff.
- Vielseher/Gefahren 54–57
- Sender/Programme 49 f., 58, 61
Fremdenfeindlichkeit 192–194

Geld (s. auch → Einkommen) 91 ff.
- Entstehung/Geschichte 92, 99
- Arten 92 f.
- Aufgaben 93–95, 99
- planvoller Umgang 108 ff.
Gemeinde 208–231
- Aufgaben 222 ff.
- Rat 212 f., 215 f., 217, 222 f.
- Bürgermeister 216 ff., 221
- Verwaltung 217, 219 ff.
- Wahlen 218 f.
- Haushaltsplan 225 f.
Geschlechterrollen 158 ff.
- biologische Aspekte 162, 168
- Rollen(erwartungen) 163–167
- Erziehung 164 f.
- Spielzeug 166 ff.
- Familie 170 ff.
- Schule 168 f.
Grafik (Methode) 47, 48, 63
Grundbedürfnisse 257–260
Gruppen
- Merkmale 20 ff.
- Arten 20, 69 f.
- Gruppendruck 22 ff.
- Bezugsgruppen 24 f., 69 ff.
Gruppenarbeit (Methode) 261

Handy 132–136
- Kosten/„Schuldenfalle" 133 f.
- Gewaltvideos 135 f.

Internet 123–131
- Nutzung 123
- Einschätzung 15 ff.
- Chatten/Surfen 128 ff.
- Regeln 130 f.
- Recherche (Methode) 127
Interview (Methode) 31

Karikaturenanalyse (Methode) 47
Kinder
- Konsumausgaben 72
- Markenbewusstsein 77 ff.
- Armut 152–155
Kinderarbeit 271–274
Kinderparlament 227 f.
Klassensprecher 26 ff., 28 ff.
Klimawandel, Klimaschutz 245–251
- Treibhauseffekt 246 f.
- Klimawandel/Folgen 247 f.
- Energiesparen 248, 249 ff.
Kohlendioxid 246, 248
Kommunalpolitik → Gemeinde
Kommunalwahlen 218 f.

Lehrerrolle 24 f.

Mädchen/Jungen
- Unterschiede 160 ff.
- Rollen 163 ff.
- Erziehung 164
- Spielzeug 166 ff.
- schulische Leistungen 168 f.
Markenbewusstsein (Kinder) 77–81
Markt/Märkte 88 ff.
- Aufgabe/Funktion 88 f.

– Handel/Tauschhandel 86f., 88f.
– Preisbildung (Angebot/Nachfrage) 89f.
Migration → Zuwanderung
Migrationshintergrund 197f.
Mobbing 34ff.
Müllvermeidung (Schule) 235–238

Nachhaltigkeit 235

Politik (Bedeutung) 10ff.
Politiker 14f.
Projekt (Methode) 214
Pro-Kopf-Einkommen 256
Prozentzahlen 48f., 279

Rolle
– Begriff 163f.
– Rollenerwartungen 24f., 163ff.
– Rollenkonflikt 25, 42
Rollenspiel (Methode) 111

Schule 16–43
– Schulklasse 20ff.
– Schülerrolle 24
– Mitbestimmung, SV 26ff., 43
– Schulkonferenz 27
– Mobbing 34ff.
– Gewalt 32ff.
– Streitschlichtung 39ff.
Schülervertretung, SV 26ff.
Stadtrat 212f., 217, 218f.
Stadtverwaltung 217, 219ff.
Statistik (Methode) 47, 48, 63, 279f.

Taschengeld 104–107
Treibhauseffekt 246ff.

Umweltbelastung, Umweltschutz 232–251
– Nachhaltigkeit 235
– Müll, Abfall 235–238
– Wasser (s. auch → Wasser) 239–244
– Luft, Energie (s. auch → Klimawandel) 245–251

Wasser
– Bedeutung, Aufgaben 239f.
– Wasservorrat 240f.
– Wasserkreislauf 241
– Wasserknappheit 241ff.
– Wasserverbrauch 243f.
Weltkarte 255
Werbung
– Fernsehen 59ff.
– Konsumgüter 70ff., 76ff.
– Gestaltung, Methoden 74ff.
Wirtschaft (Bedeutung) 11, 12f.
wirtschaftliches Handeln 84ff., 108–110

Zuwanderung
– Entwicklung 195ff.
– Gruppen 196f.
– Aussiedler 202f.
– Integration 204–206

Bildquellenverzeichnis

Umschlag links: © photothek.net, **rechts**: Margret Nußbaum; **S. 8: o.l.:** © Norbert Michalke, **o. r.:** Bundesbildstelle Berlin, **u.l.:** Bernd Beuermann, in: Göttinger Tageblatt v. 19.12.2005, **u.r.:** © dpa-Fotoreport/Frank Mächler; **S. 9: o.l.:** © dpa-Fotoreport/Michael Jung, **o.r.:** © Torsten Leukert, **M.**: SR, FKG Göttingen, **u.**: Fotostudio Druwe & Polastri; **S. 10:** Verlagsarchiv Schöningh; **S. 11:** © photothek.net; **S. 12:** © picture-alliance/dpa; **S. 13: o.:** © picture-alliance/dpa-Fotoreport, **u.:** © Keystone/Volkmar Schulz; **S. 14:** © Sabine Waschke; **S. 15: o.:** www.kinderrathaus.de/bekanntes/stadtrat/rat_2.php, **u.:** www.hanisauland.de/ © Bundeszentrale für politische Bildung; **S. 16: o.l. und o.r.:** © Stefan Boness/IPON, **u.l.:** © Jan Roeder, **u.r.:** Dirk Krüll/laif; **S. 17: o.:** Internatsschule Schloss Hansenberg, **u.:** Prälat-Diehl-Schule; **S. 19:** Verlagsarchiv Schöningh/Günter Schlottmann; **S. 20: o.l.:** © plainpicture/P. Usbeck, **o.r.:** © Reuters, **u.l. und r.:** Kai-Moritz Keller/Neue Westfälische; **S. 21:** Matthias Berghahn/Verlagsarchiv Schöningh; **S. 22:** Werner Stangl; **S. 23:** Sabine Amediek/Verlagsarchiv Schöningh; **S. 24: o.:** Günter Schlottmann/Verlagsarchiv Schöningh, **u.:** Walter Kurowski; **S. 25:** Matthias Berghahn/Verlagsarchiv Schöningh; **S. 27: M.:** Murrtal-Schule Oppenweiler, **u.:** Internatsschule Schloss Hansenberg; **S. 28:** © Franziska Harvey; **S. 29: o.:** www.kipkakomiks.de, **u.:** Volker Minkus; **S. 32: o.l.:** Friedemann Vetter, **o.r.:** H.-J. Ellerbrock/Bilderberg, **u.:** © Norbert Maier; **S. 33/34:** © Norbert Maier; **S. 35: l.:** © Faustlos, **r.:** http://mobbing.seitenstark.de/index.asp; **S. 39:** © picture-alliance/dpa; **S. 44: o.l. und r.:** © Cinetext Bildarchiv, **u.l.:** RTL; **S. 45: o.l.:** © Cinetext Bildarchiv, **u.l.:** RTL, **u.r.:** © dpa-Sportreport; **S. 46:** CCC/www.c5.net (a: Fritz Wolf, b: Peter Kaczmarek, c: Renate Alf, d: Jürgen Tomicek); **S. 49: u.:** © UIP/Cinetext; **S. 50: l.:** RTL, **r.:** Programmauszug aus TV Spielfilm v. Donnerstag, 13. März 2008, S. 224/225 (RTL und Super RTL, Auszüge); **S. 53: o.:** Medienpädagogischer Forschungsverbund Südwest, KIM-Studie 2006, Stuttgart 2007, S. 20, www.mpfs.de/fileadmin/KIM-pdf06/KIM2006.pdf; **u.l.:** © 1989, United Feature Syndicate, Inc.; **u.r.:** Reiner Schwalme/CCC, www.c5.net; **S. 58:** http://www.blinde-kuh.de/medien/fernsehen.html; Verf.: Birgit Bachmann; **S. 59:** DIE ZEIT/Thyrso A. Brisólla; **S. 60: o.:** Burkhard Mohr/CCC, www.c5.net, **u.:** Peter Kaczmarek/Baaske; **S. 64:** © argus/Peter Frischmuth; **S. 64/65, o.:** Westfalen-Blatt/Carsten Borgmeier, **u.:** © Bilderberg/Hans-Jürgen Burkard; **S. 65:** © ZB-Fotoreport; **S. 66, v.o.n.u.:** argus/Schwarzbach, Caro/Riedmiller, © Goertz/missio/Das Fotoarchiv, Matthias Luedecke; **S. 67:** Erich Rauschenbach; **S. 69:** Verlagsarchiv Schöningh; **S. 70: l.:** CMA Centrale Marketing-Gesellschaft der deutschen Agrarwirtschaft mbH, **r.:** mister*lady GmbH; **S. 71: o.:** adidas AG, u.: Zeichnung: C. Mell, in: Zeitlupe Nr. 35: Kids, Knete, Konsum, Bundeszentrale für politische Bildung, Bonn 1998, S. 9; **S. 72:** Verlagsarchiv Schöningh nach Synovate Kids + Teens; **S. 74: o.l.:** Braun Media/buchcover.com, **u.l.:** Santamaria GmbH, Hamburg, **r.:** Wüstenrot Bausparkasse AG; **S. 75:** http:// kinderseite.kinderkampagne.de/front_content.php?sid=302f4efcf6061aeafb90e16fa4a34905; **S. 76: o.l.:** Prospekt 20 Jahre Toys"R"us, **o.r.:** © Sascha Schuermann/ddp, **M.l. und r:** © picture-alliance/dpa, **u.l.:** © action press/Thomas Meyer, **u.r.:** © Insa Korth/ddp; **S. 77:** © Georg Schoenharting/VISUM; **S. 78: o.:** www. politikundunterricht.de/4_07/wirtschaft.pdf, **u.:** S. Born/N. Würth (Hg.), GELD spielt (k)eine Rolle - Fragen zu Geld und Wirtschaft, S. Fischer Verlag GmbH, Frankfurt a. M. 2007, S. 152ff.; **S. 82:** © picture-alliance/dpa; **S. 83: l.:** © Perscheid/Distr. Bulls, **r.:** www. mediaculture-online.de; **S. 84:** © picture-alliance/HB-Verlag; **S. 85: o.:** © picture-alliance/dpa, **u.l. und S. 88:** © SWR/Tanja Husmann, **u.r.:** © picture-alliance/chromorange; **S. 86: o.l.:** Südtiroler Archäologiemuseum - www. iceman.it, **o.r.:**

Forschungsinstitut für Alpine Vorzeit der Universität Innsbruck, **u.:** Zeichnerische Rekonstruktion: Helmut Voß; **S. 89: o.l.:** © akg-images, **o.r.:** © picture-alliance/KPA/Theissen, **u.l.:** © Bildagentur Huber; **S. 90:** Verlagsarchiv Schöningh; **S. 91:** Chlodwig Poth; **S. 92** (vier Abb.): Das Geldbuch, Bundesverband deutscher Banken (Hg.), Ausgabe 2002, S. 8-14; **S. 93: o.:** Das Geldbuch, Bundesverband deutscher Banken (Hg.), Ausgabe 2002, S. 8-14, **u.l. und M.:** © Dt. Sparkassenverlag, **u.r.:** © Bank Verlag; **S. 94 und 97:** Verlagsarchiv Schöningh; **S. 98:** J. Kannegießer/Verlagsarchiv Schöningh; **S. 100 und S. 103 u.:** © Walt Disney Company; **S. 100/101: o.:** © MIC GmbH, Köln, **u.:** Keystone/Dominique Ecken; **S. 101:** © Fotostudio Druwe & Polastri, Cremlingen; **S. 102:** Matthias Berghahn/Verlagsarchiv Schöningh; **S. 103 o.:** Illustration von Joachim Knappe aus: WAS IST WAS Wirtschaft spezial, S. 24; **S. 105: o.:** Matthias Berghahn/Verlagsarchiv Schöningh, **u.:** © picture-alliance/dpa; **S. 114:** Heike Kirchner; **S. 114/115:** Schule Carsten-Rehder-Straße; **S. 115: u.l.:** http://phaenorealismus.de/wp-content/uploads/games.jpg, **u.r.:** © vario-press/Rainer Unkel; **S. 116: o.:** Burkhard Mohr/CCC, www.c5.net, **u.:** Medienpädagogischer Forschungsverbund Südwest: KIM-Studie 2006, Stuttgart 2007, S. 32, www. mpfs.de; **S. 117/118, Schülerporträts:** R. v. Rüden/Verlagsarchiv Schöningh; **S. 117: M.r.:** © 2007 Electronic Arts Inc. Electronic Arts, EA, the EA logo and The Sims are trademarks or registered trademarks of Electronic Arts Inc. in the U.S. and/or other countries. All rights reserved. EA™ is an Electronic Arts™ brand.; **S. 117 u.r.:** Konami Digital Entertainment GmbH; **S. 118 u.r.:** TrackMania United (www.trackmaniacs.de); **S. 119:** W. Niggemann/Verlagsarchiv Schöningh; **S. 120:** Michael Ammann/Baaske Cartoons Müllheim; **S. 121:** © Daniel Koelsche/photoplexus; **S. 122:** USK - Unterhaltungssoftware SelbstKontrolle; **S. 124:** www.seitenstark.de; **S. 126:** Gerhard Mester/CCC, www.c5.net; **S. 130:** © Zartbitter e.V., Köln; **S. 132: o.l.:** © ONOKY/F1 Online, **u.l.:** Chlodwig Poth, **r.:** Burkhard Mohr/CCC, www.c5.net; **S. 133 u.:** Aus: Bravo Sport Special Nr. 4 v. 26.9.2007, S. 99; **S. 135:** Sebastian Gutknecht, Gewalt auf Handys, hg. von der AJS, Landesstelle NRW, Drei-W-Verlag, Essen 2007; **S. 138:** Günter Schlottmann/Verlagsarchiv Schöningh; **S. 138/139: o.:** Keystone, **u.:** Keystone/DIAgentur; **S. 139:** Joachim E. Röttgers/Graffiti; **S. 142:** a: vario-press, b und c: Günter Schlottmann/Verlagsarchiv Schöningh, d: Keystone, e: dpa; **S. 146:** © picture-alliance/dpa; **S. 150:** Keystone/DIAgentur; **S. 151:** Günter Schlottmann/Verlagsarchiv Schöningh; **S. 152:** © Oliver Wolff/VISUM; **S. 154: o.:** Oliver Wolff, **u.:** Charlotte Thömmes; **S. 156:** R. v. Rüden/Verlagsarchiv Schöningh; **S. 157:** Zeichnung: Christoph Grundmann, aus: Kein Ich ohne Wir. In: RAAbits Sozialkunde/Politik - Impulse und Materialien für die kreative Unterrichtsgestaltung. Stuttgart: RAABE Fachverlag für die Schule 2003, S. 5 © Dr. Josef Raabe Verlags-GmbH, Stuttgart; **S. 158: l.:** © LWA-Dann Tardif/CORBIS, **o.r.:** © Strauss/Curtis/CORBIS, **u.r.:** plainpicture/By; **S. 159: o.l. und u.l.:** dpa-Bildarchiv, **r.:** www.BilderBox.com/Erwin Wodicka; **S. 160: l.:** © Constantin/Cinetext, **r.:** © Buena Vista/Cinetext; **S. 161: o.l. und u.r.:** © Warner Bros./Cinetext, **u.l.:** © Cinetext Bildarchiv, **o.r.:** © 20th Century Fox/Cinetext; **S. 163: o.l.:** Verlagsarchiv Schöningh, **u.l.:** © C&A/Westbury, **r.:** vario-press; **S. 166: o.l., M.l. und u.M.:** Prospekt 20 Jahre Toys"R"us; **o.r. und M.r.:** Mit freundlicher Genehmigung von PLAYMOBIL. PLAYMOBIL ist ein eingetragenes Warenzeichen der geobra Brandstätter GmbH & Co.KG; **M.:** © picture-alliance/dpa; **u.l.:** © Marie Marcks, Heidelberg; **u.r.:** © W. M. Weber/TV-yesterday; **S. 170: o.l. und M.:** privat; **o.r. und u.r.:** © Voller Ernst; **u.l. und M.:** 700 Jahre Hof- und Familiengeschichte Dalhaus, 1296-1996, Hg.: Ludwig Dalhaus, Kiefernweg 18, 32609 Hüllhorst, © 1996, S. 362 (B 80) und S. 314 (B 36); **S. 171: o.l.:** Volker Kipp/Verlagsarchiv Schöningh, **o.M.:** Verlag Dr. Neufang, **o.r.:** © photothek, **M.:** Martin Brockhoff; **S. 172: l.:** © picture-alliance/ZB, **r.:** © Regina Bermes/laif; **S. 173:** Erich Rauschenbach/CCC, www.c5.net; **S. 174: l.:** Willi Willemsen, **r.:** Rolf Henke; **S. 175: o. und u.l.:** © picture-alliance/ZB, **u.r.:** Rainer Girod; **S. 176: o.:** © Hofmayer, **u.l. und r.:** © Christian Wurm; **S. 177:** © Bettina Mücke/Foto: Goggi Strauß; **S. 180:** © Aktion Mensch; **S. 181:** Hans D. Beyer; **S. 183:** dpa/Kay Nietfeld; **S. 184/185:** Gudrun Klinkhammer; **S. 186: o.:** Neue Westfälische, **u.:** Peters; **S. 188:** Schlosswerkstätten, 33104 Paderborn, Merschweg 5; **S. 189:** Reinhold Löffler/CCC, www.c5.net; **S. 190:** Monika Müller; **S. 191: o.:** Falk Orth, **u.:** Manfred Wille; **S. 192:** © Bruno Barbey/Magnum Photos/Agentur Focus; **S. 193: l.:** Illustration: Stefan Eling, aus: Das junge Politik-Lexikon, hrsg. von der Bundeszentrale für politische Bildung; **r.:** Jan Tomaschoff/CCC, www.c5.net; **S. 196 o.:** © picture-alliance/dpa; **S. 199:** Andreas Herzau/laif; **S. 201:** AP Photo/Peter Dejong; **S. 202: o.:** privat (Familie Müller), **u.:** © ullstein/Mittenzwei; **S. 203 u.:** Verlagsarchiv Schöningh; **S. 206:** www.paderborn.de/microsite/integration/download/Migrationsbeirat_ne.pdf; **S. 207: o.:** Tom Körner, **u.:** Jupp Wolter/CCC, www.c5.net; **S. 208: l.:** Günter Schlottmann/Verlagsarchiv Schöningh; **o.r. und S. 213:** www.kinderrathaus.de/bekanntes/stadtrat/rat_2.php; **u.r.:** © Eberhard Poguntke/Leitung VHS-Borchen; **S. 209: o.:** © dpa; **u.:** Margret Nußbaum; **S. 211: o.:** Bärbel Olfermann, **u.:** Stadtverwaltung Büren; **S. 215:** R. v. Rüden/Verlagsarchiv Schöningh; **S. 217: o.:** © Verein Alt Lemgo e. V., **u:** Foto: Stadt Paderborn/Jens Reinhardt; **S. 218: o.:** © AP Photo/Hans Edinger, **u.:** Stadtverwaltung Büren; **S. 219:** Claudia Hautumm/Pixelio; **S. 220: o.l.:** Joachim Detjen, **o.r.:** BUND Lemgo, **u.:** R. v. Rüden/Verlagsarchiv Schöningh; **S. 222:** © picture-alliance/ZB, **u.l.:** © picture-alliance/Sander; **S. 225:** R. v. Rüden/Verlagsarchiv Schöningh; **S. 227: o.r.:** Kinderparlament Hilden, **M.:** Quelle: Rheinbahn; **S. 228:** Kinderbüro der Stadt Paderborn; **S. 229:** www.stadt-lippstadt.de/flipstadt/flippstadt.htm; **S. 230:** © Deutsches Kinderhilfswerk e. V.; **S. 232: o.:** © ZB-Fotoreport, **u.:** © Duales System Deutschland AG; **S. 233: o.:** © AP Photo/Keystone/Arno Balzarini, **u.l.:** © UNEP/Blume/argus; **S. 234: o.r.:** © Peter Turnley/CORBIS, **u.:** © picture-alliance/Bildagentur Huber; **S. 236:** www.greenpeace4kids.de/fileadmin/4_kids/user_upload/aktionen/mell/TOS_Muell.pdf; **S. 239:** Westdeutsches Schulfernsehen (Hg.), Arbeitsmaterial für Schüler; Praxis Schulfernsehen 212/1994; **S. 240: o.:** dpa/ESA, **u.:** Foto: Ilya Haykinson, Lizenz: Creative Commons Attribution 2.0; http://de.wikipedia.org/wiki/Bild:Glacial_iceberg_in_Argentina.jpg; **S. 241:** © Landeswasserversorgung Stuttgart; **S. 242: o.:** Hartmut Schwarzbach/argus, **M.:** Bruno Stevens/Cosmos/Agentur Focus, **u.:** Reuters/Amit Dave; **S. 243 u.:** Greenpeace e. V.; **S. 244:** Vereinigung Deutscher Gewässerschutz e. V. (Hg.), Naturstoff Wasser, Bonn, 8. Aufl. 1994, S. 56f.; **S. 246: M.:** Piroschka Haenlein, **u.:** Gerd Schneider/Christiane Toyka-Seid, Politik-Lexikon für Kinder, Bundeszentrale für politische Bildung, Bonn 2006, S. 121; Illustration: Stefan Eling; **S. 247: M.:** DER SPIEGEL Nr. 34 v. 19.8.2002, Cover; **u.:** Sammlung Gesellschaft für ökologische Forschung; **S. 249:** Greenpeace e. V.; **S. 251:** Horst Haitzinger/CCC, www.c5.net; **S. 252: o.l.:** UNICEF/Claudia Berger, **u.l.:** © picture-alliance/ZB; **S. 252/253: o.:** © picture-alliance/ZB, **u.:** © picture-alliance/dpa; **S. 253:** © picture-alliance/ZB; **S. 254: o.:** www.unicef.de/kids, **M. und u.:** UNICEF/Claudia Berger; **S. 258: l.:** © dpa/Kiefer, **r.:** © Gernot Huber/laif; **S. 261:** Verlagsarchiv Schöningh; **S. 262: o.:** © dpa/epa AFP, **u.:** Peter Turnley/CORBIS; **S. 264: u.l.:** Sepp Spiegl/SV-Bilderdienst, **u.r.:** © Welthungerhilfe; **S. 266: o.:** © ullstein bild – AP, **u.:** © picture-alliance/dpa; **S. 267 o.:** © Markus Matzel/Das Fotoarchiv; **S. 268 o.:** Jesuitenmission; **S. 269:** Verlagsarchiv Schöningh; **S. 271: o.l.:** Tom Stodart/Katz 1990/Focus, **o.r.:** Andrea Künzig/laif, **M.l. und u.:** terre des hommes, **M.:** © Bernd Euler/VISUM, **M.r.:** AP Photo/Richard Vogel; **S. 272:** http://www.welt-und-arbeit.de/welt-und-arbeit-WebVersion.pdf, S. 2; **S. 274:** © TransFair; **S. 275:** © J. J. Darboven GmbH & Co., Hamburg; **S. 276: o.l.:** © Unicef, **o.r.:** © terre des hommes, **M.:** UNICEF/Mariella Furrer; **S. 278:** Lothar Ursinus/CCC, www.c5.net.

Sollte trotz aller Bemühungen um korrekte Urheberangaben ein Irrtum unterlaufen sein, bitten wir darum, sich mit dem Verlag in Verbindung zu setzen, damit eventuelle Korrekturen vorgenommen werden können.